中文版《克尔凯郭尔文集》由哥本哈根大学克尔凯郭尔研究中心和中国社会科学院哲学研究所合作完成。

The Chinese edition of Kierkegaard Anthology is a Cooperation between the Institute of Philosophy at the Chinese Academy of Social Sciences and the Søren Kierkegaard Research Center at Copenhagen University.

克尔凯郭尔文集

8

SØREN KIERKEGAARDS SKRIFTER

Opbyggelige Taler

陶冶性的讲演集

[丹] 克尔凯郭尔 著
京不特 译

中国社会科学出版社

图书在版编目（CIP）数据

陶冶性的讲演集／（丹）克尔凯郭尔著；京不特译.—北京：中国社会科学出版社，2018.1（2020.8 重印）
ISBN 978-7-5203-1963-8

Ⅰ.①陶… Ⅱ.①克…②京… Ⅲ.①克尔凯郭尔（Kierkegaard，Soeren 1813-1855）—哲学思想—文集 Ⅳ.①B534-53

中国版本图书馆 CIP 数据核字（2018）第 004734 号

出 版 人	赵剑英
责任编辑	冯春凤
责任校对	张爱华
责任印制	张雪娇

出　　版	中国社会科学出版社
社　　址	北京鼓楼西大街甲 158 号
邮　　编	100720
网　　址	http://www.csspw.cn
发 行 部	010-84083685
门 市 部	010-84029450
经　　销	新华书店及其他书店
印　　刷	北京君升印刷有限公司
装　　订	廊坊市广阳区广增装订厂
版　　次	2018 年 1 月第 1 版
印　　次	2020 年 8 月第 2 次印刷
开　　本	710×1000　1/16
印　　张	25.5
插　　页	2
字　　数	418 千字
定　　价	108.00 元

凡购买中国社会科学出版社图书，如有质量问题请与本社营销中心联系调换
电话：010-84083683
版权所有　侵权必究

《克尔凯郭尔文集》编委会

主　　　编：汝　信　Niels-Jørgen Cappelørn
编委会成员：叶秀山　李鹏程　卓新平
　　　　　　Anne Wedell-Wedellsborg
秘　　　书：王　齐

《克尔凯郭尔文集》中文版序

汝 信

《克尔凯郭尔文集》（10卷本）中文版即将与读者见面了。这部选集是由中国社会科学院哲学研究所和丹麦哥本哈根大学克尔凯郭尔研究中心共同合作编选和组织翻译的，由中国社会科学出版社负责出版。选集收入克尔凯郭尔的主要著作，并直接译自近年来出版的经过精心校勘的丹麦文《克尔凯郭尔全集》，内容准确可靠，尽可能保持原汁原味，这对于中国读者正确理解这位丹麦哲学家的思想将会有所裨益。

在西方哲学史上，克尔凯郭尔可以说是一个特殊的人物。他生前默默无闻，其著作也很少有人问津，但过了半个世纪，人们又"重新发现了"他，特别是在第一次世界大战以后，随着存在主义哲学的兴起和发展，他对西方国家思想界的影响越来越大。雅斯贝尔斯曾经这样说："目前哲学状况是以下面这个事实为特征的，即克尔凯郭尔和尼采这两位哲学家在他们生前受到忽视，以后长时期内一直在哲学史上受人轻视，而现在他们的重要性则越来越不断地增长。黑格尔以后的其他一切哲学家正越来越失势而引退，而今天这两个人则不容争辩地作为他们时代的真正伟大思想家而站了出来。"（《理性与存在》）他甚至说，是克尔凯郭尔和尼采"使我们睁开了眼睛"。雅斯贝尔斯的这些话不仅是他个人的看法，而且反映了当时人们一般的意见。克尔凯郭尔和尼采确实代表了在黑格尔之后兴起的另一种以突出个人为特征的西方社会思潮，而与强调精神的普遍性的黑格尔主义相对立。如果说，在黑格尔那里，"存在"只不过是绝对精神自身发展过程中的一个抽象的环节，那么从个人的角度去深入地探索和反思"存在"（"生存"）的意义则是从克尔凯郭尔开始的。

克尔凯郭尔哲学是极其个性化的，他个人的生活经历、性格、情感、心理、理想和追求都深深地渗透在他的哲学思想里，因此我们在阅读他的著作时需要用一种与通常不同的诠释方式。黑格尔曾在《哲学史讲演录》

导言中说，"哲学史上的事实和活动有这样的特点，即：人格和个人的性格并不十分渗入它的内容和实质"。这种看法可以适用于像康德那样的哲学家，我们几乎可以完全不去了解他的个人生活经历而照样能够读懂他的著作，因为机械般的有秩序的书斋生活似乎没有给他的思想增添什么个性色彩，正如海涅所说，"康德的生活是难以叙述的。因为他既没有生活，又没有历史"（《论德国宗教和哲学的历史》）。但是，对于克尔凯郭尔来说，黑格尔的看法则是完全不适用的。克尔凯郭尔的全部思想都和他的个人生活和体验紧密相连，他的许多著作实际上都在不同程度上带有精神自传的性质，从中我们可以聆听到他在各种生活境况下的内心的独白和生命的呼唤。他自己曾坦率地承认，"我所写的一切，其论题都仅仅是而且完全是我自己"。因此，要理解他的哲学，首先需要弄清楚他究竟是个什么样的人，在他短暂的生命中究竟发生过一些什么样的事，对他的思想和性格的形成和发展又产生了什么样的影响。

关于克尔凯郭尔个人生活的传记材料，应该说是相当丰富的。西方学者在这方面已经写过不少著作，而且至今仍然是研究的热门题目。克尔凯郭尔本人仿佛早已预见到这一点，他在《日记》中说过，不仅他的著作，而且连同他的生活，都将成为许多研究者的主题。在他生前出版的大量著作中有不少是以个人生活经历和体验为背景的，此外他还留下了篇幅浩瀚的日记和札记，这些资料不仅是他生活的真实记录，而且是他心灵的展示。他虽然生活在拿破仑后欧洲发生剧变的时代，却一直藏身于自己的小天地里，很少参与社会活动，不过用他自己的话来说，"在别人看来也许是区区小事，对我来说却是具有重要意义的大事"。他孤独地生活，却不断地和周围的人们和环境发生尖锐的矛盾，在他的生活中激起一阵阵的波涛。对他的思想发展和著述活动影响最大的有四件事：作为儿子与父亲的紧张关系，从猜疑到最后和解；作为恋人与未婚妻关系的破裂；作为作家与报刊的论争以及作为反叛的基督徒与教会的冲突。

1813年克尔凯郭尔生于哥本哈根的一个富商之家，他从小娇生惯养，过着优裕的生活，却从来没有感到童年的欢乐，他是作为一个不幸的儿童而成长起来的。这一方面是由于他生来就有生理上的缺陷，使他自己不能像别人一样参加各种活动而深感痛苦，用他自己的话来说，痛苦的原因就在于"我的灵魂和我的肉体之间的不平衡"。但另一方面更重要的是由于他从父亲那里所受的家庭教育。他的父亲马可·克尔凯郭尔出身贫寒，没有受过多少教育，依靠个人奋斗和机遇，由一名羊倌而经商致富，成为首都颇有名气的暴发户。这位老人以旧式家长的方式治家甚严，他笃信宗教，对子女们从小进行严格的宗教教育，教他们要敬畏上帝，向他们灌输人生来有罪，而耶稣的慈悲就在于为人们承担罪恶，被钉上十字架来人为赎罪这一套基督教思想。这在未来哲学家幼小的心灵上打下了不可磨灭的深刻烙痕，既使他终身成为虔信的基督徒，又在他的内心深处播下了叛逆的种子。克尔凯郭尔后来批评他父亲的这种宗教教育方式是"疯狂的"、"残酷的"，他常说，他是没有真正的童年的，当他生下来的时候就已经是一个老人了。他回忆说，"从孩子的时候起，我就处于一种巨大的忧郁的威力之下……没有一个人能够知道我感到自己多么不幸"。"作为一个孩子，我是严格地按基督教精神受教育的：以人来说，这是疯狂地进行教育……一个孩子疯狂地扮演一个忧郁的老头。真可怕啊！"问题还不在于严格的宗教灌输，而在于他这个早熟的儿童以特有的敏感觉察到在他父亲表面的宗教虔诚底下掩盖着什么见不得人的秘密，一种有罪的负疚感在折磨着父亲，使之长期处于某种不可名状的忧郁之中。他说，他父亲是他见过的世上"最忧郁的人"，又把这全部巨大的忧郁作为遗产传给了他这个儿子。他曾在《日记》中写道，有一次父亲站在儿子面前，瞧着他，感到他处于很大的苦恼之中，就说："可怜的孩子，你是生活在无言的绝望中啊。"父亲的隐私究竟是什么，克尔凯郭尔始终没有明说，但有一次从他父亲醉酒后吐露的真言中多少知道了事情的真相，他对父亲的道德行为和宗教信仰之间的矛盾深感困惑和痛苦，这种对父亲的猜疑和不信任造成了他的沉重的精神负担，给他的一生蒙上了阴影。他自己这样说过，"我的出生是犯罪的产物，我是违反上帝的意志而出现于世的"。

克尔凯郭尔一家从1832年起接二连三地发生不幸事件，在两年多的时间内家庭主妇和三个儿女陆续去世，只剩下年迈的父亲和两个儿子。这对这位老人来说自然是莫大的精神打击，过去他一直认为自己是幸运儿，上帝保佑他发财致富并有一个舒适的幸福家庭，现在则认为无论财富、名望或自己的高龄，都是上帝借以惩罚他的有意安排，要他眼看着妻子儿女一个个地先他而死去，落得孤零零地一个人留在世上受折磨。他觉得自己是盛怒的上帝手心里的一个罪人，成天生活在恐惧中，并预感到他的还活着的两个儿子也将遭到不幸。家庭的变故和父亲的悲伤心情也同样使克尔凯郭尔受到了严重的精神创伤，他把这称为"大地震"。在他的《日记》

中记述说，那里发生了大地震，"于是我怀疑我父亲的高龄并非上帝的恩赐，倒像是上帝的诅咒"，"我感到死的寂静正在我周围逼近，我在父亲身上看到一个死在我们所有女子之后的不幸者，看到埋藏他的全部希望的坟墓上的十字架墓碑。整个家庭必定是犯了什么罪，而上帝的惩罚必定降临全家；上帝的强有力的手必然会把全家作为一次不成功的试验而扫除掉"。他相信父亲的预言，就是所有的子女都至多活三十三岁，他自己也不例外。实际上他虽然照样享受着愉快的生活，内心里的痛苦和折磨却使他甚至起过自杀的念头。在《日记》里有这样一段话："我刚从一个晚会回家，在那里我是晚会的生命和灵魂；我妙语连珠，脱口而出，每个人都哈哈大笑并称赞我，可是我却跑掉了……我真想开枪自杀。"克尔凯郭尔父子之间的紧张关系曾导致父子分居，但父亲作了很大努力去改善关系，向儿子作了坦诚的忏悔，儿子深受感动，与父亲重新和解，并更加坚信上帝确实存在。双方和解后不久，父亲就去世了。克尔凯郭尔在《日记》中写道："我的父亲在星期三（9日）凌晨2时去世。我多么希望他能再多活几年呀，我把他的死看做他为了爱我而做出的最后牺牲；因为他不是离我而死去，而是为我而死的，为的是如果可能的话使我能成为一个重要的人。"

他说，从父亲那里继承得来的所有东西中，对父亲的追忆是最可珍爱的，他一定要把它秘密保存在自己的心里。我们在他的许多著作中都能发现这种特殊的父子关系所留下的深深的印痕，这是解读他的哲学思想时必须密切注意的。

除了父亲以外，对克尔凯郭尔的一生发生重大影响的是一位姑娘雷吉娜·奥尔森，他们之间短暂而不幸的恋爱，在哲学家脆弱的心灵上造成了永远不能愈合的创伤。他初次邂逅雷吉娜是在1837年，当时他正处于自我负罪感的精神痛苦中，结识这位少女给了他重新获得幸福的希望。据他自己说，他一开始就感到"我和她有无限大的区别"，然而在结识她之后的半年内，"我在自己心里充满着的诗情比世界上所有小说中的诗情加在一起还多"。父亲死后，他下定决心向她求婚并得到同意，他感到自己无比幸福，后来他写道："生活中再没有比恋爱初期更美好的时光了，那时每一次会面、每看一眼都把某种新东西带回家去而感到快乐。"但这种幸福感很快就消逝了，他说，在订婚后的第二天，"我内心里就感到我犯了一个错误"，悔恨不已，"在那个时期内，我的痛苦是笔墨难以形容的"。

克尔凯郭尔究竟为什么刚订婚后就反悔,他自己并没有说得很清楚,看来这主要是由于心理上的原因。经过短暂的幸福,他又陷于不可克服的忧郁之中。雷吉娜对此也有所察觉,常对他说:"你从来没有快乐过,不管我是否同你在一起,你总是这个样子。"但她确实爱上了他,甚至几乎是"崇拜"他,这使他深为感动。他认为,如果他不是一个忏悔者,不是这样忧郁,那么同她结合就是梦寐以求的无比幸福的事了。可是这样就必须对她隐瞒许多事情,把婚姻建立在虚伪的基础上,这不可能使他心爱的人幸福。因此他竭力设法解除婚约,雷吉娜却不愿与他分手,再三恳求他不要离开她。他却克制内心的痛苦,不为所动,坚决退回了订婚戒指,并写信请求她"宽恕这样一个男人,他虽然也许能做某些事,却不可能使一个姑娘获得幸福"。后来他自己说,"这真是一个可怕的痛苦时期:不得不表现得如此残酷,同时又像我那样去爱"。据他在《日记》里的记述,在分手后他哭了整整一夜,但第二天却又装得若无其事和往常一样。他时刻想念雷吉娜,每天为她祈祷。后来雷吉娜另嫁别人,而克尔凯郭尔始终保持独身,对她一直不能忘怀。他说:"我爱她,我从来没有爱过别人,我也永远不会再爱别人","对我来说,只有两个人有如此重要的意义,那就是我已故的父亲和我们亲爱的小雷吉娜,在某种意义上,她对我来说也已经死了"。直到他们解除婚约五年后,他还在《日记》中写道:"没有一天我不是从早到晚思念着她。"三年后他又说:"是的,你是我的爱,我唯一的爱,当我不得不离开你时,我爱你超过一切。"其间他也曾试图与雷吉娜恢复关系,但未能成功,终于他意识到他已永远失去了她。他说:"我失去了什么?我失去了唯一的爱。"于是他才倾全力于著作活动,他在《日记》中明确指出自己写作的目的就是为雷吉娜:"我的存在将绝对地为她的生活加上重音符号,我作为一个作家的工作也可以被看作是为了尊敬和赞美她而竖立的纪念碑。我把她和我一起带进了历史。"他说,抛弃了雷吉娜,他不仅选择了"死亡",而且选择了文学生涯,"是她使我成为一个诗人",他的遗愿就是死后把他的著作献给雷吉娜以及他已故的父亲。他抱着这样的心情拼命写作,有的著作实际上是为了向雷吉娜倾诉衷肠,是给她的"暗码通信",如果不了解其背景,别人是难以充分理解的。

前面我们着重叙述了克尔凯郭尔和父亲的关系以及他的爱情悲剧,因为这对于理解这位哲学家其人及其著作是至关重要的,也正是因为他有了这样的生活经历和生存体验才使他成为黑格尔所说的"这一个",而具有与众不同的独特的个性。他说:"如果有人问我,我是怎样被教育成一个作家的,且不说我和上帝的关系,我就应该回答说,这要归功于我最感激的一位老人和我欠情最多的一位年轻姑娘……前者以他的高尚智慧来教育我,后者则以她那种缺乏理解的爱来教育我。"他还特别强调,他之所以能成为一个作家,正因为他失去了雷吉娜,如果他和她结了婚,他就永远不会成为他自己了。他注定不能享受家庭幸福,他是一个正如他自己所说的"最不幸的人"。

在克尔凯郭尔失恋以后,他的创作活动达到了高潮,在短短的几年内完成并出版了十几部著作。由于他继承了巨额遗产,可以自费出版自己的著作,使他的思想成果得以留传于世。但是,当时他的著作却没有多少读者,有的重要代表作仅销售数十册,社会影响也微不足道。克尔凯郭尔自己曾提到,《哲学片断》一书出版后,始终无人注意,没有一处发表评论或提到它。他为得不到人们的理解而深感痛苦,他说,"本来我写这些东西似乎应该使顽石哭泣,但它们却只是使我的同时代人发笑"。但他一向自视甚高,认为自己富有天才,曾这样写道,"我作为一个作家,当然使丹麦增光,这是确定无疑的","虽然在我的时代无人理解我,我终将属于历史"。

克尔凯郭尔原以为自己只能活到三十三岁,因此他把出版于1846年的《〈哲学片断〉一书的最后的非学术性附言》当作自己"最后的"著作而倾注了全部心血。他感谢上帝让他说出了自己需要说的话,觉得在哲学方面已经不需要再写什么别的了。他本打算就此搁笔,隐退到乡村里当一个牧师了此一生。结果却出乎他自己的预料多活了九年,而且又重新拿起了笔,原因是他同报刊发生冲突,进行了一场论战,即所谓"《海盗报》事件",这对他的晚年生活起了相当大的影响。

在当时的丹麦,《海盗报》是由青年诗人哥尔德施米特创办的一家周刊。就其政治倾向来说,《海盗报》站在自由主义立场上用嘲笑和讽刺的方法抨击专制保守和落后的社会现象,但刊物的格调不高,经常利用社会上的流言蜚语,揭发个人隐私,进行人身攻击。这份周刊在一般公众中很受欢迎,发行量相当大。哥尔德施米特在该刊上发表了一篇赞扬克尔凯郭尔的文章,却引起后者极度不满。克尔凯郭尔认为《海盗报》是专门迎合低级趣味的刊物,受到它的赞扬实无异于对他的莫大侮辱,于是他公开在报上发表文章尖锐地批评和揭露《海盗报》，由此引发了该报的全面反击。差不多在1846年整整一年内，《海盗报》连篇累牍地发表攻击克尔凯郭尔的文字，对他的为人竭尽揶揄讥讽之能事，甚至就他的生理缺陷、服饰、家产、生活习惯等大做文章，并配以漫画。那时漫画还是颇为新鲜的东西，上了漫画也就成为公众的笑料。这深深地伤害了克尔凯郭尔的自尊心，甚至他在街上也成为顽童们奚落嘲弄的对象。他原先以为在笔战中会得到一些人的支持，但无情的现实却使他极度失望。他不仅没有获得人们的同情，反而感到人们因他受嘲弄而幸灾乐祸。他在《日记》中说，"我是受嘲笑的牺牲者"。他觉得自己处于极端孤立的境地，面对广大的情有敌意的公众，他说，"如果哥本哈根曾有过关于某人的一致意见，那么我必须说对我是意见一致的，即认为我是一个寄生虫、一个懒汉、一个游手好闲之徒、一个零"。又说："对于全体居民来说，我实际上是作为一种半疯癫的人而存在的。"在这种情况下，他不愿与人来往，性情也更孤僻了，当他每天上街作例行的散步时，唯一"忠实的朋友"就是他随身携带的一把雨伞。

《海盗报》事件使克尔凯郭尔得出结论，认为一般人都没有独立的主见，在所谓舆论、报刊的影响下，人人就完全被淹没在"公众"之中了。在他看来，多数人总是错的，真理只是在少数人手里。因此，他因自己的孤独而感到骄傲。正如他自己所描写的那样，"我就像一株孤独的松树，自私地与世隔绝，向上成长，站在那里，甚至没有一个投影，只有孤单的野鸽在我的树枝上筑巢"。不过这一事件也使他改变了想隐退去当乡村牧师的想法。"一个人让自己被群鹅活活地踩死是一种缓慢的死亡方式"，他不愿意这样地去死，他觉得他的任务还没有完成，还得"留在岗位上"继续写作。不过从1847年起，他的著作的性质发生了很大变化，由前一时期主要探讨美学的、伦理的和哲学的问题完全转向了宗教的领域。

1847年5月5日，克尔凯郭尔过了34岁生日，当天他写信给哥哥，对自己居然还活着表示惊讶，甚至怀疑自己的出生日期是否登记错了。过去他从未认真考虑过33岁以后应该做什么，现在他活了下来，怎么办？这是他面临的新问题。他感到上帝可能有意赋予他特殊使命，让他为了真理而蒙受痛苦，同时作为真理的见证人而向他的同时代人阐明什么是基督教信仰的真义。怀着这样的使命感，他写了一系列"宗教著作"。他在说明自己作为一个作家的观点时说，他"从来也没有放弃过基督教"。这确实是真的，不过他对基督教和怎样做一个基督徒有他自己独特的理解，不仅和官方教会的正统观点不同，有时甚至公开唱反调。随着他的"宗教著作"的陆续出版，他和教会的分歧及矛盾就越来越尖锐化，终于爆发为公开的冲突。他激烈地批评丹麦教会，要求教会当局公开承认自己违背了基督教的崇高理想并进行忏悔。他指责教会已不再能代表《新约》中的基督教，认为他们的讲道不符合真正的基督教精神。他觉得对这种情况再也不能保持沉默，必须予以无情的揭露，同时要向公众阐明怎样才能做一个真正的，而不是口头上的基督徒。这就导致他和教会的关系彻底破裂。

克尔凯郭尔生命的最后一年是在同教会的激烈对抗中度过的。过去他写的大部头宗教著作，很少有人认真阅读，因此一般公众并不十分了解他在思想上与教会的严重分歧。于是他改变方式，在短短几个月内接连在报刊上发表了21篇文章，还出版了一系列小册子，并一反以往喜欢用笔名的习惯做法，都署自己的真名发表。这些文章和小册子短小精悍，通俗易懂，没有多少高深的理论，但批判性和揭露性很强。他公然向教会的权威挑战，指名批判自己过去的老师、新任丹麦大主教马腾森，对教会进行的宗教活动以及教士们的生活、家庭和宗教职务都极尽讽刺挖苦之能事，甚至公开号召人们停止参加官方的公共礼拜，退出教会。但是，克尔凯郭尔并未达到预期的目的，他全力发动攻击，马腾森和教会当局却始终保持沉默，轻蔑地置之不理，他企图唤起人们反对教会也徒劳无功，除了得到少数年轻人同情外，遇到的只是公众的冷漠和敌意。他大失所望，再次陷于孤立的困境，在这个时期内他拒不见客，与外界断绝往来。他的唯一在世的哥哥彼得那时在教会中已身居要职，他们之间的最后一点兄弟情谊也就此终结了。

1855年10月2日，克尔凯郭尔在外出散步时发病被送往医院救治，他自己意识到末日将临，说"我是到这里来死的"。在医院里，他拒绝了哥哥彼得的探视，拒绝从神职人员那里领受圣餐。他同意童年时期的朋友波森来探望，波森问他还有什么话想说，他起初说"没有"，后来又说："请替我向每一个人致意，我爱他们所有的人。请告诉他们，我的一生是一个巨大的痛苦，这种痛苦是别人不知道和不能理解的。看起来我的一生像是骄傲自大和虚荣的，实际上却并非如此。我不比别人好。我过去这样说，而且总是这样说的。我在肉中扎了刺，因此我没有结婚，也不能担任公职。"在去世前,他还向人表示,他对自己所完成的工作感到幸福和满足,唯一感到悲哀的是他不能和任何人分享他的幸福。他就这样离开了人世,终年42岁。这个反叛的基督徒的葬礼还为教会制造了最后一次麻烦,他的外甥带领一批青年学生抗议教会违背死者的意愿,擅自决定由牧师主持葬礼。葬礼只得草草结束,他被安葬于家庭墓地,但却没有设立墓碑。过去他在《日记》里曾写道,在英国某地,有一块墓碑上只刻着"最不幸的人"这几个字,可以想象并没有人埋藏在那里,"因为这墓穴是注定为我而准备的"。结果却是他死后墓地上连这样的一块墓碑也没有。他的遗嘱指定把他所剩无几的遗产赠给他念念不忘的雷吉娜,也遭到她的拒绝。直到半个世纪以后,年迈的雷吉娜才说出了真心话:"他把我作为牺牲献给了上帝。"

综观克尔凯郭尔短暂的一生,他的生活经历虽然没有戏剧性的情节,其内在的精神发展却充满矛盾、冲突、痛苦,有着无比丰富复杂的刻骨铭心的人生体验,迫使他深入地思考和探索在这个世界上生存的意义和个人的价值,这些都体现在他的哲学和宗教思想里。他虽然总是从他个人的视角和以他个人的独特方式去对待这些问题,而这些问题是现代社会里的人普遍关心和感兴趣的,因此具有现代的意义。这也就是我们今天仍然需要认真研究克尔凯郭尔的原因。

本选集的出版得到了丹麦克尔凯郭尔研究中心的资助,特此致谢。

天才释放出的尖利的闪电
——克尔凯郭尔简介

尼尔斯·扬·凯普伦

"天才犹如暴风雨：他们顶风而行；令人生畏；使空气清洁。"这是索伦·克尔凯郭尔在1849年的一则日记中所写下的句子。他自视为天才，而且将自己的天才运用到"作少数派"的事业之上。他总是顶风而行，与社会的统治力量及其教育体制相对抗，因为他认为"真理只在少数人的掌握之中"。为了与抽象的"公众"概念相对，他提出了具体的"单一者"（den Enkelte）的概念。

索伦·克尔凯郭尔是丹麦神学家、哲学家和作家，他出生于1813年5月5日，是家中7个孩子当中最小的一个。他在位于哥本哈根市新广场的家中度过的特殊的青少年时期受到了其父浓厚的虔敬主义和忧郁心理的影响。1830年他完成了中等教育，旋即被哥本哈根大学神学系录取。很快地，神学学习就让位给文学、戏剧、政治和哲学，让位给一种放荡的生活，而后者部分的是出于他对家中严苛而阴暗的基督教观念的反抗。但是，1838年5月他经历过一次宗教觉醒之后，加之他父亲于同年8月辞世，克尔凯郭尔返归到神学学习之中，并于1840年7月以最佳成绩完成了他的神学课程考试。

两个月之后，克尔凯郭尔与一位小他9岁的女孩雷吉娜·奥尔森订婚。但是，随后"从宗教的角度出发，他早在孩提时起就已经与上帝订婚"，因此他无法与雷吉娜完婚。经过了激烈的暴风雨式的13个月之后，1841年10月，他解除了婚约。这次不幸的爱情在克尔凯郭尔日后的生活道路中留下了深刻的印迹，同时它也促使克尔凯郭尔以1843年《非此即彼》和《两则启示性训导文》两本书的出版而成为一名作家。

其实早在1838年，克尔凯郭尔就出版了自己的第一本书《一个仍然活着的人的作品》。这是针对安徒生的小说《仅仅是个提琴手》的文学评论。丹麦作家安徒生（1805—1875）曾创作了少量的几部小说、一些游记作品、歌剧脚本、舞台剧本以及大量的诗歌，但他最终以童话作家的身份享誉世界。克尔凯郭尔认为，《仅仅是个提琴手》在艺术上是失败的，因为它缺乏了某种"生活观"（Livs-Anskuelse）。在其处女作发表几年之后，1841 年，克尔凯郭尔以题为《论反讽的概念》的论文获得了哲学博士学位（magistergrad）①，论文对"反讽"进行了概念化的分析，其中"反讽"既得到了描述，又得到了应用。

克尔凯郭尔就哲学、心理学、宗教学以及基督教所发表的作品大致由 40 本书以及数量可观的报刊文章组成，这些作品可以被划分为两大阶段：1843—1846 年和 1847—1851 年。除《非此即彼》以及合计共 18 则启示性训导文之外，第一阶段写做出版的作品还有《反复》、《恐惧与颤栗》、《哲学片断》、《忧惧的概念》、《人生道路诸阶段》和《对〈哲学片断〉所做的最后的、非学术性的附言》；其中出版于 1846 年的《附言》一书成为区分两阶段的分水岭。所有的启示性训导文是克尔凯郭尔用真名发表的，其余作品则以假名发表，如 Constantin Constantius，Johannes de silentio，Vigilius Haufniensis，Johannes Climacus。克尔凯郭尔写作的第二阶段即基督教时期发表有如下作品：《爱的作为》、《不同情境下的启示性训导文》、《基督教训导文》、《致死之疾病》、《基督教的训练》。这一阶段的作品除了后两部以 Johannes Climacus 的反对者 Anti-Climacus 发表之外，其余作品均以克尔凯郭尔的真名发表。

此外，克尔凯郭尔还写有大约充满 60 个笔记本和活页夹的日记。这些写于 1833—1855 年的日记带有一种与日俱增的意识，即它们终将被公之于众，而这些日记使我们得以窥见克尔凯郭尔所演练的"在幕后练习台词"的试验。与其发表作品一样，克尔凯郭尔的日记在 1846 年前后也出现了一个变化。写于 1846 年之前的日记表现的是在其发表作品背后的一种文学暗流。这些日记无所拘束、坦白、充满试验性，反射出那个年轻且充满活力的作家的洞察力。那些简短的描述和纲要、观察笔记、释义段落，它们充斥着前后及彼此的不一致，它们相互之间以及与作者的生活之

---

① 在现代丹麦的学位制度当中，magister 对应于 Master's Degree（硕士学位），但是在历史上，magistergrad 却是哥本哈根大学哲学系的最高学位，自 1824 年以来它对应于其他系科的 doktorgrad（博士学位），1854 年该学位被废除。（译者注）

间存在着或合或离的关系。而写于 1846 年之后的日记——它们由 36 个同样的笔记本、共计 5700 个手写页组成，其内容则成为内向性的自我萦绕和一种自我申辩。其间，克尔凯郭尔一直在诠释着和讨论着他已发表的作品，反思这些作品及其作者在现时代的命运。

在克尔凯郭尔的写作当中，在很大范围内也在其日记当中，他描述了生存的诸种可能性，尤其是三种主要阶段，对此他称为"生存的诸境界"（Existents-Sphærer），即审美的、伦理的和宗教的境界。他的基本观点在于说，每个人首先必须或者说应该——因为并非每个人都能做到这一点——使自身从被给定的环境当中、从其父母和家庭当中、从其所出生和成长的社会环境当中分离出来。然后，他必须开始历经生存的各个阶段（Eksistensstadier），在此进程之中他将获得其永恒的有效性，成为一个独立的个体（individ）。这个个体将成为其自身行动的主体，进而将成长为一个独特的、负有伦理责任的人。直到最终，在罪感的驱使之下，伦理的人将步入宗教境界。克尔凯郭尔年仅 22 岁的时候就已经对此主题发表了自己的看法，首先是涉及他自己，同时也关涉所有的人。他试图明白，生活对他而言意味着什么。在 1835 年的一则日记中他这样写道：

"一个孩子要花些时间才能学会把自己与周围的对象区分开，在很长一段时间内他都无法把自己与其身处的环境区别开来，因此，他会强调其被动的一面而说出，例如，'马打我'（mig slaaer Hesten）这样的句子来。同样，这种现象将在更高的精神境界当中重现。为此我相信，通过掌握另一个专业，通过把我的力量对准另外一个目标，我很可能会获得更多的心灵安宁。在一段时间内这样做可能会起作用，我可能会成功地将不安驱赶出去，但是毫无疑问，这不安仍将卷土重来，甚至更为强烈，如同在享受了一通冷水之后迎来的是高烧一样。我真正缺乏的是要让我自己明白，我应该做些什么，而非我应该知道些什么，尽管知识显然应该先于行动。重要的是寻找到我的目标，明确神意真正希望我所做的；关键在于找到一种真理，一种为我的真理，找到那种我将为之生、为之死的观念。"（日记 AA：12）而当一个人找到了这样的真理的时候，这真理只为那个具体的人而在，这人也就获得了内在的经验。"但是"，克尔凯郭尔提醒说，"对于多少人而言，生活中诸种不同的印迹不是像那些图像，大海在沙滩上把它们画出就是为了旋即将它们冲刷得无影无踪"。

这个真理，这个我作为一个独特的人应该寻找并且使之成为为我的真理，它在这个意义上来说是主观的，即我是作为主体的我在选择它。再进一步说，它还在这个意义上来说是主观的，即我应该以它为根据改造我的主体性和我的人格，应该根据它去行动。根据克尔凯郭尔，真理永远是处于行动中的，因此他还强调我应该做什么。在上述背景之下，很多年之后，克尔凯郭尔在他的主要哲学著作《附言》当中提出了"主观性即真理"的命题。这个命题不应该被理解成在独断的或者相对的意义上说真理是主观的，似乎此真理能够与彼真理同样好。恰恰相反。在克尔凯郭尔看来，生存中存在着一种绝对的真理，一种永恒有效的真理，正是这种真理才是作为主体的我、作为个体的我要去参与的；当我选择的时候，它就应该成为为我而在的真理。不仅如此，当我选择那个永恒有效的真理的时候，我要占有这真理，根据它改造作为主体的我，把它作为我的所有行动的绝对准则。

假如这一切并未发生，假如我的生活纠缠在诸多独断的真理之中并且远离了我的规定性的话，那么只有一种可能性，就是沿着我曾经向前走过的同一条路倒着走回去。克尔凯郭尔曾运用了一个取自古老传说中的意象。传说中有一个人着了一支乐曲的魅惑，为了摆脱音乐的魔力，他必须将整支曲子倒着演奏一遍。"一个人必须沿着他所由来的同一条道路倒行，犹如当把乐曲准确地倒着演奏的时候魔力就被破除了的情形一样（倒退的）。"（日记 AA：51）

假如我并未返回到出发点以便找到那条通往真理的正确道路，而是使我的生活纠缠在那些独断的真理之中的话，那么我将陷入沮丧之中。有这样一种情形：我有一种强烈的愿望，但我并不知道我所希望的到底是什么，也没有准备好调动我的力量去发现之，因为那将意味着我必须使自己从那种我曾经纠缠其中的生活当中挣脱出来，于是我便无法去希望。克尔凯郭尔把这样的一种情形称为"忧郁"（tungsind）。

"什么是忧郁？忧郁就是精神的歇斯底里。在一个人的生活中会出现一个瞬间，当此之时，直接性成熟了，精神要求一种更高的形式，其中精神将把自身视为是精神。作为直接性的精神而存在的人是与整个世俗生活联系在一起的，但是现在，精神将使自身从那种疏离状态中走出来，精神将在自身当中明白自己；他的人格将会在其永恒有效性内对自身有所意识。假如这一切并未发生，运动就会终止，它将被阻止，而忧郁也由此介入。人们可以做很多事情以试图忘掉它，人们可以工作……但是，忧郁仍然在那里。

"在忧郁当中有着某种无可解说的东西。一个悲伤或者担忧的人是知道他为什么悲伤或者担忧的。但是倘若你询问一个忧郁的人，问他为什么会忧郁，是什么压在他的身上，他将会回答你说，我不知道，我无法解释。忧郁的无限性就在这里。这个问答是完全正确的，因为他一旦知道他因何而忧郁，忧郁就被驱除了；可是那个悲伤者的悲伤绝不会因为他知道自己因何悲伤而被驱除。但是，忧郁是罪（Synd）……它是那种没有深刻地、内在性地去希望的罪，因此它是众罪之母……可是一旦运动开始了，忧郁就会被彻底驱除，同时就同一个体而言，他的生活仍然可能带给他悲伤和担忧。"

在《非此即彼》当中，克尔凯郭尔曾这样写道："很多医生认为忧郁存在于肉体之中，这一点真够奇怪的，因为医生们无法将忧郁驱除。只有精神才能驱除忧郁，因为忧郁存在于精神当中。当精神找寻到自身的时候，所有微不足道的悲伤都消失了，据很多人说产生忧郁的根源也消失了——这根源在于说，他无法在这个世界上立足，他来到这个世界太早或者太晚了，他无法在生活中找到自己的位置。那个永恒地拥有自身的人，他来到这个世界既不太早也不太晚；那个居于其永恒当中的人，他将会在生活当中发现自己的意义。"（SKS 3，pp. 183—184）

有了对忧郁的如是理解，克尔凯郭尔提出了另一个重要的概念：忧惧（angst），在其心理学著作《忧惧的概念》当中他对这个概念做出了阐发。在书中，假名作者 Vigilius Haufniensis 描述了忧惧的诸种现象并且发问道，忧惧或者毋宁说一个人会变得忧惧的事实会揭示出人是什么呢？对此他回答说：人是一个与成为他自己这一任务密不可分的自我。这位假名作者还描述了这项任务失败的原因，因为个体不仅仅在因善而且也在因恶的忧惧当中受到了束缚，最终，他陷入了妖魔式的内敛当中。

而忧惧又引发出了另一个新的概念：绝望（Fortvivlelse），对此克尔凯郭尔让其身为基督徒的假名作者 Anti-Climacus 在《致死之疾病》一书中做出了分析，该书与《忧惧的概念》相呼应。正是 Anti-Climacus 表达了克尔凯郭尔关于人的最终的观念：人是一个综合体，是一个在诸多不同种的尺度（Størrelse；对应于德文 Grösse）之间的关系，例如时间性与永恒性、必然性与可能性，但是它却是一种与自身发生关联的关系。在书的第一部分中，Anti-Climacus 通过对绝望的不同形式的描述展开了这一观念，在此绝望被理解为人不愿成为自我。在书的第二部分中，作者深入阐明了他对绝望的理解，他认为绝望是罪，以此，他与《忧惧的概念》一书中关于罪的理论相呼应。于是，绝望成了经强化的沮丧，或者是以上帝为背景而思想时的沮丧，也就是说，一个人不愿意成为如上帝所创造的那样的自我，不愿去意愿着或者执行上帝的意志。"心的纯洁性在于意愿一（件事）"，而这个"一"最终就是上帝。

那个意愿着上帝并且因此也意愿着成为如上帝所创造的自我一样的人；那个不再与上帝和其自身相疏离的人——处于这种疏离状态的人或者处于在罪过（Skyld）的封闭的禁锢当中，或者处于关于自我的梦想的非现实的理想图景当中；那个人将真正地走向自我，他将与自我和自我同一性共在，因此，他将在场于生活的实在的场中。克尔凯郭尔在其成文于1849年的三则审美性的、关于上帝的训导书《田野的百合与空中的飞鸟》中这样写道："什么是快乐，或者说快乐是什么？快乐也就是真正地与自我同在，而真正地与自我同在指的就是那个'今天'；在（være）今天，其实就是指在今天。它与说'你在今天'，与说'你与你自身就在今天同在'，说'不幸的明天不会降临到你的头上'同样正确。快乐指的就是同在的时间，它所着力强调的是同在的时间（den nærværende Tid）。因此上帝是幸福的，作为永恒的存在他这样说：今天；作为永恒的和无限的存在，他自身与今天同在。"（SV14，160）

克尔凯郭尔在第一阶段的写作中完成了对三种人性的"生存境界"的描述之后，在第二阶段中他指出了在与基督教的关系之下这三种境界的不足之处。一个人要成为一个真实的自我，首先要通过作为上帝所创造的产物而与上帝建立关联。一个人要成为真正的自我，他首先要认识基督并且使他的罪过得到宽恕。但是，在认识之前同样需要行动。因此，真理总是在行动中的真理，正如信仰总是在作为（Gjerninger）中的信仰一样。

在第二阶段的写作当中，对人性的和基督性的理解同时得到了强化。克尔凯郭尔进一步强调，那个决定性的范畴即在于单个的人，即"那个单一者"（hiin Enkelte）；但是与此同时，他也越来越强调一种以宗教为根基的对于人与人之间的平等关系的把握。这一点与他对于所处时代的不断成熟的批评是并行的。1846年，克尔凯郭尔发表了题名为《文学评论》的作品，对一位年长于他的同时代丹麦作家托马西娜·伦堡夫人（1773—1856）的小说《两个时代》做出了评论。其间，克尔凯郭尔赋有洞见地总结了那个日益进步的现代社会的特征，表达了他的政治和社会思想，指出当今时代呈现出一种平均化和缺乏激情的倾向。

克尔凯郭尔自视自己是一位以"诠释基督教"为己任的宗教作家。他将"清洁空气"，他将把所有的幻象和所有的虚伪都剥除尽净，并且返回到"新约的基督教"。在此背景之下，他在自己生命的最后几年当中对丹麦的官方所宣称的基督教以及基督教权威机构展开了攻击。1854年年底，克尔凯郭尔以在名为《祖国》的报纸上所发表的一系列文章开始了他针对教会的战斗。继而，这场战斗又继续在更强烈、更激进的新闻性小册子《瞬间》（共计9册）当中进行。

1855年10月，克尔凯郭尔在街头摔倒了，他病入膏肓，精力耗尽。他被送往了弗里德里克医院（地址即今天的哥本哈根市工艺美术博物馆），11月11日，他在那里告别了人世。

克尔凯郭尔在19世纪末20世纪初之际被重新发现，并且在第一次世界大战之后获得了广泛的国际声誉。他成为辩证神学、存在哲学以及存在神学的巨大的灵感源泉。自20世纪60年代至80年代中期这段时间里，克尔凯郭尔（研究）一度处于低潮。自那以后，克尔凯郭尔获得了巨大的复兴，不仅在学者和研究者中间，而且还在一个更为广泛的公众当中；这种复兴不仅发生在丹麦国内，而且还发生在国际上，包括很多前东欧社会主义国家。

这种重新焕发的对于克尔凯郭尔的兴趣反映了一种崭新的对生存进行全面理解的愿望，人们希望在当今众多相对的、划时代的，以及由文化决定的真理之外寻求到一种可能的永恒真理。这种探求不仅仅在知识—哲学的层面之上，而且还应落实到伦理—生存的层面之上。这种寻求还与寻找对个体的意义、伦理学的基础以及宗教与社会的关系这些根本性问题的新的解答联系在一起。

"有两种类型的天才。第一种类型以雷声见长，但却稀有闪电。而另一种类型的天才则具有一种反思的规定性，借此他们向前推进……雷鸣声回来了，闪电也非常强烈。以闪电的速度和准确性，他们将击中那些可见的每一个点，而且是致命的一击。"毫无疑问，克尔凯郭尔属于后一种类型的天才。

（王　齐译）

译者短语

京不特

克尔凯郭尔的许多著作都是使用假名（或者说笔名）。但是他的《爱的作为》（亦即《选集》第七卷）和各种讲演都是使用自己的真名发表。这里的《选集》第八卷之中所选的讲演也都是使用真名的。

这里收了四个讲演集，分别为《两个陶冶性的讲演。1843 年》、《四个陶冶性的讲演。1844 年》、《三个想象出的场合讲演》和《原野里的百合和天空下的飞鸟》。关于每个讲演集，在标题的注释之中都有说明，所以译者在这里就不作介绍了。

要进行说明的是这个选集的书名。在以前其他几卷出版的时候，提及这第八卷的标题被都被作是《启示性的训导书选》。其实这个标题是一个误解。这一卷的标题是《陶冶性的讲演集》，因为沿用了《两个陶冶性的讲演。1843 年》和《四个陶冶性的讲演。1844 年》标题中的"陶冶性的讲演"。在 1843 和 1844 年间，克尔凯郭尔出版过六本陶冶性讲演集：《两个陶冶性的讲演。1843 年》、《三个陶冶性的讲演。1843 年》、《四个陶冶性的讲演。1843 年》、《两个陶冶性的讲演。1844 年》、《三个陶冶性的讲演。1844 年》和《四个陶冶性的讲演。1844 年》。加起来一共是十八篇陶冶性讲演，在 1845 年被集为一册，称作《十八陶冶性讲演》。中文标题的误解是渊源于以前的翻译，有人从英译本译成中文，被称作《十八训导书》。说这些讲演是"训导书"，其实是不确切的。作者想要避免的恰恰就是，人们可能会将这些讲演看作是"训导"、"教导"或者"布道"类的文本。这些文本是一些"有可能起到陶冶作用的讲演"，作者在前言里也多次提及：这些讲演应当被称作是"陶冶性的讲演"而不是"用于陶冶的讲演"。因此，我们就更不能将这些讲演看成是"训导"的。

其实《十八陶冶性讲演》的英译也有两种对标题的不同译法。David F. Swenson 在 20 世纪 40 年代的译本译作是 "Eighteen Edifying Discourses"，这可能会导致向"训导"的误读。而 Howard V. and Edna H. Hong 在1992年（以及1978年）出版的译本则是 "Eighteen Upbuilding Discourses"，相比之下，就翻译得更准确。

关于"陶冶"，克尔凯郭尔在《爱的作为》里有过专门讨论。在丹麦语中，"陶冶（opbygge）"这个词是动词"向上建起（opbygge）"的转义。在《爱的作为》中，克尔凯郭尔写道：

陶冶是一个比喻的表述，然而我们现在，在思想中带着这一精神之秘密，则要看：这个词在直接的说话之中标示着什么。陶冶/向上建起（At opbygge）是由"构建（at bygge）"加上后缀副词"起（op）"构成的，这强调必须在于后者。每一个陶冶者都构建，但不是每一个构建者都陶冶。比如说，如果一个人为自己的房子构建出一排侧房，那么我们不会说他向上建起（opbygge）一排侧房，我们说他加建。于是，这个"起（op）"看来是在给出一个高度上的方向，向上的方向。然而事情却也不是如此。如果一个人在一幢有三十阿棱的楼上再建上十阿棱高，那么我们还是不会说他建起更高的十阿棱，我们说他加建。在这里，这个词的意味就已经变得值得我们注意了；因为我们看得出，这里的事情也不在于高度。相反，如果一个人建起一幢楼，尽管低而且小，但却是从地基上建起，这时我们就说他向上建起一幢房子。于是，"建起/陶冶（at opbygge）"就是从地基上建设出某种有高度的东西。这一"起（op）"固然是给出了"高度"的方向；但是只有在高度反过来也是深度的时候，我们说"建起/陶冶（at opbygge）"。因此，如果一个人在高度上并且从地基上建起，但深度却并不真正地对应上深度，那么我们固然会说，他在"建起/陶冶（at opbygge）"，但他"建起/陶冶（at opbygge）"得很糟糕，相反我们对"构建得很糟糕"则有着某种别的理解。这样，相对于"建起/陶冶（at opbygge）"，强调特别是在于：从根本上构建。我们肯定不会把在地基里构建称作"建起/陶冶（at opbygge）"，我们不说建起（at opbygge）一口井；然而，如果要谈论"建起/陶冶（at opbygge）"，那么，不管这楼房会有多么高多么低，这工作必须是从根本上做起。因此我们能够这样说及一个人：他开始去建起一幢房子，但他没有完成。相反，说及一个在高度上为楼房加建了很多但却不是从根本上建起的人，我们绝不可能说：他"建起/陶冶（at opbygge）"。多么奇怪啊！"建起/陶冶（at opbygge）"这个词中的这"起（op）"给出高度，但反过来又把高度作为深度给出；因为"建起/陶冶（at opbygge）"是从根本上构建起。因此圣经也说及那糊涂人，他"没有根基地构建"；而关于那听着属于真正陶冶的言辞或者听从圣经的言词的人、那听着这些言词并且照着做的人，关于这个人则是这样说的：他像一个人盖房子，深深的挖地（《路加福音》6：48）。因此在大水冲过来风暴敲打这牢固地建起的房子时，这时我们就全都因为看见这一陶冶的景象而高兴：风暴无法动摇它。值得称赞的是，一个人在他开始之前先考虑"他能把塔楼盖得多高"，但是如果他要建起（opbygge），那么让他最终去认真地挖地吧；因为，哪怕这塔楼，如果有这个可能，升起高过云霄，但是如果它是没有地基的话，那么它就其实并没有被建起。完全没有地基地建起（at opbygge）是不可能的，因为这就是在空气中构建。因此人们在语言上说得很对，说是构建空中楼阁；人们不说建起空中楼阁，这说法会是一种不谨慎而错误的语言用法。因为即使是在对无谓的东西的表达之中也必定是有着一种介于各单个词句间的一致性，而这种一致性并不存在于"在空中"和"建起（at opbygge）"之间，因为前者是去掉地基而后者则是指向这一"从地基起"；因此这两者的结合就会是一种不真实的夸张。

……当然我们不会去想"看一个人睡觉"会是具有陶冶性的。然而，如果你看见孩子在母亲的乳旁睡着，你看见母亲的爱，看见她就好像是等待着并且终于用上了这一瞬间，这时孩子睡着，她终于把这一瞬间用于真正地去乐在其中，因为她几乎不敢让这孩子感觉到她是在多么难以形容的程度上爱着他；于是，这就是一种陶冶性的景象。如果这母亲的爱不是有形的，如果你想在她的脸上和表情之中发现母爱对于孩子的喜悦或者关怀的一丁点表露都只是徒劳，如果你只是看见懒散和无所谓——只要这孩子不来麻烦就很高兴，那么，这景象就也不是陶冶性的。仅仅只看这孩子独自睡觉，是一种友好的、一种慈善的、一种令人心静的景象，但它不是陶冶性的。如果你还是想要将之称作是陶冶性的，那么，这就是因为你仍还是看见爱的在场，那么，这就是因为你看见了上帝的爱萦绕着这孩子。看伟大的艺术家完成自己的杰作，这是辉煌而崇高的景象，但这却不是陶冶性的。假定这一杰作是奇迹之作，现在，如果这艺术家出于对一个人的爱而将之打碎，那么这一景象也会是陶冶性的。

（比较阅读中国社科版《文集》第七卷，《爱的作为》，230—237页。）

本书翻译所用的原本是哥本哈根大学克尔凯郭尔研究中心在 1999 年出版的 "*Søren Kierkegaards Skrifter*，bind 5：*To opbyggelige Taler*，1843（第 5—56 页）；*Fire opbyggelige Taler*，1844（第 283—381 页）；*Tre Taler ved tænkte Leiligheder*（第 383—469 页）" 和 "*Søren Kierkegaards Skrifter*，bind 11：*Lilien paa Marken og Fuglen under Himlen*（第 5—48 页）"（出版社是 Gads Forlag）。

在翻译之中，我所使用的其他各种语言的对照版本有：Emanuel Hirsch 的德文版 *Sören Kierkegaard – Gesammelte Werke*，Band 2（Abt. 3：*Zwei Erbauliche Reden* 第 370—424 页），Band 8（Abt. 13./14. *Erbauliche Reden 1844/1845*）和 Band 16（Abt. 22：*Die Lilieaufdem Feldeundder Vogelunter dem Himmel* 第 370—424 页）（出版社是 EUGEN DIEDERICHS VERLAG，1950—1970 年）；Hong 的英文版 *Eighteen Upbuilding Discourses*（1992 by Howard V. Hong and Edna H. Hong / Published by Princeton University Press）、*Three Discourses on Imagined Occasions*（1993 by Howard V. Hong and Edna H. Hong / Published by Princeton University Press）和 *Without Authority*（1997 by Howard V. Hong and Edna H. Hong / Published by Princeton University Press）；David F. 和 Lillian Marvin Swenson 的 *EDIFYING DISCOURSES. A Selection*（HARPER & BROTHERS，NEW YORK 1958）和 *Three Discourses on Imagined Occasions*（Augsburg，1941）；George Pattison 的 *Spiritual Writings: A New Translation and Selection*（Harper Collins, 2010）；以及 Bruce H Kirmmse 的 *The Lily of the Field and the Bird of the Air: Three Godly Discourses*（Princeton University Press, 2016）。

在翻译的过程中可能免不了一些错误，因此译者自己在此译本出版之后仍然不断寻求改善。另外，如前面提及，这个版本寻求与国内已有的阅读习惯保持和谐，一些名词概念被变换为比较通俗顺口的字词，译者甚至还对一些复合句子进行了改写，但是译者在尾注中对所有这类"译者的创意加工"都给出了说明和解释。译者为了方便读者的阅读理解，有时候也在一些地方加上了一些原文中没有的引号，有的在尾注里作了说明，有的则没有说明（比如说"那永恒的"这一类概念）。有的句子则是在尾注里得到分析解读或者被加上一些原文中没有的引号。中文的语法决定了中文的解读常常会有模棱两可的效果，这在诗意阅读上可能会是一种优势，但是既然本书中的文字叙述并不带有"让读者对某句话作多种意义解读"的诗意目的，相反，"对叙述有一个明确无误的理解"是读者领会上下文关联的前提，那么译者就有必要在翻译成中文的叙述之中清除掉各种模棱两可的可能。

在这里，我向哥本哈根的索伦·克尔凯郭尔研究中心致谢，研究者们的注释工作为我在对原著的理解上带来了极大帮助，尤其是丹麦文版的出版者和注释者 Niels Jørgen Cappelørn。我也向丹麦国家艺术基金会致谢，感谢基金会对我这许多年文学翻译和创作的支持和帮助。

目 录

两个陶冶性的讲演，1843 年 …………………………（ 1 ）
四个陶冶性的讲演，1844 年 …………………………（ 67 ）
三个想象出的场合讲演 …………………………………（201）
原野里的百合和天空下的飞鸟 …………………………（325）

两个陶冶性的讲演，1843年

索伦·克尔凯郭尔

哥本哈根

毕扬科·鲁诺斯印刷坊印刷
1843

这些讲演献给

我的父亲

本城的前毛织品商[1]
已故的
米凯尔·彼得森·克尔凯郭尔[2]

前　言

尽管这本小书（它被称作是"讲演"而不是布道[3]，因为它的作者是没有布道的权威的[4]；它被称作是"陶冶性的讲演"而不是"用于陶冶的讲演"，因为讲演者绝对不是在要求作为老师）只是想要尽自己的本分，作为一种多余[5]，并且只是想要继续留在隐蔽的状态之中，正如它在隐蔽之中进入存在，尽管如此，如果没有一种几乎是幻想般的希望的话，我仍不会就此与它作别。因为被出版，在比喻的意义上，它就是以某种方式开始了一场漫游，于是我就让我的目光仍追随它一段时间。这样，我看见了，它到底是怎样在一条孤独的道路上行走的，或者，是怎样孤独地走在所有人行走的康庄大道上的。在一些误解之后，因为被倏然飘过的相同性欺骗，它最终遇上了那个单个的人[6]，我带着欣喜和感恩将之[7]称作我的读者，那个单个的人，它所寻找的人，它就仿佛是向之[8]伸展出自己的双臂，那个单个的人，他心甘情愿，在黑暗之瞬间，不管它是欣悦而渴盼着地还是"困倦而沉思地"[9]与他相遇，他都有足够的意愿来让自己被找到，有着足够的意愿来接受它。——相反，通过被出版，它在更确实的意义上继续驻留在静止之中，不出离所在之处，这样，我就让我的目光在它之上停靠片刻。它站在那里，像一朵无足轻重的小花，在大森林的遮掩之下，既不因为自己的华丽、也不因为自己的芬芳、也不因为自己的营养成分而为人所寻。然而，我也看见，或者说是以为自己看见，那只被我称作是"我的读者"的鸟突然看见了它，展翅俯冲下来，摘下它，将它带回自己家。既然我看见了这个，我就不再看下去了。

1843年5月5日[10]，哥本哈根

S. K.

信仰的期待

元旦[11]

祈 祷

又一年过去，在天之父！我们感谢你，因为这一年被置于恩典之时[12]，并且因为我们没有因这一年将被置于清算之时[13]中而感觉到恐怖；因为我们把自己信托于你的仁慈之中。新年带着它的要求站在我们面前；尽管我们沮丧而忧心忡忡地走进这新年——因为我们不能也不愿对自己隐藏起关于"眼目之迷惑人的欲望"、关于"报复之引诱着的甜蜜"、关于"那使我们无法和解的愤怒"和关于"那远远地逃离你的冷酷的心"的想法，我们却也不是完全两手空空地走进新年的；因为我们也还是会带上各种各样的回忆：关于那些得到了抚慰的可怕怀疑，关于那些得到了缓解的宁静忧虑，关于那得到了振奋的沮丧心情，关于那没有令人惭愧的欣悦希望。是的，在我们在各种忧伤的瞬间想要借助于关于各种伟人的想法来强化和鼓舞我们的心灵的时候，（那些伟人是你特选的工具，在各种严酷的考验[14]中、在心头的恐惧中，他们保持让心灵自由、让勇气不馁、让天空敞开），对这明确的信念[15]，我们也想要把我们的见证添加到他们的见证之中：尽管与那些人的勇气相比，我们的勇气只是馁怯，与那些人的力量相比，我们的力量只是乏力，你却仍是这同一个、这在斗争中考验精神的同样全能的上帝、这"没有其许可一只麻雀都不会掉在地上"的同一个天父[16]。阿门。

使徒圣保罗写给加拉太各教会的信
第3章第23节至结尾[17]

这是一年的第一天,我们聚在这里,虔诚的听众[18]！我们今天所庆祝的这个节日没有任何教会的名分,然而对它的庆祝为我们带来的喜悦却毫不减色,它所提出的对于宁静沉思的要求也不乏任何严肃。我们是聚集在主的家里[19]；在这里人们所谈的总是同一件事,尽管相对于时间和机缘,谈论的方式会有不同。一年过去了,新的一年开始了；在这新的一年里还没有什么事情发生；过去的终结了,现在的还没有；只是那将来的是将要到来的,它尚未到来。一般说来,在日常生活中,我们在相互间时而会祝愿对方在某件事情上有好运。既然我们以为自己了解一个人的特别状况,了解他的各种想法和所作所为,那么,在同样的程度上,我们就以为自己可以祝愿他一种特定的、恰恰适合于他以及他的生活的好运。在这一天也是如此,我们不免也会通过"祝愿其他人们这样或者那样的好运"来向他们展示我们的善意和同情。但是,既然,在这天,关于"那将来的事情"和"那在它[20]之中隐藏着的未经勘察的可能性"的想法对我们而言真正变得生动,我们的祝愿通常会属于更为普通的类型,因为我们希望,这祝愿所囊括的更大范围能够把握住"那将来的事情"的丰富多样,因为我们感觉到"相对于'那未被确定的事情'和'那无法得以确定的事情'而言要去祝愿'某件确定的事情'"的困难。然而,我们却不会让这一困难来阻止我们的祝愿,我们不让这想法有时间去使那心头神秘而不确定的冲动变得惶恐不安,我们让一种善意引导自己,它尽管并不值得我们以爱的名义去赋予它荣誉,但它也绝不应当被藐视为一种轻率[21]。只有在考虑到一个单个的人的时候,我们才会有例外。我们的心与他更紧密相关,我们更多地是为他的福祉而担忧。事情越是如此,我们对上面所说的"困难"的意识就越明确。随着这思想越来越深入到"那将来的事情"之中,它就在自己对"从那神秘者身上逼出或者诱出一种解说"的无休止追求之中迷失了方向；它左顾右盼地从一种可能匆匆奔向另一种可能，但却徒劳；在所有这一切过程中，祝愿着的灵魂变得悲哀，它坐等着思想会回返过来向它阐明，什么该是它敢于带着自己的全部真挚[22]去祝愿的东西。其他人轻而易举不费功夫就能够做的事情，对这个人来说，则是沉重而艰难的事情；他自己对别人很容易做到的事情，相关于他至深地爱着的人，让他觉得沉重，他爱得越多，困难就越大。最后他变得不知所措；他不愿让他所爱的人脱离自己的影响力、不愿意把他交到"那将来的事情"的控制之下，然而他却不得不放开他；他想要带着所有美好的祝愿伴随他，但他却不具备哪怕是唯一的一个。

如果[23]一个人忧心忡忡的灵魂像一个囚犯一样地觉得自己陷在这一困难之中，那么，他无疑也会考虑他在这些神圣之地[24]所听说过的各种见证，也许他会走到这里来再次考虑和研究：到底有没有这样一种祝愿，它是如此确定，以至于他敢于把所有自己灵魂的真挚置于之中，不会去为另一个对被爱者来说也意义重大的祝愿而保留其中任何一部分；它是如此确定，以至于他其实是害怕自己没有足够的真挚去"以这事情应当被祝愿的方式"来祝愿这事情；一种祝愿，他无需让各种新的祝愿来伴随着一起出现，以祝愿"这祝愿会持续下去"；一种祝愿，在你停止了对它的愿望之后，它不狡诈地持续；一种祝愿，它不会去关联一件单个的事情以便让他不忘记另一件可能在后来打扰着地介入的单个的事情[25]；一种祝愿，它不是关联着"那现在的事情"，而是适合于"那将来的事情"，正如这恰是"他祝愿"的缘由。如果有这样的一个祝愿存在，那么，他就是自由而喜悦的，因为自己的愿望而喜悦，因为"他能够以此愿望来祝愿那另一个人"而更喜悦。

人们在这些神圣之地谈论许多美好的事物。人们谈论世间的各种美好，谈论关于健康、快乐的日子、财富、权势、幸福、传世美名；人们警告我们要小心这些东西；如果一个人拥有这些东西，人们警告说，他不可以去相信这些东西；如果一个人不具备这些东西，人们警告说，他不可以让自己的心去牵挂这些东西。关于信仰，人们有着另一种说法。人们说，它是至高的善，最美的、最珍贵的，所有至福的财富，无法以其他东西来度量，无法取代。现在，它是不是以这样的方式不同于其他美好的东西：它是至高的，并且与前面所说的那些其他美好的东西也同属一种类型，易逝而不稳定，只被分派给一些单个特选的人，并且很少是一辈子的事？如果事情是如此，那么，人们在这些神圣之地唯独只谈论信仰，它一再地不断得到赞美和称颂，这就会变得无法解释。那要谈论这种善的人，他必定不是拥有就是缺乏这种善。如果他拥有这善，那么他肯定就会说："我很愿意承认，这是一切之中最美好的，但是，向别人赞美它，不！这我无法做到，因为这意味了要使得那些不具备它的人们更沉重；另外，一种秘密的痛楚与这种善关联着，它比那些最痛苦的折磨更使我孤独。"他这样想，无疑是高贵而善意的。但是，那不具备它的人，他则当然无法作出这样的赞美。如果是这样的话，那么，与现在所发生的事情相反的事情就会发生；信仰会成为那唯一从不曾在这些地方被提及的善；因为它太伟大，以至于我们不敢去警告说要防备它，它太荣耀，以至于我们不敢去赞美它，唯恐那些不具备它并且无法得到它的人们会在场。所以说，信仰在事实上有着另一种质地[26]；它不仅仅是至高的善，而且也是一种所有人都能够分享的善；那为对之的拥有而高兴的人，他也为无数同类的人而高兴[27]；"因为我所拥有的"，他说，"是每一个人都拥有或者都能够拥有的东西。"那祝愿另一个人拥有它的人，他祝愿自己拥有它；那祝愿自己拥有它的人，他祝愿每一个人都拥有它；因为，那使得"另一个人具备这信仰"的东西，不是那使得"他不同于这另一个人"的东西，而是那使得"他与这另一个人相同"的东西；那使得"他拥有这信仰"的东西，不是那使得"他不同于其他人"的东西，而是那使得"他与所有人完全相同"的东西。

有这样一种祝愿[28]，就像那个不知所措的人所寻找的那种，他能够尽全心、尽全力、尽全部灵魂[29]祝愿另一个人得到它，随着他的爱变得越来越真挚，他敢于继续越来越真挚地祝愿这个。——他就是想要这样地祝愿。

如果有一个人[30]，他去另一个人那里，对他说："我曾经常听人们把信仰赞美成最荣耀的善；可我感觉我并不拥有它，我生命的困惑、我散漫的心情、我的许许多多忧虑以及那么多其他事情打扰着我，但是我知道这一点，我只有一个愿望，唯一的一个，就是，我可以得以同享这信仰。"如果他所找的是一个善意的人，这人回答说，"这是一个美丽而虔诚的愿望，你不应当放弃，我想，这愿望必定会得以实现"，是这样吧？那么他就会觉得这是一个亲切的说法，他很愿意听这说法，因为我们大家全都很愿意听那种关于我们的愿望得以实现的说法。然而时间流逝，他没有取得任何进展。于是他去找另一个人，也向这人倾诉自己的忧虑和自己的愿望。这人严肃地看着他，并且说："你怎么会谬误到如此程度；你的愿望岂止是虔诚而美丽的，在任何情况下都不应当被放弃；你所取得的进展之大远远超过你自己的想象；因为这是你的义务，你应当有信仰，如果你没有这信仰，那么这就是你的辜和罪。"[31]

他也许就会因这说法而感到意外，他也许会想：那么，这信仰也许并非像人们所描述的那样美好，既然你那么容易就能够获取它；若真如此，那当然也不合理。人们为了获得其他各种美好的东西在辽阔的世界里旅行；它们隐藏在一个遥远的地方，人们只有冒着极大的危险才能进入这地方；或者，如果事情不是如此，那么，它们的分发的情形就像毕士大池子[32]中的水的情形，关于这个，我们可以在圣经上读到：天使有时下池搅动那水，那最先到达的人，是的，那首先到达的人，他是幸运的[33]。相反，难道信仰的情形，那至高的善的情形，就不应当是如此吗？难道对之的获取就不该关联着任何困难吗？然而，他还是会更严肃地对此作出思考，在他真正进行了深思熟虑之后，他也许会说："他是对的，事情确是如此，这是坦率的谈话，在之中有着深长的意味，与一个人谈话就应当是如此；因为各种祝愿是无济于事的。"于是，他肯定会在内心之中让自己默然地受感动；每一次在他的灵魂想要让自己依托于一个祝愿的时候，他都会召唤它并且说：你知道，你不可以去祝愿；这样一来，他就继续向前走得更远。在他的灵魂变得恐惧的时候，他会召唤它，并且说：你感到恐惧，这是因为你有所愿，因为恐惧是愿望的形式，你知道当然知道，你不可有所愿，——于是，他就继续向前走更远。在他临近绝望的时候，在他说这话的时候："我不能；所有别人都能够，只有我不能够。哦！如果我从不曾听到过那谈话，如果人们听任我不受打扰地带着我的悲哀——并且也带着我的愿望行进，那有多好"；在这时候，他招呼自己的灵魂，并且说："现在，你是狡猾的，因为，你说'你祝愿'，并且让这事情看起来就好像是某种外在的事情，可以让人祝愿，尽管你知道，这是内在的东西，它只能够让人在内心里想要；你欺骗你自己，因为，你说'所有其他人都能够，只有我不能够'，然而你却知道，那使得'所有其他人都能够做这事'的东西，是那使得'他们完全与你相同'的东西，这样，如果这'你不能够做这事'确实是真相，那么其他人就也不能够做这事。这样，你不仅仅是背叛了你自己的事业，而且，只要这事情是取决于你，你就是背叛了全人类的事业;并且,就在你谦卑地把自己排除到他们的数目之外的时候,你就是在狡诈地摧毁着他们的力量!

然后他继续向前走更远。然而,如果他在更长久的时间里这样缓慢地在训诫师手下得到了教育的话,那么,他也许就已经达到了信仰。"得到了教育",就仿佛这是另一个人所经受的事情。然而,事情并非如此;这只是一场误会,只是一种表面现象。一个人可以为另一个人做许多,但给予另一个人信仰,这是他所不能够做到的。[34]我们在世界里听到各种不同的说法。有一种说法是:"我的教育是我自己的手笔;我不欠任何人任何东西";他认为他敢于为此而骄傲。另一种说法是:"那个杰出的大师是我的老师,我把'敢把自己称作他的弟子'看成是一种荣耀";他认为他可以为此而骄傲。我们不想决定这样的说法在怎样的程度上是合情合理的;但是如果要在这样的说法之中找到什么意义的话,它就只能够被用于那些有着卓越禀赋的人们身上:他们要么本来就是自足的人,要么是如此幸运以至于能够成为杰出者们的弟子。我们,则正相反,专心的听众,我们实在太微不足道而无法成为弟子,我们又该说什么呢?如果一个人说:"既然人类拒绝我,那么我就去找上帝,他成为我的导师,这是我的至福、我的喜悦、我的骄傲",难道这就会少一点美好吗?然而每一个人都能够这么说,都敢这么说,都能够真实地这么说;如果一个人不是真实地这么说,那么这不是因为这想法不是真实的,而是因为他在曲解它。每一个人都敢这么说。[35]究竟他的前额是被压平的[36],几乎就像动物的前额,抑或是比天穹更骄傲地拱起;究竟他的手臂是伸展出去统治王国和领地,抑或是去收集从富人的桌上掉落的稀罕施舍[37];究竟是成千上万人遵从着他的手势,抑或是没有任何灵魂来留意他;究竟是雄辩在他的嘴唇间绽放,抑或从它们之间只流出无人听得懂的声音;究竟这是一个充满力量与风暴对抗的男人,抑或是那只会在暴风雨里寻找屋檐的弱女子;——上面的所有一切"究竟和抑或",都与这事情毫无关系,我的听者,没有一丁点的关系。每一个人,在他拥有信仰的时候,都敢这么说;因为这一荣耀是信仰之荣耀。你是知道这个的,我的听者,在它被提及的时候,你不要害怕,[38]就仿佛因此它就会被从你这里夺走,就仿佛到了告别的瞬间你才品尝到它的至福。或者,你不知道它?唉!那样的话,你可就是非常不幸了。你无法悲伤地说:"美好礼物的施予者[39],他从我的门前走过[40]";你无法悲伤地说:"风暴和雷雨将它从我这里夺走[41]";因为美好礼物的施予者，他并不从你的门前走过；风暴和雷雨并不将它从你这里夺走，因为它们无法夺走它。

于是，就这样有着一种愿望[42]，正如那个不知所措的人寻找着它；他已不再处于困境。然而，一种新的困难显现出来；因为，在他想要对之有所愿的时候，他清楚地看出：上面所说的那种善是无法通过一个愿望来获取的；他自己无法通过对它的愿望来获得它，这倒不是他所更关心的，但他也不能通过祝愿另一个人得到它来将之给予这另一个人；只有通过自己去想要，这另一个人才能够去抓取它。然后，他就这样再次不得不放开他[43]，不得不听任他自己去做他自己的事，他的祝愿一如既往地无能为力。然而，他的想法却非如此。他所想要的恰恰是为这另一个人做一切；因为，如果我祝愿一个人什么东西的话，那么我并不要求他对此的参与协作。那个不知所措的人也是以这样的方式设想了这事情。他就好像是想要对他所爱的那个人说："现在，你只须平静，无须为任何事情担忧，除了让自己为我想要祝愿你的所有美好事物而欣喜、满足并且幸福之外，你不用做任何事情。我将祝愿着，我不会疲劳；分发各种善的礼物的，是至善的上帝[44]，我将去感动他，我将通过我的祷告来打动他；然后你将会得到所有这一切。"并且，看，就在他想要提及那些单个的美好事物时，他马上就觉得它们是如此可疑，以至于他不敢祝愿这另一个人得到它们；这时，他最终发现了他所寻找的东西，他能够安全地去愿望的东西，看，它是不可被愿望的！

他又重新不知所措，又重新忧虑，又重新陷入一个麻烦。难道整个生命就只是一种矛盾，难道爱就无法解释它，而只能够令它变得更麻烦吗？这一想法是他所无法忍受的，他必须去寻找一条出路。在他的爱之中必定有着某种不正确的东西。这时，他认识到，不管他曾是多么深地爱那另一个人，他也仍只曾以一种不正确的方式爱；因为，如果有这样的可能，能够通过他的祝愿为他[45]达成所有善的事情，也达成那至高的东西，亦即：信仰，那么，他恰恰就是由此而把他[46]弄成了一个更不完美的存在物。这时，他发现：生命是美的；没有人能够把信仰给予另一个人，这是信仰中的一种新的荣耀；但是一个人身上的至高的、最高贵的、最神圣的东西，这东西是每个人都具备的，这是人身上那本原的东西，每一个人，如果他想要拥有它，他就拥有它；信仰只能够在这样的条件下被具备，这恰恰是信仰中美好的地方，因此它是唯一恒定可靠的善，因为它只通过持恒地被获取而被拥有，只通过持恒地被培植而被获取。

这不知所措的人于是安心了；但也许，在他自己这里，在那个他为其安康担忧的人那里，在他们间的相互关系上，有了一种变化。他们以这样的方式被分开：其中的一个人可以说是被置于"凭其自身"的状态，而另一个人位置也被指定在其自身界限之内。他们的生活变得比以前更有意义，然而在相互间，他们却变得如同陌生人。他的内心，以前有着如此丰富的愿望[47]，现在变得贫乏了；他的手，以前是如此愿意作出帮助，现在学会了平静；因为他知道，这于事无助。这是他所认识到的真相，但这一真相并没有使得他更幸福。于是，生活是一种矛盾，然后这真相并不能够解释这矛盾，而只能使得这矛盾更令人痛苦；他越是深刻地认识到这真相，他就越是觉得自己被分隔开、越是在自己与另一个人的关系中感到无奈。然而他却不能愿那是虚假，不能愿他能够对此一无所知，尽管这真相永恒地把他们分开，甚至死亡本身都无法以这样的方式分开他们。这一想法是他所无法忍受的，他不得不寻找一种解释，而这时他认识到：他与他的关系恰恰是在现在得到了它的真正意义。"如果我，"他说，"通过我的祝愿或者通过我的馈赠，能够给予他至高的善，那么我就也能够从他那里拿走它，尽管他不用怕这一点，是啊！更糟糕的事情是，如果我能够这样做的话，那么我就会在我将之给予他的同一瞬间将之从他那里拿走；因为通过'我给予他那至高的东西'，我就是从他那里拿走那至高的东西；因为那至高的东西是'他能够自己将之给予自己'。因此，我想要感谢上帝，事情并非如此；我的爱只是失去了其忧虑而赢得了喜悦；因为我知道这一点：哪怕我竭尽全力，我仍无法如'他自己想要保存这善'那样确定地为他保存这善；他也不应当将此归功于我，不是因为我让他得免于此，而是因为根本他就不欠我什么。那么，难道我现在应当不去为他而那么喜悦、不去为'他拥有一切美好事物之中最珍贵的东西'而那么喜悦吗？哦，不！我只会更喜悦；因为，如果他欠我什么，那么这会打扰我们的关系。如果他不拥有它，那么，我完全可以对他有很大的帮助；因为我会伴随他的想法并强迫他去认识到'这是至高的善'，我会阻止它去逃进某种隐蔽的东西中，这样他就不会对'他是否能够把握它'这个问题感到困惑；我会与他一同贯穿每一种疑虑，直到他，如果他没有具备它，只有一个唯一的用来解释他的不幸的表达，亦即，他不想要；这是他所无法忍受的，这样，他就想要获取它。在另一方面，我要为他而赞颂信仰的荣耀,而在我预设了他拥有着它的时候,我带领他进入'想要拥有它'的状态。于是,今天,在这一年的第一天,在关于'那将来的'的想法以多种多样的可能来引诱我们的时候,这时,我会向他展示,他在信仰之中拥有那能够战胜'那将来的'的唯一力量,我会向他谈论信仰的期待。"[48]

我们,专心的听众,难道我们不该做同样的事情,随着节庆的机缘相互谈论:

关于信仰的期待

在我们谈论"信仰的期待"的时候,我们也是在谈论一般意义上的"期待";在我们谈论"期待"的时候,我们自然想象是在对那些期待着什么的人谈论。但是,那些期待的人们,他们则是一些喜悦的人和幸福的人。难道我们在"这些神圣之地"所首先要讲演的东西是针对他们,而不是针对那些不幸的人们、针对那些已经清算了生活而不再有任何东西可期待的人们?是啊,我们完全可以去对他们谈论,如果我们的嗓音能够让我们这样做的话。应当说明的是:他们所找到的是一种很糟糕的智慧,"使自己的心灵变得冷酷"是相当容易的事情;枕在惰性之枕上,他们会懒散地瞌睡掉他们的生命,这惰性之枕应当被从他们头下抽走[49]。应当说明的是:他们在生活中获取到的是一种骄傲的殊勋;在所有其他人(不管他们[50]在人世间变得多么幸福或者多么忧愁)总是准备就绪、随时可以承认"上帝无疑是能够算清账目的"[51]的同时,在所有其他人都承认自己在审判日无法对一千个指控中的一个作答[52]的同时,他们[53]则为他们自己作了保留,认为自己拥有一种尚未兑现的"对生活的公正要求"、一种在算账的时刻会使得账目变得足够麻烦(但却不是对他们而言)的要求。对他们,人们应当以这样的方式谈;然而,我们则宁可去与那些仍然期待着什么东西的人谈。

正如期待者的数目无疑总是世上最大的数目,他们的期待则也同样是如此不同,这样,要谈论他们所有人,是非常困难的。然而,所有期待者有着一个共同点:他们全都期待着某种将来的东西;因为,期待和"那将来的",它们是不可分的想法。那期待着什么东西的人,他专注于"那将来的"。但是,也许专注于"那将来的"并非正确;我们常常听人抱怨说,人类因为"那将来的"而忘记"那现在的",也许这说法有着很好的依据。我们不想否认,在世上有过这样的情况,尽管在我们的时代很罕见,但我们也不想因忽略而不提醒一下:人能够专注于"那将来的",这恰恰是他身上伟大的地方,他的神圣传承[54]的证据;因为,如果没有任何将来的东西,那么就也没有任何过去的东西,如果既没有任何将来的东西也没有任何过去的东西,那么这人就像动物一样被奴役,他的头垂向大地,他的灵魂被瞬间的事务俘获。在这样的意义上,一个人无疑就不可能为"那现在的"而活着;在这样的意义上,在一个人把"那现在的"作为"那伟大的"来推荐的时候,他无疑也不会是这样认为的。但是,我们要把边界设定在什么地方,在怎样的程度上,我们敢专注于"那将来的"呢?回答并不难:要在我们战胜了它之后,只有在这时,我们才能够回返到"那现在的",只有在这时,我们的生命才在"那现在的"之中获得意义。然而这却是一种不可能;"那将来的"当然是一切,"那现在的"是它的一部分,在我们进入到那之中的最初部分之前,我们怎么能够去战胜那全部呢;我们怎样才能够从这一胜利返回到那先行的东西中去呢?事情难道不是这样;这是不是那想法为自己弄出的一个不合时宜的麻烦?绝不。事情恰恰就像是这里所说的那样;因为,并不是所有对"那将来的"的专注是我们敢赞颂的。那完全放弃"那将来的"的人,他的生命只在不足取的意义上在"那现在的"之中是强大的,那无法战胜"那将来的"的人,又多一个敌人,在他与"那现在的"搏斗的时候会使得他虚弱。因而,只有那战胜了"那将来的"的人,只有在他战胜了的时候,他的"现在的生命"才变得健康而强大。

"能够专注于'那将来的'"是人的高贵的一种标志[55];与"那将来的"的斗争是最令人高贵的事情。那与"那现在的"搏斗的人,他是在与一个单个的东西搏斗,对这东西他能够用上自己的全部力量。如果因此一个人没有什么别的东西可与之搏斗的,那么有可能就是:他贯穿一生能够一路胜利地走下去,却并没有认识他自己或者他的力量。那与"那将来的"搏斗的人,有着一个危险的敌人,他无法停留在对自己的无知之中;因为他是与自己搏斗。"那将来的"并不在,它从他自己身上借取它的力量,在它从他那里骗取了这力量之后,它就在他身外作为他所要面对的敌人而显现出来。那么现在,就让一个人尽自己所欲地强大吧,没有人是比他自己更强大的。因此,我们常常在生活之中看见那些在所有搏斗之中取胜的人们,在他们要应对一个将来的敌人的时候,他们就变得软弱无力；他们的胳膊就瘫痪了。本来他们也许是习惯于要求全世界来与自己斗争，而现在，他们发现了一个敌人，它是一个能让他们感到恐怖的模糊形象。因此，那些被上帝招去在斗争之中受考验的人，他们也许经常是从一场更艰苦的搏斗走向那对人类来说是可怕的搏斗；在他们想着他们事先所经历的无形搏斗的时候，有时候，他们也许会在这斗争的激烈之中微笑。他们在世界里被景仰，因为人们以为，他们在最危险的搏斗之中战胜了，然而对于他们来说，与那事先无人看见的搏斗相比，这所谓的"最危险的搏斗"只不过是一场儿戏。事情自然是这样：那比其他人更强大的人，他在与这些其他人的搏斗之中胜利；但事情也自然地是如此：没有人比一个人自己更强大。这样，在一个人与"那将来的"斗争的时候，这时他得知了，不管他在别的意义上有多么强大，他总是有着一个更强大的敌人，这敌人就是他自己；一个他无法以自己的力量来战胜的敌人，这敌人就是他自己。

然而，为什么要把这场与"那将来的"的搏斗描述得如此危险？"无论年长或者年轻，我们多少还是全都经历过一些事情，'那将来的'并不是全新的；日光之下无新事[56]；'那将来的'就是'那过去的'。无论年长或者年轻，我们还是全都有着经验，我们会用这经验来装备我们自己，我们会追随'设想'的踪迹和'猜测'的引导，我们会使用'推论'的力量来战胜它，并且，以这样的方式武装起来，我们无畏地去面对'那将来的'。"如果一个人在他要去进行斗争的时候得到了武装，这当然很好，而如果他恰恰是按斗争所要求的方式来得到武装，那就更好了。如果一个要在跑道上斗争的人想要穿起沉重的甲胄，那么固然他武装得很好，但他的甲胄对他几乎不会有什么好处。对那要与"那将来的"进行斗争的人来说，那些武器的情形不也一样吗：因为，经验是一个一口两舌的朋友，一会说这个、一会儿说那个；"猜测"是一个骗人的向导，在你最需要它的时候，它会丢下你走开；"设想"是模糊的一瞥，它无法看得很远；"推论"是一个投掷套，结果在这套里你所套住的是你自己而不是别的东西。另外，那些武器使用起来非常艰难；因为，既然正经历着的灵魂在经验的过程中并不能保持让自己不受任何影响，那么，随着"猜测"而来的是畏惧，随着"设想"而来的是恐惧，随着"推论"而来的是不安。于是，如果说，在我们为自己披挂上经验的时候，我们是得到了武装，但这武装却不是用于我们所要面对的这场斗争，与"那将来的"的斗争；我们是在试图把这将来的东西转化成某种现在的东西，某种单个的东西；但是"那将来的"不是一件单个的事物，而是"那全部的"。

那么，我们该怎样去面对"那将来的"呢？在航海者漂泊于大海之中的时候，在一切都在他周围变动着的时候，在波涛出生入灭的时候，这时，他并不朝下看这些；因为它们变动着。他向上仰视群星，为什么？因为它们是忠实可靠的；正如它们现在在那里，同样，从前在祖先们抬头仰望的时候，它们在那里，并且，以后，在将来的后代抬头仰望的时候，它们仍在那里。那么，他借助于什么东西来战胜那变幻不定的东西？借助于"那永恒的"。借助于"那永恒的"，你能够战胜"那将来的"，因为"那永恒的"是"那将来的"的基础，因此你能够用它来探测"那将来的"。那么，在人身上，这永恒的力量是什么？它是信仰。信仰的期待是什么？胜利，或者如圣经如此严肃并如此感动地教导我们的：万事须当作此效力，使爱上帝者得益[57]。但是一种期待着胜利的对"那将来的"的期待[58]，它则已战胜了"那将来的"；因此，信仰者在他开始"那现在的"之前已经结束了"那将来的"；因为你已经战胜的东西，当然无法再来打扰，而这一胜利只会使得你在现在的作为之中更强有力。

于是，信仰的期待就是胜利！那喜悦的性情，它尚未品尝生活中的各种逆境，它没有在"悲伤"的学校里得到教育，没有通过"经验"的模棱两可的智慧来得到学养，现在，它全心全意地赞同这一期待，因为它在一切之中、在一切搏斗和考验[59]之中期待着胜利，或者更确切地说，它等待着不战而胜。我们没有打算扮演那要去阻止年轻人上路的严厉角色，我们在心里倒是宁可为他想好一种安慰，在他明白了"这一期待，不管它是多么美丽，却终究不是信仰的期待"的时候，他会需要这安慰；我们宁可是，在他感觉到虚弱无力的时候，是那要招呼他去斗争的人；我们宁可是，在他以为一切都已丧失的时候，是那要让胜利把他召唤向自己的人。相反，那担忧的人，几乎还没有擦干他为"现在的丧失"流下的眼泪，他以另一种方式来构建出"那将来的"。"那将来的"，它确实也轻盈而易逝，比任何泥土更柔软可塑，因此每个人都完全根据自己被构建的方式来构建它。这担忧者不期待胜利，他只是过于沉重地感到了自己的丧失；哪怕它是属于一种过去的时间，他仍带着它，他期待着那将来的时间至少会赋予他一种清静让他去默然专注于自己的痛楚。

有经验的人对这两种做法[60]都不赞同。在你几乎拥有着你所想要的一切美好事物时,那么,你就应当准备好,生活的各种忧愁也会到幸福者的家里作客;如果你丧失了一切,那么你就应当考虑到,时间为患病的灵魂藏下了许多宝贵的回春妙术,"那将来的"就像一个温柔的母亲,也藏有各种美好的赠品;——在幸福中你应当在一定的程度上为不幸做好准备,在不幸中你则应当在一定的程度上为幸福做好准备。这经验的人的说辞也不是徒费口舌;因为,如果那喜悦的人不是轻率的,如果那担忧的人不是绝望的,那么他们两个都会很愿意去留意他的话;两个人都会很愿意根据他的指导来安排自己的生活。这时,这幸福者就对自己所拥有的各种美好的东西做出思量。有一些是他认为自己能够毫无痛楚地失去的东西,其他的则是这样:他会为其丧失而痛惜,但他很容易就能够恢复过来。只有一件单个的东西,如果他丧失了它,他就会失去自己的喜悦,如果他哪怕只是在一定的程度上丧失它,那么他也就会完全地失去它并因此而失去自己的喜悦。这时,他会准备好要失去自己的财物,以这样的方式,按照这有经验的人的忠告:为一定程度的不幸做好了准备。不过,这有经验的人所说的是:一定程度的。按我们上面所说,他有一件美好的东西,如果他丧失了这东西,他就会失去自己的喜悦,如果他哪怕只是在一定的程度上丧失它,那么他也就会完全地失去它并因此而失去自己的喜悦;现在,这有经验的人的这句"一定程度的"当然也可以是针对他的这件美好的东西。[61]这有经验的人不想解释自己的言辞,他不变地、不可动摇地重复它们;他把解说和运用留给这些言辞所要指导的那个人。这样,那幸福者,尤其是那担忧者,就变得不知所措。这句话:"一定程度的",它本该是一种口令,现在它成了捕捉他们的捆绑性的力量,这句话继续回响着,没有任何同情,对他们绞尽脑汁想要理解这句话的努力毫不关心,无视他们想要得到解释的祈求。那想要指导他们的经验生产出怀疑;这有经验的人的言论是一种可疑的言论。

相反,信仰者则说:我期待胜利。这说辞也不是徒费口舌;如果那幸福的人不是轻率的,如果那担忧的人不是绝望的,那么他们两个都会很愿意去倾听他的谈论。喜悦又重新返回到喜悦的性情之中,胜利是它[62]的期待,在一切斗争之中、在一切考验[63]之中胜利;因为经验所教的是:我们能够考虑的只有搏斗。然而借助于信仰,在它们中全都有着胜利让它等待;只在一瞬间里它自己停下来。"这太过分",它说,"这是不可能的,生活不可能如此美好;如果说青春在其至高的幸福之中有着如此丰富的内容,那么,这则还更超过青春的最喜悦的希望。"——是的,它确实是更大于青春的最喜悦的希望,它确是如此,尽管并非完全是你认为它所是的。你谈论许多胜利,但信仰只期待一个,或者更确切地说,它期待胜利[64]。如果有一个人,他听说有一种学说能够把每个人所需的东西赋予他们,这时,他想说,"这是不可能的,一个人所需的所有东西,就像现在,对于我,所有我所需的这许多东西";这时,那个让他去阅读圣经的人,他会得当地见证这圣经——他会在圣经之中找到所需的东西,然而,这寻找者仍会觉得,这事情并非完全是如同他所曾想的那样。圣经说:不可少的只有一件[65]。信仰的情形也是如此,在你谈论许多胜利的时候,这时你就像那个谈论"所需的有许多"的人。不可少的只有一件,信仰期待胜利。

但是,胜利是它所期待的,因此它喜悦而无畏,既然它期待胜利,它怎会不是如此!然而,我感觉到一个声音,你无疑也知道这声音,我的听者。它说:"这听起来是很好,这是一些伟大的言辞和动听的说话方式,但是生活的严肃则其实是教导着一些别的东西。"你,说这话的人,生活的严肃教会了你什么?它是不是教你知道:你的愿望不会被实现,你的欲求不会被达到,你的向往不会被关注,你的欲望不会被满足?它教你知道这个,所有这一切我们根本不谈论的东西;它还会用欺骗的口舌教你去帮助人们,把信仰和信任从他们的心里吮吸出来,并且以"严肃"的神圣名义来这样做。它为什么要教你这个?它不能教你什么别的吗?如果两个人从生活中学到不同的东西,那么,这可以是由于,他们体验了不同的东西,但这也可以是由于,他们自身是不同的。如果两个孩子在一起受教育并且总是参与同样的事情,以这样一种方式:在一个孩子受到表扬的时候,另一个也受到表扬,在一个受责备的时候,另一个也受责备,在一个受惩罚的时候,另一个也受惩罚;然而他们却会学到完全不同的东西。因为这一个能够学会,在每次受表扬的时候不骄傲,在每次受责备的时候都让自己谦卑地听从训诫,在每次被惩罚的时候都让自己通过痛楚而得到改过;而那一个则能够学会,在每次受表扬的时候目空一切,在每次受责备的时候都怀恨在心,在每次被惩罚的时候都耿耿于怀。你的情形也是如此。如果你对人们有着爱,那么,生活的严肃也许会教会你不去张扬,而是保持沉默,在你处于海难看不见岸的时候,至少不去把别人卷进麻烦;它也许可能教会了你微笑,至少只要你还相信,有人在你的表情里寻找一种解释、一种见证。于是，也许生活为你谋取了这样一种忧伤的喜悦，去看别人做成功你不会做成的事情；这样一种安慰，因为，恐惧（Angesten）发出的尖叫会打扰他们，而通过在你的内心之中抑制住它的尖叫，你为他们的成功尽了你的这一份努力。为什么你不去学这个？既然你不学这个，那么我们就不能够关注你的言谈。我们不是由于你怀疑而论断你，因为，怀疑是一种诡诈的激情，而要让自己从它的圈套里挣脱出来，无疑也是艰难的。我们对怀疑者所提出的要求是：他应当沉默。他想来是感觉到，怀疑没有使得他幸福，那么他又为什么要来向别人透露那将会使得他们同样地不幸的东西呢？通过这一消息，他又能够赢得什么呢？他失去自己，并且使得别人不幸。他失去自己，否则的话，他本来也许已经借助于沉默而找到了安宁，因为他更愿意宁静地承受自己孤独的痛楚，而不是想要大声喧哗，不是想要通过竞相追逐许多人所欲求的这荣耀和表彰（亦即，"怀疑"，或者，不管怎么说，"曾怀疑过"）[66]来让自己在人们眼中显得了不起。怀疑是一种深切而诡诈的激情，但如果一个人的灵魂没有如此真挚地把握住它以至于哑然无语的话，那么，这个人，他就只是自欺欺人地盗用这种激情的名义；因此，他所说的东西不仅仅就其本身而言是谎言，而首先在他嘴里就已经是谎言了。因此，让我们不要去关注他吧。

于是，信仰的期待是胜利。外来的怀疑打扰不了它，因为这怀疑只通过说话来令自己蒙羞。然而这怀疑却是狡猾的，它悄悄地沿着自己的秘道潜行到一个人的周围，因为信仰的期待是胜利，所以它就低语说：这一期待是自欺欺人的幻觉[67]。"一种期待，你不去为之确定出时间和地点，它就只是一种幻觉；以这样的方式，你总是能够继续不断地等待下去；一个这样的期待是一个圆圈，灵魂被魔法关进这圆圈，就无法再从那里挣脱出来。"确实，灵魂在信仰的期待之中受到阻碍，这样它就不至于仿佛是从自身之中跌出来而掉落进各种各样不同的东西；它停留在它自身之中；但是，如果人的灵魂挣出了这个圆圈的话，那么，这就会是降临在这个人身上的最大的恶了。不过，由此却还是无法得出结论说，信仰的期待是一种幻觉。是的，如果一个人期待某种单个的东西，他的期待会落空，但这不是信仰者的情形。在世界开始其严峻的考验时，在生活的风暴挫折着青春风华正茂的期待时，在看来是如此温馨而柔顺的生活变成一个冷酷无情的产业主要求收回一切"他曾以'他可以收回这一切'的方式给予"的东西时，这时，信仰者无疑是会带着忧伤和痛楚看着自己和生活，然而他却会说：有一个期待，是全世界都无法从我这里夺走的，这就是信仰的期待，这期待是胜利。我不失望；因为，世界看来是应许了我什么事情，不过，我倒是不曾相信世界会履行这应许下的事情；但我的期待不是对世界的期待，而是对上帝的期待。这一期待不是欺骗；甚至就在目前的瞬间，我都感觉到，它的胜利比所有丧失之痛更美好、更喜悦。如果我失去了这一期待，那么，一切就都失去了。现在我仍是胜利的，因我的期待而胜利，而我的期待就是胜利。

难道生活中的情形不是如此？如果有这样一个人，你觉得自己被他如此强烈地吸引，以至于你敢说："我相信他"，难道不是吗，在一切遂愿地进行着的时候，或者，如果不是完全遂愿，但却仍是如此——你能够很容易地使之与你的各种想象达成一致，那么，正如其他人也相信他，你就会这样地相信他；但是，在无法解释的事情发生的时候，不可思议的事情，这时，所有其他人都退却了，或者更准确地说（让我们不要混淆语言），这时，他们显示出：他们从不曾相信过他。你不是如此。你感觉到，你用以作为你的信的依据的事实并不是"你能够解说所发生的事情"；因为，如果是那样的话，那么它的依据就是你的认识，并且，这绝非是奉献，更确切地说，这其实是自信[68]。你觉得，如果你放弃它的话，这对于你就会是耻辱；因为，正如你所想的，你嘴里所说的这些词句——"我相信他"，在别人说出它们的时候，它们会有着一些其他的意义，同样，你觉得，变化不可能会令你去做那与"其他人所做的事情"相同的事情，除非你的信心并非是在本原上就有着更多的意味。于是，你继续信着。不过，也许你还是在这件事情上做得不对；不是因为你信，不是因为你以这样的方式信，而是因为你以这样的方式去信一个人。也许，那无法解释的事情很容易得到解释；也许有着一种可悲的确定性在给出如此强有力的见证，这样，你的信心只成为一种美丽的幻觉，你最好还是应当放弃这幻觉。我们不知道。然而我们知道这一点：如果你在这种信心之上忘记了，还有一种更高的信仰，那么，尽管你这信心有着其美丽，它仍然只是在将你引向毁灭。相反，如果你信上帝，你的信仰又怎么会在任何时候变成一种你最好是必须放弃的美丽幻觉呢？那么，那个在他那里没有改变、也没有转动的影儿的他[69]，难道他应当是能够被改变的吗？那个通过他每一个信实的人都信实的他，难道他不应当是信实的吗[70]；那个对他你自己有着信心的他，难道他不应当是没有诡诈的吗[71]？除了"他是真实的"[72]并且坚守自己的应许[73]",难道还应当在什么时候弄出一个能够解释其他东西的解释吗?然而,我们看见,人们忘记了这一点。

在他们成功地达成了一切的时候,在他们看着好日子的时候,在他们以一种奇妙的方式感觉到自己与自己周围的一切有着和谐的时候,这时,他们信着,在他们的喜悦之中,他们无疑不会总是忘记感谢上帝;因为每一个人都很愿意为自己所接受到的"那善的"而感恩,但是每一个人的心则也足够虚弱,那么轻易地就会自己想要去定义出,什么是"那善的"。在一切都发生变化的时候,在悲伤取代了喜悦的时候,这时,他们就退却了,这时,他们就失去了信仰,或者更确切地说(让我们不要混淆语言),这时,他们显示出,他们从来就不曾有过这信仰。你不是如此,我的听者。在你发觉你自己因"在你的周围一切都被改变"而被改变的时候,这时,你说:"我承认,现在我认识到,那被我称作'我的信'的东西只是一种幻觉。一个人相对于另一个人所能够做的至高的事情,是相信他;那更高、更美好的事情,那超出语言所能够描述的至福的事情,是信上帝,这就是我冒昧地让自己觉得是自己所做的事情;在我的所有其他喜乐之中,我也加上这个;然而,我现在所看见的'我的信心'只是一道飘忽的情绪,我的尘世幸福的一丝反光;但是我不想以冒昧而毫无意义的言谈来陶冶我自己,不想说我失去了信仰,不想把诿过于世界或诿过于他人,更不会去抱怨上帝[74]。"我的听者,在你要在悲伤之中迷失的时候,你就是以这样的方式试图阻止你自己;你没有硬起你的心肠,你并不是愚蠢得足以想要自欺地以为,"如果那单个的特定事件没有发生的话,你就还是保存了信仰",也不是可怜得足以想要寻求与这一智慧达成共识。看,因此,你重新赢得了,尽管缓慢,归返向信仰的期待。那么,在你的所有事情都失败的时候,在你慢慢地建立起来的东西在一瞬间里灰飞烟灭、你不得不耗费功夫从头开始的时候;在你的手臂虚弱、你的步履颤抖的时候,这时,你却仍坚守着信仰的期待,它是胜利。哪怕你不向别人宣示它,以免他们会来讥嘲你[75],而因为你在你的悲惨状态之中仍等待着胜利,所以,在你内心深处则仍藏着你的期待。"幸福的日子固然能够美化我的信仰",你说,"我用喜悦的花环来装点它,但它们却无法证明它;沉重的时刻固然能够令泪水充满眼眶、令悲伤渗透心头,但它们却无法从我这里夺走这信仰。"尽管逆境仍未终结,你的灵魂却变得温和。"虽然上帝并没有在有形的事物之中向我这样显现",你说,"这还是美丽的;我们分离,因为我们仍要再相遇;我不可能希望自己一直是一个孩子,每天都要求证据、迹象和神奇的作为[76]。如果我继续是一个孩子,那么,我就不能够尽我全力、尽我全部灵魂[77]来爱。现在,我们是分开的,我们不是天天相见,我们只在信着的期待的胜利瞬间里秘密地遇会。"

于是,信仰的期待是胜利,这一期待不会令人失望,除非你自己以某种方式通过剥夺自己的期待来使自己失望,就像这样的一个人:他痴愚地以为自己丧失了信仰,或者痴愚地以为有什么单个的东西剥夺了他的信仰,或者试图在这样一种以为"有某种单个的东西有权力来剥夺一个人的信仰"的想象之中进行自我欺骗、在"这东西[78]恰恰击中了他"的虚妄想法之中得到满足、在"通过断言'有这样的东西存在,这东西亵渎讥嘲着一个人身上最高贵的品质并使得那在此中受考验的人有资格去对别人进行讥嘲'来使别人感到焦虑"的做法之中找到喜悦。[79]

然而,也许就会有什么人要说:这一说法当然是有着前后关联和自身一致性;但是,通过它,你无法走得更远,在这种意义上看,它仍只是一种痴愚而空洞的说法。——你无法走得更远。难道一个人还能够想要比"取胜"走得更远?那样的话,他可不就得丧失这胜利吗?难道这会是如此痴愚而空洞,以至于一个人自己无法真正意识到自己是不是有着信仰?但是,在我说"我信"的时候,我以此所标示的东西,对于我,则可能只会是过于朦胧含糊。也许我是出错了,也许我只是为自己构建出了一种关于"那将来的"的想象,也许我是想要,我是希望,也许我在思念着什么东西,欲求着,渴望着,也许我对"那将来的"是确定的,而由于我对此的确定,我会感觉"我信",尽管我并不信。相反,我向自己提出这问题:你期待胜利吗?那么,每一个含糊不清的地方就变得更难解了;于是我认识到:不信的人不只是那完全不期待任何事情的人,那期待某种单个的事情的人,或者那以某种单个的事情作为自己的期待的依据的人,也是不信的人。难道这不应当是重要的事情吗?因为一个人,只有在他完成了"那将来的"之后,他才能够在"那现在的"之中是完整无缺的;但是,只有通过让自己去战胜"那将来的",你才能够完成"那将来的",但这恰恰是信仰所做的事情,因为它的期待就是胜利。每一次我在"不期待胜利"之中抓住我的灵魂,这时,我就知道,我不信;在我知道这一点的时候,我就也知道我该做什么;因为,这"去信",绝不是一件容易的事情,如果我要能够进入它,那么,第一个条件就是:我自己意识到，我到底是信还是不信。因此，我们这么频繁地误入歧途，是因为我们在为我们的期待寻找一种保证，而不是在寻找信仰关于"我们信"的保证。信仰者不为自己的期待要求任何证据；"因为"，他说，"如果我要设想什么东西来作为这证明，那么，它就会，在它证明了我的期待成立的同时，也证明了这期待并不成立。我的灵魂对单个事物的喜悦和痛楚并非毫无感觉，但赞美上帝，单个事物并不能够证明信仰的期待的成立或不成立[80]。赞美上帝，时间既不能够证明信仰的期待的成立，也不能证明其不成立；因为信仰期待着一种永恒。今天，这一年的第一天，在关于'那将来的'的想法压迫向我的时候，我不想让自己的灵魂因各种各样的期待而感到满足，不想让它在丰富多样的想象之中分裂；我要让它集聚在它自身之中，如果可能的话，健康而快乐地，去面对'那将来的'。这将来的，它会带来它应当和不得不带来的东西；有许多期待会被辜负，有许多期待会被实现，事情就会这样发生，这是经验教会我的；但是有一种期待，它是不会被辜负的，经验不曾告诉过我这个，但也从不曾有过权力来否定，这是信仰的期待，这期待是胜利。"

有一句小小的短语，它是各个教区里的教众们都非常熟悉的，尽管他们并非总是关注这句话，它看上去是非常短小而无关紧要，然而却如此内容丰富，它无声无息却如此感人，它平静却如此充满思念。它就是这样的一句：终于[81]；因为在教堂里被宣读的许多神圣的短祷文[82]就是以之为终结的："终于得到拯救[83]"。我们中的年长者，他已经快达到目标了，他在心中回顾已经走过的路，他回忆各种事件的进程，那些褪色的形象重新充满了生命，他被他所体验的东西的丰富多样的内容压倒，他疲倦地说：这样，终于得到了拯救。我们中的年轻人，他仍站在道路的起始处，他在心中眺望漫长的道路、在心中体验着那将要到来的东西：各种令人痛苦的匮乏、各种无声无息的忧虑、各种忧伤的思念、各种令人害怕的精神考验[84]；他心中疲惫，并且说：这样，终于得到了拯救。是的，这无疑是一件大礼物，如果一个人能够正确地使用这句短语的话；然而，这却不是任何人能够从别人那里学到的东西，而是每个人各自从上帝那里并且通过上帝而学到的。因此，在天之父！我们想要把我们的心和我们的思想托付给你[85]，这样，我们的灵魂就绝不会这样地因为忘记了这句解放性的短语而被生活的喜悦或者生活的悲伤囚禁；这样，那将这句短语带上我们的双唇的，就也不会是不耐烦和内在的不安，于是，这句话作为一个真实的朋友在生活的诸多关系之中陪伴了我们，它根据我们的情况适应了我们，但却又不曾对自己不忠诚，它曾是我们的希望、我们的喜悦、我们的欢庆，它曾为我们高声而热情地发声、轻声而哼吟地发声，它曾对我们警示而提醒着地说话、曾对我们鼓励而召唤着地说话，——而就是在这样的时候，我们的灵魂在自己的最后时刻就仿佛是在这个短语中被从这个世界里抬出去，抬到一个这样的地方，在那里我们将领会这短语的全部意义，这情形就像是：同一个上帝，在他用自己的手带领我们穿过世界之后，他抽回自己的手，是的，这同一个上帝，他又张开自己的怀抱来接受这充满思念的灵魂[86]。阿门！

注释：

1 本城的前毛织品商〕哥本哈根的前毛织品商（见后面的注脚）。在丹麦，毛织品商一般销售毛料和亚麻料的织品（毛衣、毛裤、袜子、手套、护膝、袖子和毛线等诸如此类）。有一些毛织品商是在各地走动去民宅销售的流动商贩，也有一些是在商镇里有着固定的销售点的。后一种必须具备市民居住权，就是说，有作为毛织品商居住在城市里并且以在固定销售点零售货物为生的许可。

在各种受洗登记本和坚信礼登记本上的记录中，米凯尔·彼得森·克尔凯郭尔有着"毛织品商""销售商"或者"袜子商"的头衔，但是在教堂礼拜客人登记本中的登记头衔则是"商人"，有时候则加上一个"前"。尽管"毛织品商"在当时没有任何贬义，但克尔凯郭尔用这个在社会等级上低于"商人"的头衔来标识自己的父亲，这是值得读者稍稍留意的。

2 已故的米凯尔·彼得森·克尔凯郭尔〕米凯尔·彼得森·克尔凯郭尔（Michael Pedersen Kierkegaard，出生用名是 Michel），1756 年 12 月 12 日出生于丹麦赛丁（Sædding）。在他十一岁的时候，1768 年，就到了哥本哈根，在他舅舅毛织品商尼尔斯·安德森那里学生意。学成之后，1780 年 12 月得到了在哥本哈根作为毛织品商的市民权，八年之后，他获得进口和销售大量来自国外的糖、芥末和咖啡（批发）的许可。出色的经商才能使得他成为了一个特别富有的人，这样，他在四十岁的时候带着相当可观的财富退出了商界。之后，他通过信贷和投资又增大了自己的财富。1794 年 5 月，他与姬尔丝顿结婚，后者尚未生育就在 1796 年 3 月去世了。一年多之后，他在 1797 年 4 月 26 日与安娜·伦德结婚，与她生了七个孩子，索伦·克尔凯郭尔是最小的。1803 年米凯尔·彼得森·克尔凯郭尔全家搬往希勒罗德，但是 1805 年又搬回哥本哈根，住在东街 9 号，直到他 1809 年在新广场 2 号买下了一幢房子。在短时间患病之后，他去世于 1838 年 8 月 9 日，终年 81 岁。

3 被称作是"讲演"而不是布道〕在一个对前言的构想草稿中，这两个讲演被称作是"布道"。

4 没有布道的权威〕也许是指克尔凯郭尔未被授予神职，因此不能够带着神职牧师的权威来讲演。根据在克尔凯郭尔时代作为规则的《丹麦与挪威教堂仪式》（Dannemarkes og Norges Kirke – Ritual, Kbh. 1762），关于神职授职仪式，第十章第二条规定，在接受职位者们在圣坛前跪着的同时，主教要以这样的方式来传授他们"这神圣职位，同时说祷告词并把手盖向他们：'于是我根据使徒的传统，以神圣父圣子圣灵的名，将这神圣的牧师和布道者的职位授予你们，并且在之后给予你们权力和权威，作为上帝和耶稣基督的真正侍者，在教堂中秘密和公开地传布上帝的言辞，根据基督自己创建的制度分发高贵的圣餐，把罪与顽固者捆绑一处，解除悔过者的罪，并且，根据上帝的言辞以及我们基督的传统，去做所有其他与这上帝的神圣职务有关的事情。"（370页）只有得到授职的神学候选人并且在满足了一系列其他条件之后，才可以在丹麦教堂里布道。

可参看《丹麦教会法概观》（jf. J. L. A. Kolderup – Rosenvinge *Grundrids af den danske Kirkeret*, Kbh. 1838, s. 66—86.）。

5 一种多余〕可对照阅读一份"前言"的草稿中的开首的一句，但这句没有出现在印出的版本中："一个年轻的神学候选人胆敢（甚至那些有名教会讲演者都很少会这样做）出版布道文，这是如此奇怪的事情，乃至每个人都毫无疑问会很容易地领会我的表述：'文学将会全然地无视这些布道文'；这是我的判断，也是我的愿望。如果说事情看起来是如此，那么，这不幸事故无疑就不算很严重，尽管又出现了一本小小的多余的书。如果作者自己，像我这样的一个作者，如果这作者自己随后是如此礼貌而承认这本书的多余，那么，他就展示出：他知道自己对邻人的义务，并且至少是尽了自己的一份努力去阻止每一个人浪费他们的金钱、时间和努力"。

（Pap. IV B 143, s. 331）。

6 那个单个的人〕丹麦语的指示代词"那个（hin）"通常是指向一个在前文之中提及过或者被认识了的人、事件或者对象。在克尔凯郭尔的日记之中有很多地方提及了，他在这里所想到的是一个很确定的人，瑞吉娜·欧伦森（克尔凯郭尔与欧伦森在1840—41年期间曾一度订婚并解除婚约）。在他的1849年4月份的日记（NB10）中，他写道："我天性好辩，关于那个单个的人的事情，我以前就明白。然而，在我在第一次（在两个陶冶性的讲演中）写下这个的时候，我尤其想到这一点：我的读者，因为这本书包含了一丝对她的小小暗示，并且，迄今为止，这对于我在个人的意义上尤其是极其真实的事情：我只寻求一个单个的读者。后来，这一想法渐渐地被取代了。但是在这里，上帝的治理所起的作用再次是如此无限"（Pap. X 1 A 266〔NB10:185〕, s. 177）。在笔记书"我与'她'的关系"之中，记有日期1849年8月24日的一段中，他又继续写道："两个陶冶性的讲演的前言，是专门为她而考虑的，正如在另一方面，这本书在事实上是题献给父亲的"（Pap. X 5 A 149〔Not15:2〕, 18）。

雅各书（1∶17—21）构成第二个讲演的基础，而关于瑞吉娜·欧伦森与雅各书（1∶17—21）之间的关系，克尔凯郭尔在1852年5月的日记（NB24）中写道："接下来的星期天（1852年5月9日）我在教堂里听保利布道，她也在那里。她靠近我所站的地方坐下。发生了什么？保利没有就福音书布道，而是就使徒书布道，他们是所有好的馈赠和所有完美的馈赠，等等。/ 在她听见这些语句的时候，她转过身，被邻座的人挡着，头向一边，一道目光望向我，非常真挚。我漫无目标地望向面前。/ 这些话联系到她从我这里得到的最初的宗教性的印象，它们是我曾如此强烈地强调的。事实上我并不曾以为她会记得这些，尽管我（从西贝恩那里）知道，她读了1843年的两个讲演，而这些话就在之中被用到"（Pap. X 4 A 540 ［NB25∶109］，s. 358f.）。

当然，尽管"那个单个的人"所指在作者的意识中是一个"她"，但作为代词出现的时候，作者在文字之中所用的人称代词却是"他"。

7 这个"之"就是指"那个单个的人"。

8 这个"之"就是指"那个单个的人"。

9 困倦而沉思地］也许是指海军军官吕特肯（F. C. Lütken）的陶冶著作《在困倦而沉思的时刻的神圣快乐》（*Hellige Opmuntringer I mødige og tankefulde Stunder*, Kbh. 1764），在它的标题之下的"给读者"中写道："我将之称为《在困倦而沉思的时刻的神圣快乐》，因为它们不仅仅是在这样一些困倦而沉思的时刻中写下和收集的，而且因为它们也是最适合于在这样一些困倦而沉思的时刻中被阅读"（s.4）。克尔凯郭尔有着这部当时人所周知的陶冶著作的1847年的一个版本（ktl. 260），无疑，他在之前就对这部著作很熟悉了。

10 1843年5月5日］克尔凯郭尔的三十岁生日。

11 元旦］见后面关于使徒书信的注脚。

12 "恩典之时"，丹麦语是"Naadens Tid"，英译是"the time of grace"，德文是"die Gnadenzeit"，指的是"人类能够转意归主"的时间。人类通过转意归主而得以拯救，比较阅读《哥林多后书》（6∶2）："因为他说，在悦纳的时候，我应允了你。在拯救的日子，我搭救了你。看哪，现在正是悦纳的时候，现在正是拯救的日子。"

也可以比较阅读《以弗所书》（1∶1—10）："奉神旨意，作基督耶稣使徒的保罗，写信给在以弗所的圣徒，就是在基督耶稣里有忠心的人。愿恩惠平安，从神我们的父，和主耶稣基督，归与你们。愿颂赞归与我们主耶稣基督的父神，他在基督里，曾赐给我们天上各样属灵的福气。就如神从创立世界以前，在基督里拣选了我们，使我们在他面前成为圣洁，无有瑕疵。又因爱我们，就按着自己意旨所喜悦的，预定我们，藉着耶稣基督得儿子的名分，使他荣耀的恩典得着称赞。这恩典是他在爱子里所赐给我们的。我们藉这爱子的血，得蒙救赎，过犯得以赦免，乃是照他丰富的恩典。这恩典是神用诸般智慧聪明，充充足足赏给我们的，都是照他自己所预定的美意，叫我们知道他旨意的奥秘，要照所安排的，在日期满足的时候，使天上地上一切所有的，都在基督里面同归于一。"

13 "清算之时"，丹麦语是"Regnskabets tid"，Hong 的英译是"the time of accounting"，德文是"Zeit der Rechenschaft"，其所指的应当是英语圣经之中所说"the Day of Reckoning"，中文圣经中是"降罚的日子"，比较阅读《以赛亚书》（10:3）："到降罚的日子，有灾祸从远方临到，那时，你们怎样行呢，你们向谁逃奔求救呢，你们的荣耀（或作财宝）存留何处呢。"

14 考验（Anfægtelse）。
Anfægtelse：Anfægtelse 是一种内心剧烈冲突的感情。在此我译作"考验"，有时候我译作"对信心的冲击"，有时我译作"在宗教意义上的内心冲突"或者"内心冲突"，有时候我译作"信心的犹疑"，也有时候译作"试探"。

按照丹麦大百科全书的解释：

Anfægtelse 是在一个人获得一种颠覆其人生观或者其对信仰的确定感的经验时袭向他的深刻的怀疑的感情；因此 Anfægtelse 常常是属于宗教性的类型。这个概念也被用于个人情感，如果一个人对自己的生命意义或者说生活意义会感到有怀疑。在基督教的意义上，Anfægtelse 的出现是随着一个来自上帝的令人无法理解的行为而出现的后果，人因此认为"上帝离弃了自己"或者上帝不见了、发怒了或死了。诱惑/试探是 Anfægtelse 又一个表述，比如说在，在"在天之父"的第六祈祷词中"不叫我们遇见试探"（马太福音 6:13）。圣经中的关于"Anfægtelse 只能够借助于信仰来克服"的例子是《创世记》（22:1—19）中的亚伯拉罕和《马太福音》（26:36—46；27:46）中的耶稣。比如说对于路德和克尔凯郭尔，Anfægtelse 是中心的神学概念之一。

15 这明确的信念就是"尽管与那些人的勇气相比，我们的勇气只是气馁，与那些人的力量相比，我们的力量只是乏力，你却仍是这同一个、这在斗争中考验精神的同样全能的上帝、这'没有其许可一只麻雀都不会掉在地上'的同一个天父。"

16 "没有其许可一只麻雀都不会掉在地上"的……天父]指向《马太福音》（10:29），之中耶稣说："两个麻雀，不是卖一分银子么。若是你们的父不许，一个也不能掉在地上。"

17 使徒圣保罗写给加拉太各教会的信第 3 章第 23 节至结尾]摘引自《丹麦圣殿规范书》（*Forordnet Alter - Bog for Danmark*, Kbh. 1830 [1688]，ktl. 381, s. 22）；这一版本仪式书不同于早先的版本，阅读使用的是 1819 年版本的新约。《加拉太》第 3 章第 23—29 节是元旦朗读的使徒书信，在《丹麦圣殿规范书》中这么写："在信仰到来之前，我们在律法之下，被关闭着，被守护着，向着那要被公开出来的信仰；24. 所以，律法成了我们通往基督的训导师，我们将因信仰而变得公正。25. 但是现在信仰已经到来，我们不再处于训导师的管教之下。26. 因为对耶稣·基督的信，你们全是上帝的孩子。27. 因为你们，所有以基督的名受洗者，获得了基督的外衣。28. 在这里不是犹太人或者希腊人；在这里不是奴隶或者自由人；在这里不是男人或者女人；因为在这里你们在耶稣基督之中全是一样的。29. 但是，如果你们是在耶稣基督之中，那么你们就是亚伯拉罕的子嗣，是应许的继承者"。克尔凯郭尔在撰写陶冶性的讲演的时候常常使用《丹麦圣殿规范书》。根据《丹麦与挪威教堂仪式》的14—17页中所说，在早堂崇拜仪式开始的时候，牧师从布道坛宣讲从属于相应的星期天和教会节假日的使徒书信和福音书段落；在晚祷中也宣讲使徒书信。

使徒圣保罗：保罗认自己为使徒，比如说可参看《罗马书》（1：1—2）："提阿非罗阿，我已经作了前书，论到耶稣开头一切所行所教训的，直到他藉着圣灵吩咐所拣选的使徒，以后被接上升的日子为止。"

18　在这讲演里，作者三次用到复数的"虔诚的听众"，来称呼讲演的对象。别的地方他都用单数的"我的听者"来称呼讲演的对象。

19　主的家里］教会的固定说法，参看《提摩太前书》（3：15）："倘若我耽延日久，你也可以知道在神的家中当怎样行。这家就是永生神的教会，真理的柱石和根基。"

20　这个"它"是指"那将来的"。

21　在这里，丹麦文原文是"…vi følge en Velvillie, der, om den end ikke fortjener at hædres med Kjærlighedens Navn, dog heller ei bør nedsættes som Letsindighed."（……我们追随着一种善意，它尽管并不值得我们以爱的名义去赋予它荣誉，但它也绝不应当被藐视为一种轻率）。Hong 的英文版译本是"…we feel a goodwill that still ought not to be disparaged as light - mindedness, even though it does not deserve to be honored with the name of love."（译成中文可以是"……我们感觉到一种善意，它尽管并不值得我们以爱的名义去赋予它荣誉，但它也绝不应当被藐视为一种轻率"。）可能是因为英译者把丹麦语原文中的 følge 看成 føle 是，因此把"追随"理解成了"感觉"，就是说，英文 Hong 版中，"feel（感觉到）"是一个错误，正确的翻译应当是"follow（追随）"。而在另一个英译本，David F. 和 Lillian Marvin Swenson 翻译的"EDIFYINGDISCOURSES. A Selection"（HARPER & BROTHERS, NEW YORK 1958）之中，则是一种改写式意译："…we express a good will, which, even if it does not deserve to be honored by the name of love, still ought not to be disparaged as thoughtlessness."（译成中文可以是"我们表述一种善意，尽管它并不值得人们以爱的名义去赋予它荣誉，但它也绝不应当被藐视为一种轻率"）。

译者将"追随"改写作"让……引导自己"是受到 Emanuel Hirsch 的德文版的启发，德译为："…wir lassen uns leiten von einem Wohlwollen, welches freilich nicht verdient mit dem Namen der Liebe geehrt zu werden, jedoch auch nicht als Leichtsinn gering geachtetwerden darf."

22　真挚（Inderlighed），真挚性，有时候也译作"内在性"。

23　这一段落都是虚拟语气（动词形式都使用过去时）假设情形，因为汉语在语法上没有虚拟式,也没有过去时和现在时的区分,所以译者说明一下。

24 在这些神圣之地]固定表述:在各个教堂里。

25 "一种祝愿,它不会去关联一件单个的事情以便让他不忘记另一件可能在后来打扰着地介入的单个的事情",这一分句的丹麦文是"et Ønske, der ikke angik en enkelt Ting, at han ikke skulde have glemt en anden enkelt Ting, der senere kunde gribe forstyrrende ind"。

Hong 的英译似乎是漏掉了一个否定词"not":"a wish that would not pertain to a particular thing so that he would have forgotten another particular thing that could later intrude disturbingly"(直接按丹麦文翻译应当是"…so that he would not have forgotten…"而不是"…so that he would have forgotten…")。

Emanuel Hirsch 的德译是"einen Wunsch, der nicht eine einzelne Sache beträfe, so daß er nicht etwa eine andere einzelne Sache vergessen hätte"。

26 如果直译的话,应当是:"这样,信仰有着另一种质地"。但是因为前面都是虚拟语气(动词形式都使用过去时),而这里是直陈语气(动词形式是现在时),并且因为汉语在语法上没有虚拟式,也没有过去时和现在时的区分,所以译者稍作改写,以便强调出前面句子之中的虚拟性。

27 译者稍作改写。按原文直译是:"他也为人的无数同类而高兴(han glæder sig tillige over Menneskets talløse Slægt)"。

28 这一段落也是虚拟语气(动词形式都使用过去时)的假设情形,因此可以理解为"有这样一种祝愿……"

29 尽全心、尽全力、尽全部灵魂]《申命记》(6:5):"你要尽心,尽性,尽力爱耶和华你的神。"

《马太福音》(22:37):"耶稣对他说,你要尽心,尽性,尽意,爱主你的神。"

以及《马可福音》(12:30):"你要尽心,尽性,尽意,尽力,爱主你的神。"

30 这里从"如果有一个人"开始就是一种假定的想象,后面对这个人的叙述,都是处于这假定之中,都是虚拟状态。

31 这是你的义务,你应当有信仰,如果你没有这信仰,那么这就是你的辜和罪]也许是指向明斯特尔(J. P. Mynster)主教的《对基督教信仰学说的思考》(Betragtninger over de christelige Troeslærdomme bd. 1—2, 2. opl., Kbh. 1837 [1833], ktl. 254—255)中的第 38 条"'去信'的义务"(第二卷,64—75 页),其中在第 66 页中写有:"哦!如果有一种罪叫做'不信',那么就也有一种义务,叫做'去信'"。信仰不仅仅是一个被实现的愿望;信仰是一种义务,在于去信那被认识的东西:"因为,你所认识的东西,你也应当去信它,这是你应当坚持的东西,你应当在生活中吸收和运用它,这样,你就能够变得更智慧、更美好、更坚强和更快乐"(第 70 页)。

32 见后面的注释。

33 毕士大池子中的水的情形……那首先到达的人，他是幸运的] 参看《约翰福音》（5：2—9）："在耶路撒冷，靠近羊门，有一个池子，希伯来话叫作毕士大，旁边有五个廊子。里面躺着瞎眼的、瘸腿的、血气枯干的，许多病人。因为有天使按时下池搅动那水，水动之后，谁先下去，无论什么病，就痊愈了。在那里有一个人，病了三十八年。耶稣看见他躺着，知道他病了许久，就问他说，你要痊愈么。病人回答说，先生，水动的时候，没有人把我放在池子里。我正去的时候，就有别人比我先下去。耶稣对他说，起来，拿你的褥子走吧。那人立刻痊愈，就拿起褥子走了。"

34 "然而，事情并非如此……这是他所不能够做到的。"在虚拟叙述的段落之中，这两句则是直陈式，就是说，这两句是正常阐述的判断句。

35 "然而每一个人都能够这么说……每一个人都敢这么说"这里又回到直陈式，就是说，这两句都是正常阐述的判断句。

36 刚出生的婴儿因为头盖骨仍未成型，如果睡姿不对，或者长时间被外物压着，头骨可能会长得变形，有时候额头部分被压住，头骨就往后长。所谓的"歪头"、"扁头"，等等。

37 从富人的桌上掉落的稀罕施舍] 对照《路加福音》（16：19—31），里面述及讨饭的拉撒路（16：21）"要得财主桌子上掉下来的零碎充饥"。

38 "上面的所有一切'究竟和抑或'，都与这事情毫无关系……在它被提及的时候，你不要害怕"，这里是直陈式，就是说，是正常阐述的判断句。

39 美好礼物的施予者] 也许是指向《雅各书》（1：17）："各样美善的恩赐，和各样全备的赏赐，都是从上头来的。从众光之父那里降下来的。在他并没有改变，也没有转动的影儿。"也参看《马太福音》（7：11），之中耶稣说："你们虽然不好，尚且知道拿好东西给儿女，何况你们在天上的父，岂不更把好东西给求他的人吗？"

40 他从我的门前走过] 也许是指向格隆德维的赞美诗"再次欢迎，上帝的小天使"（1825 年）第二段以这两句终结："哦，但不要从我们门前走过 / 灾难不施虐于我们！"——《基督教布道或者礼拜日之书》（*Christelige Prædikener eller Søndags - Bog* bd. 1—3，Kbh. 1827—30，ktl. 222—224）第三卷第 98 页。

另外，对照《路加福音》（16：19—31），里面述及讨饭的拉撒路（16：20）"拉撒路，浑身生疮，被人放在财主门口"。

41 风暴和雷雨将它从我这里夺走] 也许是指向《约伯书》（1：13—21）："有一天，约伯的儿女正在他们长兄的家里，吃饭喝酒，有报信的来见约伯，说，牛正耕地，驴在旁边吃草。示巴人忽然闯来，把牲畜掳去，并用刀杀了仆人。惟有我一人逃脱，来报信给你。他还说话的时候，又有人来说，神从天上降下火来，将群羊和仆人都烧灭了。惟有我一人逃脱，来报信给你。他还说话的时候，又有人来说，迦勒底人分作三队忽然闯来，把骆驼掳去，并用刀杀了仆人。惟有我一人逃脱，来报信给你。他还说话的时候，又有人来说，你的儿女正在他们长兄的家里吃饭喝酒。不料，有狂风从旷野刮来，击打房屋的四角，房屋倒塌在少年人身上，他们就都死了。惟有我一人逃脱，来报信给你。约伯便起来，撕裂外袍，剃了头，伏在地上下拜。说，我赤身出于母胎，也必赤身归回。赏赐的是耶和华，收取的也是耶和华。耶和华的名是应当称颂的。"

42　"愿望（Ønske）"，根据上下文的关联，有时候被译作"祝愿（Ønske）"。这里接下来继续是虚拟语气（动词形式都使用过去时）的假设情形。

43　这个"他"是指"这另一个人"。

44　分发各种善的礼物的，是至善的上帝］参看《福音基督教中的教学书，专用于丹麦学校》（*Lærebog i den Evangelisk - christelige Religion，indrettet til Brug i de danske Skoler*），由1783—1808年间的西兰岛主教巴勒（Nicolaj Edinger Balle 1744—1816）和牧师巴斯特霍尔姆（Christian B. Bastholm 1740—1819）编写，简称《巴勒的教学书》。第一章"论上帝及其性质"第三段，§ 7："上帝是善的，并且证明如此多对所有他的创造物的善行，这些创造物中的每一个都能够接受这些善行，依据自己的天性或者自己的情况或者自己的外在状态。"尤其是后面附加的说明："我们应当以真正的感恩来珍惜大大小小的上帝的礼物，永远都不要畏惧他会拒绝我们他觉得对我们有好处的事情"。

45　这个"他"是指"这另一个人"。

46　这个"他"是指"这另一个人"。

47　"愿望（Ønske）"，根据上下文的关联，有时候被译作"祝愿（Ønske）"。在这里，也蕴含了对别人的祝愿。

48　Emanuel Hirsch 的德译本在此作了一个注释：几乎不用说，克尔凯郭尔用这个总是在为另一个人担忧着的"不知所措的人"来映射出"与自己的前未婚妻的关系"中的他自己。

49　枕在惰性之枕上，他们会懒散地瞌睡掉他们的生命，这惰性之枕应当被从他们头下抽走］也许是游戏于丹麦成语"懒散是魔鬼的枕头"。

50　这个"他们"是指"所有其他人"。

51　上帝无疑是能够算清账目的］关于上帝在审判日做清算的叙述在新约中多次出现，比如说《罗马书》（9∶28）、《马太福音》（12∶36）和《彼得前书》（4∶5）。

52　无法对一千个指控中的一个作答］在《约伯记》（9∶2—3）中，约伯说："人在神面前怎能成为义呢。若愿意与他争辩，千中之一也不能回答。"

53　这个"他们"是指并非"所有其他人"的"他们"。

54　他的神圣传承］也许是指向《创世记》（1∶26—27）："神说，我们要照着我们的形像，按着我们的样式造人，使他们管理海里的鱼，空中的鸟，地上的牲畜，和全地，并地上所爬的一切昆虫。神就照着自己的形像造人，乃是照着他的形像造男造女。"

55　人的高贵的一种标志〕见前面"他的神圣传承"的注脚。

56　日光之下并无新事〕参看《传道书》（1：9）："已有的事，后必再有。已行的事，后必再行。日光之下并无新事。"

57　圣经……教导我们的：万事须当作此效力，使爱上帝者得益〕参看《罗马书》（8：28），保罗写道："我们晓得万事都互相效力，叫爱神的人得益处，就是按他旨意被召的人。"

58　"一种期待着胜利的对'那将来的'的期待"，就是说，一种"对'那将来的'的期待"，这期待是"期待着胜利"的期待。

59　考验（Anfægtelse）。参看前面的注释。（Anfægtelse是指一种内心剧烈冲突的感情。在此我译作"考验"，有时我译作"内心剧烈冲突的犹疑"，有时我译作"在宗教意义上的内心冲突"或者"内心冲突"，有时候我译作"信心的犹疑"，也有时候译作"试探"，有时候"对信心的冲击"。）

60　这两种做法就是指前面的担忧者和"那喜悦的性情"——幸福者的做法。

61　"按我们上面所说，他有一件美好的东西，如果他丧失了这东西，他就会失去自己的喜悦，如果他哪怕只是在一定的程度上丧失它，那么他也就会完全地失去它并因此而失去自己的喜悦；现在，这有经验的人的这句'一定程度的'当然也可以是针对他的这件美好的东西。"——为了有助于理解，这里稍稍做了改写。按原文直译就是："这话也可以适用于他的那一件美好的东西，——如果他丧失了这东西，他就会失去自己的喜悦，如果他哪怕只是在一定的程度上丧失它，那么他也就会完全地失去它并因此而失去自己的喜悦。"

62　这个"它"是指"喜悦的性情"。

63　考验（Anfægtelse）。见前面注脚。

64　在原文中，这是一个单数的"胜利"。

65　圣经说：不可少的只有一件〕见《路加福音》（10：41—42），耶稣去马大和马利亚姐妹家，耶稣对忙碌着的马大说："马大，马大，你为许多的事，思虑烦扰。但是不可少的只有一件。马利亚已经选择那上好的福分，是不能夺去的。"

66　这"荣耀和表彰"就是："'怀疑'或者，不管怎么说，'曾怀疑过'"。在丹麦文原文中，括号中的内容是由作者加了破折号放在句尾，但这样的话，在中文里就无法令读者看出它是对"荣耀和表彰"的说明，因而译者将之置于括号中，并移到句中的"荣耀和表彰"后面。

67　这怀疑却是狡猾的……溜到一个人的周围……低语说……欺骗〕游戏于《创世记》第三章的开始部分关于那条引诱夏娃的蛇的叙述："耶和华神所造的，惟有蛇比田野一切的活物更狡猾。蛇对女人说，神岂是真说，不许你们吃园中所有树上的果子吗。女人对蛇说，园中树上的果子，我们可以吃，惟有园当中那棵树上的果子，神曾说，你们不可吃，也不可摸，免得你们死。蛇对女人说，你们不一定死，因为神知道,你们吃的日子眼睛就明亮了,你们便如神能知道善恶。于是女人见那棵树的果子好作食物,也悦人的眼目,且是可喜爱的,能使人有智慧,就摘下果子来吃了。又给她丈夫,她丈夫也吃了。他们二人的眼睛就明亮了,才知道自己是赤身露体,便拿无花果树的叶子,为自己编作裙子。"

68　"自信",也就是说,是因为自己有了可解释的认识才去"相信他",因而,这其实不是"相信他",也不是把自己奉献给这种"信"。

69　那个在他那里没有改变、也没有转动的影儿的他]指向《雅各书》(1:17):"各样美善的恩赐,和各样全备的赏赐,都是从上头来的。从众光之父那里降下来的。在他并没有改变,也没有转动的影儿。"

70　那个通过他每一个信实的人都信实的他,难道他不应当是信实的吗]可能是指《歌林多前书》(1:9),其中保罗向歌林多教众写道:"神是信实的,你们原是被他所召,好与他儿子,我们的主耶稣基督,一同得分。"还有《歌林多前书》(10:13)"你们所遇见的试探,无非是人所能受的。神是信实的,必不叫你们受试探过于所能受的。在受试探的时候,总要给你们开一条出路,叫你们能忍受得住。"

也参看《巴勒的教科书》第一章《论上帝及其性质》第三段,§11:"上帝(……)是忠实的,除了他能够并且想要承守的事情之外,他不许诺任何其他事情"。

71　没有诡诈]也许是指向《彼得前书》(2:22)中对基督的描述:"他并没有犯罪,口里也没有诡诈。"

72　真实的]在《约翰福音》之中有多处耶稣谈论上帝是真实的,可参看(3:33):"那领受他见证的,就印上印,证明神是真的。"(7:28)和(8:26):"那差我来的是真的。"另外,在《罗马书》(3:4)中,保罗写道:"神是真实的,人都是虚谎的。"

也参看《巴勒的教科书》第一章《论上帝及其性质》第三段,§11:"上帝是真的,绝不以虚假的观念来欺骗我们"。

73　坚守自己的应许]在旧约全书中有多处谈论到上帝承诺要坚守自己所给出的应许,比如说《申命记》(9:5)"耶和华要坚定他向你列祖亚伯拉罕,以撒,雅各起誓所应许的话。"《列王记上》(6:12)"你若遵行我的律例,谨守我的典章,遵从我的一切诫命,我必向你应验我所应许你父亲大卫的话。"

也参看《巴勒的教科书》第一章《论上帝及其性质》第三段,§2,附加说明:"永恒不变的上帝因此也能够使得那些爱并且听从他的人们永恒地得到福佑。任何时间都无法减少他这方面的权柄,他也不会改变自己的决定和承诺"。

74　抱怨上帝]也许是指《约伯记》(3:20—23),其中约伯抱怨说:"受患难的人,为何有光赐给他呢。心中愁苦的人,为何有生命赐给他呢。他们切望死,却不得死。求死,胜于求隐藏的珍宝。他们寻见坟墓就快乐,极其欢喜。人的道路既然遮隐,神又把他四面围困,为何有光赐给他呢。"也参看《约伯记》(19:7—12)。

75 以免他们会来讥嘲你〕也许是指《约伯记》中，约伯的朋友们因为约伯的悲惨而讥嘲他，比如说，可参看《约伯记》（19：2—6）之中，约伯对这些朋友说："你们搅扰我的心，用言语压碎我，要到几时呢。你们这十次羞辱我。你们苦待我也不以为耻。果真我有错，这错乃是在我。你们果然要向我夸大，以我的羞辱为证指责我。就该知道是神倾覆我，用网罗围绕我。"

76 要求证据、迹象和神奇的作为〕也许是指向《马太福音》（12：39）："耶稣回答说，一个邪恶淫乱的世代求看神迹。除了先知约拿的神迹以外，再没有神迹给他们看。"还有《约翰福音》（4：48）："耶稣就对他说，若不看见神迹奇事，你们总是不信。"

77 尽我全力、尽我全部灵魂〕前面有过相关注脚。见《申命记》（6：5）："你要尽心，尽性，尽力爱耶和华你的神。"还有《马太福音》（22：37）："耶稣对他说，你要尽心，尽性，尽意，爱主你的神。"以及《马可福音》（12：30）："你要尽心，尽性，尽意，尽力，爱主你的神。"

78 "这东西"就是指上面提到的那种单个的"有权力来剥夺一个人的信仰"的东西。

79 丹麦文原文是："Troens Forventning er da Seier, og denne Forventning kan ikke skuffes uden derved, at man skuffer sig selv ved at berøve sig Forventningen saaledes som den, der daarligt formeente, at han havde tabt Troen, eller daarligt formeente, at noget Enkelt havde frataget ham den, eller søgte at bedaare sig selv i den Forestilling, at der var noget Enkelt, der havde Magt til at berøve et Menneske Troen, fandt Tilfredshed i den forfængelige Tanke, at dette netop havde rammet ham, Glæde i at ængste Andre ved den Forsikkring, at der var noget Saadant til, der drev sin Spot med det Ædleste i et Menneske, og som bemyndigede den, der blev forsøgt deri, til at drive sin Spot med Andre."

这个段落是一个冗长复杂的复合句，如果把句子改写断成短句的话，后面的分句会显得没有意义，所以，尽管这个段落很不符合中文的阅读习惯，译者仍不得不保留原文的结构。在这里，也附上两个英译本和德译本的译文：

Hong 的英译本是："The expectancy of faith, then, is victory, and this expectancy cannot be disappointed, unless a person deceives himself by depriving himself of expectancy, as the person does who foolishly supposes that he has lost his faith, or foolishly supposes that something in particular has taken it from him, or tries to delude himself with the idea that there is something in particular that is capable of robbing a person of his faith, and finds satisfaction in the conceited thought that this is precisely what has befallen him, finds joy in alarming others with the assertion that there is something like that, something that mocks what is noblest in a person, something that authorizes one who has experience with it to mock others."

David F. and Lillian Marvin Swenson 的英译本是:"The expectation of faith is then victory, and this expectation cannot be disappointed unless a man disappoints himself by depriving himself of expectation; like the one who foolishly supposed that he had lost faith, or foolishly supposed that some individual had taken it from him; or like the one who sought to delude himself with the idea that there was some special power which could deprive a man of his faith; who found satisfaction in the vain thought that this was precisely what had happened to him, found joy in frightening others with the assurance that some such power did exist that made sport of the noblest in a man, and empowered the one who was thus tested to ridicule others."

Emanuel Hirsch 的德译本是:"Das Glaühens Erwartung ist also Sieg, und diese Erwartung kann nicht trügen, es sei denn, man betrüge sich selbst, indem man sich der Erwartung beraubt gleich jenem, der törlich meinte, den Glauben verloren zu haben, oder törlich meinte, irgend etwas Einzelnes, Bestimmtes habe ihm den Glauben genommen, oder versuchte, sich selbst mit der Vorstellung zu betören, es gebe Einzelnes, Bestimmtes, das die Macht habe, einem Menschen den Glauben zu rauben, und nun Befriedigung fände in dem eitlen Gedanken, gerade dies sei ihm zugestoßen, Freude daran fände, andere zu ängstigen mit der Versicherung, es sei da Etwas vorhanden, welches mit dem Edelsten in einem Menschen seinen Spott treibe, und welches dem, der darin versucht werde, das Recht gebe, seinen Spott zu treiben mit andern."

80　这里译者稍作改写,按原文直译是:"事情并非是如此:单个事物能够证明信仰的期待的成立或不成立"。

若"事情"是"如此",那么"单个事物能够证明信仰的期待的成立或不成立"。所以,"事情并非如此"其实就是说"单个事物并不能够证明信仰的期待的成立或不成立"。

丹麦文原文是:"…men Gud være lovet, saaledes er det ikke, at det Enkelte kan bevise eller modbevise Troens Forventning."

Hong 的英译是:"…but, God bepraised, it is not the case that the particular can substantiate orrefute the expectancy of faith."

Emanuel Hirsch 的德译是:"… jedoch Gott sei es gedankt, so steht es nicht, daß das Einzelne ein Beweis oder eine Widerlegung wäre für desGlaubens Erwartung."

81　终于] 在 1839 年 9 月 11 日的日记(journalen EE)中,克尔凯郭尔写道:"'终于'这句话,它出现在我们所有的短祷文中,它是最具史诗性命运性、最抒情而不耐烦的,最真实的基督教口令。"(Pap. II A 561 [EE:180])。

82　在教堂里被宣读的许多神圣的短祷文] 在牧师做弥撒或者在神圣仪式开始和结束时在圣坛前宣读的短祈祷文。

83 终于得到拯救〕这一表述在许多短祷文的结尾出现，比如说在《丹麦圣殿规范书》中的"基督诞辰日"的短祷文："于是，通过同样的这一个，你亲爱的儿子，我们的主耶稣基督（他在圣灵之永恒之中与你一同生活并且统治），真正的神，终于得到拯救（永恒地得到了祝福），从永恒到永恒。阿门！"《丹麦圣殿规范书》（Forordnet Alter–Bog）第 12 页。

84 见前面关于"考验（Anfægtelse）"的注脚。

85 把我们的心和我们的思想托付给你〕在《路加福音》（23：46）之中，耶稣在十字架上说话："耶稣大声喊着说，父啊，我将我的灵魂交在你手里。说了这话，气就断了。"另外也可参看《诗篇》（31：6）。

86 同一个上帝，在他用自己的手带领我们穿过世界之后，他抽回自己的手，是的，这同一个上帝，他又张开自己的怀抱来接受这充满思念的灵魂〕参看《论反讽的概念》之中有这样的脚注（SKS 1, 126f., fodnote）：只有在一个人认识到"那'用自己的手带领一个人穿过世界之后，在死亡的瞬间就仿佛放开这个人，以便张开自己的怀抱并在之中接受这充满思念的灵魂'的，是同一个上帝"的时候，只有在这时，在观念形式之中的证明才算是完成了。

另外，"这样，我们的灵魂就绝不会这样地因为忘记了这句解放性的说辞而被生活的喜悦或者生活的悲伤囚禁；……这同一个上帝，他又张开自己的怀抱来接受这充满思念的灵魂"，这是一句复合结构的长句子，译者对之稍作改写。如果直译的话就是：

"因此，天上的父！我们想要把我们的心和我们的思想托付给你，这样，我们的灵魂就绝不会这样地因为忘记了这句解放性的说辞而被生活的喜悦或者生活的悲伤囚禁；这样，那将这句说辞带上我们的双唇的，就也不会是不耐烦和内在的不安，这样，就在'这句话作为一个真实的朋友在生活的诸多关系之中陪伴了我们，它根据我们的情况适应了我们，但却又不曾对自己不忠诚，它曾是我们的希望、我们的喜悦、我们的欢庆，它曾为我们高声而热情地发声、轻声而哼吟地发声，它曾对我们警示而提醒着地说话、曾对我们鼓励而召唤着地说话'的时候，我们的灵魂在自己的最后时刻就仿佛是在这个辞句中被从这个世界里抬出去，抬到一个这样的地方，在那里我们将领会这辞句的全部意义，这情形就像是：那'用自己的手带领我们穿过世界之后，抽回自己的手，又张开自己的怀抱来接受这充满思念的灵魂'的，是同一个上帝。"

所有善的和所有完美的
馈赠都是从上头来的[1]。

祈　　祷

　　从你手中，哦，上帝！我们将收下一切；你伸展出它，你大能的手[2]，令智慧者们在自己的愚拙之中作茧自缚[3]；你张开它，你柔和的手，使有生气的都随愿饱足[4]。哪怕在表面上看，你的手臂变短，你却加增我们的信心和期望，让我们仍能够紧紧抓住你；如果在一些时候，你从我们这里抽出你的手，哦！那么我们则会知道，这只是因为你合起它，你合起它只为在它之中藏起更丰盛的祝福，你合起它只为再次张开它，令所有有生气的都随愿饱足。阿门。

使徒圣雅各写的信第 1 章第 17—22 节[5]

各样美善的恩赐,和各样全备的赏赐,都是从上头来的。从众光之父那里降下来的。在他并没有改变,也没有转动的影儿。18、他按自己的旨意,用真道生了我们,叫我们在他所造的万物中,好像初熟的果子。19、我亲爱的弟兄们,这是你们所知道的。但你们各人要快快的听,慢慢的说,慢慢的动怒。20、因为人的怒气,并不成就神的义。21、所以你们要脱去一切的污秽,和盈余的邪恶,存温柔的心领受那所栽种的道,就是能救你们灵魂的道。[6]

"各样美善的恩赐,和各样全备的赏赐,都是从上头来的。从众光之父那里降下来的。在他并没有改变,也没有转动的影儿。"这些话语,它们如此美丽、如此怡和、如此感人,即使它们无法进入听者的耳朵、无法在听者的心中回响,也不会是因为这些话语本身有什么过失。它们是出自主的一位使徒,如果说我们自己没有更深刻地感受到它们的意义,我们还是敢相信,它们不是胡言和空话[7],不是一种对虚无飘渺的思想的华丽表达,不,它们是忠实而可靠的,就像那写下了这些话的使徒的生活一样,经受过考验和试探[8]。它们不是被随便地说出的,而是带着特别的强调,不是顺口带过的,而是伴随着一种急迫的警示:我亲爱的兄弟们,不要看错了(第 16 句)[9];我们敢有这样的信心,相信这些话语不仅有力量提升起灵魂,而且也有力量背负起它,这些话语,它们背负着一位使徒走过风雨动荡的一生[10]。它们并非是在与其他话语毫无关联的情况下被说出的;这是为了警告那种"上帝将会试探一个人"的可怕谬误[11],是为了警告那种想要试探上帝的心灵痴愚[12],所以使徒说:不要看错了,我亲爱的兄弟们;这样,我们敢确定,这话语是强有力的,能够澄清痴愚,能够去刹止谬误的想法。

"各样美善的和各样全备的恩赐,都是从上头来的,并且是从众光之父那里降下来的。在他并没有改变,也没有转动的影儿。"这些话语反反复复地在世上被重复[13]，但仍有许多人，就仿佛他们从不曾听见过这些话，也许，如果他们听见了这些话，这"听见"对他们会起到打扰的作用。他们无忧无虑地一路向前，一种友善的命运使得一切都轻松如意，每一个愿望都得以实现，他们的每一项事业都有着进展。尽管他们不知道"怎么会如此"，他们处在生活的运动之中，这生活的运动是那将"先前"联接到"以后"的链子中的一个环节；尽管他们毫不关心"事情是如何发生的"，他们在同时代的浪潮之中随波逐流。自然法则使得一个人的生命在世界里得以发展，正如它在地球上铺展开花毯；依托于这自然法则，这些喜悦而心满意足的人们在生命的变换之中继续着自己的生活，在任何瞬间都不曾想到过要从这种变换之中挣脱出来而诚实地给予每个人其应得的一份：如果他们知道那些美善的恩赐是来自这个人，那么就把感恩给予他，如果他们认为这个人需要帮助，正如他们认为这帮助对他是有好处的，那么就向他提供帮助。他们肯定知道"各样美善和全备的恩赐存在"，他们也知道它们来自哪里，因为，大地给予自己的收成，天空给予春雨秋雨[14]；亲戚和朋友们为他们作着最好的考虑，而他们的计划则聪明而理智，很有前景，——既然它们是聪明而理智的，自然就有前景。对于他们，生活没有任何谜，然而他们的生活却是一个谜、一场梦，使徒的严肃警告"不要看错了[15]"阻止不了他们，他们没有时间去留意这句话，或者所有那些话；波浪又怎么会关心，它来自哪里，它要去哪里？[16] 或者，如果他们中会有个别的一些人思考着某种更高事情，留意到了使徒的话，这些人也马上很快就了结了自己与这些话的关系。他们让自己的思想在这些话语中专注上一瞬间，然后，他们说："现在，我们明白了这些东西；现在，再给我们一些新的我们尚未明白的想法吧。"他们也并没有什么不对；因为使徒的话语并不难懂，然而，通过"他们在明白了它们之后离弃它们"这种做法，他们就恰恰证明了"他们并没有理解这些话"。

"各样美善的恩赐，和各样全备的赏赐，都是从上头来的，从众光之父那里降下来的。在他并没有改变，也没有转动的影儿。"这些话有着如此强烈的抚慰和镇痛的作用，然而又有多少人是真正明白应当怎样去从它们中吮吸出安慰的丰富营养的、是真正明白应当怎样去吸收这营养的！那些忧虑的人，那些人，生活没有允许他们进入成年，他们作为孩子就已死去，那些人，他们没有得到成功之乳的喂哺，他们很早就已断奶；那些悲伤的人，他们的思维试图穿透那变化着的东西而达到那持恒的东西；——

他们感觉到使徒的话语并且留意着这些话。他们越是有能力让自己的灵魂沉浸在这些话语之中、有能力因它们而忘记一切，他们就越是觉得自己得到了力量并充满信心。然而他们马上就发现，这力量是一种幻觉；不管他们赢得了多少信心，他们仍然没有赢得穿透生活的力量；这忧虑的心灵和无措的思绪一忽儿试图奔向那种丰富的安慰，一忽儿又重新感觉到矛盾。最后，他们也许会觉得，这些话语对他们的安宁来说几乎是危险的，它们在他们心中唤醒一种信心，一种不断地被辜负的信心，它们给予他们翅膀，这些翅膀固然能够让他们上升到上帝那里，但却无法在他们走通生活的过程中帮上他们；他们并不否认这些话语之中不竭的安慰，但他们几乎是畏惧这种安慰，尽管他们赞美着它。如果一个人拥有一件富丽的首饰，他不曾在任何时候否认它是富丽的，然后，他不时拿出它来，为之欣喜，但是，他却马上又说：在日常生活中，我还是不能用它来打扮我，而那种能让它真正获得意义的庆典场合，我则是在徒劳地等待着。然后，他当然是把这首饰放到一边，并且忧伤地想着：他拥有一件这样的首饰，生活并没有赋予他去真正带着喜悦展示它的机会。

于是，他们就处在宁静的哀伤之中，他们并没有让自己去冷漠地对待那些话语之中的安慰，他们谦卑得足以让自己承认生活是一道谜语[17]，这就像，如果有一句解说性的话语的话，他们在自己的想法中就会快快地听，同样，他们也慢慢地说，慢慢地动怒[18]。他们不会大胆地丢弃掉这些话语，只是在等待着，那适当的时刻会到来。如果这时刻到来，那么，他们就得救了，这就是他们的想法；而你，我的听者，则说，这样的事情必定会发生。或者，难道就只有一个在天上作见证的灵，但却没有任何在地上作见证的灵[19]？难道只有天与逃离大地的灵知道上帝是善的；难道地上的生活对此就一无所知？难道在天上发生的事情与在地上发生的事情之间就没有任何共鸣？难道在天上有喜悦而在地上只有悲伤，或者，难道就只有"天上有喜悦"的消息？难道天上的上帝拿出那些美善的恩赐，为我们将它们藏在诸天，这样我们会在来世的什么时候接受它们？也许你在你心灵的困惑之中就是这样说的。你并不要求，各种迹象和神奇的作为应当为你而发生[20]，你并不孩子气地要求你的每一个愿望都会实现，你只请求迟早有一个见证，因为你忧虑的灵魂隐藏着一个愿望。如果这愿望实现了，那么，这样的话，一切就都很好，这样的话，你的感谢和你的赞美就会是永恒的，这样的话，那庆典的机缘就到来了，这样的话，各样美善的和各样全备的恩赐就都从上头下来。然而，看，你的这个愿望遭到了拒绝；你的灵魂变得不安，因这愿望之激情而辗转反侧；它并不变得违抗和狂野，你并没有不耐烦地丢弃谦卑之牵引带[21]，你不曾忘记你是在地上而上帝是在天上[22]。带着谦卑的祷告，带着燃烧的渴望，你就似乎是在试探上帝：这个愿望对于我如此重要；我的喜悦、我的安宁、我的未来，一切都依赖于此，对于我，它是如此非常重要，对于上帝，它是如此轻易；因为不管怎么说，他是全能的[23]。但是这愿望并没有实现。你徒劳地寻求安宁；你在你毫无结果的烦乱之中尝试了一切；你登上了"预感"的令人晕眩的顶峰，想要侦察出是不是会有一种可能性出现。如果你瞥见一个这样的可能，那么，你马上就准备好了你的各种祷告，这样，你就能够借助于那看上去可能的东西来创造出那现实的东西。然而，这只是一种幻觉。你走下顶峰，你听任你自己沉溺在"悲伤"所具的麻痹性的迟钝之中，这样，随着时间流失，事情就会好起来；有了早上，有了晚上[24]，但是你所想要看见的那一日，它却不冒出来。然而你仍做着一切，你早晚祷告，越来越真挚，越来越具诱惑性。唉！然而这事情并不发生。然后，你放弃了对此的期待，你想要让你的灵魂存留在忍耐之中[25]，你想要在宁静的切望[26]之中等待，只要你能够赢得一种确定性：永恒会为你带来你的愿望，为你带来那构成你眼中的欢愉和你心中的渴望的东西。唉！但对于你而言，这一确定性也被否定了。然而，在各种忙碌的想法在工作中使自己疲倦的时候，在那些毫无结果的愿望使你的灵魂衰竭的时候，这时，也许你的本性变得更宁静，这时，也许你的内心，隐蔽而不着痕迹地，在自身之中发展出这样一种温顺，它接受那被种植在你心中并且能够使得你的灵魂得到至福的话语，"所有美善的和所有全备的恩赐，都是从上头下来的"。这时，你无疑就在所有的谦卑之中承认：在上帝接受你的尘俗愿望和痴愚渴望、为你换掉它们并且作为取代给予你天上的安慰和各种神圣的想法的时候，他肯定没有欺骗你；在他拒绝实现你的一个愿望、而作为补偿在你心中创造出这一信仰的时候，在他没有给出一个"即使有能力做到一切也至多只能给予你整个世界"的愿望、却赋予你一种"借助于它你能够赢得上帝并且胜过整个世界"的信仰[27]的时候，他没有亏待你。这时，你带着谦卑的喜悦认识到，上帝仍是最全能的天和地的创造者[28]，他不仅从乌有之中创造出世界[29]，而且还做了更奇妙的事情：从你不耐烦而不持恒的心中创造出安静心灵的不朽本性[30]。这时，你带着羞愧承认："上帝不让自己受试探"[31]，这是好的，对于你如此非常之好；这时，你明白了使徒的警示，明白了为什么这警示关联到那种想要试探上帝的谬误[32]。这时，你认识到，你的行为是多么痴愚。你想要让上帝的关于"什么对你是有好处的"的各种观念成为你的观念，但是你还想要让他是最全能的天和地的创造者，这样，他就真正能够实现你的愿望。不过，如果他要分享你的观念，那么，他就必须停止作为全能的父。你会在你孩子气的不耐烦中就仿佛是要扭曲上帝的永恒本质[33]。你盲目得足以欺骗你自己，就仿佛是：如果天上的上帝并不是比你更清楚"什么是对你有好处的"[34]，那么你就得到了帮助；就仿佛是你不会在任何时候带着恐怖之心发现，你曾希望：如果这样的事情发生，任何人都不会有能力承受得起。让我们用一小瞬间来愚妄地[35]并且照人的方式说话[36]。如果有一个人，你对他真正有着信心，因为你相信他想要为你好；但是你有着一种关于"什么对你是有好处的"的观念，而他则有着另一种这方面的观念，是不是？这时，你无疑会试图说服他，你也许会祈求和恳请他实现你的愿望；但是，如果他不断地拒绝你，这时，你就会停止请求他，你会说：如果我现在通过我的各种请求来打动他去做他认为是不对的事情，那么，这时所发生的只会是更可怕的事情：我虚弱得足以去使得他也变得同样虚弱，这样，尽管我在陶醉的瞬间会把他的虚弱称作是爱，我其实已经失去了他和我对他的信心。

或者，这也许不是你的情形；也许你太老而无法怀有各种关于上帝的童心想象，太成熟而无法从人的角度来想他；你也许想要借助你的违抗来打动他。你肯定承认"生活是一个谜语[37]"，但是你没有根据使徒的警告马上去聆听，是不是会有一句解说性的话；相反，你与他的警告作对，马上进入了愤怒。如果生活是一个谜语，那么就让它是吧，你无需去为解说担忧，而你的心变得冷漠麻木了。你的外表也许平静，也许友善，你的话语甚至充满了善意，但是，深深地在内心之中，在思绪们的秘密工坊里，你在那里说，不，你没有说，你是在那里听见一个声音在说"上帝试探着人"。绝望之寒冷冻结起你的精神，它的死亡孵伏在你的心头。如果生活有时又在你的内心之中蠢动起来，这时，各种狂乱的嗓音咆哮起来，各种不属于你、但却从你的内心之中响起的声音。为什么你的抱怨是如此激烈，为什么你的尖叫如此有穿透力，为什么连你的祈祷也是那么富于挑衅？或者，这是不是因为你相信：你的痛苦是如此之大、你的悲伤是如此令人心碎，作为由此得出的结论，你的抱怨是如此公正，你的声音是如此有力，以至于它必定会在诸天之上轰鸣，把上帝从他隐蔽的幽深之中[38]呼唤出来（你觉得他是平静而漠不关心地坐在这隐蔽的幽深之中丝毫不关注世界及其各种命运[39]）？但是，天把这种放肆大胆的说法关闭在外[40]，圣经上所写的是：上帝也不被任何人试探。你的话语是无力的，无力如你的思想，正如你的手臂是无力的；天听不见你的祷告；但是如果你让自己谦卑地处在上帝大能的手下并且心碎地在精神之中叹息：我的上帝，我的上帝，我的罪是如此之大，大得超过它能够被原谅的程度[41]，那么，这时天就又重新打开了，这时，上帝，就像先知所写的那样，从自己的窗户向下垂看着你[42]并且说：还有一小点时间[43]；还有一小点时间，并且我将更新大地的面貌[44]，——看，你的形象被更新了，上帝仁慈的恩典在你贫瘠的心灵之中培育出了那种"领受道"的温顺[45]。这时，你在上帝面前谦卑地承认：上帝不试探任何人，但是每一个人，在他被自己的各种渴望引诱和牵动的时候，都受到试探，同样你也会受到各种骄傲、傲慢和忤逆的想法的试探。你的谬误是认为"'上帝试探一个人'这种想法能够解释生活"，你因这谬误而感到恐怖；因为，在生活对于你成为一个谜语[46]的时候，这时，你听从这样的一个解释，正如你自己不得不承认的，这解释恰恰使一切变得无法解释。这时，你谦卑而羞愧地承认，这样的事情是好的："上帝不让自己受试探，他是全能的上帝，能够碾碎每一种放肆大胆的想法，这样，你在你的绝望中就不会去找到一种对生活的谜语的解释，任何人都无法坚持这种解释"。

"各样美善的恩赐，和各样全备的赏赐，都是从上头来的。从众光之父那里降下来的。在他那里没有改变，也没有转动的影儿。"这些话语是如此容易理解，如此简单，然而又有多少人真正理解它们，真正明白它们是一枚纪念币[47]，这纪念币比世上所有宝藏更美好，但它也是一枚兑换币，它能够在生活的日常关系之中被使用。

"所有美善和所有全备的恩赐都是来自上帝"。使徒使用两个表达。"所有美善的恩赐"，他说，并且以此来标示这恩赐的内在本质：它是健康而受祝福的果实，在这之中不藏有任何不健康和有害的附加物。"所有全备的恩赐"，使徒说，并且以此来标示进一步的关系，在这种关系中，所有美善的恩赐在上帝的帮助下走向那接受它的单个的人，这样，那就其本身而言是美善的东西对于他就不会成为损害和毁灭。与这两个表达相对应的有另两个表达。"这恩赐是从上头来的并且是从众光之父那里降下来的"。"它是从上头来的",使徒说,并且以此来使得信者的思想转向上头对着天上,那里是所有美善的东西的归属处,那令嘴巴满足的祝福、那令心灵满足的祝福,向天一路上去,所有善的灵都从天上出发走向人类的拯救[48],向天一路上去,所有善的意图都从天上出发作为天上的恩赐归返回来。"从众光之父那里降下来的",使徒说,并且以此来标示,上帝以自己的永恒明晰性穿透一切,他从远处知道人类的想法并且知道一切他们所行的路[49];他永恒的爱急促地先行并且预备着一切[50],这样,它就使得"美善的恩赐"成为"全备的恩赐"。如果一个人要给一件美善的馈赠,在暗中给出,并且就像是无定向的[51],他当然因为这是一个美善的馈赠而高兴,他是一个乐意的赠与者,但也因为他不知道这馈赠是否会对另一个人真正有好处而悲哀;但天上的上帝不像这样的一个人。"所有美善和所有全备的恩赐",使徒说;"所有",这意味了什么?难道使徒是以此来标示:天上广延的堡垒[52]是一个巨大的储藏室,然而天空所包容的一切,是善美的恩赐,他标示出,上帝从这一丰富的储存中拿出各种馈赠[53],不时地根据时间和场合来发送,有时候给一个人,有时候给另一个人,给这个多一点,给那个少一点,给某单个的人纯粹乌有,但他所发送的东西则是美善和全备的?让我们看下面这些话:"在他那里没有改变,也没有转动的影儿。"如果使徒想要表达的是这个,那么,他就会在这些话的段落加上:来自爱的上帝、慈悲和安慰的上帝、善美的恩赐的给予者[54],或者,他另有什么比我们所能表达的更好更具强调性的表达方式;想来他会更进一步劝诫信者们根据时间和场合去感恩,既然那些美善的恩赐被分发给了他们。他没有这样做。他的警告所针对的是那种"上帝会试探一个人"的谬误想法,那种"上帝会让自己受试探"的谬误想法;他所训诫的是,一切都在变化,而上帝仍持恒地保持是同一个上帝;他所劝导的是要这样爱上帝:我们的本性变得等同于他的,我们必须不断地赢得上帝并且在忍耐之中保全我们的灵魂[55]。通过这些话,他没有说及任何关于这些单个的恩赐的特征的东西,他所谈的是关于上帝与信者的永恒关系。在喜悦使得生活在光辉之中得以美化、一切都明亮而清晰的时候,他警告着这种光辉的美化,他劝告要将此归于众光之父,在众光之父那里没有改变,也没有转动的影儿。在悲伤把阴影置于我们的生活之上的时候,在沮丧使我们的目光模糊的时候,在忧虑之云把他从我们的眼前拿走[56]的时候,这时,使徒的警告就是：在上帝那里没有转动的影儿。使徒所警告的是，不要用试探之不安去打扰上帝的至福的本性，就仿佛他的心要么是变冷了，要么是变弱了；他所强调的是，正如上帝的全能之手使得一切都甚好[57]，他，众光之父，同样也仍永远不变地在每一个瞬间使一切都甚好[58]，使得一切，对每一个有着足够的心灵让自己谦卑、有着足够的心灵让自己充满信心的人，都成为一件美善而全备的恩赐。

然而，怀疑确实是狡猾而诡诈的，绝非如同人们在描述它的时候常常宣称的那样是"喧哗而违抗的"；它是谦恭而审慎的，不是无礼而放肆的；并且，它越是谦逊，它就越危险。它不否认那些话语是美丽的、不否认它们是富于安慰的；如果它否认，那么心灵就会奋起反抗它；它只是说，这些话语是艰难的，几乎是神秘的。它想要帮助那忧虑的内心去理解使徒所说的话语：所有美善和所有全备的恩赐都是来自上帝。"这话想要说什么？除了是说'所有来自上帝的东西都是一份美善的和一份全备的恩赐'和'所有是一份美善的和一份全备的恩赐的东西都是来自上帝'之外，又会有什么别的意思。"这一解释肯定是简单而自然的，然而，怀疑却很审慎地藏身于之中。因此，它继续说道："因此，如果一个人在自己生活里要从这些话语里找到安宁，那么，他就要么必须能够决定什么是那来自上帝的东西，要么能够决定什么是合理而确实地能够被称作是'一份美善和一份全备的恩赐'的东西。但这怎么会是可能的呢？那么，每个人的生命是不是一种不断继续的奇迹之链呢？或者，对于一个人的理解力来说，'在这有各种推导的因果构成的无法被参透的系列之中开辟出一条贯通的道路、穿透所有处于间隔之中的东西并且以这样一种方式找到上帝'，这是不是可能？或者，对于一个人的理解力来说，'带着确定性决定出什么是那对于他而言的一份美善的和一份全备的恩赐'，这是不是可能？理解力难道不是一次又一次地在这些问题上搁浅吗？难道人类不是、难道每个单个的人不是已经太频繁地经历了这痛楚的经历：'想要冒险去取得那被拒绝给予人类的东西'是一种不会一直不受惩罚的痴愚做法？"这样，怀疑就结束了自己对那些话语的解释，并且，它也结束了——不再与那些话语有什么关系。它把使徒的全权话语转化成了一种只是口口相传却毫无意义的空谈。它谦逊得足以不去要求人们删除这些话语并且将它们付诸永恒的遗忘；它把它们从心灵中扭夺出来并任由双唇来决定它们。

事情是这样的吗，我的听者？难道那些话语也许并非是出自主的一个使徒？难道它们也许是出自那支天空下属灵气的军队[59]？难道在它们之上降有一道诅咒，以至于它们在这个世界里无家可归并且无法在一个人的内心之中找到居所；难道它们的定性就是"使得人类惶惑失措"？那种令人焦虑的运动，思想在之中精疲力竭但却无法进一步走更远，难道它就不可能被停止？然而，或许事情会不会就是这样：上帝在试探一个人，如果不是以其他的方式，而只是通过"宣示出一句只令他的思想困惑的话语"？

使徒保罗[60]说："所有上帝所造之物都是好的，如果它们是被带着感恩领受[61]"。使徒说这些话，其实是为了警告人们提防那种会在各种圣殿仪式中奴役信众们的世俗睿智[62]。然而，使徒是怎么做的呢？通过一种虔信的省察——"一个人总是应当感谢上帝[63]"，他把信众的心灵提升到各种尘世的和有限的忧虑之上、提升到世俗的睿智和怀疑之上；因为使徒所谈论的这种感恩不可能是一种由一个人向另一个人展示的感恩，而那些错误学说的说教者当然也认为，信众违反仪规是对上帝行罪。所有恩赐都是一件美善和全备的恩赐，如果它们是被带着感恩领受，——难道这同样的情形不应当有效于每个人与上帝的关系？

难道不是这样吗，我的听者，以这样的方式，你解读那些使徒的话语，对于那"是一件美善和全备的恩赐"的东西和对那"是来自上帝"的东西，你没有什么困惑；因为，你说，所有恩赐都是好的，如果它们是被带着感恩从上帝的手上领受的，并且，所有美善和全备的恩赐都是来自上帝。你没有焦虑地询问，那来自上帝的东西是什么；你欣悦而坦然地说：是这个，为此我感谢上帝。你没有心情烦躁地去考虑"什么是一份美善和全备的恩赐"；因为你充满信心地说，我知道它就是我为之感谢上帝的东西，并且因此，我为了它而感谢他。在你扩展了你的内心的时候，你解译了使徒的话语，你并不要求从生活中学到很多，你只想学一件事：总是感谢上帝，并且由此学会去明白一件事：万事须当作此效力，使爱上帝者得益[64]。

那么，这使徒的话语，"各样美善和各样全备的赏赐，都是从上头来的，从众光之父那里降下来的"，这是一种晦涩难懂的说法吗？如果你认为你无法明白它，那么你敢声称"你曾想要明白它"吗？在你对那来自上帝的东西和那"是一份美善的和一份全备的恩赐"的东西有疑虑的时候，你是不是曾胆敢去冒险尝试呢？在喜悦的轻松游戏召唤你的时候，你感谢过上帝吗？在你是如此强大而以至于似乎你无需任何帮助的时候，你感谢过上帝吗？在你被分配的份额很小的时候，你感谢过上帝吗？在你被分配的份额就是苦难的时候，你感谢过上帝吗？在你的愿望被回绝的时候，你感谢过上帝吗？在你自己不得不否定掉你自己的愿望的时候，你感谢过上帝吗？在人们委屈你和侵犯你的时候，你感谢过上帝吗？我们并不是在说人类的不公正因此就不再是不公正，说这种不健康而痴愚的话又有什么用！这是否不公正，要由你自己决定；但是，你有没有把这委屈和侵犯归因于上帝，在你的感谢中，你将之[65]作为一份美善而全备的恩赐从他手里接受过来？你有没有这样做？是啊，这样，你就合格地解译了使徒的话语，将上帝置于荣耀之中，将你自己置于拯救之中；一个人祈祷，这是美丽的，许多应许被赋予那不停地祷告的人[66]；但总是感恩，则是更大的祝福。是啊，这样，你就合格地解译了那句使徒的话语，甚至比所有天使以如火焰的舌头[67]讲话更荣耀。

　　然而，又有谁曾有这样的勇气、这样的信心；谁曾以这样的方式爱上帝？谁是那个喜悦而坚定的虔诚斗士，他如此坚忍不移地站在生活中的岗位上，甚至从不曾打一下瞌睡？如果你曾这样做，我的听者，难道你没有对你自己隐藏起这个？难道你就不曾对你自己说：我确实是明白使徒的话语，但我也明白，我太胆小，或者太骄傲，或者太懒惰，因此我无法真正地想要去明白它？你警告过你自己了吗？你有没有考虑过，胆怯的人也会，尽管这看来像是一种让人无法解释的说法：胆怯的人也会有一颗不忠实的心，也会是一个不诚实的爱者？你有没有考虑过，判决也会落在沮丧之人身上，但谦卑的心却不会进入这判决？你有没有考虑过，悲伤的人也会不尽全心爱上帝，但那因上帝而欣悦的人则战胜了世界？至少，你有没有对你自己有所审视？你是否曾把使徒的话语当成是神圣的？你是否曾将之珍藏在一颗纯净而美丽的心中[68]，以任何代价都无法收买，因为你有这样的一种至深之痛——你不得不一次又一次地承认"你从不曾像上帝爱你那样地爱上帝[69]"，任何睿智的狡猾贿赂都无法将你从这痛楚之中赎买出来？你不得不承认：在上帝是忠信的时候，你是失信的[70]；在他火热的时候，你不冷不热[71]；他送你美善的恩赐，你却将之转化成对你自己的损害；他询问你，但你不愿回答；他召唤你，但你不愿听从；他友善地对你说话，但是你听而不闻；他严肃地对你说，但你误解他的话；他实现你的愿望，作为感谢你提出更多愿望；他实现你的愿望，但你并非真正地作出了这愿望，你很快地动怒[72]。为了标示出你与上帝的关系，你需要如此多的话语，你是否曾真正深切地感觉到这之中可悲的地方？你是否至少曾以这样的方式在你与上帝的关系之中诚实地对待你自己和你的上帝？你是否曾推迟对自己的清算，难道你不是宁愿在你的孤独之中为自己感到羞愧？你是否曾很快就忍受清算的痛楚，你有没有考虑过，他先爱你[73]？你是否曾迅速地为你自己作出论断，在你慢慢地回报以爱的时候，断定他不会继续爱你？如果你曾是如此，那么，你肯定会在一些时候赢得勇气去感谢，即使那发生的事情在你眼里是很奇怪的，也依然如此，你赢得勇气去明白，各样美善的和各样全备的恩赐都是从上头来的，你赢得勇气去在爱之中解释它，你赢得去接受这勇气的信心；因为这无疑也是一份美善和全备的恩赐。

"各样美善的恩赐，和各样全备的赏赐，都是从上头来的。从众光之父那里降下来的。在他那里没有改变，也没有转动的影儿。"这些话语是如此有治疗作用，如此有医效，然而，那忏悔的灵魂有多少次曾真正通过它们而让自己得以痊愈呢，有多少次他们曾不仅明白了它们审判性的严肃，而且也明白它们仁慈的恩典呢？

或者，我的听者，在你的生活之中也许就没有任何机缘，让你觉得那些话语是难解的？你是不是总是对自己很满意，如此心满意足，乃至你也许感谢上帝，你不像别人[74]？也许你已经变得如此聪明，乃至你理解了那毫无意义的话语之中的深刻意义："不像别人"是一种荣耀？……那么，那使得它们变得对你来说难以明白的东西是什么？如果一个人自己是一份美善和全备的恩赐，如果他只是有着一种接受着的态度并且接受一切出自上帝之手的东西，是的，那么他又怎么能够接受除了各种美善和全备的恩赐之外的其他东西？然而，在你屈从于人的普通命数的时候，这时，你则承认，你既不是美善的也不是全备的，你并非只是有着一种接受着的态度，相反，在你所接受的一切东西中，都发生着一种变化。那么，难道那同样的东西能够被除了同样的东西之外的其他东西理解[75]，难道那美善的东西能够在美善的东西之外的其他东西之中保持美善吗；难道健康的营养能够在有病的灵魂之中保持其健康性吗？一个人并非纯粹地处于接受着的状态之中，他自己是施予着的，对于你来说，这变得难以理解，那来自你的不健康的东西对于别人怎么会成为某种并非是损害的东西。当然你明白，只有通过对上帝的感谢，一切对于你才会成为一份美善和全备的恩赐，你坚持认为，另一个人也必须是以同样的方式来获取一切；然而，甚至那生产出感谢的爱，它纯洁吗，难道它不使得那被接受的东西有所改变吗？那么，除了去爱之外，一个人能不能做更多？对于"去爱"来说，思想和语言是不是有着某种比"总是感谢"更高的表达？绝没有，它有着一个更低的、更谦卑的表达；因为，即使是一个总是想要感谢的人，他也根据自己的完美性去爱，而只有在一个人根据自己的不完美去爱上帝的时候，这个人才能真正地去爱上帝。这是怎样的一种爱？这是悔之爱，它比所有其他爱更美丽；因为你在悔之中爱上帝！比任何其他爱更忠诚更真挚；因为在悔之中，爱你的是上帝。在悔中你接受来自上帝的一切，甚至那你带给他的感谢，因而，甚至这情形也是"小孩子的礼物"在父母眼中的情形，一个玩笑，一种对"你自己所给出的东西"的接受。难道不是这样吗，我的听者？你只是想要感谢上帝，但甚至这也是如此地不完美。这样，你明白了，是上帝，在你身上做着一切，这时他赋予你那种孩子般的欣悦，使得你能够"他把你的感谢当作一件你所给出的礼物"而感到欣悦。如果你不畏惧悔之痛楚、不畏惧那种深深的悲伤（在这悲伤中，一个人因为有上帝而像一个孩子那样变得快乐），如果你不怕去明白，这是爱，不是我们爱上帝，乃是上帝爱我们[76]，那么，他就赋予着你这喜悦。

而你，我的听者，你以一种更为单纯而更为谦卑的方式来领会这想法的深刻意义，"你不像别人"，是不是对于你，要误解使徒的话语就不是那么容易的一件事？你完全明白，所有美善和所有全备的恩赐都是来自上帝，然而，唉！难道你无法明白，它们在你身上可以成为"损害"之外的其他东西？露水和雨是从上头下来的一份美善的恩赐，但是，如果有害的植物懂得自身并且能够说话，那么，它也许会说："哦！停下，重新回到天上去，这样，我就能够在干旱之中死去，不要滋润我的根茎，这样，我就不会繁荣昌盛，变得更有害！"你并没有明白你自己，没有明白使徒的话语；因为，如果事情是如此，那么，"所有完备的恩赐都来自上帝"就不是真的，那样的话，上帝就不会大于一个人焦虑的心灵[77]，所有美善和完备的恩赐怎么就会来自他？

也许在你的生活中有着某些事情，你希望它们从来没有被做下过，如果这是可能的话，那么，你就会带着欣悦的感谢从上帝手上拿下所有完备的恩赐。光是对此的想法为你带来的喜悦就已经是如此巨大，这看起来似

两个陶冶性的讲演，1843年

乎就是这想法是要试探上帝，让他去使得那已被做下的事情重新变成不曾被做下的。上帝不被任何人试探[78]。你也许曾努力忘记这一点，这样，你的感谢就不会虚弱如同冒烟的灯芯。唉！如果你能够忘记它的话，你又怎么可能领会使徒的话语？如果对于你，忘记它是可能的，那么，所有美善和完备的恩赐就不是来自上帝，你将你自己排除到了神恩之外，不是因为你所做的事情，而是因为你对那话语的贫乏、自爱而随意的领会，完全就如同一个这样的人：他的愿望遭到拒绝，于是他就想要认为这被拒绝的愿望并非也是一份美善和完备的恩赐，这样一来，他也就被排斥到了神恩之外；你的情形完全就如同这个人，尽管，"敢去领会这一点"，对于你比对于他来说，是一件远为更沉重的事情。

也许你以另一种方式来理解那使徒的话语，觉得来自上帝的惩罚也是一份美善和完备的恩赐。你内心中的愤怒就好像是要帮一把那神圣的愤怒，以求让那惩罚销蚀掉你，然而，你所承受的惩罚却不同于你本来认为你要受的惩罚。它也许击中了除你之外的更多人，然而你却是那有辜者，它也许袭向你周围更大的区域，然而你却是那只应当成为它的对象的人。尽管你在你的暗自思忖中承认那神圣的治理[79]知道怎样去击中一个人、知道怎样去使自己被这个人明白——尽管没有任何其他人明白，使徒的话语对于你仍是晦涩的，就仿佛那惩罚本身成了一种新的试探。那作为惩罚的事情和那作为事件的事情，对你变得模棱两可而暧昧不清，如果那仅仅是一个事件，你的灵魂则要求惩罚，如果那全是惩罚，你则无法将之承受下来。你想要放弃一切，每一个愿望、每一个欲求；你想要放弃你原有的这观念——"在你灵魂的极端努力中，在你确定了'这是好的'之后，你所做到的最好的事情，它会是别的东西，而不是痴愚和罪"；你想要承受每一项惩罚，但是这个"更多"，这个与之关联着的"更多"，却是你所无法承担的，难道这也是一份美善和全备的恩赐吗？[80]于是，你的灵魂陷入晦暗，难道你无法领会这话语？但你又怎么做呢？你丢弃了这话语吗？哦！不，在你的所有危难之中，你紧紧抓住它。在所有恶魔准备就绪想要借助于"上帝不是爱"的解释来把你的灵魂从绝望之疯狂中拯救出来的时候，不是吗？这时，你就紧紧抓住这话语，尽管你不明白它，因为你仍对它有着隐约的希望，而"放开它"则是比任何其他事情都更可怕的。

你是这样做的吗，我的听者？哪怕外在的人腐烂败坏，内在的人却得以更新[81]，于是，你明白，所有美善和全备的恩赐，都是从上头来的，如果它们是被带着感恩领受,你明白,悔不仅仅是一种对惩罚的感谢,并且也是对天意命数的感谢,而那在其悔中只想要承受惩罚的人,在最深刻意义上说,他并不是想要根据自己的不完美而去爱。正如主自己说,就在今日[82],主的使徒就说,就在今日,各样美善和各样全备的恩赐,都是从上头来的,并且是从众光之父那里降下来的,在他那里没有改变,也没有转动的影儿;就在今日,尽管他在今天和在昨天是同一个[83]。

"各样美善的恩赐,和各样全备的赏赐,都是从上头来的。从众光之父那里降下来的。在他那里没有改变,也没有转动的影儿。"这些话语是如此美丽、如此怡和、如此感人,它们有着如此强烈的抚慰作用并且富于安慰,如此简单而容易理解,如此有治疗作用而如此有医效;因此我们祈求你,哦,上帝!为那些迄今不曾留意到它们的人们,你会成就他们的耳朵,使之愿意接受它们;你会通过话语之理解来治愈误解着的心灵使之去明白话语,你会让谬误的思想屈从于话语的拯救性的顺服;你会把坦荡给予忏悔的灵魂,使之敢于去领会这话语;对于那些领会了这话语的人们,你会让他们因为自己一再反复地领会它而获得越来越大的至福。阿门。

注释:

1 所有善的和所有完美的馈赠都是从上头来的〕见后面的注脚。

2 大能的手〕这一表达出自《彼得前书》(5:6)。

3 令智慧者们在自己的愚拙之中作茧自缚〕《哥林多前书》(3:19)中说:"因这世界的智慧,在神看是愚拙。如经上记着说,主叫有智慧的中了自己的诡计。又说,主知道智慧人的意念是虚妄的。"另参看《约伯记》(5:12—13)。

4 你张……手,使有生气的都随愿饱足〕指向《诗篇》(145:16):"你张手,使有生气的都随愿饱足"。

也可参看明斯特尔(J. P. Mynster)主教所著《年度所有礼拜日和神圣庆典日的所有布道》(*Prædikener paa alle Søn – og Hellig – Dage i Aaret*)第一卷第 257 页,之中有这样的说法:"他张开他柔和的手,使有生气的都随愿饱足"。

5 使徒圣雅各写的信第 1 章第 17—22 节〕参看《丹麦圣殿规范书》第 87 页:"使徒圣雅各写的信第 1 章从第 17 句到第 22 句",就是说包括第 21 句但却不包括第 22 句,是复活节之后第四个星期天的使徒信文。

圣雅各:新约中的使徒雅各。根据老式教会传统,《雅各书》的作者是耶稣的十二门徒之一;在克尔凯郭尔的时代,一般人都认为,这个使徒是小雅各(见《马可福音》15:40),是亚勒腓的儿子(见马太福音 10:3)。

（jf. fx M. *Gottfried Büchner's biblische Real – und Verbal – Hand – Concordanz oder Exegetisch – homiletisches Lexicon*, 6. udg., forøget og udg. af H. L. Heubner, Halle 1840 [1740], ktl. 79, s. 781, § 5, d, i artiklen "Jacob, Jacobus".）

根据四位西方教会圣教父之一圣哲罗姆（Hieronymus，或译圣热罗尼莫或圣叶理诺，也译作圣杰罗姆）的说法，这个雅各则等同于耶稣的兄弟雅各，也被称作主的兄弟雅各；这一解读也推导出，耶稣的兄弟雅各也是他的使徒；在克尔凯郭尔的时代，这解读是人们争议的话题。（jf. G. B. Winer *Biblisches Realwörterbuch zum Handgebrauch für Studirende, Kandidaten, Gymnasiallehrer und Prediger*, 2. udg., bd. 1—2, Leipzig 1833—38 [1820], ktl. 70—71（forkortet *Biblisches Realwörterbuch*）; bd. 1, s. 620—623; W. M. L. de Wette *Lehrbuch der historisch – kritischen Einleitung in die Bibel Alten und Neuen Testaments* bd. 1—2, 4. udg., Berlin 1833—42 [1817—26], ktl. 80; bd. 2, § 167, s. 302—306; og Ph. Schaf *Das Verhältniss des Jakobus, Bruders des Herrn, zu Jakobus Alphäi*, Berlin 1842, ktl. U 94.）

6 各样美善的恩赐……能救你们灵魂的道。] 摘引自《丹麦圣殿规范书》（*Forordnet Alter – Bog*）。克尔凯郭尔自己有一本《丹麦圣殿规范书》，他对这段文字标了自己的强调标记："各样美善的和各样全备的恩赐，都是从上头来的，从众光之父那里降下来的。在他并没有改变，也没有转动的影儿。18、他按自己的旨意，用真道生了我们，叫我们在他所造的万物中，好像初熟的果子。19、我亲爱的弟兄们，这是你们所知道的。但你们各人要快快的听，慢慢的说，慢慢的动怒。20、因为人的怒气，并不成就神的义。21、所以你们要脱去一切的污秽，和盈余的邪恶，存温柔的心领受那所栽种的道，就是能救你们灵魂的道。"

7 不是胡言和空话] 也许是对应于《路加福音》（24∶11），其中说及，在那些女人从耶稣的墓回返，说他从死中复活的时候，使徒们把她们的话视作是"胡言"。

8 就像那写下了这些话的使徒的人生一样经受过考验和试探] 根据传说，小雅各先是在巴勒斯坦南部，然后又到埃及到处奔波传播福音，最后在下埃及被钉死在十字架上。可参看温纳尔（G. B. Winer）的圣经真实辞典（*Biblisches Realwörterbuch*）第一卷第 622 页。而关于主耶稣的兄弟雅各的壮烈之死，则在优西比乌的《最初三个世纪的教会史》（*Kirkens Historie gjennem de tre første Aarhundreder af Eusebius*, overs. af C. H. Muus, Kbh. 1832, ktl. U 37, s. 99f.）第二卷第 23 章中有叙述。

9 我亲爱的兄弟们，不要看错了（第 16 句）]《雅各书》（1∶16）。我直接复制中文版的新约，若是按丹麦语直译，应当是"我亲爱的兄弟们，不要走上歧途"。

10 背负着一位使徒走过风雨动荡的一生] 在优西比乌的《最初三个世纪的教会史》（*Kirkens Historie gjennem de tre første Aarhundreder af Eusebius*, overs. af C. H. Muus, Kbh. 1832, ktl. U 37, s. 99f.）第二卷第 23 章中，引用了基督教作家 Hegesippos 的回忆，叙述了主耶稣的兄弟雅各的壮烈之死。译者不对丹麦文版的引文进行翻译，而是引用台湾基督教教会史网页（http：//ekklesiahistory.fttt.org.tw/gb2312/book02/index.html）上的译文，虽然与丹麦文版译本稍有出入（Festus 就是圣经中的非斯都）：

"他们引导雅各到广场，要求他在众人面前放弃基督的信仰，但与他们的想法相反，出乎意料之外的，雅各以坚定的口吻向众人宣示，他承认耶稣基督是神的儿子，我们的主和救主。雅各虽因他高超的美德和敬虔，被公认是最公义的人，他们却再也无法忍受他的见证。乘着 Festus 刚死，犹大省没有首长的无政府状态，到处都是放荡之机，他们杀了雅各。至于他是如何死的，我们已经陈述革利免的记载，雅各是由殿翼抛扔下去后，以棍棒打死。Hegesippus 是使徒时代一位十分活跃的人，于其解经书第五册，留给我们关于雅各最精确的记载：

"我们主肉身的弟弟雅各，因为同名人的太多，自我们主的日子到如今，大家都称他'义者雅各'。使徒们并委任他治理教会。雅各从母腹就奉献归神。不喝酒或发酵的饮料，禁戒肉类，从不剃头、施膏、沐浴。他蒙特允得进入圣所，从不穿羊毛衣，只穿细麻衣，他习惯独自进入圣殿，经常屈膝并为人得赦罪祷告。由于他惯常在神面前，跪着为人代求，他的膝盖变得像骆驼的一样硬。因着他极尽超越的敬虔，人称他作'义者'和 Oblias 或 Zaddick 和 Ozleam，意思是公平和人民的保障，正如申言者论到他的话。我于释经书中，所提到七个教派的人常问他，如何能亲近耶稣，他回答，'以祂为救主。'藉此，许多人相信耶稣是基督，虽然前述的异端不信复活，也不信'祂要来按个人的行为报应各人。'许多人却因雅各信了耶稣。由于首领们也信了耶稣。于是在犹太人、文士和法利赛人中间起了不小的骚动，他们认为当下有一个危机，群众指望耶稣就是弥赛亚。于是他们一同来到雅各这里说，'我们恳求您，限制这些人，他们偏离了正路去跟随耶稣，把祂当作基督。我们请求您说服所有要来过逾越节的百姓，正确认识耶稣。我们都信托您，我们和众人都能为您作见证，您是公义的并且不偏待人。请说服他们不因耶稣偏离正路，因我们和众人都极为信赖您；请站在殿翼上，为了在高处受人注视，众人也能清楚地听您说话。逾越节时各支派，甚至外邦人，都前来一同过节。'话说文士和法利赛人，将雅各带到殿翼，高声说，'义者雅各！众人所信托的，既然许多人因钉十字架的耶稣，离弃正路，请您告诉我们如何亲近这位钉十字架的耶稣？'他大声回答说，'你们为什么问我有关人子耶稣的事，他正坐在诸天之上至高神的右边，也要驾云从天来临。'许多人得了坚固，并因雅各的见证归荣耀给神，说，'和散那！大卫的子孙！'祭司和法利赛人面面相觑，彼此说，'我们作了一件蠢事，耶稣得了高举，但我们现在上去把雅各扔下来，群众就惧怕而不信他。'他们大喊，'哦！连义者自己也被骗了！'他们所作的应验了以赛亚书三章 10 节，'除掉那义者，因他冒犯了我们，因此他们要吃自己行为的果子。'接着他们上去把雅各扔下来，彼此说，'用石头打死他！'他们开始用石头砸他，雅各并没有立刻倒下，反而转过身来曲膝祷告，说，'我恳求您主神与父，赦免他们，因他们所做的，他们并不知道。'正当他们以石头打他，利甲（Rechab）后裔中一个作祭司的，这利甲族人的儿子大叫，'住手！你们在作甚么？义者正为你们祷告。'但一个漂洗布疋者用他惯用漂洗布疋的棍棒，打破义者的头颅，脑浆迸裂。这是他殉道的经过。人们将他葬在圣殿旁，当前墓石仍留在当地。他向着犹太人和希腊人作了忠信的见证，耶稣是基督。不久，Vespasian 就入侵占领犹大。"

11 警告那种"上帝将会试探一个人"的可怕谬误] 指向《雅各书》（1∶13）："人被试探，不可说，我是被神试探。因为神不能被恶试探，他也不试探人。"

12 那种想要试探上帝的心灵痴愚] 也许是指向《申命记》（11∶16—17）："你们要谨慎，免得心中受迷惑，就偏离正路，去侍奉敬拜别神。耶和华的怒气向你们发作，就使天闭塞不下雨，地也不出产，使你们在耶和华所赐给你们的美地上速速灭亡。"另见《雅各书》（1∶14—15）："但各人被试探，乃是被自己的私欲牵引诱惑的。私欲既怀了胎，就生出罪来。罪既长成，就生出死来。"

13 这些话语反反复复地在世上被重复]"各样美善的和各样全备的恩赐，都是从上头来的，从众光之父那里降下来的"这一表述在丹麦是人所周知并且经常被引用的圣经段落。

(jf. E. Mau Dansk Ordsprogs – Skat bd. 1—2, Kbh. 1879; bd. 1, s. 306.)

14 大地给予自己的收成，天空给予春雨秋雨] 指向《雅各书》（5∶7）："弟兄们哪，你们要忍耐直到主来。看哪，农夫忍耐等候地里宝贵的出产，直到得了秋雨春雨。"另参看《申命记》（11∶14）："他（原文作我）必按时降秋雨春雨在你们的地上，使你们可以收藏五谷，新酒，和油"。

15 不要看错了] 我直接沿用中文版的新约《雅各书》（1∶16），若是按丹麦语直译，应当是"不要走上歧途"。

16 它来自哪里，它要去哪里] 见《约翰福音》（3∶8），耶稣对尼哥底母说："风随着意思吹，你听见风的响声，却不晓得从哪里来，往哪里去。凡从圣灵生的，也是如此。"

17 谜语] 直译的话是"黑暗的话语"，参看《哥林多前书》（13∶12），之中保罗写道："我们如今仿佛对着镜子观看，如同谜。到那时，就要面对面了。我如今所知道的有限。到那时就全知道，如同主知道我一样。"另见《民数记》（12∶8），之中上帝对亚伦和米利暗说关于摩西："我要与他面对面说话，乃是明说，不用谜语，并且他必见我的形像。你们毁谤我的仆人摩西，为何不惧怕呢？"

18 快快地听，同样，他们也慢慢地说，慢慢地动怒]《雅各书》（1∶19）。

19 难道就只有一个在天上作见证的灵，但却没有在地上作见证的灵] 指向《约翰一书》（5∶7—8）。和合本的中译本是："并且有圣灵作见证，因为圣灵就是真理。作见证的原来有三，就是圣灵，水，与血。这三样也都归于一。"但是 1819 年的丹麦文本，译成中文应当是"因为在天上作证的有三：圣父、道和圣灵；这三者归一。在地上作证的有三：就是圣灵，水，与血。这三样也都归于一"。这与英文版的 King

James Version 相符："For there are three that bear record in heaven, the Father, the Word, and the Holy Ghost: and these three are one. And there are three that bear witness in earth, the Spirit, and the water, and the blood: and these three agree in one."

20 要求……迹象和神奇的作为〕各种"迹象"和"神奇的作为"。也许是指向《马太福音》（12：39）："耶稣回答说，一个邪恶淫乱的世代求看神迹。除了先知约拿的神迹以外，再没有神迹给他们看。"还有《约翰福音》（4：48）："耶稣就对他说，若不看见神迹奇事，你们总是不信。"

21 牵引带〕成人在小孩子学走路的时候拴在小孩身上的套带，用来阻止小孩摔倒。

22 你是在地上而上帝是在天上〕在《传道书》（5：2）之中有："你在神面前不可冒失开口，也不可心急发言。因为神在天上，你在地下，所以你的言语要寡少。"

23 全能〕参看比如说《巴勒的教学书》第一章《论上帝及其性质》第三段"圣经之中所教的关于上帝之本质和性质的内容"§3："上帝是全能的，能够做一切他想做的事不费工夫。但他只做确定而好的事情，因为除了唯独这个之外，他不想要别的"。

24 有了早上，有了晚上〕也许对创世记的叙述的颠倒表达："有晚上，有早晨……"（《创世记》1：5、8、13、19、23、31）。

25 让你的灵魂存留在忍耐之中〕也许是指向《路加福音》（21：19），之中耶稣说："你们常存忍耐，就必保全灵魂。"

26 切望〕《罗马书》（8：19）："受造之物，切望等候神的众子显出来。"

27 胜过全世界的信仰〕指向《约翰一书》（5：4）："因为凡从神生的，就胜过世界。使我们胜了世界的，就是我们的信心。"

28 上帝仍是最全能的天和地的创造者〕指向《使徒信条》的第一条："我（们）信仰上帝，父，最全能的，天和地的创造者"。也参看比如说《巴勒的教学书》第一章《论上帝及其性质》第三段（见前面的注脚）。

29 从乌有之中创造出世界〕从公元二世纪起，基督教创世故事（《创世记》第一章）的解读流传广泛。另外，参看《马加比二书》（7：28）："我儿，我恳求你仰视天，俯视地，观察天地间形形色色的万物！你该知道，这一切都是天主从无中造成的，人类也是如此造成的。"

在《巴勒的教科书》第二章"论上帝的作为"第一节§1中有："上帝从一开始从乌有之中创造出了天和地，仅仅只凭自己全能的力量，为了所有他的有生命的受造物的益用和喜悦"。

30 安静心灵的不朽本性〕在《彼得前书》（3：4）说，女人的美应当是"只要以里面存着长久温柔安静的心为妆饰。这在神面前是极宝贵的。"

31 上帝不让自己受试探〕见前面注脚：指向《雅各书》（1：13）。

32 那种想要试探上帝的谬误］见前面注脚：比较《申命记》（11∶16—17）和《雅各书》（1∶14—15）。

33 上帝的永恒本质］参看比如说《巴勒的教学书》第一章《论上帝及其性质》第三段，§2："上帝是永恒的，他既不是初始也不是终结。他是恒定地不变的，并且总是如一。"

34 天上的上帝……清楚"什么是对你有好处的"］参看比如说《巴勒的教学书》第一章《论上帝及其性质》第三段，§7，附注："我们应当带着真正的感恩珍惜上帝的恩赐，不管是大的还是小的，绝不要怕他会拒绝给予我们他认为是对我们有好处的东西。"

35 愚妄地］《哥林多后书》（11∶21）："我说这话，是羞辱自己。好像我们从前是软弱的。然而人在何事上勇敢，（我说句愚妄话）我也勇敢。"

36 照人的方式说话］参看《罗马书》（3∶5）："我且照着人的常话说，我们的不义，若显出神的义来，我们可以怎么说呢。神降怒，是他不义吗？"

37 谜语］直译的是"黑暗的话语"。见前面的注脚。

38 他隐蔽的幽深之中］在明斯特（J. P. Mynster）的《对基督教信仰学说的审思》（*Betragtninger over de christelige Troeslærdomme* bd. 1, s. 11.）的"审思立场"第二篇中，明斯特用到过"洞察进上帝之本性隐蔽的幽深之中"这一表述。

39 丝毫不关注……其各种命运］指向宗教哲学的自然神论对上帝的解读：上帝作为遥远的创造者，曾启动世界并在人的灵魂里植入了道德法则，但随后就保持让自己停留在高处，远离持存的世界以及之中的人类生活。

40 天把这种放肆大胆的说法关闭在外］《耶利米哀歌》（3∶8）："我哀号求救。他使我的祷告不得上达。"

41 心碎地在精神之中叹息：我的上帝，我的上帝，我的罪是如此之大，大得超过它能够被原谅的程度］也许是指向《诗篇》51：（1—5）"神啊，求你按你的慈爱怜恤我，按你丰盛的慈悲涂抹我的过犯。求你将我的罪孽洗除净尽并洁除我的罪。因为我知道我的过犯我的罪常在我面前。我向你犯罪，惟独得罪了你，在你眼前行了这恶，以致你责备我的时候，显为公义。判断我的时候，显为清正。我是在罪孽里生的。在我母亲怀胎的时候，就有了罪。"（10）"神啊，求你为我造清洁的心，使我里面重新有正直的灵。"（14）"神啊，你是拯救我的神。求你救我脱离流人血的罪。"（17）"神所要的祭，就是忧伤的灵。神阿，忧伤痛悔的心，你必不轻看。"也参看《诗篇》（22∶1—2）："我的神，我的神，为什么离弃我。为什么远离不救我，不听我唉哼的言语。我的神啊，我白日呼求，你不应允。夜间呼求，必不住声。"

42 上帝，就像先知所写的那样，从自己的窗户向下垂看着你］不知这一说法的来源。然而可参看《诗篇》（14∶2）："耶和华从天上垂看世人，要看有明白的没有，有寻求神的没有。"

43　还有一小点时间]在《约翰福音》(16∶16)中,耶稣对自己的弟子说:"等不多时,你们就不得见我。再等不多时,你们还要见我。"

44　更新大地的面貌]指向《诗篇》(104∶30):"你发出你的灵,它们便受造。你使地面更换为新。"

45　"领受道"的温顺]"领受道",亦即,"领受上帝的道"。

参看《雅各书》(1∶21):"所以你们要脱去一切的污秽,和盈余的邪恶,存温柔的心领受那所栽种的道,就是能救你们灵魂的道。"。

46　谜语]直译的是"黑暗的话语"。见前面的注脚。

47　纪念币]指因特别历史场合的铸造出的钱币,有纪念意义,但不能作为流通钱币来使用。一般兑换币则是日常流通使用的。

48　所有善的灵都从天上出发走向人类的拯救]指向《希伯来书》(1∶14):"天使岂不都是服役的灵,奉差遣为那将要承受救恩的人效力吗?"

49　他从远处知道人类的想法并且知道一切他们所行的路]指向《诗篇》(139∶2—3):"我坐下,我起来,你都晓得。你从远处知道我的意念。我行路,我躺卧,你都细察,你也深知我一切所行的。"

50　永恒的爱急促地先行并且预备着一切]见《约翰福音》(14∶2—3):"在我父的家里,有许多住处。若是没有,我就早已告诉你们了。我去原是为你们预备地方去。我若去为你们预备了地方,就必再来接你们到我那里去,我在那里,叫你们也在那里。"

51　无定向的]参看《哥林多前书》(9∶26):"所以我奔跑,不像无定向的。我斗拳,不像打空气的。"

52　天的堡垒]"天的堡垒"在《创世记》(1∶6—8)的和合本修订版中被译作"苍穹"(旧版和合本之中跳过了对这个词的翻译):"上帝说:'众水之间要有穹苍,把水和水分开。'上帝就造了穹苍,把穹苍以下的水和穹苍以上的水分开。事就这样成了。上帝称穹苍为'天'。有晚上,有早晨,这是第二日。"

53　上帝从这一丰富的储存中拿出各种馈赠]在《马太福音》(12∶35)中,耶稣说:"善人从他心里所存的善,就发出善来。恶人从他心里所存的恶,就发出恶来。"

54　这里可以这样解读:"来自'爱的上帝'、'慈悲和安慰的上帝'、'善美的恩赐的给予者'"……

55　让你的灵魂存留在忍耐之中]也许是指向《路加福音》(21∶19),之中耶稣说:"你们常存忍耐,就必保全灵魂。"

56　云把他……拿走]指向关于耶稣升天的叙述,说耶稣在使徒们"正看的时候,他就被取上升,有一朵云彩把他接去,便看不见他了"(《使徒行传》1∶9)。

57　都甚好]也许是指向创世故事的结尾:"神看着一切所造的都甚好。"(《创世记》1:31）。

58　仍永远不变地在每一个瞬间使一切都甚好]指向关于上帝继续创造和维护世界的教条性学说。可参看马丁·路德的《小教理问答书》（*Der Kleine Katechismus* 1529）中对第一信条的解说："这就是：我相信上帝创造了我，也创造了其他受造物（……）。但这不是唯一；我也相信，他维持着所有本来会消失的事物；他喜欢有过剩，让这一生命在日常得以维持，衣服和鞋，食物和饮料，家室里的一些房间，婚偶和孩子，田野和牲畜，还有一切美好地存在的东西"。

59　那支天空下属灵气的军队]指向《以弗所书》（6:12），之中保罗写道："因我们并不是与属血气的争战，乃是与那些执政的，掌权的，管辖这幽暗世界的，以及天空属灵气的恶魔争战。"（在丹麦语圣经中，"天空属灵气的恶魔"被写作"天空下邪恶之属灵气的军队"。

60　使徒保罗]保罗把自己解读为使徒。参看比如说，《罗马书》（1:1—2），他写道："耶稣基督的仆人保罗，奉召为使徒，特派传神的福音。这福音是神从前藉众先知，在圣经上所应许的。"

61　所有上帝所造之物都是好的，如果它们是被带着感恩领受]指向《提摩太前书》（4:4），之中保罗写道："凡神所造的物，都是好的。若感谢着领受，就没有一样可弃的。"克尔凯郭尔在他自己所收藏的《丹麦圣殿规范书》上的第87页中写道："《提摩太前书》（4:4）。/ 所有恩赐都是好的，如果它们是被带着感恩领受。/ 总是感谢上帝（不是祈祷，因为在那之中没有静止而只是在感谢）"。克尔凯郭尔在"总是"和"感谢"下面加了划线。

62　警告那种会在各种圣殿仪式中奴役信众们的世俗睿智]指向《提摩太前书》（4:1—3），保罗在之中写道："圣灵明说，在后来的时候，必有人离弃真道，听从那引诱人的邪灵，和鬼魔的道理。这是因为说谎之人的假冒。这等人的良心，如同被热铁烙惯了一般。他们禁止嫁娶，又禁戒食物，就是神所造叫那信而明白真道的人，感谢着领受的。"这里所警告针对的异端教师有可能是指那些诺斯替主义者，他们拒绝上帝作为创造者的信仰，并把尘世的普通生命视作是价值卑微的，因此他们认为，达到真知的人应当寻求通过禁欲来避免所有尘世的东西。

63　一个人总是应当感谢上帝]《帖撒罗尼迦前书》（5:18），之中保罗写道："凡事谢恩。因为这是神在基督耶稣里向你们所定的旨意。"

64　万事须当作此效力，使爱上帝者得益]参看《罗马书》（8:28），保罗写道："我们晓得万事都互相效力，叫爱神的人得益处，就是按他旨意被召的人。"

65　这个"之"是指前面所说的"委屈和侵犯"。

66　许多应许被赋予那不停地祷告的人]指向《路加福音》（18:1—8）："耶稣设一个比喻，是要人常常祷告，不可灰心。说，某城里有一个官，不惧怕神，也不尊重世人。那城里有个寡妇，常到他那里，说，我有一个对头，求你给我伸冤。他多日不准。后来心里说，我虽不惧怕神，也不尊重世人。只因这寡妇烦扰我，我就给他伸冤吧。免得他常来缠磨我。主说，你们听这不义之官所说的话。神的选民，昼夜呼吁他，他纵然为他们忍了多时，岂不终久给他们伸冤吗？我告诉你们，要快快的给他们伸冤了，然而人子来的时候，遇得见世上有信德吗？"在《帖撒罗尼迦前书》（5：17）中保罗也写道："不住的祷告。"

67 如火焰的舌头］《使徒行传》（2：1—4）："五旬节到了，门徒都聚集在一处。忽然从天上有响声下来，好像一阵大风吹过，充满了他们所坐的屋子。又有舌头如火焰显现出来，分开落在他们各人头上。他们就都被圣灵充满，按着圣灵所赐的口才，说起别国的话来。"

68 将之藏在一颗纯净而美丽的心中］也许是指向《路加福音》（8：15）中耶稣拿种子做的比喻："那落在好土里的，就是人听了道，持守在诚实善良的心里，并且忍耐着结实。"

69 你从不曾像上帝爱你那样地爱上帝］参看《约翰一书》（4：10）："不是我们爱神，乃是神爱我们，差他的儿子，为我们的罪作了挽回祭，这就是爱了。"

70 在上帝是忠信的时候，你是失信的］参看《提摩太后书》（2：13）："我们纵然失信，他仍是可信的。因为他不能背乎自己。"

71 在他火热的时候，你不冷不热］也许是指向《罗马书》（12：11），之中保罗写道："殷勤不可懒惰。要心里火热。常常服侍主。"

72 很快地动怒］对照《雅各书》（1：19）。

73 他先爱你］《约翰一书》（4：19）："我们爱，因为神先爱我们。"

74 感谢上帝，你不像别人］指向《路加福音》（18：9—14）中耶稣关于法利赛人和税吏的比喻。"耶稣向那些仗着自己是义人，藐视别人的，设一个比喻，说，有两个人上殿里去祷告。一个是法利赛人，一个是税吏。法利赛人站着，自言自语地祷告说，神啊，我感谢你，我不像别人，勒索，不义，奸淫，也不像这个税吏。我一个礼拜禁食两次，凡我所得的，都捐上十分之一。那税吏远远地站着，连举目望天也不敢，只捶着胸说，神啊，开恩可怜我这个罪人。我告诉你们，这人回家去，比那人倒算为义了，因为凡自高的，必降为卑，自卑的，必升为高。"

75 那同样的东西能够被除了同样的东西之外的其他东西理解］在1842—43年的一段阅读滕纳曼（Tennemann）《哲学史》（W. G. Tennemanns *Geschichte der Philosophie* bd. 1—11, Leipzig 1798—1819, ktl. 815—826）笔记（Pap. IV C 50 [Not13：28]）中，克尔凯郭尔写到关于哲学家塞克斯都·恩皮里柯（Sextus Empiricus）的否认"人通过思维来认识自己的能力"的论证："塞克斯都·恩皮里柯通过使用'相同的东西只被相同的东西认知'这一命题来唤醒怀疑（参看308页第9注释），这之中有着很多敏锐的思考，——基督教的命题：我在'我自己是被知的'的同样程度上认识，在这里也是一样地重要的"。关于哲学家塞克斯都·恩皮里柯的论证，可参看滕纳曼

《哲学史》第五卷 308 页第 9 注释（Geschichte der Philosophie bd. 5，1805，s. 308，note 9.）

克尔凯郭尔所说的基督教命题指向《歌林多前书》（13：12）："到那时就全知道，如同主知道我一样。"。

76　我们爱上帝，乃是上帝爱我们]《约翰一书》（4：10）。

77　上帝就不会大于一个人焦虑的心灵] 对照《约翰一书》（3：19—20）："从此就知道我们是属真理的，并且我们的心在神面前可以安稳。我们的心若责备我们，神比我们的心大，一切事没有不知道的。"

78　上帝不被任何人试探] 见前面注脚：指向《雅各书》（1：13）。

79　治理] 亦即"上帝的治理"。参看《巴勒的教学书》第二章"论上帝的作为"第二段"圣经中关于上帝的眷顾以及对受造物的维持"，§ 5："在生活中与我们相遇的事物，不管是悲哀的还是喜悦的，都是由上帝以最佳的意图赋予我们的，所以我们总是有着对他的统管和治理感到满意的原因。"

80　这一句的丹麦语原文是：

"Du vilde forsage Alt, ethvert Ønske, enhver Begjering, Du vilde opgive Forestillingen om, at det Bedste, Du havde gjort i Din Sjæls yderste Anstrængelse, forvisset om, at det var godt, at det var andet end Daarlighed og Synd, Du vilde lide enhver Straf, men det Mere, der knyttede sig til den, kunde Du ikke bære, var Det ogsaa en god og en fuldkommen Gave?"

Hong 的英译本是："You were willing to renounce everything, every wish, every desire; you were willing to give up any idea that the best you had done in your soul's utmost exertion, in the assurance that it was good, was anything but foolishness and sin; you were willing to suffer any punishment – but this more that was attached to it, this you could not bear – was this, too, a good and a perfect gift?"

David F. and Lillian Marvin Swenson 的英译本是："You would renounce everything, every wish, every desire; you would give up the idea that the best you had done in the extreme exertion of your soul, was an assurance that it was good, that it was anything else than folly and sin; you would suffer every punishment, but the more which was connected with this, you could not bear. Was it also a good and a perfect gift?"

Emanuel Hirsch 的德译本是："Du wolltest auf alles verzichten, auf jeglichen Wunsch, jegliches Verlangen; du wolltest die Vorstellung preisgeben, das Beste, das du mit deiner äußersten Anstrengung getan, dessen gewiß, daß es gut sei, dies Beste sei doch etwas andres als Torheit und Sünde; du wolltest jegliche Strafe leiden; das Mehr aber, das damit verknüpft war, konntest du nicht tragen: war das etwa auch eine gute und eine vollkommene Gabe?"

81　哪怕外在的人腐烂败坏，内在的人却得以更新]指向《哥林多后书》（4：16），之中保罗写道："所以我们不丧胆。外体虽然毁坏，内心却一天新似一天。"

82　主自己说，就在今日]也许是指主对十字架上的犯人说："我实在告诉你，今日你要同我在乐园里了。（《路加福音》23：43）"也可参看《希伯来书》（4：7）"所以过了多年，就在大卫的书上，又限定一日，如以上所引的说，你们今日若听他的话，就不可硬着心。"和（3：7）"圣灵有话说，你们今日若听他的话"。

83　他在今天和在昨天是同一个]参看《希伯来书》（13：8）："耶稣基督，昨日今日一直到永远是一样的。"

四个陶冶性的讲演，1844年

四个陶冶性的讲演

索伦·克尔凯郭尔

哥本哈根
P. G. 菲利普森书店

毕扬科·鲁诺斯印刷坊印刷

这些讲演献给

我的父亲

本城的前毛织品商[1]
已故的
米凯尔·彼得森·克尔凯郭尔[2]

#　前　言

尽管这本小书（它因此被称作是"讲演"而不是布道，因为它的作者是没有布道的权威的[3]；被称作是"陶冶性的讲演"不是"用于陶冶的讲演"，因为讲演者绝对不是在要求作为老师[4]）现在再次进入世界，比起第一次进入漫游[5]，它甚至更不怕这会为自己招致任何起着推迟作用的关注[6]；相反，它是希望路过的人们基于重复不至于会留意它，或者如果有人留意，也只是听任它自谋生路。就像一个信使时常在一些特定的时间里走着自己所熟悉的路线；有时候他是人们认识的，因为认识，所以过路的人几乎不会看见他，更不用说专门去看他，——同样这本小书就像一个信使一样出现，但不是像一个重新回返的信使那样。它寻找那个单个的人[7]，我带着欣喜和感恩将之[8]称作我的读者，为了拜访他，甚至是待在他那里，因为，一个人是人们所爱的人，如果得到了许可的话，人们就会走向他，把他的所在当作自己的居所，并且待在他那里[9]。就是说，一旦他接受下了它，那么，它就停止了存在：对于它自身和通过它自身，它什么都不是，而只有对于他和通过他，它才是它所是的一切。尽管轨迹以这样一种方式不断地引向我的读者，没有回返，尽管那以前派出的信使从来都没有返回家里，尽管那派出信使的人根本再也没有得到任何关于这信使的命运的消息，无论如何，下一个信使仍无畏地跑出去，出生入死[10]，欢快地走上自己的消失之路，为永远都不再归返而高兴，——这恰恰是那信使发送者的喜悦，这信使只是不断地走向自己的读者去告别，而现在，他是最后一次告别了[11]。

1844 年 8 月 9 日[12]，哥本哈根

需要上帝是人的至高完美[13]

"为生活，一个人只需要一小点东西，并且只是在一小点时间里，需要这一小点东西[14]"——这是一句值得人们听取并按它想要被理解的方式去理解的慷慨言辞；它实在是太严肃，因而不想要被作为一种美丽的表述或者优雅的措辞来受景仰。有时候，它就是这样地被人随口说出；人们有时候对贫困者喊出这句话，也许为了顺便安慰他，也许只是为了说一点什么；人们甚至在幸运的日子里对自己这样说，因为人心是非常有欺骗性的，太喜欢把慷慨作为虚荣的装点，并且，在使用着许多东西的同时却为"只需要一小点东西"而骄傲；人们在患难之日[15]对自己这样说，并且，在完成了那荣耀的事情[16]时，急跑在前面以便在目标所在的地方景仰地迎接自己[17]；但人们由此所得到的好处也像这句话一样只有一小点。"只是在一小点时间里，需要这一小点东西"；但是，就像有时候发生的那样，在白天变长的时候，冬天也变得严苛[18]，于是事情就总是如此：匮乏与艰辛的冬天使得日子变长，尽管时间与生命都是短暂的。那么，人所需要的这一小点又是多少呢？在通常，一个人是根本无法真正回答这个问题的；甚至是那有过经历的人，如果说不是需要一小点，至少也是不得不以一小点来设法解决问题，甚至一个这样的人在通常也不可能决定这"一小点"是什么。就是说，正如时间常常为悲伤者带来新的安慰，为受挫者带来新的振作，为丧失甚多者带来新的补偿，因此，尽管它持续地拿取，但它对那承受痛苦的人还是非常小心的；它很少一下子拿走一切，而总是一小点一小点地，以这样一种方式来让他一小点一小点地舍弃，直到他自己带着惊叹看见，他甚至需要得比他曾设想的"最少"还要少，甚至是如此之少，以至于他带着惊惶想着"必须需要如此之少的一小点"（尽管他并没有完全清楚地表达出来，因为这惊惶确实不在于"只需要一小点"），并且几乎因为那矛盾的想法——"为了能够继续需要这一小点就必须需要这一小点"——而被激怒，尽管他并没有完全明白自己，因为完美性恰恰不在于"会需要更多"之中。那么，这"一个人所需要的一小点"是多少呢？让生活来回答吧，让这话语来做生活的苦难和艰辛有时候所做的事情，脱去一个人的外衣看一下，他所需要的是怎样的"一小点"。而你，我的听者，根据你现在特别的状况，如果你必须，或者，如果你想要怎样地参与，那就怎样地参与吧；因为这话语不应当唤起惊惶，如果它本来是打算要找到一种安慰，它的意图不是想要欺骗你（——欺骗你，就像"在绝望的冰雪构建出骗人的山川，结伴的客旅顺着它而转道，偏行到荒野之地死亡"，《约伯记》6：15—18[19]）。它不会唤起你的惊惶，如果你自己经历过这个并且找到了安慰的话；而如果你没有经历过这个，那么，只有在这样的情况下，就是说，如果你的力量是基于"这样的事情很少发生"的想法的话，这方面的话语才会让你惊惶。但是，谁是最可悲的：是那经历过这事情的人，还是那怯懦而软弱的愚人？后者不知道自己的安慰是一种欺骗，在不幸降临的时候，"这样的事情很少发生"这种想法根本就帮不上什么忙。那么，就把这些东西从他那里拿走吧：财富、权柄和势力，虚伪朋友们假惺惺的帮忙姿态[20]，各种欲望在愿望的任性无常之下恭顺，虚荣心对崇拜式景仰的得意，人众奉承的关注以及所有他外表的令人羡慕的荣耀；他失去了这些，并且满足于拥有更少。正如世界因为巨大的变化而无法认出他，他也几乎不能够认出他自己，——他的变化如此之大：那本来需要如此之多的他，现在所需远远少得多。确实，要明白这一变化是怎么能够使得他变得对自己无法辨认，这要比弄明白"那另一个变化怎么能够使得他变得对人们而言无法辨认"要更容易，也更令人愉悦；因为，那使得一个人无法被认出的是一些服饰，结果在他脱去衣服之后，人们就无法认出他，难道这不是痴愚吗？人们所敬仰的是各种服饰，而不是这个人，这岂不令人悲哀？但是一种更为虔敬的观察很容易看出，他正在换衣服，并且要穿上节庆的礼服，因为大地上的婚礼服与天堂里的极其不一样[21]。但是，带着满足之心的一小点财产就已经是大利了[22]；那么，就把这从他那里拿走吧，不是拿走"满足之心"，而是他所拥有的最后一点东西。他并非被困在苦难中，他没有带着饥饿上床睡觉；但是他不知道他要去什么地方获得生活必需品，在晚上他出离烦恼入睡的时候他不知道，在早上他醒来进入烦恼的时候不知道；但是他获得这些东西——他需要用来活着这一小点。这样，他还是穷的，而那听起来是如此沉重的话语，他必须去听，并且是听这话语讲关于他自己。他感觉到双重的沉重，因为他自己并没有选择这一状态，他不是那种为了让自己经受考验而抛弃自己的财物的人，后者[23]更容易让自己安于自己选择的贫困中，但正因此，这种安于贫困并非总是更好的，如果这后者只是借助于更大的虚妄来放弃虚妄的话。"只需要一小点"，这话语这样说；但是，知道"自己只需要一小点"但却又没有在任何瞬间确定地知道"自己能够得到自己所需的这一小点"，——那认定了这一点的人，他只需要一小点，他甚至就不需要知道自己是确定地能够得到这一小点，——这种确定毕竟也是"某样东西"。更多则是一个人所不需要的，如果真是这样，他只需要一小点——为生活下去；因为它无疑是会找到一个坟墓的，而在坟墓里每一个人所需是同样地少。不管这死者是拥有他躺在之中的这坟墓，也许是一百年吧（唉，多么奇怪的矛盾！），抑或是他挤在其他人之间，甚至在死亡中也不得不努力挣扎向前去为自己获得一个小小的位置[24]：他们拥有同样多并且需要同样少，并且只在一小点时间里需要这一小点。然而，之前的一小点时间，也就是这话语所谈论的，它也许可以变得长久，因为，尽管通向坟墓的路并不长，尽管你也许时常看见他疲倦地在那里迈着自己的步子，用目光去征服那一小点他打算在死后占据的土地；难道因此在另一种意义上这道路就无法变得非常漫长？如果他有时候变得沮丧、如果他并非总是明白一个人只需要一小点，难道你除了重复那句话之外就根本没有别的东西可对他说吗？或者，你也许会对他说一些完全自然而然地冒出来的话，如此自然，乃至你也许自己在心里对你给予另一个人的这种安慰根本就没有真正的信心——"那么就让你自己满足于上帝的恩典吧"[25]。

现在，停下一瞬间，以免让一切都被混淆起来：想法和话语和语言；以免让一切都被混淆起来，就是说，这关系当然继续保持原样，不过必须通过一种对换，这样，那个人是拥有安慰的，而你则是需要这安慰的；那个人是富人，而你是贫困者，尽管事情完全颠倒过来，直到你听见那句小小的魔咒，它改变一切。也许你甚至自己都没有感觉到它；因为，人们就是以这样的方式与许多话语发生关系的，就像孩子听到那意义重大的话语，却并不发现之中有思想的螫刺，为了拯救生命，这螫刺给人以致死的伤痛。满足于上帝的恩典！上帝的恩典当然是一切之中最美好的，对此我们则没有什么可争议的；因为这在根本上是每个人最真挚和最福乐的信念。但是，一个人却并不常唤出与它有关的想法；而到最后，在他想要真正诚实的时候，那么他会不声不响地把那句老古话用在了这个观念上

(自己其实并不清楚自己在做什么)：过少和过多败坏一切。如果他要在自己的永恒有效性之中想这个想法的话，那么，这想法马上就致命地瞄准了他的所有世俗思考、追求和渴望，使得一切对于他都翻覆颠倒过来，而这则是他无法再继续忍受下去的。这时，他回返到世俗世界的低区[26]、回返到他通常的话语和思维。一个人越是年长，对于他来说要学一种新的语言就越艰难，特别是一种完全不同的语言。有时候他也会留意到这一点：他使用这话语的方式，在与所有世俗的说法混在了一起时，总是有点不对头；他感觉对这话语有良心上的不安，并且从之中得不到任何祝福感。然而，上帝的恩典总是还是一切之中最荣耀的。然而，如果现在一个人拥有某种肯定不算是那么荣耀的东西，拥有所有大地上的珍宝，这时你要对他说：那么就让你自己满足于这些吧；那么他肯定会笑你。如果他自己对你说：现在我想要让自己满足于这些；那么，这无疑会让你反感；因为，他又能再要求什么更多的呢，想要满足于那最多的，这是怎样的傲慢无耻啊。如果一个人要满足于什么东西，那么，这东西就必定会是一小点；但是，满足于一切之中最荣耀的，这看来就是一种奇怪的说法；而这一安慰之建议是由一个自己没有弄明白它的人提出的，这则又是奇怪的事情，这就好像是：如果有什么人，他不乏"同情的关怀"给予贫困者一枚小硬币，告诫接受者要满足于这硬币，而这枚硬币却能够使得接受者拥有整个世界。因为，这难道不奇怪吗：给予者自己能够对他所给出馈赠想得如此卑微，以至于他让一个关于"要满足"的告诫与这馈赠一同被给出。或者，这是不是就好像，如果有一个人，他自己被有权柄的人邀请，去了一场宴会，遇上一个卑微的人，为了给后者一种安慰，他对后者说：那么就让你自己满足于在天国里坐席[27]吧！或者，如果那卑微者自己带着重音说：唉！我没有被那有权柄的人邀请，并且也不能够接受他的邀请，因为我被别的地方邀请[28]并且只好满足于在天国里坐席，——这岂不是一种奇怪的说法？你对此考虑得越多，世俗生活和人类语言就变得越奇怪；因为，所有世俗和尘世的差异有着对自身足够警惕的守护，而上帝之差异[29]在这里是不加思考地让自己混到这世俗和尘世的差异中间，甚至是以这样一种方式：它在根本上就是被排斥在外的。"以国王的名来临"，这为你打开所有门，但是"以上帝的名来临"，这则是一个人最不该尝试的事情；那不得不满足于此的人，他不得不满足于一小点。如果他来到有权柄的人的门前，如果仆人甚至不明白他是代谁问候，如果那有权柄的人不耐烦地自己走出来看这卑微的人,他要代天上的上帝给出问候,——也许这门对他就关上了。

然而这种说法并不会让你意外,我的听者,也不会带来一种突然的效果。在这话语说"满足于上帝的恩典"的时候,这之中的原因必定是:上帝的恩典并非是以一个人想要领会的方式来表达出自身,而是以更难懂的方式来说话的。就是说,一旦上帝的恩典给予了这个人他所想要和欲求的东西,这时他就不仅仅只满足于恩典,而是为自己所接受的东西感到高兴,并且根据自己的想法很容易理解为:上帝对他是仁慈的。这是一个误解(但任何人都不应当急着去驳斥这误解),这一点是很确定的,然而我们不应当因此而忘记在适当的时间里让自己练习着去领会那更麻烦的和那真实的东西。就是说,如果一个人能够对上帝的恩典有所确定,并且无需现世的见证作为中介,也无需那根据他的理解对他是有利的天命定数来作翻译,这时,他对此无疑是很明确的:上帝的恩典是一切之中最荣耀的,这时他想要为自己努力,以这样一种方式来为之喜悦,他不仅仅只是满足于它,以这样一种方式来为之感恩,他不满足于恩典:他不为那被拒绝的东西悲哀,不为那介于"上帝的永恒可靠性"和"他的孩子气的轻信(当然这轻信现在不再存在了,因为现在'他的心是靠这恩典而不是靠饮食得以坚固的'《希伯来书》13:9[30])"之间的语言差异性而悲哀。如果一个贫困者敢为一种来自一个有权柄的人的友谊而感到高兴,但这有权柄的人却无法为他做任何事情(这则是对应于"上帝的恩典听任世俗见证的不在场"):他拥有一种这样的友谊,这就已经非常之多了。但是,在这里也许有着麻烦;因为你可以让这贫困者确信,那个有权柄的人确实无法为他做任何事情;但是你又怎样让他最终确信"上帝不能够",上帝可是全能的!无疑是因此,不耐烦的想法就好像是不断地在坚持着:"上帝肯定是能够的";并且,因此是这样,因为这人是如此没有耐性,因此是这样,那句老话说"满足于上帝的恩典"。在一开始,在不耐烦发出最吵嚷的声响的时候,它很难明白,这是一种值得称颂的知足;随着它在那内在人性宁静的刚正之中得以缓和与平息[31],它就会越来越明白地领会这一点,直到内心被感动并且至少在一些时候看见那取了卑微的形象的神圣的荣耀[32]。如果这一荣耀重新在这个人的面前消失,他又重新是贫困的(其实在他看见那荣耀的时候他也同样是贫困的),如果在他看来,事情又重新是这样——知足仍属于"满足于上帝的恩典",那么,他肯定仍时常会在羞愧之中承认：上帝的恩典确是值得让自己去满足的，确实，单是去追求就已经值了，确实，去拥有的话，那就完全是福恩了。

然后，逐渐地，因为上帝的恩典永远都不是被强取的，人心在一种美丽的意义上变得越来越不知足，亦即，越来越热切地追求着、越来越饥渴地想要让自己知道这恩典是确定的。看，一切都变成了新的[33]，一切都被改变了！相对于那尘世的是"需要一小点"，在同等程度上成比例，你需要得越少，你就越完美，就像一个只知道怎样谈论尘世事物的异教徒曾经说过：神祇是至福的，因为他什么都不需要，其次是智者，因为他需要一小点[34]。在人与上帝的关系中则反过来：他越是需要上帝，他越深刻地明白他需要上帝、明白怎样在他的需要之中挤向上帝，他也就越完美。因此，"满足于上帝的恩典"这句话就不仅仅只是在安慰一个人，并且在每一次尘世的匮乏和灾难（在世俗的意义上说）使得他需要这安慰的时候再次安慰他；在他真正留意于这句话的时候，这句话会把他叫到一边，这时他不再听见尘世心念的世俗母语，不再听见人们的言谈，不再听见商家们的嘈杂声，这时，这句话为他解说自己，把完美性的秘密托付给他：这"需要上帝"不是什么让人羞愧的事，而恰恰是完美性，并且，如果一个人走过自己的一生而没有发现自己需要上帝，这才是最可悲的事情。

于是，在这里我们想要为我们自己阐明这一陶冶性的想法：

需要上帝是人的至高完美。

看来有一种大家肯定都熟悉的境况，至少是在以一种倏然飞逝的回忆来提醒每一个人关于这一点：事情就是如此，"需要上帝是一种完美"。在一些不同国家的教会，在布道之后还为国王和王室祈祷[35]。为病痛的人和悲哀的人祈祷[36]，这并不能证明"需要上帝是一种完美"；因为这些人都是一些受苦的人。但是国王，他是有权柄的人，是的，最有权柄的人；然而为他作的祈祷则是完全特别的，为那些病痛的人和悲哀的人所作的祈祷则只是一般的，尽管教会希望并且相信，上帝在天上会完全特别地明白，他在教会并不考虑到任何特定的人的同时特别地去考虑到每一个特定的人。如果这不同于上帝的理解，如果他的统治的关怀也只允许他在一般的意义上为那单个的人操心，是啊，上帝帮助我们！唉，这则是一个人在自己的悲惨之中最不可能说的话；甚至在他无法忍受这最后的想法"上帝只会在一般的意义上为那单个的人操心"的时候，甚至在这时，他说：愿上帝帮我忍受这想法，以这样的方式，他还是使得上帝特别地为他操心。但是，为什么为国王作特别的祈祷？难道是因为他有着世俗的权力，在他手里把握着许多人的命运；难道是因为他的福祉决定了无数人的福祉；难道是因为每一个走向国王家的"逆境的阴影"[37]也走向整个民族；难道是因为他的疾病停止国家的活动、他的死亡打扰国家的生活？一个这样的纯粹世俗的关怀无疑能够（也不是不美丽的）占据很多人的心；然而这却不太可能会令什么人去以另一种方式去祈祷，——这祈祷只能是带着那种在我们为世俗的财物祈祷时必不可少的克制；因为，在这样的情况下，一件这样的世俗财物就是一个国王。在这样的意义上，随着祈祷者自己的生活与他关联得越来越紧密，这代祷也会变得越来越真挚，直到这祈祷在最后不再是一种代祷，正如妻子为丈夫的祈祷不是代祷。但是，恰恰因为教会所作的是代祷，所以它就不能以这样一种方式来祈祷；但是它作代祷，想来是因为它确信，一个人所处地位越高，他就越需要上帝。

然而哪怕所有教会都为一个国王祈祷，这也并不意味了，人们为之祈祷的那国王自己明白"需要上帝是人的至高完美"。尽管教堂里的单个的人沉默地对那代祷表示同意，唉，尽管许多不去教堂的人对代祷也没有什么反对意见，这也并不意味了，这些人在敬神的意义上明白，一个人在世俗的权力与威势中登攀得越高，他就会越靠近这代祷。对于有权柄的人来说，要虚妄地对待这代祷，实在是很容易的；对于那祈祷者来说，要虚妄地说出这代祷，实在是很容易的；相反，如果一个人，在自己想要努力去达到这种意识，但却又不想让上帝来管这事（上帝是最清楚地知道怎样去把所有自信从一个人身上吓跑并且在这个人将要沉陷进自己的乌有的时候阻止他自己去维持那种与尘世的东西的潜水者式的关联[38]）的时候，他并没有已经足够严肃地明白他想要弄明白的事情，那么，想要真正严肃地明白这事情，这就会使得生活变得很艰难，——我们并不否定这一点。那就让我们承认这一点，但却不因此变得沮丧或者怯懦，以至于想要让自己在睡梦中达到别人不得不花功夫去达到的东西；如果信仰者热情洋溢地说，他的所有苦楚都至暂至轻[39]，自我拒绝[40]的轭[41]是那么容易承受，那么，这时，就让我们不要去虚妄地对待这事情。但是让我们也不要怀疑，自我拒绝的轭是有益的[42]，苦难的十字架使得一个人比任何东西都高贵，让我们寄希望于上帝，有一天能够达到如此之远：我们也能够热情洋溢地宣讲。但是，让我们不要太早要求这个，免得那信仰者热情洋溢的讲演会因为这事情无法马上达成而令我们沮丧。在一个人身上常发生这样的事情：他把一句单个的强有力的语句刻印在自己的记忆之中。在苦难来到他家的时候，他就想起这句话，并且认为，在这句话的喜悦之中，他马上就会取胜。然而，甚至一个使徒也并非总是说着强有力的话，他也时而会虚弱[43]，他也会焦虑，并且由此让人明白，这强有力的话语代价昂贵，并且永远也不会以这样的方式被拥有：你不可能再得到机会让自己确知，它是以多么高的代价被购得的。

但是，尽管这一领会使得生活更艰难，不仅仅是对于那幸福者的轻率和对于许多与这幸福者有着同样的追求的人；而且也是对于那些不幸的人们，因为，不管怎么说，这种领会并不起着一种魔法的作用，它不会以一种外在的决定性的方式起作用；难道我们因此就该去带着一种犹疑的态度赞美它或者带着一种矛盾的心态去欲求它？然而，这确是一件棘手的事情：那在生活里要被作为安慰来提供的东西，开始使得生活更麻烦，以便，——是的，以便让这生活真正地变得更容易；因为，每一个真相的奇迹的情形都是如此，正如在迦拿的婚筵上的神迹的情形：真相先是斟上糟糕的酒，并且把最好的酒藏到最后；相反欺骗性的世界则先斟上最好的酒[44]。就是说，因为一个人变得不幸，如他自己所说，"漫无边际地不幸"[45]，这绝不意味了，这作为"安慰之条件"的理解——"他自己一无所能[46]"——在他心中已经成熟。如果他以这样一种方式以为，他所缺的只是方法，那么他就仍相信着他自己；如果他以为，倘若他被授予权力，或者被授予人类的景仰，或者被授予对他所想要的事物的拥有，如果他认为，抱怨蕴含有一种对某些现世事物的合理要求，这抱怨越强烈，这要求就越合理，那么，从人的角度说，他就仍有着一杯苦涩的汁液要喝干[47]，然后安慰才会到来。因此，对一个人来说，要向另一个人提供这样一种安慰，这总是一件艰难的事情；因为在那忧虑的人来询问他的时候，他会说："我当然知道，在哪里可以找到一种安慰，一种无法描述的安慰，是的，另外，它在你的灵魂之中逐渐地把自己转化成至高的喜悦"，这时，那忧虑的人无疑是会专注地倾听；但是，如果这时再加上："在这一安慰到来之前，你必须明白，你自己根本什么都不是；这时，你必须砍断几率性的桥，这座桥会把愿望、不耐烦、欲求和期待与你想要的东西、欲求的东西和期待的东西联系在一起；这样，你就必须放弃'世俗的意识'与

'未来的事物'间的交往；这时，你就必须退回到你自身之中，并非像是处于一座堡垒之中（一个人将自己内闭在一座这样的堡垒中，这堡垒抵抗着世界，但恰恰与此同时，这内闭者的最危险的敌人却恰恰就在这堡垒之中与他在一起，并且，也许正是因为他听从了这敌人的劝告，他才这样地把自己内闭在这堡垒中），而是退回到自身之中——沉陷进自己的乌有性、无条件地放弃自己"，那么，那忧虑的人无疑就会像"那个产业很多的富有少年"一样，忧愁地离开[48]，尽管他并没有很多财产，但却很像那个少年，以至于我们无法区分他们俩。或者，如果那忧虑的人迷失了方向而陷于无法自拔的斟酌顾虑，以至于他没有力量去作出行动，因为不管是这样做还是那样做，其实都没有什么区别，这时，另一个人会对他说："我知道一个解决方案，你会确定你的胜利；放弃你的愿望，去行动，带着这样的信念行动：即使是与这愿望相反的事情发生，你还是获得了胜利"，那么，那忧虑的人无疑就会不耐烦地转身离去，因为，一场这样的胜利在他看来就是一次失败，因为，一个这样的方案比那满心怀疑的灵魂所具的繁复多样的不安更令他觉得沉重。

然而，人到底是什么？难道他就只是受造物系列之中的又一个装饰品吗[49]；或者，难道他没有任何权柄，他自己什么都做不了？那么，这一权柄到底是什么呢；他所能够想要的至高的东西是什么？在青春之桀骜不驯与成年之力量联合起来提问的时候，在这一美好的联合愿意牺牲一切来使得那伟大的东西变得完美的时候，在它带着殷切的激情热烈地说"即使世上在以前不曾有过任何别人达到这事情，我还是想要达到它；即使几百万人败坏和忘却了这任务，我还是要抗争搏斗，——但是，这至高的事情是什么呢？"的时候，对这个问题的回答，它是怎么讲的？好吧，我们并不想从"这至高的事情"这里骗取它的价钱，我们不讳言这在世上很少被达成；因为这至高的事情是：一个人完全确信自己一无所能，什么都不能够。哦，鲜有的权势，不是在这样一种意义上鲜有——"只有一个单个的人被生为王储"，因为每个人都被生于这一权势之中！哦，鲜有的智慧，不是在这样一种意义上鲜有——"它只被赋予一个单个的人"，因为它是被赋予所有人的！哦，奇妙的稀罕，它不因为被赋予所有人、因为可以被所有人拥有而贬值！甚至，在一个人想要让自己变得外向的时候，也许看来似乎，他有能力做某种更为令人惊奇的事情，某种会以完全另一种方式来满足他自己的事情，人们会带着景仰欢呼着围向这样的事情；因为那种鲜有的高升并不适合人们去景仰，它吸引不了感官性的人，因为它反过来会论断那景仰者，将他判作是一个"不知道自己在景仰什么"的痴愚者，并且命令他回家去；或者，将他判作是一颗欺诈的灵魂并命令他打消这样的念头。外在地观察，人无疑是最美好的受造物[50]，但他的所有美好则只在于外在的方面，并且也只是为了外在的方面而存在：因为，每次在激情和欲望拉紧弓弦的时候，难道眼睛不是以自己的箭向外瞄准着，难道手不是向外抓去，难道他的手臂不是向外伸展，难道他的狡智不是所向披靡吗？但是，既然他不愿作为一种为外在驱动服务（是的，为世界服务，因为是世界本身唤醒这驱动，他的欲求就是针对这世界的）的战争武器；如果他不愿在各种无法解释的心境的手中作为一把弦乐器（或者更确切地说是在世界的手中作为弦乐器，因为他灵魂的运动相对于此就完全如同世界对这些弦的按拨）；如果他不愿像一面他用来截取世界的镜子（或者更确切地说是世界在这镜中映照自己）；如果他不愿这些，如果他，在眼睛瞄准着什么东西以求去征服这东西之前，想要先自己去捕获这眼睛，这样这眼睛就会属于他，而不是他属于这眼睛，如果他在手抓向那外在的东西之前抓住这手，这样这手就会属于他，而不是他属于手，如果他如此严肃地想要这样，以至于他不怕挖出眼睛砍下手[51]，关掉感官的窗户，如果有这个需要的话，——是的，这样，一切就都改变了，权柄被从他那里剥夺去，还有荣耀，他不是与世界搏斗，而是与自己搏斗[52]。现在，看他，他强有力的形象被另一个形象环拥紧抱，他们如此榫接着地相互紧抱，他们同样有张力而同样强有力地缠结在一起，乃至这角斗根本就无法开始，因为另一个形象在同一瞬间想要压倒他，而这另一个形象就是他自己。于是，他根本什么都做不了；即使是那没有在这一搏斗中经受过考验的最虚弱的人，比起他来，也能够做到远远更多。在生活因上帝的治理而将一个人抛掷出去以便让他在这一毁灭（这一毁灭不认识任何欺骗、不允许任何逃避、不招致任何自我欺骗——就仿佛他在其他境况之中能够做得成更多，因为，既然他是与自己搏斗，各种境况无法决定结果）之中得到强化的时候，这一搏斗不仅仅是竭尽着他的全力，而且也是非常可怕的（如果这听从了自己的突发奇想而冒险进入这一搏斗的不是他自己，如果事情就是如此，那么，他就没有在我们所谈论的搏斗之中经受考验）。这是一个人的毁灭，这毁灭是他的真相。他不应当逃避这一认识；因为他自己是自己的见证、自己的原告、自己的法官，他是唯一能够安慰他自己的人,因为他明白毁灭之苦,他是唯一无法给出安慰的人,因为他自己恰恰就是毁灭的工具。领会这一毁灭,是一个人所能够做的至高之事,念念不忘这一毁灭,因为它是一份委托给他的好处,就是说,天上的上帝将之作为真相之秘密委托给了他,是一个人所能够做的至高的事情,也是最艰难的事情;因为欺骗和作伪是很容易做到的,所以,尽管他赔上了真相的代价,他还是成了一个人物。这是一个人所能够做到的至高的和最艰难的事情,然而我所说的是,他甚至都做不到这个,他能做的至多就是想要去明白,这一闷燃的火炭只是在噬蚀着,直到上帝之爱的火头燃起烈焰,在这烈焰之中闷燃的火炭不再能够噬蚀。——于是,人就是无助无奈的受造物;因为所有其他的理解,所有让他领会出"他能够自助"的理解,都只是一种误解,尽管他在世界的眼里被看成是勇敢的——因为有勇气去停留在一种误解之中,也就是说,因为没有勇气去领会真相。

但是,我的听者,在诸天之上住着能够做一切的上帝,或者更确切地说,他住在一切地方,尽管人类无法感觉;"是的,如果你,哦,主,是无力而没有生机的躯体,就像一朵凋谢的花;如果你是一道流过的溪水;如果你是一幢随着时间流逝而坍塌的建筑;那么人类就会注目你,那么你就会是我们的各种低级的兽性的想法的对象"[53];但是现在事情并非是如此,而你的伟大恰恰就使得你无法被人看见;因为,在你的智慧之中,你与人的想法相距实在太遥远,乃至他无法看得见你,而在你的全在之中,你与他太近,乃至他无法看得见你[54];在你的善之中,你对他隐藏起你自己,你的全能[55]使得他无法看见你;因为如果他看见你,他自己就成为了乌有[56]!然而在诸天之上的上帝能够做一切,而人则彻底一无所能[57]。

我的听者,难道不是如此吗,这两者相互适合对方:上帝和人?但是,如果他们相互适合对方,那么问题就只会是:你是否会欣悦于这一奇妙的幸福——"你们两者相互适合对方";或者,你是不是想要是一个这样的根本不适合于上帝的人、一个这样的"自己能够做某些事"的人,——一个"自己能够做某些事"的人,因此也就是无法完全适合于上帝的人:因为你肯定是无法、并且也不会想要去改变上帝,让他并非能够做一切。"成为乌有",这看来很艰难,哦,但是,即使是在人的事情上,我们也会以不同的方式来谈论。因为,如果不幸[58]这样教导两个在友谊或者爱情之中相互适合的人:不幸为他们带来灾难,但同时也为他们带来的喜悦——"这两个人相互适合于对方",与这喜悦相比,不幸带来的灾难是多么微不足道！如果两个人在死亡中才明白，他们在所有永恒之中相互适合于对方，哦，与一种永恒的理解相比较，死亡的那一短暂（尽管苦涩）的分离瞬间又算得了什么！

　　这样，在一个人通过让自己作为彻底乌有来适合于上帝的时候，他就是伟大的，并且处于他的至高点；但是，让我们不要轻率地去景仰或者虚妄地对待景仰。摩西不就是作为主的使者走向一个堕落的民族去把这民族从其自身、它的奴隶之心之中解放出来，把它从它在一个暴君统治之下的奴隶状态之中解放出来的吗[59]？与人们所称的"摩西的作为"相比，甚至那最伟大的英雄业绩又算得了什么呢；因为，推倒群山填平江河[60]，与"让黑暗笼罩全埃及[61]"相比，又算得了什么！但这其实也就是摩西的"所谓的作为"，因为他根本就是什么都做不了，这作为是主的作为。看，这里就是差异。摩西，他并不作出各种决定、不设计各种计划，而因为领导者是最具智慧的，明智者们的议事会才专心致志地倾听；摩西根本一无所能。如果民众想要对他说：你去法老那里，因为你的话是强有力的，你的嗓音战无不胜，你的雄辩[62]无人能抵抗，那么，他无疑就会回答说："哦，你们这些痴愚者！我根本就是什么都做不了的，甚至不能够让我的生命为你们而存在，如果不是主想要这样的话；我只能够把一切交付给主。"这时他走到法老面前，他的武器是什么？是无力者的武器，——祈祷，甚至在这祈祷的最后一句话已经达到了天上的时候，他仍不知道将会有什么事情发生，尽管他相信，不管那发生的是什么，所发生的只会是最好的事情。然后他回到自己的民众之中，但是，如果人们要赞美和感谢他的话，他无疑会回答说："我根本什么都做不了。"或者，在民众们在沙漠中受渴的时候，他们也许会去找摩西说：拿起你的杖，命令磐石给出水来，那么，摩西无疑就会回答说："我的杖除了是一根木棍之外又能够是什么？"而如果民众继续：但是，这杖在你手中是强有力的[63]；那么，摩西肯定就会说："我根本就是什么都做不了，但是既然民众想要有水，既然我无法忍受饥渴者们的悲惨景象，所以我就敲打磐石，尽管我自己并不相信会有水从磐石里冒出来"，——磐石确实没有给出水来。因此，他手中所持的杖到底会是全能者的手指抑或会是摩西的木棍，他不知道，甚至在那杖已经触及了磐石的那一瞬间；在事后，在他仍然只得见主的背[64]的时候，他才知道这个。哦！从人的角度说，以色列的最弱者也比摩西能够做到更多，因为这最弱者还可以认为有着一些他所能的事情存在，而摩西则彻底一无所能。在一个瞬间里就仿佛是比最强者、比所有人、比整个世界更强，只要这奇迹是通过他的手而发生的；而在下一瞬间，甚至就在同一个瞬间，则又比那最弱者更弱，只要后者坚持认为仍有着一些他所能的事情存在，——一种这样的伟大不会引发出虚妄之追求，只要它在这样的情况下让自己有足够的时间去弄明白，这伟大在于何处；因为否则的话，它无疑马上就会准备好，带着它令人反感的怯懦，想让自己处在摩西的位置上。

然而，这一考虑，"需要上帝是人的至高完美"，使生活变得更艰难，之所以如此，只是因为它根据人的完美性来考虑人，并且使得他自己以这样的方式来看待自己；因为，在这一考虑中，并且通过这一考虑，人学会去认识自己。那不认识自己的人，他的生活在更深刻的意义上是一种幻觉。然而，造成一种这样的幻觉的，很少是因为一个人没有发现那被交付给他的是怎样的一些能力，或者因为他没有设法去尽可能与各种被赋予了他的生活关系保持着一致地发展这些能力；这样，如果一个人认识自己，他就真正会深入地扎根在生存之中，不像那有着幸运天赋的小孩子或者那轻浮的富家少年那样轻率地对待自己，——小孩子不明白有多少东西被交付给了自己，而那富家少年不知道金子的意味[65]，我们也是以这样的方式来说一个人的自我，就像金钱的价值；那认识自己的人，他会在最小的细节上知道自己值多少，知道怎样去销售自己，以便让自己在这买卖之中获取全部的价值。如果他不这样做，那么他就不认识他自己，他被欺骗，明智者无疑会这样对他说，并且随着生活的进程，一步一步地，对他说：他韶华春光之中并不享受生命；他不去认定他真正所是的自己；他不知道人们以一个人自称所是来看这个人，他从不知道怎样去使得自己看起来很重要，并由此来为自己赋予生活重要性。唉，但是，尽管一个人在这样的意义上足以很好地认识自己，尽管他很清楚地知道怎样去尽可能带着最大的优势销售出自己并且还套取利息，难道因此他就认识自己了吗？然而，如果他不认识自己，那么，他的生活在更深刻的意义上就是一种幻觉。在这聪明的时代，一个人招致一种这样的幻觉，这会不会也是一种鲜有的事情？就是说，那种聪明的自我认知除了是这样一种认知之外难道还会是什么别的东西：他相对于某种别的东西认识他自己，但他并非相对于他自己认识他自己；这就是说：尽管有着表面上的可靠，他的整个自我认知是完全飘忽的，因为它只关联着"一个可疑的自我与一个可疑的他者之间的关系"；因为这个他者可以被改变，这样，一个他者变成最强者、最美者、最富有者，并且这个自我能够被改变，这样，他自己变得贫困、变得丑陋、变得无力；这一变化会在任何一个瞬间出现。现在，只要这一他者被拿走，于是他就被欺骗；如果这他者是某种这样的东西，它能够被拿走，那么他就是被欺骗的，虽然它没有被拿走，因为他的整个生活的意义就是以某个他者为依据的。就是说，"那能够欺骗的东西"的欺骗不是"它在欺骗"，恰恰相反：更确切地说，在它不进行欺骗的时候，它才是一种欺骗。

一种这样的自我认知是如此不完美，并且绝非是根据这人的完美性来看他；因为，如果在人们也许以最强劲的表达赞美了一种这样的完美性之后，最终不得不这样地说及它——"它也还是一种欺骗"，那么，难道这不是一种奇怪的完美性吗？沿着这条路往前走，人们是不会根据一个人的完美性来看他的，要开始这样做的话，人们就不得不从"让自己摆脱每一种这样的考虑"开始；这[66]是相当困难的，就像是要把自己从一场梦里拉出来而不犯错去继续这梦——梦想自己是醒着；这[67]在某种意义上是相当复杂的，因为一个人的真正自我在这个人自己看来是如此之遥远，乃至整个世界与他的距离要近得太多；这[68]是相当可怕的，因为更深刻的自我认知是从那被不愿明白它的人称作是"令人焦虑的欺骗"的东西开始的：不是去获得整个世界，而是去获得自己，不是去成为主人，而是去成为贫困者，不是能够做一切，而是根本一无所能。唉，在这里，你不能再次坠入梦中并且梦想以自己的力量去这样做，这有多么艰难啊。

这样，在一个人转向自己以便去领会自己的时候，他就像那个最初的自我那样出发上路，他使得那最初的自我停下，因为它是向外的、是要去追求和寻找那作为它的对象的外部世界，他将它从"那外在的"之中召唤回来。为了把最初的自我推向这"招返之运动"，那更深刻的自我就让外部世界留在原地不动，停留在不可靠的状态之中。事情当然也是如此：我们周围的世界是无常的，并且在每一瞬间都能够被转化成对立面；没有什么人能够通过自己的力量或者通过自己的愿望之撼动来强行促成这一变化。现在，这一更深刻的自我以这样的方式来构建那个外部世界的充满欺骗性的可变性，这样，它对那最初的自我不再是值得欲求的。要么那最初的自我不得不设法去杀死这更深刻的自我，使之被遗忘，只是这样一来，一切就都被放弃了；要么它就不得不承认，这更深刻的自我是对的；因为，想要去说出"那持恒地变化着的东西"的持恒性，这无疑是一种矛盾；一旦一个人承认它变化，那么它当然就会在同一瞬间里发生变化。不管那最初的自我由此在怎样的程度上作出退缩，绝没有什么辞令大师会如此机智，也不可能有什么思想曲解者会如此狡猾：想要废弃这更深刻的自我的永恒断言，这是不可能的；出路只有一条，这就是，通过"让不恒定性的咆哮盖过一切"来使得这更深刻的自我进入沉默。

那么现在，发生了什么事情？那最初的自我被停止了，完全无法动弹。唉，外部世界在事实上可以是如此有助益、如此忠实得可触摸、如此有着恒定不变的外表，乃至每一个人都想要为一种幸福的进程作担保——只要我们开始；这毫无用处。如果一个人见证了自己内心之中的斗争，那么他就不得不承认这更深刻的自我是对的：在这一刻之中，一切都可以是被改变了的，而如果一个人不发现这一点，那么他就是恒定地在那不确定的东西中奔跑[69]。在世界之中从不曾有过一根舌头迅速得足以能够欺骗这更深刻的自我，只要它得到许可说出自己的话。唉，这是一种痛楚的状态：那最初的自我坐着，顾盼着所有召唤着的果子；无疑，这很明显，只要一个人行动起来，那么一切就都成功，每个人都会承认这一点，——但是这更深刻的自我坐着，严肃并且沉思着地，就像医生坐在病人的床沿，尽管也带着它圣光焕发的温柔，因为它知道：这一病症并非致死，而是致生[70]。现在，那最初的自我有着一种特定的渴求；它自觉地知道自己拥有着各种条件；外部世界，就像它所理解的，是尽可能地有益于它；它们就仿佛只是相互等待着对方一样：幸福的自我和幸运之青睐，——唉，怎样的一种充满乐趣的生活啊！但是这更深刻的自我不退让，它不讨价还价、不作同意的表示、不妥协，它只是说：甚至在这一瞬间一切也仍还是可以被改变。然而，人们会用解释来帮助那最初的自我，他们召唤他，他们解释说，在生活中事情就是这样的，有些人是幸福的，他们应当享受生活，他是他们中的一个。于是心跳加剧，他要出发……一个有着严父的孩子不得不留在家里，这样，你不得不接受这事实，因为这父亲是最强的；但他当然不是什么孩子，而那更深刻的自我就是他自己，但看来却比最严厉的父亲还严厉，如果你想要通过奉承逢迎来讨好它，那只会是徒劳，它要么坦诚直言，要么就一声不吭。这时，危险就等在那里，这两者，最初的自我和更深刻的自我，都感觉到了这个，这时，深刻的自我担忧地坐在那里，就像是一个经验丰富的引航员，而与此同时，别人则在密议，是不是要把这引航员扔出船去,因为他总是招致逆风。不过这事情没有发生,但后果是什么呢?最初的自我无法动身出发,然而,然而很明显,喜悦的瞬间匆匆起步,幸福已经逃走;因为,人们不是这样说吗:如果你不马上利用这瞬间,那么它就即刻成为过去。那么,这又是谁的过失?除了那更深刻的自我之外难道还会是别的谁?然而,甚至这一尖叫都没有用。

这一不自然状态到底是什么;这一切到底意味了什么?如果有某种这样的东西发生在一个人的灵魂里,这是不是意味了他开始失去理智?唉,不,这所意味的是完全不同的东西,这意味了:孩子必须断奶。因为,一个人固然可以是三十岁并且更年长,四十岁,但却仍只是孩子,是的,一个人甚至会作为一个老孩子死去。然而,"做一个孩子"是如此美好!于是这人就在有限性的摇篮中躺在现世性的乳房旁,几率性坐在摇篮旁为这孩子唱着。如果愿望没有得以实现,这孩子就变得不安,然后几率性哄着他入睡并且说:好好安静地躺着睡觉,然后我出去为你买一些东西来;下一次会轮到你。然后这孩子又重新睡着,然后痛楚就被忘却,这孩子在新的愿望之梦中再次脸色发红,尽管他觉得要忘记痛楚是不可能的;现在,这是理所当然,如果他不曾是一个孩子,那么他无疑就不会那么容易忘记这痛楚,而且,我们就会看出,那坐在摇篮边上的不是几率性;相反,在更深刻的自我本身从死亡中复活而进入永恒的时候,那在自我拒绝[71]之死亡时刻坐在他临终床前的,则是这更深刻的自我。

这样,在那最初的自我跪伏在这更深刻的自我的脚下的时候,这时,它们和解并且相伴而行。这时,那更深刻的自我会说:"这是真的,我们有那么多争吵,我几乎忘记了这个,这其实就是你如此真挚地想要的;在这一瞬间,我不相信有什么东西会来阻碍你愿望的实现,只要你不忘记我们两个相互间所具的小秘密。现在你看,你现在可以心满意足了。"那最初的自我也许会回答说:"现在,我也并不是那么在意这事;不,我感到前所未有的喜悦,哦,就像从前,在我的灵魂有着这渴求的时候;其实你并不真正地明白我。""我也觉得我并不真正理解你;无疑我也并没有这样的愿望,让自己这样理解你,就仿佛我也像你那样地渴求甚多。然而,难道你会因为你并不那么在意这事情而丧失什么吗?另一方面,设想如果外部世界欺骗了你,并且你知道它能够,我不说更多,我只说这是可能的,对此,我确实也说了:那被你视作是确定性的东西,其实也只是一种可能,——然后呢,然后你就绝望,你没有要来信靠过我;因为,你当然还记得：船委会[72]几乎考虑要把你扔下船去。失去了那炽灼的欲望，并且赢得了'生活不再能够欺骗你'的状态，这不是让你现在的境况更好一些吗？以这样一种方式丧失，这难道不是在赢得吗？"

我们两个相互间所具的那个小秘密，更深刻的自我这样说。这秘密又是什么样的秘密呢，我的听者？除了"一个人相对于那外在的根本一无所能"之外，还会是什么呢。如果他想要直接去抓向那外在的，那么，那外在的就会在同一个此刻之中被改变，他会被欺骗；相反，他可以带着这样的意识来接受它，"它也能够被改变"，他没有被欺骗，尽管它被改变了；因为他得到了更深刻的自我的同意。如果他想要在"那外在的"之中直接地行动，去做一些什么，那么一切就会在同一瞬间变成乌有；相反，他可以带着这种意识行动，尽管这一切都成为乌有，他没有被欺骗，因为他得到了更深刻的自我的同意。

然而，尽管这样一来最初的自我和更深刻的自我达成了和解，两者共有的心灵离开了"那外在的"，这也仍只是"能够去认识自己"的条件。但是，为了让他真正去认识自己，就会有新的斗争和各种新的危险。只是但愿这斗争者不被这想法吓倒而感到害怕，就仿佛在谈论"需要上帝"的时候需要一种不完美，就仿佛在谈论"需要上帝"的时候需要一种人们宁可隐瞒起来的、令人难以启齿的秘密，就仿佛在谈论"需要上帝"的时候需要一种可悲的必然性——你试图通过"亲自说出它"来从这必然性之中赢得一种缓解。通过更深刻的自我认识，一个人恰恰就弄明白自己需要上帝；但是，如果一个人没有及时地注意到这一点并且因这想法而受到激励——"这恰恰就是完美，既然'一个人不应当需要上帝'只是一种误解，并且远远更不完美"，那么，在这里，那最初一瞥之中令人沮丧的东西就会把这个人吓得不敢开始。因为，尽管一个人完成了各种荣耀的业绩，如果他仍然认为，这一切都是通过他自己的力量而发生的，如果他通过克服自己的心灵变得比那取城的人更伟大[73]，但若他仍以为这是通过他自己的力量而发生的，那么，他的完美在本质上只是一种误解；而一种这样的完美则几乎并不值得赞美。相反，如果一个人，他认识到，如果没有上帝，他甚至连最微不足道的事情都做不了，甚至不能够为那最令人欢欣的事件感到高兴，那么，他就更靠近了完美；如果一个人明白这一点，并且完全不在这之中感觉到任何痛楚，而只是感觉到至福的盈余，他不隐藏任何秘密的愿望，但却更愿意独自喜悦，不因为人们留意到"他以这样一种方式根本一无所能"而感到羞愧，不对上帝提任何条件，甚至也不提这样的条件——"他的软弱无力要被隐藏起来不被他人知道"，但是在他的心里，喜悦不断地战胜，这么说吧，因为他能够欢呼着地投向上帝的怀抱，投向对上帝（上帝可是能够做一切的）的无法表述的景仰之中，——如果他是那样的话，那么，确实，他是完美者，就像使徒保罗[74]更短而更好地描述的：他"夸口自己的软弱"[75]，并且他甚至没有那么多模棱两可的经验能够让他更复杂地表达出自己。——不认识自己，人们说，是一种欺骗和不完美；然而他们常常不想明白，那真正认识自己的人，恰恰知道自己一无所能。

在"那外在的"之中，他一无所能；但是内在地，难道他也没有能力做任何事情？如果一种能力真正要是一种这样的能力，那么，它就必须有一种对立面，如果没有对立面，那么它要么是全能的，要么就是一种幻觉。但是如果他要有一种对立面，那么这对立面是来自哪里的？在"那外在的"之中，对立面只能够是来自他自己。那么，他在"那内在的"之中是与自己斗争，不像以前，以前是更深刻的自我与最初的自我斗争，为了阻止后者去为"那外在的"担忧。如果一个人不发现这一斗争，那么，他就是处于一种误解之中，因而他的生活不完美；但是，如果他发现这斗争，那么，他就会在这时再一次明白：他自己一无所能。

这看起来很奇怪，一个人从自己身上所学到的是这个；那么为了什么缘故而要赞美自我认识呢？然而事情就是如此；在这个世界中，一个人无法从任何别的地方得知自己完全一无所能[76]。尽管全世界联合起来想要粉碎和消灭那最虚弱的人，他仍还能够继续保持一种非常微弱的想象，想象"在其他情况下，如果那至上的权力不是那么强大的话，他自己能够做某些事情"。"他彻底一无所能"这一点，他只能通过他自己来发现，并且，不管他是战胜了整个世界还是他被一根草秆绊倒，那停留在那里的事实仍是这个：通过他自己，他知道或者能够知道"他自己根本一无所能"。如果有人以另一种方式来解说，那么他当然是与别人毫无关系，只与自己有关，这样，所有借口就都被看穿了。要认识自己，人们认为，是那么艰难，尤其如果你是非常有天分并且具备多种才智与能力，并且应当是知道关于所有这一切的说法的。哦，我们所谈论的这种自我认识其实并不复杂；每一次在你真正把握这一简短精炼的真理"你自己根本一无所能"的时候，那么，这时你就认识了你自己。

然而，难道一个人就不能通过自己来战胜自己吗？无疑，人们时常这样说，然而，那这样说的人，他到底有没有在这所说的事情中检验并且领会他自己呢；我怎么会比我自己更强大呢？我能够比那最虚弱的人强大；也许有或者曾有这样一个人生活在世界上，关于他，人们可以说，他比所有人更强大；但是，没有什么人是比自己更强大的。在人们谈论通过自己来战胜自己的时候，人们就这后一个"自己"其实是想着某种外在的东西，这样，这斗争就不是平等的。比如说，那个世俗荣誉所引诱的人，如果他战胜了自己，这样，他不再向这荣誉伸展出自己的手臂，那个畏惧生活中的各种危险的人，如果他在这样一种程度上驱赶走了这畏惧，因而他不再逃避这些危险，那个失去了乐天爽朗的生活态度的人，如果他在这样的程度上战胜了自己，他保持平静并且不从关键性的决定位置上逃离，那么，我们不会贬低这个，相反我们赞扬他。然而他既然很小心地提防着，不让自己去通过魔鬼的帮助在新的虚妄之中拯救自己的灵魂并驱除魔鬼[77]，那么，他恰恰就会承认，他没有能力在自己的内心之中战胜自己。然而，他却绝非是以这样的方式看，这样的方式，就仿佛"那恶的"一了百了地控制住他，不，但是他只能够做到这么多，并且只能够通过自己的极端努力来做成这个，这样他才能够抵抗自己，而这则当然不是"战胜自己"。就是说，在他的内心之中，他构建出荣誉的各种诱惑、畏惧的各种诱惑和沮丧的各种诱惑，以及傲慢的、对抗的和快感的诸多诱惑，它们比那些在"那外在的"之中遇会他的诱惑更强大，正因此，他与自己斗争；否则的话，他是与一种被随机地定出的程度上的诱惑斗争，相对于他在更大的诱惑中将会有能力做到的事情，这胜利无法证明任何东西。如果他在外部世界为他设置的诱惑之中战胜，那么，这并不证明，"在诱惑像他所能够想象的那样地可怕地到来的时候，他会战胜"；但是，只有在这诱惑对于他来说显得如此巨大的时候，只有在这时他才真正地认识自己。而现在，在他的内在之中，这诱惑恰恰就显现得如此之大，因此，他通过自己而知道那他通过世界也许无法知道的东西：他完全一无所能。

我的听者，也许你并不相信，这是一个"沉郁血质的"人的阴暗想法，你不为"你没有被这样的沉郁性寻访"而感谢上帝吗？如果这是沉郁性，难道一个人就是应当以这种方式来爱上帝和人吗？人们因偏爱而感谢上帝，这无疑是在欺骗上帝，并且在晓示出：如果事情更沉重的话，人们就不能够相信他的爱（因为，借助于这告白，"为自己没有在最艰难的斗争之中受考验而感谢上帝"就会是某种完全不同的东西了);人们逃避开那沉郁的人(就像你称呼他的),不想对"他其实也是一个人"有所知,你当然也不敢说他是一个罪犯,因此,他是一个不幸的人,因此说,是一个恰恰需要你的同情的人,而你则以这样的方式来向他表示同情:在你不敢让自己承认他也是人类中的一个同胞的同时,你让他像麻风病人一样散游在坟茔之间。但是,如果有人将"以这样的方式来谈论'理解自己'"视作是一个沉郁血质的人的阴暗想法,那么,如果这沉郁血质的人认为这种看法是根据人的完美性来考虑人的话,这无疑就可以被视作是一种与他的沉郁不可分割的痴愚;而如果他为自己的这种完美性而欣喜的话,则是更大的痴愚。他怎么会不让自己欣喜;因为人们总是为那完美的而欣喜;他的这种欣喜无疑不是出于对"上帝对单个的人的偏爱"的轻率理解,他的这种欣喜不因为看见无告无慰的人而想要逃避,相反,他在这欣喜之中爱着每一个无告无慰的人。确实也是如此,并且,你,我的听者,不要把他称作沉郁者,既然他反倒是唯一的喜悦者;因为如果一个人因上帝并且为上帝而喜悦,那么,他是欣喜的,我再次说,他是欣喜的。使徒保罗曾给出这一美丽的告诫:"你们要喜乐,我再说,你们要喜乐"[78],为什么,他为什么停下,他为什么在第二次要求信者喜乐之前要作停顿?因为他在一个间隙中就仿佛是要留一点时间去听一下所有那可被说出的可怕的话,那可怕的,"一个人根本一无所能",这样,他就可以让喜悦完全地得胜:"我再说,你们要喜乐"。

"需要上帝是人的至高完美"这一看法无疑使生活变得更艰难,但是它也根据完美性来看待生活,在这一看法中,通过逐步的经历(这是对上帝的很好理解),人渐渐学会去认识上帝[79]。

如果一个人不是以这样的方式认识自己,就是说,如果不是他知道自己根本一无所能,那么他在更深刻的意义上其实并不感觉到上帝是存在的。尽管他有时候提及他的名字,偶尔呼喊他,认为自己也许在各种更大的关键时刻看见他,被感动,哪怕看见的只是一瞥,但看见上帝却不被感动,这当然是一种不可能;然后,如果这个人因此相信,"上帝存在"对于他是很明显的,或者相信,在这尘世的生活里上帝的存在不应当有另一种明显的展示,——在上帝没有被考虑进去的情况下,这尘世生活的意义无疑是持恒地被混淆的,那么,在某种意义上,这个人就仍是被自己的虔信[80]欺骗了。我们说,这是一种虔信的欺骗[81],我们用一个尽可能美丽的名字来称呼它，我们没有打算冲过去用措辞激烈的讲演来指责它，尽管我们对每一个人有这样的祝愿，但愿"上帝存在"这一点会带着一种不一样的有着决定意义的确定性向他清晰地展示出来。

那自己完全一无所能的人，如果没有上帝的帮助，因此也就是说，如果他感觉不到有一个上帝存在，他甚至无法做最微不足道的事情。人们有时候谈论说，要从过去的历史中去认识上帝；人们拿出各种编年史[82]，阅读，并且阅读。于是，很好，也许成功了，但是，人们用上了那么多时间，而由此得到的收获常常是那么不可靠，与误解是那么邻近——这误解就是感性的人对才智的景仰！相反，那通过自己而知道自己一无所能的人，他每一天、每一瞬间都有他所不容置疑地想要的机会去经历"上帝活着"。如果他不是足够频繁地经历这个，那么他就是很清楚地知道，为什么会是如此。就是说，这是因为他是处在一种误解之中并且他以为自己能够做到一些什么。如果他去主的家里[83]，那么他肯定会知道，上帝不在那里，但他还知道，他自己彻底一无所能，甚至没有能力去让自己有心境去默祷，因为，如果他真正被感动的话，那么上帝必定是在那里。唉，有许多人一向都保持着对上帝漠不关心，但却不能让自己不去主的家里。怎样古怪的矛盾啊：他们聚集在那里，在那里，他们相互说"上帝不在"，因为他不住在一幢人类之手所造的房子里[84]；于是，他们回家，但这是根本没有上帝在那里的家。相反，那一上面所述的方式认识自己的人，他很清楚地知道上帝没有住在殿堂里[85]，但他还知道，上帝和他在一起，在晚上，在睡眠使他恢复精力的时候，在他在可怕的梦中醒来的时候，在患难之日，在他徒劳地眺望寻找安慰的时候，在思绪的嘈杂声中，在他徒劳地倾听拯救的言辞的时候，在生命危险中，在世界不救助他的时候，在恐惧中，在他畏惧自己的时候，在绝望的瞬间，在他带着畏惧与颤栗为自己的灵魂的至福的努力做准备的时候，上帝和他在一起；他与他在一起，在恐惧带着自己的闪电般的速度降落在他身上的时候，在看起来似乎已经是太晚的时候，在没有任何时间剩下可让人去主的家里的时候，这时，他与他在一起，比刺破黑暗的光更快，比驱散雾气的思想更快，在场，唉，是的，如此迅速地在场，只有那已经在场的才能够如此迅速地在场。如果事情不是如此，那么我们又会在哪里找到那足够迅速地为忧虑的念头跑出去找主的急信使呢；而且在主到来之前，我们可又得等上一段时间！然而，事情并非如此，只有那自己以为能够做一些什么事情的人才这样认为。

确实，一个人可以在喜乐的日子以完全同样的方式认识上帝，如果他本来就明白自己彻底一无所能；但是，在喜乐的日子坚持这一点，这恰恰就是如此艰难。在一个人最欣喜的时候，这样一种想法常常会诱惑他：如果是他自己能够做得到这一切，这岂不是更好？这时，喜乐就作出一个错误的转向，因为它没有向上转向上帝，而是背离他，然后，然后这就是一个标志：这个人需要各种新的练习。在一切又摇晃起来的时候，在思想困惑的时候，在记忆想要放弃自己的职责的时候，在被经历的东西只是以恐怖的形象令人惊恐地走向这个人的时候，在甚至那最诚实的心意也因为恐惧之背叛而不诚实地对待他的时候，这时，他再次明白自己彻底一无所能。然而，带着这种理解并且在这种理解之中，上帝也马上会在场，控制住这困惑，并且让他想起他被托付的所有事情；因为，无疑这个经受考验的人做了这事情，在信心犹疑[86]之漩涡（这漩涡的终结看上去必定会比死亡更可怕）中，无疑他极快地把自己心中所具的特别的东西托付给了上帝（如果他自己忘记了，如果天上的上帝也忘记了这东西，那么这东西就会永远地毁灭他并且把他的生活的内容变成一种可怕的幻觉，无疑他把它托付给了上帝，直到他借助于上帝在各种恐怖之中一路搏斗出来，展示出自己的耐心，在对上帝的信任之中赢得宁静。假如有一个人，他的生命在某种决定性的困难之中经受了考验，假如他有一个朋友，在稍后的一个瞬间，他无法清晰地记住往昔的事情，如果恐惧引发出困惑，如果各种指控性的想法在他努力回顾的时候尽全力与他作对，那么，他无疑会去找他的朋友，并且说："我的灵魂有病，因而任何事情对于我都变得不清不楚，但是，我把一切都托付给了你，你记得这一切，向我再解说一下往昔的事情吧。"但是，假如一个人没有朋友，那么他当然就去找上帝，如果他本来就把一些东西托付给了上帝，如果他在关键的决定时刻召唤上帝作证，既然再也没有别的什么人明白他。那个去找自己朋友的人，也许在一些时候，他无法被人理解，也许他变得令自己觉得厌恶（这是更沉重的事情），因为他发现：那个他向之托付艰难之情的人根本就不曾理解他，尽管那个人当时听着他说，但对于那令他焦虑的事情一无所知，而只是好奇地关心着他与生活的奇怪碰撞。如果他去找的是上帝，那么这样的事情绝不会发生；有谁敢冒险去这样想上帝，哪怕他，因为他不敢这样想上帝，怯懦得足以宁愿想要忘记上帝，——直到他站在那审判他的法官面前，但不是站在那真正有着上帝作见证的法官面前；因为在上帝就是法官的地方,如果上帝是见证,那么,在这地方就没有法官。

不过,因为一个人以这样的方式去认识上帝,我们绝不可能得出这样的结论:"所以他的生活就变得容易",恰恰相反,这生活可能会变得非常沉重,如前面所说,会变得比感性人生的可鄙的"容易性"更艰难;但是在这一艰难性之中,他的生活也不断地得到越来越深刻的意义。"他不断地在眼前看见上帝,他在他自己一无所能的同时通过上帝而能够做到越来越多——他能够战胜他自己;因为,得助于上帝,他当然能够做到这个!"或者,这也许对他就没有任何意义。"他不断地学会'去越来越多地死灭出这世界'[87],越来越少去注目'那外在的'、生活带来和拿走的东西、那被许给他让他自己去在'那外在的'之中达成的东西,越来越多地关心'那内在的'、关心与上帝间的理解、关心'必须停留在这理解之中'、关心'必须在这理解之中认识上帝并知道上帝令万事效力使一个人得益处——如果这人爱上帝[88]'",难道这对他就没有任何意义?既然事情本来就一直是如此,"如果一个人有其他东西要想并因此而无法专心致志于悲伤,他会觉得生活之逆境不那么沉重",难道上面所说的东西对他就没有任何意义,甚至不会有助于使生活之逆境变得轻松?他真正热情洋溢并且令人信服地理解了"上帝是爱[89]"、"他的善超越所有理解力并且不满足于他人的见证或一种世界秩序和历史进程的观察[90]",难道这在最终对他没有任何意义,不能够成为一种至福的酬报;因为这无疑是远远更伟大的;但是,问题也在于,"一个人怎样去理解它,这样,这个人真正能够从中得到益处。"

我们不说这"认识上帝",或者简直就沉浸到一种对上帝的梦幻般的景仰或者狂想式的凝视,应当是唯一的荣耀的事情;上帝是不可以被以这样的方式来虚妄地看待的。正如"在一个人自身的乌有性之中认识自己"是"认识上帝"的条件,同样,"认识上帝"是"一个人通过他的帮助根据自己的定性而得以神圣化[91]"的条件。上帝真正所在的地方,他总是创造着的。他不愿意让人带着精神的软弱性沐浴在对他的荣耀的观想之中,相反,通过被这人认识,他想要在这人身上创造出一个新人。

如果事情是这样,让我们设想,一个人没有去认识上帝却能够通过自己而得以高贵化并且得到同样多的发展,在这样一种预设条件之下,我想问你,我的听者,难道这"认识上帝"不应当是就其本身并且对其本身有着至高的意义,如果能够想象一种选择:如果一个人通过自己和通过

"认识上帝"能够达成同样大的成就,你会在这两者之中选择哪一个?甚至在凡人的事情上,你肯定也会选择后者;因为,如果与"通过去认识一个人(你被这个人吸引,你的整个灵魂被吸引到了他那里)"相比,你能够在孤独之中得到同样程度的发展——倘若这是可能的话,那么,"你认识了他"这件事就其本身并且对其本身就有着最美丽的意义,——最美丽的意义,唉,不,你很清楚地知道,至少在我们谈论上帝的时候,事情是不一样的;因为,这"认识上帝"是决定性的关键,如果没有这一认识,一个人就会成为完全的乌有,甚至也许就很难有可能去把握真理的初始秘密,亦即"他自己根本就是乌有",至于要去把握"需要上帝是人的至高完美",则更不可能了。

注释:

  1 本城的前毛织品商]哥本哈根的前毛织品商(见后面的注脚)。在丹麦,毛织品商一般销售毛料和亚麻料的织品(毛衣、毛裤、袜子、手套、护膝、袖子和毛线等诸如此类)。有一些毛织品商是在各地走动去民宅销售的流动商贩,也有一些是在商镇里有着固定的销售点的。后一种必须具备市民居住权,就是说,有作为毛织品商居住在城市里并且以在固定销售点零售货物为生的许可。

  在各种受洗登记本和坚信礼登记本上的记录中,米凯尔·彼得森·克尔凯郭尔有着"毛织品商""销售商"或者"袜子商"的头衔,但是在教堂礼拜客人登记本中的登记头衔则是"商人",有时候则加上一个"前"。尽管"毛织品商"在当时没有任何贬义,但克尔凯郭尔用这个在社会等级上低于"商人"的头衔来标识自己的父亲,这是值得读者稍稍留意的。

  2 已故的米凯尔·彼得森·克尔凯郭尔]米凯尔·彼得森·克尔凯郭尔(Michael Pedersen Kierkegaard,出生用名是 Michel),1756 年 12 月 12 日出生于丹麦赛丁(Sædding)。在他十一岁的时候,1768 年,就到了哥本哈根,在他舅舅毛织品商尼尔斯·安德森那里学生意。学成之后,1780 年 12 月的得到了在哥本哈根作为毛织品商的市民权,八年之后,他获得进口和销售大量来自国外的糖、芥末和咖啡(批发)的许可。出色的经商才能使得他成为了一个特别富有的人,这样,他在四十岁的时候带着相当可观的财富退出了商界。之后,他通过信贷和投资又增大了自己的财富。1794 年 5 月,他与姬尔丝顿结婚,后者尚未生育就在 1796 年 3 月去世了。一年多之后,他在 1797 年 4 月 26 日与安娜·伦德结婚,与她生了七个孩子,索伦·克尔凯郭尔是最小的。1803 年米凯尔·彼得森·克尔凯郭尔在 1803 年全家搬往希勒罗德,但是 1805 年又搬回哥本哈根,住在东街 9 号,直到他 1809 年在新广场 2 号买下了一幢房子。在短时间患病之后,他去世于 1838 年 8 月 9 日,终年 81 岁。

3 没有布道的权威]也许是指克尔凯郭尔未被授予神职,因此不能够带着神职牧师的权威来讲演。根据在克尔凯郭尔时代作为规则的《丹麦与挪威教堂仪式》(Dannemarkes og Norges Kirke – Ritual, Kbh. 1762),关于神职授职仪式,第十章第二条规定,在接受职位者们在圣坛前跪着的同时,主教要以这样的方式来传授他们"这神圣职位,同时说祷告词并把手盖向他们:'于是我根据使徒的传统,以神圣父圣子圣灵的名,将这神圣的牧师和布道者的职位授予你们,并且在之后给予你们权力和权威,作为上帝和耶稣基督的真正侍者,在教堂中秘密和公开地传布上帝的言辞,根据基督自己创建的制度分发高贵的圣餐,把罪与顽固者捆绑一处,解除悔过者的罪,并且,根据上帝的言辞以及我们基督的传统,去做所有其他与这上帝的神圣职务有关的事情。"(370页)只有得到授职的神学候选人并且在满足了一系列其他条件之后,才可以在丹麦教堂里布道。

可参看《丹麦教会法概观》(jf. J. L. A. Kolderup – RosenvingeGrundrids af den danske Kirkeret, Kbh. 1838, s. 66—86.)。

4 绝对不是在要求作为老师]在牧师获得布道职位之前也有一个教书职位,这在牧师就职仪式中被表达过两次(《丹麦圣殿规范书》第10章第二条),一方面是教众被警示要"真挚地感谢上帝,他再一次屈尊为他在我们这里的教堂送来忠实的老师和布道者"(第365页);一方面,主教在向神职人员授予"神圣的牧师与布道职位"时提及他们的"福恩的教学"(第371页)。

5 第一次进入漫游]是指前面的《两个陶冶性的讲演,1843年》,在其类似的前言里写道:"因为被出版,它在比喻的意义上就是以某种方式开始了一场漫游"。

6 为自己招致任何起着推迟作用的关注]在《两个陶冶性的讲演,1843年》的未完成的前言草稿(这草稿中的文字只是部分地被用在正式出版的前言里)中写有:"这些布道书被出版,不是为了想要把任何关注引向自己,更不是引向其作者。它们在隐蔽处进入存在,并且因为它们的不合法而可疑的出身,只想要隐蔽而不为人留意地悄悄走过这一生"。这草稿原本丢失了,但被间接地收进了《遗稿》I – II, 410f。

7 那个单个的人]这同样的句子出现在1843年的所有三部和1844年的前两部"陶冶性的讲演"集的前言之中。

丹麦语的指示代词"那个(hin)"通常是指向一个在前文之中提及过或者被认识了的人、事件或者对象。在克尔凯郭尔的日记之中有很多地方提及了,他在这里所想到的是一个很确定的人,瑞吉娜·欧伦森。

8 这个"之"就是指"那个单个的人"。

9 一个人是人们所爱的人……把他的所在当作自己的居所,并且待在他那里]指向《约翰福音》(14:23),之中耶稣说:"人若爱我,就必遵守我的道。我父也必爱他,并且我们要到他那里去,与他同住。"

10 尽管那以前派出的信使……出生入死]也许是指向耶稣在《马可福音》(12

:1—9）中关于葡萄园主的比喻。

11　最后一次告别了］这就是说，这部"陶冶性的讲演"集是 1843—44 年出版的所有六部系列中的最后一部了。

12　1844 年 8 月 9 日］克尔凯郭尔父亲去世的六年忌日。

13　需要上帝是人的至高完美］根据这一讲演的一个大纲，克尔凯郭尔曾考虑在这段文字上构建："女人所生没有更大的；但在天国里最小的也大过他"（Pap. V B 196）参看《路加福音》（7:28），之中耶稣说："我告诉你们，凡妇人所生的，没有一个大过约翰的。然而神国里最小的比他还大。"

14　为生活，一个人只需要一小点东西，并且只是在一小点时间里，需要这一小点东西］引自教化诗歌《怨诉，或者关于生命、死亡和不朽的夜思》（The Complaint or Night - Thoughts on Life, Death, and Immortality 1742—45）英国诗人和牧师爱德华·扬（Edward Young）作。由艾贝尔特翻译成德文（jf. Einige Werke von Dr. Eduard Young, overs. af J. A. Ebert, bd. 1—3, Braunschweig og Hildesheim 1767—72, ktl. 1911; bd. 1, s. 77: "Der Mensch braucht nur wenig; und auch dieses Wenige, nicht lange".）。

15　患难之日］这个表达在《诗篇》之中多次出现，可参看（50:15）、（59:16）、（77:3）、（86:7）。

16　完成了那荣耀的事情］可能是指向《提摩太后书》（4:7），之中保罗写道："那美好的仗我已经打过了。当跑的路我已经跑尽了。所信的道我已经守住了。"

17　急跑在前面以便在目标所在的地方景仰地迎接自己］可能是指向《腓利比书》（4:7），之中保罗写道："向着标竿直跑，要得神在基督耶稣里从上面召我来得的奖赏。"

18　在白天变长的时候，冬天也变得严苛］指向谚语"在开始白天变长的时候，冬天开始变得严苛"。　（jf. nr. 11734 i E. Mau Dansk Ordsprogs - Skat bd. 1—2, Kbh. 1879; bd. 2, s. 573.）

考虑到后面的几句，也参看布洛尔森（H. A. Brorson）的赞美诗"在这里要沉默，在这里要等待"（1765 年）的第二段："艰难的时期慢慢离去，/慢慢离去。这是季节的特征。/在开始白天变长的时候，冬天开始变得严苛，/冬天开始变得严苛。这是痛苦的。/艰难的时期慢慢离去，/慢慢离去。这是季节的特征。"《新旧赞美诗》（Gamle og Nye Psalmer, udvalgte og lempede efter Tidens Tarv, til Brug i Skolen, Hjemmet eller Kirken, udg. af P. Hjort, 3. udg., Kbh. 1843［1838］, ktl. 202, nr. 333, s. 256. DDS—1988, nr. 641.）。

19　在绝望的冰雪构建出骗人的山川……《约伯记》6:15—18］《约伯记》（6:15—18）："我的弟兄诡诈，好像溪水，又像溪水流干的河道。这河因结冰发黑，有雪藏在其中。天气渐暖就随时消化，日头炎热便从原处干涸。结伴的客旅离弃大道，顺河偏行，到荒野之地死亡。"

20 虚伪朋友们假惺惺的帮忙姿态]可能是指向约伯的朋友,他们一个个地与他交谈,并且因他的悲惨而讥嘲他,可参看《约伯记》(19:2—6):"你们搅扰我的心,用言语压碎我,要到几时呢。你们这十次羞辱我。你们苦待我也不以为耻。果真我有错,这错乃是在我。你们果然要向我夸大,以我的羞辱为证指责我。就该知道是神倾覆我,用网罗围绕我。"

21 要穿上节庆的礼服,因为大地上的婚礼服与天堂里的极其不一样]也许是指《马太福音》(22:2—14)中耶稣关于王为儿子娶亲的比喻。那没有穿礼服的宾客,被捆起手脚,丢在外边的黑暗里哀哭切齿。

22 带着满足之心的一小点财产就已经是大利了]也许是指向《提摩太前书》(6:6—8):"然而敬虔加上知足的心便是大利了。因为我们没有带什么到世上来,也不能带什么去。只要有衣有食,就当知足。"

23 这个"后者",也就是"为了让自己经受考验而抛弃自己的财物的人"。

24 这死者是拥有……坟墓……一个小小的位置]丹麦以前有这样的习俗,王室、贵族以及富有的市民可以通过支付教会而使自己被埋葬在教堂的空间或者在一个特别的礼拜堂里,并且会被配上刻有死者生前业绩的碑文;如果付了足够的钱,这坟墓位置可以在将来保留很久。普通市民通过支付稍少的一些钱可以被葬在城市的墓地里,根据支付的钱的数目决定坟墓的位置和大小以及保存时间。穷人则可以免费在墓地里得到一个小小的安葬位。

25 让你自己满足于上帝的恩典吧]指向《哥林多后书》(12:9),保罗讲述他三次请求主去掉那"肉中刺",但主回答说:"我的恩典够你用的。因为我的能力,是在人的软弱上显得完全。"

26 世俗世界的低区]在《以弗所书》(4:9)之中,保罗谈论关于基督:"既说'他升上',岂不是指他曾降到地底下吗?"

27 在天国里坐席]指向《马太福音》(8:11),之中耶稣对犹太人说:"我又告诉你们,从东从西,将有许多人来,在天国里与亚伯拉罕,以撒,雅各,一同坐席。"

28 不能够接受他的邀请,因为我被别的地方邀请]在《路加福音》(14:15—24)耶稣有一个关于一些人受了邀请,但说出各自的理由推辞出席。

29 上帝之差异]人与上帝的差异。

30 '他的心是靠这恩典而不是靠饮食得以坚固的'《希伯来书》13:9]参看《希伯来书》(13:9):"你们不要被那诸般怪异的教训勾引了去。因为人心靠恩得坚固才是好的。并不是靠饮食。那在饮食上专心的,从来没有得着益处。"

31 在那内在人性宁静的刚正之中得以缓和与平息]"刚正"在一些圣经的文字之中被译作"不衰",在《彼得前书》中说"不衰退的美",可参看(3:4):"要有蕴藏在人内心不衰退的美,以温柔娴静的心妆饰自己;这在上帝面前是极宝贵的。"

32 那取了卑微的形象的神圣的荣耀]"那神圣的荣耀,取了卑微的形象"。见

《腓利比书》（2∶6—7），之中保罗写关于耶稣基督："他本有神的形像，不以自己与神同等为强夺的。凡倒虚己，取了奴仆的形像，成为人的样式。"

33　一切都变成了新的］在《哥林多后书》（5∶17）中，保罗写道："若有人在基督里，他就是新造的人。旧事已过，都变成新的了。"

34　一个……异教徒……需要一小点］指向古希腊犬儒主义者西诺卜的第欧根尼（约公元前400—325），他曾说："诸神的特性是，不需要什么东西；但是他们的，有点像诸神，需要一小点。"（第欧根尼·拉尔修的哲学史第六卷第9章第105节）

35　在一些不同国家的教会，在布道之后还为国王和王室祈祷］这是指牧师在所有星期日和节日的早礼拜的布道之后按规定要作的祈祷。根据《丹麦与挪威教堂仪式》，从第29页起，根据规定，在教堂祈祷之中有专门为国王和王室作的代祷。

36　为病痛的人和悲哀的人祈祷］在所有星期日和节日的早礼拜的布道之后按规定有专门的一段祷告词是为寡妇、孤儿、被遗弃者、病人和濒死者们的祷告。

37　走向国王家的"逆境的阴影"］参看托马斯·京果（Thomas Kingo）的赞美诗《现在白天告别》的第二段："给予你的教堂安宁与喜乐，/不要让任何逆境的阴影/在国王的大厅与宝座上移动！/让每一颗悲哀的心/每一个处于痛苦中的基督徒/从你这里得到光辉与缓解！"（*Thomas Kingos Aandelige Siunge - koors Første Part* 1677年第二版）

38　与尘世的东西的潜水者式的关联］也许是指绑在潜水者的腰带上的救生索，这是他在水下的时候与船上的关联。救生索一方面用于与潜水者传达信号，一方面用于把潜水者拉上水。

39　他的所有苦楚都至暂至轻］参看《哥林多后书》（4∶17），之中保罗写道："我们这至暂至轻的苦楚，要为我们成就极重无比永远的荣耀。"

40　自我拒绝（Selvfornægtelsen）：克己，无私，忘我，自我否定，牺牲自己的欲望或利益。

41　"轭"是套在牛或马颈上的曲木。

42　轭是那么容易承受……轭是有益的］指向《马太福音》（11∶30），之中耶稣说："因为我的轭是容易的，我的担子是轻省的。"

43　一个使徒……时而会虚弱］参看《哥林多后书》（11∶29—30），之中保罗写道："有谁软弱，我不软弱呢，有谁跌倒，我不焦急呢。我若必须自夸，就夸那关乎我软弱的事便了。"

44　在迦拿的婚筵上的神迹……先斟上最好的酒］指向《约翰福音》（2∶1—11）中关于耶稣在迦拿的婚筵上的神迹的叙述。之中管筵席的对新郎说："人都是先摆上好酒。等客喝足了，才摆上次的。你倒把好酒留到如今。"（2∶10）

45　漫无边际地不幸］也许是指向《非此即彼》上卷"剪影"中玛莉·博马舍对克拉维果的指控："他是一个骗子，一个可鄙的人，他曾冷酷无情地赋予我漫无边

际的不幸。"（社科版《非此即彼》上卷，第227页）

46　他自己一无所能］也许是指向《路加福音》（12:26），之中耶稣说："这最小的事，你们尚且不能作，为什么还忧虑其余的事呢。"

47　有着一杯苦涩要喝干］也许是指向耶稣关于西庇太儿子们在天国里的座位的回答。《马太福音》（20:20—23）："那时，西庇太儿子的母亲和她两个儿子上前来，向耶稣叩头，求他一件事。耶稣问她：'你要什么呢？'她对耶稣说：'在你的国里，请让我这两个儿子一个坐在你右边，一个坐在你左边。'耶稣回答：'你们不知道所求的是什么。我将要喝的杯，你们能喝吗？'他们对他说：'我们能。'耶稣说：'我所喝的杯，你们要喝。可是坐在我的左右，不是我可以赐的，而是我父为谁预备就赐给谁。'"

48　那个产业很多的富有少年……忧愁地离开］《马太福音》（19:16—22）："有一个人来见耶稣说，夫子，我该作什么善事，才能得永生。耶稣对他说，你为什么以善事问我呢，只有一位是善的，你若要进入永生，就当遵守诫命。他说，什么诫命。耶稣说，就是不可杀人，不可奸淫，不可偷盗，不可作假见证，当孝敬父母。又当爱人如己。那少年人说，这一切我都遵守了。还缺少什么呢。耶稣说，你若愿意作完全人，可以去变卖你所有的，分给穷人，就必有财宝在天上，你还要来跟从我。那少年人听见这话，就忧忧愁愁的走了。因为他的产业很多。"

49　人到底是什么？难道他就只是受造物系列之中的又一个装饰品吗］指向《诗篇》第八章，创世赞美诗，尤其是第3—8句："我观看你指头所造的天，并你所陈设的月亮星宿，便说，人算什么，你竟顾念他。世人算什么，你竟眷顾他。你叫他比天使微小一点，并赐他荣耀尊贵为冠冕。你派他管理你手所造的，使万物，就是一切的牛羊，田野的兽，空中的鸟，海里的鱼，凡经行海道的，都服在他的脚下。"

受造物系列：上帝造世界的顺序：首先是光，然后是天穹，然后是大地和海洋以及植物，然后是日月星辰，然后是海里的动物和天上的鸟，然后是大地上的野生和家养动物和有着上帝的形象的人；然后上帝赐福给人，并说，人要生养众多，并且管理海里的鱼，空中的鸟，和地上各样行动的活物。参看《创世记》第一章。

50　人无疑是最美好受造物］参看《巴勒的教学书》第二章"关于上帝的作为"第一段，§4："在大地上的有形的上帝创造物之中，人是最优越的，在一个身体之中被赋予一个理性的灵魂，两者相符，并且是受上帝所赐，去统治所有其他动物。"而在一段对此的说明之中这样说："人类相对于动物有着这极大的优越性：他们能够根据理性的思考和选择去思想、言语和行动；但是我们更应当谨慎地警惕，让我们不要去滥用这优越而违背上帝的意志去伤害我们自己和别人。"

51　挖出眼睛砍下手］指向《马太福音》（8—9），之中耶稣说："倘若你一只手，或是一只脚，叫你跌倒，就砍下来丢掉。你缺一只手，或是一只脚，进入永生，强如有两手两脚，被丢在永火里。倘若你一只眼叫你跌倒，就把他挖出来丢掉。你只有一只眼进入永生,强如有两只眼被丢在地狱的火里。"

52　他不是与世界搏斗,而是与自己搏斗〕1844 年 5 月的一段日记的开头,克尔凯郭尔写道:"在根本上事情是这样的,如果一个人不首先使用他已有的全部力量来针对他自己,以此来毁灭自己,那么,尽管他具备所有自己的勇气,他仍么么是一个傻瓜,要么怯懦。一个人所具备的这(可能的)力量完全是辩证的,对于在可能性之中的自己的真正理解的唯一真正表达是:他恰恰有着权柄去消灭掉自己,因为他,尽管他比整个世界更强大,但却仍不比他自己更强大。如果一个人明白了这个,那么我们就会为宗教性安排出位置,也为基督教安排位置;因为这一无力的最糟表达就是罪。因此,只有基督教是绝对的宗教,因为它将人解读为罪人;因为,没有任何其他差异性能够以这样的方式承认在与上帝的差异之中的人。"(Pap. V A 16 [JJ: 209])

53　是的,如果你,哦,主……我们的各种低级的兽性的想法的对象〕在这一段落的手稿边沿,克尔凯郭尔写了:"芬乃伦,引自雅可比全集第一卷第 173 页最下"(Pap. V B 207,1)。克尔凯郭尔在这一段中所引的是一段随意翻译。参看德国哲学家雅可比(F. H. Jacobi)出版的 Allwills Briefsammlung (1792) 中的第十九封信。这里是对法国主教和作家芬乃伦(F. de Salignac de La Mothe – Fénelon/1651—1715)对神祇所说:"Wärest Du ein ohnmächtiger, lebloser Körper, wie eine Blume die verwelkt, ein Bach der vorbey fließt, ein Gebäude das steht und hinfällt, ein Farbengemenge, das Gemälde heißt, wenn unsere Einbildungskraft Gestalt hineinträgt; ein mit etwas Glanz überzogenes Metall: so würden die Menschen auf Dich merken, und Dir, in ihrer Thorheit, das Vermögen zuerkennen, ihnen einige Freude zu gewähren; obgleich Freude von nichts Seellosem ausgehen kann, sondern allein von Dir, Du Quelle des Lebens und alles Genusses. Wärest Du also nur ein Wesen gröberer Art, hinfällig, leblos, eine Masse ohne Selbstvermögen, nur der Schatten eines Wesens; so würde Deine nichtige Natur unsere Nichtigkeit beschäftigen; Du wärest dann ein angemessener Gegenstand für unsere niedrigen und thierischen Gedanken. Weil Du aber zu sehr in ihnen selbst bist, wo sie nie einkehren; so bist Du ihnen ein verborgener Gott. Denn dieses Innere ihrer selbst ist am weitesten von ihrem irre gewordenen Blick entfernt. Die Ordnung und Schönheit, die auf dem Angesicht Deiner Geschöpfe strahlt, ist wie ein Schleyer, der Dich ihrem kranken Auge entzieht"("如果一个虚弱而没有生命的躯体,就像一朵凋谢的花,一道流过的溪水,一幢站立着坍塌的建筑,一堆被称作是一幅油画的混合色彩,如果我们的想象力给出这样的形象;一块覆盖有一小点光泽的金属:那么人类就会注目你,并且在他们的愚蠢中授予你能力去为他们带来一点喜悦;尽管喜悦不可能出自某种没有灵魂的东西而只能来自你,你,生命和所有享受的渊源。如果你只是一个粗糙类型的存在物,衰败、毫无生机,一堆没有自身能力的物质,只是一种存在物的影子;那么你的空虚本质就会令我们的空虚去花工夫;那么你就会是我们的各种低级的兽性的想法的一种合适对象。但是你在过

高的程度上在他们内心之中,那里是他们靠自己永远都无法到达的;所以你对于他们是一个隐身的上帝。因为他们自身的这一内在早已被从他们困惑的目光中去除掉了。那照耀在你的受造物的脸上的秩序和美就像一道纱幕,把你从他们有病的眼目前隐去。" Friedrich Heinrich Jacobi's Werke bd. 1—6, Leipzig 1812—25, ktl. 1722—1728; bd. 1, s. 173f.)

54　无法被人看见……他无法看得见你]参看《巴勒的教学书》第一章《论上帝及其性质》第三段,§1:"上帝是灵(或译作'精神'),或者一种看不见的存在物,他有理智力和自由意志,但没有躯体,不是由各个部分构成。因此他无法被肉眼看见,也不能以任何图像来描绘。"

55　智慧……全在……善……全能]参看《巴勒的教学书》第一章《论上帝及其性质》第三段,§5,关于上帝的智慧,§6,关于上帝的全在,§7,关于上帝的善,和§3,关于上帝的全能。

56　他看见你,他自己就成为了乌有]在1844年8月底,差不多是在《四个陶冶性的讲演》即将出版的时候,克尔凯郭尔在一些订在一起的纸张上写了:"注意,只有在奇迹之中,上帝才向展现自己,亦即,一旦他看见上帝,他就看见奇迹。但是,亲自看见奇迹,这对他来说是不可能的,因为奇迹就是他自己的毁灭。犹太人们通过'看见上帝就是死亡'这句话来比喻地表达这意思。确实,我们可以说,看见上帝或者看见奇迹是依据于那荒谬的,因为理解力必须让路。"(Pap. V A 78[JJ:270])

57　上帝能够做一切,而人则彻底一无所能]参看《马太福音》(19:26),之中耶稣说:"在人这是不能的。在神凡事都能。"

58　这个"不幸"是名词,在这里被拟人化地使用。

59　摩西不就是……从它在一个暴君统治之下的奴隶状态之中解放出来的吗]指逃往米甸的摩西受上帝召唤去埃及把以色列人从法老的奴役之下解放出来的故事,参看《出埃及记》第三章和第五章。

60　推倒群山填平江河]也许是指向《以赛亚书》(40:4):"一切山洼都要填满,大小山冈都要削平,高高低低的要改为平坦,崎崎岖岖的必成为平原。"

61　让黑暗笼罩全埃及]《出埃及记》(10:21—22):"摩西向天伸杖,埃及遍地就乌黑了三天。三天之久,人不能相见,谁也不敢起来离开本处,惟有以色列人家中都有亮光。"

62　你的雄辩]对照《出埃及记》(4:10):"摩西对耶和华说,主阿,我素日不是能言的人,就是从你对仆人说话以后,也是这样。我本是拙口笨舌的。"

63　这杖在你手中是强有力的]参看《出埃及记》(7:14—25)。摩西杖击尼罗河,第一场瘟疫覆盖埃及。

64　他仍然只得见主的背]指向《出埃及记》(33:17—23):"耶和华对摩西说,

你这所求的我也要行，因为你在我眼前蒙了恩，并且我按你的名认识你。摩西说，求你显出你的荣耀给我看。耶和华说，我要显我一切的恩慈，在你面前经过，宣告我的名。我要恩待谁就恩待谁，要怜悯谁就怜悯谁，又说，你不能看见我的面，因为人见我的面不能存活。耶和华说，看哪，在我这里有地方，你要站在磐石上。我的荣耀经过的时候，我必将你放在磐石穴中，用我的手遮掩你，等我过去，然后我要将我的手收回，你就得见我的背，却不得见我的面。"

65 那富家少年不知道金子的意味］见前面注脚。参看《马太福音》（19：16—22）。

66 这个"这"是指"要开始这样做的话，人们就不得不从'让自己摆脱每一种这样的考虑'开始"。

67 这个"这"，见前面的注释。

68 这个"这"，见前面的注释。

69 恒定地在那不确定的东西中奔跑］参看《哥林多前书》（9：26）："所以我奔跑，不像无定向的。我斗拳，不像打空气的。"

70 这一病症并非致死，而是致生］耶稣对关于拉撒路得病的消息的反应："这病不至于死，乃是为神的荣耀，叫神的儿子因此得荣耀。"（《约翰福音》11：4）

71 自我拒绝（Selvfornægtelsen）：克己，无私，忘我，自我否定，牺牲自己的欲望或利益。

72 船委会］大海航行中轮船上的领导层，由船上的重要管理人员们构成。

73 通过克服自己的心灵变得比那取城的人更伟大］指向《箴言》（16：32）："不轻易发怒的，胜过勇士。治服己心的，强如取城。"

74 使徒保罗］保罗把自己解读为使徒。参看比如说，《罗马书》（1：1—2），他写道："耶稣基督的仆人保罗，奉召为使徒，特派传神的福音。这福音是神从前藉众先知，在圣经上所应许的。"

75 夸口自己的软弱］参看《哥林多后书》（11：29—30）和（12：5）。

76 如果直译的话是："从整个世界，一个人无法得知自己完全一无所能"。就是说，"那外在的世界无法教一个人去知道自己完全一无所有"。

77 通过魔鬼的帮助……驱除魔鬼］参看《马可福音》（3：22—27）："从耶路撒冷下来的文士说，他是被别西卜附着。又说，他是靠着鬼王赶鬼。耶稣叫他们来，用比喻对他们说，撒旦怎能赶出撒旦呢。若一国自相纷争，那国就站立不住。若一家自相纷争，那家就站立不住。若撒旦自相攻打纷争，他就站立不住，必要灭亡。没有人能进壮士家里抢夺他的家具。必先捆住那壮士，才可以抢夺他的家。"

78 你们要喜乐，我再说，你们要喜乐］参看《腓利比书》（4：4）："你们要靠主常常喜乐。我再说，你们要喜乐"。

79 通过逐步的经历……认识上帝］《哥林多前书》（13：12）中，保罗写道：

"我们如今仿佛对着镜子观看,如同谜。到那时,到那时,就要面对面了。我如今所知道的有限。到那时就全知道,如同主知道我一样。如今常存的有信,有望,有爱,这三样,其中最大的是爱。"

80　被自己的虔信欺骗〕就是说,这个人认为自己是虔诚的,但这却是一种肤浅的虔信。

81　虔信的欺骗〕见前面的注脚。也许是指向那古老的拉丁语表达 "pia fraus（虔信的欺骗）",第一次出现是在奥维德的《变形记》第九歌第 711 句之中,它有着"一种善意而无辜的欺骗,可能会对欺骗者有好处的欺骗"的意思。

82　谈 论 说 …… 认 识 上 帝 …… 拿 出 各 种 编 年 史〕也许是指格隆德维（N. F. S. Grundtvig）所写的世界编年史《世界编年史在总体关联上的简编》（Kort Begreb af Verdens Krønike i Sammenhæng, Kbh. 1812）和《世界编年史概观,特别是路德时期》（Udsigt over Verdens - Krøniken fornemmelig i det Lutherske Tidsrum, Kbh. 1817, ktl. 1970）。在《世界编年史在总体关联上的简编》的前言之中,格隆德维在终结处引用了 Tyge Rothe 为他的历史哲学著作《基督教在欧洲对各民族状态的影响》（Christendommens Virkning paa Folkenes Tilstand i Europa /bd. 1—5，1774—83）第二部分所写前言中的说法:"但对此的了解是与读者有关的:我（……）将我置于各种现实与历史表演之中,我洞察我周围并且看见我意识到我自己在更清晰地看见的东西:一条线,一连串的伟大事件（……）全都为实现一件事而跑到一起;我看见人们通过自己的自由行动来打破这条线串,想要把它的各个环节拆开,但是它持续着,我仍看见这些自由的行动,就是这样,正如它们常常所是的:痴愚、邪恶,很舒适于招致有害的效果,然而,它们仍然这样持续,从某个方面与我所认识到的计划相和谐,它们帮助这计划的发展。（……）我对我自己说:在这里人是自由行动的,但是在这里也有着出现在中间的上帝。这想法将会是我在历史学中的哲学。"关于上帝,他又写道:"他想要被认识,他的足迹是可见的,我们感受到他的手臂高高在上的力量。我不会有能力知道,无法解释,他怎样地想要,怎样地能够,但是,不管他将在哪里显现,我都会在那里（……）观视这荣耀,只要我能够做到"。带着与 Rothe 的看法,格隆德维后来在前言中写道:"我们被同样的灵驱动,所以我们相遇,所以我们到处都看见上帝,而不是像那些与我们活在同一个时代里的自以为聪明的人们那样在任何地方都找不到他"。

83　主的家里〕教会的固定说法,参看《提摩太前书》（3∶15）:"倘若我耽延日久,你也可以知道在神的家中当怎样行。这家就是永生神的教会,真理的柱石和根基。"

84　不住在一幢人类之手所造的房子里〕《使徒行传》（7∶48）:"其实至高者并不住人手所造的。"

85　上帝没有住在殿堂里〕《使徒行传》（17∶24）:"创造宇宙和其中万物的神,

既是天地的主，就不住人手所造的殿。"

86 信心犹疑（anfægtelse）。

Anfægtelse：Anfægtelse是一种内心剧烈冲突的感情。在此我译作"信心犹疑"，有时我译作"在宗教意义上的内心冲突"或者"内心冲突"，有时候我译作"对信心的冲击"，也有时候译作"试探"。

按照丹麦大百科全书的解释：

Anfægtelse是在一个人获得一种颠覆其人生观或者其对信仰的确定感的经验时袭向他的深刻的怀疑的感情；因此anfægtelse常常是属于宗教性的类型。这个概念也被用于个人情感，如果一个人对自己的生命意义或者说生活意义会感到有怀疑。在基督教的意义上，anfægtelse的出现是随着一个来自上帝的令人无法理解的行为而出现的后果，人因此认为"上帝离弃了自己"或者上帝不见了、发怒了或死了。诱惑/试探是anfægtelse又一个表述，比如说在，在"在天之父"的第六祈祷词中"不叫我们遇见试探"（马太福音6：13）。圣经中的关于"anfægtelse只能够借助于信仰来克服"的例子是《创世记》（22：1—19）中的亚伯拉罕和《马太福音》（26：36—46；27：46）中的耶稣。对于比如说路德和克尔凯郭尔，anfægtelse是中心的神学概念之一。

87 死灭出（afdøe）这世界］"死灭出（afdøe）"——"弃世而死"，是在虔信派神学和默祷文学中常用的表述，参看约翰·阿尔恩特（Johann Arndt）的《四书论真实基督教》（*Fire Bøger om den sande Christendom. Paa ny oversatte efter den ved Sintenis foranstaltede tydske Udgave*, Kristiania 1829［ty. 1610］, ktl. 277）第一卷，第十二观："一个基督徒必须死灭出自己心中的欲乐和世界，并且活在基督之中"，以及第十三观："出自对基督的爱，为了永恒荣耀的缘故（我们就是为这永恒荣耀而被创造和拯救的），我们必须死灭出我们自己和世界。"

在《致死的疾病》之中有注释："弃世而死"，是保罗那里的一个中心想法，人类通过基督而从"罪"中死脱出来。参看《罗马书》（6：2—3）："我们在罪上死了的人，岂可仍在罪中活着呢。岂不知我们这受洗归入基督耶稣的人，是受洗归入他的死麽。"也参看《彼得前书》（2：24）："他被挂在木头上亲身担当了我们的罪，使我们既然在罪上死，就得以在义上活。"这一想法以这样一种方式在虔诚教派那里得到强化：人的生命是每天从"罪"、从现世性、从有限性以及从自我否定的世界中的死亡出离，这样着重点就从"人类通过基督而从'罪'中死脱出来"转移到了"人也应当通过信仰而从'罪'中死脱出来"。（社科版《畏惧与颤栗恐惧的概念致死的疾病》第414页注释13）

88 上帝令万事效力使一个人得益处——如果这人爱上帝］在《罗马书》（8：28）中，保罗写道："我们晓得万事都互相效力，叫爱神的人得益处，就是按他旨意被召的人。"

89 上帝是爱］参看《约翰一书》（4：8）："没有爱心的，就不认识神。因为神就是爱。"

90　他人的见证或一种世界秩序和历史进程的观察〕关于"世界的秩序"：参看《巴勒的教学书》第二章"论上帝的作为"第二段，§ 1："上帝以自己全能的力量维持着所有被创造出的东西，保持着他曾定出的自然中的秩序，因为否则它就会被打扰。"

91　一个人通过他的帮助根据自己的定性而得以神圣化〕参看比如说《帖撒罗尼迦前书》（4：3）："神的旨意就是要你们成为圣洁，远避淫行。"

肉中刺

《哥林多后书》（12：7）[1]

既然圣经的意义是为人类替那神圣的东西做翻译，既然它的要求是重新从头开始教会那信者一切，那么，它的语言构建出敬神者们关于那神圣的东西的讲演，它的说词和表达一再反复地在这些神圣之地[2]、在每一场关于那神圣的东西的更庄严的讲演之中回响（不管这讲演者是试图通过"让言辞的东西归给言辞[3]"来解读圣经的言辞，还是他试图去达到圣经的言辞——极其简洁地将这圣经的言辞作为对他所说的许多东西的明晰而完全的解说），——这[4]就是自然而然的事情了。然而，在日常和世俗的言谈之中，我们也时常听到某一圣经的言辞从神圣的关联之中游离出来而迷失在尘世之中，——之所以说"迷失"，因为人们使用这言辞的方式[5]足以展示出，这言辞并非是自愿地离家出走而现在游荡在人类的追求和欲望之间以求去赢得什么人，不，它是被拐出来的。运用这言辞的人，他并不被它打动，不让自己的思想与它同行归返以便去寻找到它在那神圣关联之中严肃的位置，不因为这一想象而心生恐怖："以这样的方式来使用这言辞，是一种渎圣之罪"，尽管这种使用绝非是无耻的做法，并且，只是一种在人们眼里尚能得到原谅的轻率。

这种圣经式的表达，在我们觉得它最不该出现的地方，我们常常会碰上它们，我们时常觉得对这一表达的使用是非常不得体的；有一个这样的圣经式表达就是我们在上面刚刚读到的"肉中刺"。但是，正如这种误用就其自身并且对其自身是一种缺憾（因为我们并不考虑一种无礼讥嘲的放肆，而只考虑那种对这言辞的飘忽的运用，作为一种思维游戏，被轻率性拿来调侃生活中的琐碎小事的那种戏谑性的关联[6]），以一种完全特别的方式，它也会招致可悲的后果，如果有人突然开始考虑至高生命的危险性，——对此，这言辞是这样说的：于是他就被恐惧压倒，就像一个人手里拿着致命的武器并且耍弄着它，但却不知道这武器是致命的。这是可怕的，是的，这言辞确实是同样地致命的，因为它见证着深深的痛楚，这痛楚是那"比任何尘世幸福、比任何'仅仅由人的思维想象出来的最美好观念'都更美好的东西"的对立面，并且取代着这美好的东西，这痛楚是至高福乐（这福乐就是如此：不可言传却能够被人感受）的对立面。在使徒保罗说出这言辞的时候，它有着全部严肃性的重音强调；一个人把自己的生命作为激情的猎物交付了出去，那么他会经历这样的一些沧桑变迁，而保罗不是一个这样的人，因为，反过来，那至深的经验和丰足的悟性[7]给予了保罗一种坚定的灵[8]。这岂不可怕！这人寻找安宁，但是看吧，世事流转：白昼与黑夜，夏季与冬季，生命与死亡；这人寻找安宁，但是看吧，世事流转：幸福与不幸，喜悦与悲哀；这人寻找安宁与持存，但是看吧，世事流转：意念之炽热与无奈之可鄙，期待之绿色森林与愿望实现时凋谢的美好；这人寻找安宁，又有什么地方他不曾找过，甚至在散心消遣之不安中，又在什么地方他的寻找不是徒劳，甚至在坟墓之中！但是，一个使徒，他在最强劲的表达之中谈论一枚肉中刺，谈论一个撒旦的差役，这撒旦的差役打他的嘴巴，并且因此而阻止他说出那种不可说的至福[9]。难道这就是说，一个人越是急切地想要向前挤，一切就变得越危险？难道这就是说，每一种焦急都销蚀着焦急者，而最可怕的是，如果这焦急是在对主的礼拜之中那"想要追随上帝"的焦急[10]？不，使徒说话的方式并非像是一个激动的人，后者只是一个对"自己如何动荡不定"的见证者，并且至多只知道怎样描述各种变迁。使徒知道自己没有获得许可留在第三层天上[11]，是的，他知道，是撒旦的差役重新把他带下去并且打他的嘴巴；他知道，在某种意义上尘俗生活与至福的关系总是一场不幸的婚姻，并且，那真正的福乐关系要到天上才能够缔结[12]，正如它在初始时就是在那里缔结的；而且他还知道，这对他是有益的，这根刺被给予他，在他的肉中，这样他就不会自以为是。人们就是通过这一点来认出使徒的：他不会变得犹疑；甚至一个正直的人也会犹疑，——也许他感受到天上的至福，但在棘刺开始引起疼痛和溃烂[13]时，他除了呻吟之外什么都不知道。使徒的情形则不同。在那撒旦的差役从其黑暗之中冲出来的时候，在他以闪电之迅速到那里去恐吓使徒的时候，那当然是撒旦的差役，如使徒所说；但是，在使徒仍知道"这对他是有益的"的时候，那么，那恐怖就不再是一个撒旦的差役了；因为无疑，人们从来就没有听到过"一个撒旦之天使来助益于人"的说法。事情并非如同人的软弱面所能够期望那样,"至高的生活是没有充满危险的困难的",恰恰相反:一个使徒绝不会没有明晰性,绝不会没有权威上的依据。

于是,我们还是跟着这言辞回溯到圣经的段落之中,跟着这圣经的表述回溯到其渊源,使徒保罗,停留在我们目前所读的文本段落上。这个段落常常被人阅读,反反复复地阅读。博学的牧师对这个段落做过解读;又有谁能够完成这工作呢,如果他要提及那曾被用来或者曾想要被用来解释这个段落的牵强而糟糕的说法[14]的话,——因为这个段落在从前曾得到过"是一个谜"的名声[15],因而看来它就为每一个人开放出了一个"去成为圣经解译者"的非同寻常的有利机会。——一个虚妄地担忧的痛苦者曾读过这一段,直到他找到安慰,不是在使徒的陶冶教导之中找到安慰,而是在这样一种偶然的关联上:他恰恰有着这样一种肉体上的病症[16],他认为使徒通过圣经中的说辞暗示了这同样的病症。——一个沉郁的少年曾读过这一段,但他不是为自己从圣经之中读出安慰,而是把恐惧读进灵魂,因而他就根本没有勇气去向什么人询问对之的解释。唉,他也许就得不到任何解释,但这一对"一种未得解释的恐怖"的恐惧成为了他的肉中刺。——一个自命的使徒在这一段之中找到了"他是上帝所拣选出的器具"[17]的证明段落,因为他确实有着一枚肉中刺。——一个怯懦的信仰者曾读过这一段,并且认为,这样的事情会发生在一个使徒身上,但不会发生在他身上,因为在他自己看来,他无疑是谦卑得足以令自己不去欲求那伟大的东西,甚至关于"那与之关联的痛苦"[18]的想法对他的怯懦来说就已经是相当过分了。——一个单纯的虔诚者曾读过这一段,并且读了很多遍,但却从不曾认为自己是真正领会了它,因为,与一个使徒的苦难相比[19],他把自己和自己的苦难想得很微不足道。

现在,我们说了这些;但是,在一个人要去使徒那里为自己在痛苦中找到安慰并在其斗争之中找到指导之前,他首先应当审视自己:他的痛苦是不是可以用微笑来论断;生活对他的考验是不是如此严峻,因而他想要得到一个使徒的帮助,这并非是一个玩笑;他是不是严肃地做好了准备,因为使徒并没有很多瞬间可浪费在世俗的悲哀之中,他会很快地让痛苦者从那对之也许已经是足够沉重的斗争中走出来并将之引进那决定性的斗争之中,那里是使徒所谈论的那种痛苦的归属。哦,让我们不要虚妄地看待那神圣的东西吧;人们那么频繁地通过"用至高至烈的安慰来平息世俗的悲哀"来护理肉体但却不愿明白:在安慰的言辞能够疗伤之前,它们首先伤及更深处。上帝可曾就那外在的东西而与一个人立下过契约？一个人要为"自己没有在痛苦之中受到试探"而感谢上帝，难道这句话也许并不是适用于每一种痛苦的？如果灵魂在一种苦难之中挣扎向信仰，或者，如果信仰在一种苦难之中战胜世界[20]，那么，上面所说的这句话是不是也适合于这一类苦难？如果希望在一种痛楚之中出生，或者，希望在这痛楚之中变得坚定不移，那么，上面所说的这句话是不是也适合于这种痛楚？如果自爱在一种销蚀之中呼出最后一口气，直到爱认识上帝，那么，上面所说的这句话是不是也适合于这种销蚀；如果外在的人在一种悲惨之中凋谢，直到内在的人得到发展而出离腐败[21]，那么，上面所说的这句话是不是也适合于这种悲惨？但是，如果说，"以这样的方式祈祷"不应当被称作是智慧，如果说，一种这样的智慧相反应当被以其正确的名字来被提及，如果说，它应当被称作是痴愚，说它失去了灵的感觉并且无法在灵的意义上领会任何东西[22]；如果说，它应当被称作是怯懦[23]，说它是想要在出色的误解之中获得至福并且想要继续保持对"这是一个误解"的一无所知；如果说，它应当被称作是对上帝的放肆，因为它在人类可怜相的诱惑之下想要重造出他；如果说，它应当被称作是对人类的背叛，因为它欺骗那神圣的东西以盗取其意义、欺骗斗争者以盗取他人的感恩之心、欺骗胜利者以盗取其酬报；——如果是那样的话，那么，人们最好还是以另一种方式来谈论这样的苦难。人们给出警告，让我们在这里不要想去扮英雄，让我们在这里不要想去自备粮饷地当兵[24]，让我们在这里不要想去作自己的老师、去定出苦难的程度并算计出好处，人们给出警告说，没有什么人在一种自己造成的冲突之中经受考验，在这样的情况下，他只会被培育到一种新的虚妄之中，这样，那末后的景况反而比先前的更糟[25]；然而，人们也提醒说，苦难也是不可分的一部分，没有人不经历苦难就进入天国[26]。单是"在这方面得到提醒"就是一种指导，精神磨难（Anfægtelse）[27]之灾突然地降临在一个人身上，就像一个在夜间的窃贼[28]，就像发生在一个根本就想不到自己会是产妇的男人身上的分娩之阵痛[29]。看，这是使徒所做的。他自己受到了最沉重的考验，因为他经受了迄今不曾有任何人经受过的各种苦难[30]，如果说在一个使徒身上本来就有着一个比任何先前的人身上所具生命更高的生命，而这则意味了，他所经受的各种苦难构成更大程度的折磨；他以这样的方式经历这些苦难：他不能够寻求任何人的指导，也不能借助于别人的经验来强化自己的力量[31]。然而，这时他也为自己留下了一个见证[32]，"肉中刺"就成了一种警示、一种提醒：不管一个人走在哪里，他都总是行走在危险之中[33]，甚至那把握了至高的东西的人，他也只是在追踪着它，那个撒旦的差役在他身后尾随着，其攻击则如同一切那样必定是叫那信者得益处的[34]。

然而，这次，这讲演想要达到的目标不是使徒的安慰，这讲演也不会试图去令什么人安心，相反，它要尽可能地说得令人感受到恐怖。因为在生活之中有着一种深刻而无法探测的意义，一种来自永恒的、为"那尘俗的"和"那天上的"瞬间而达成的协议、一种介于那相互归属于对方的东西——悲伤与安慰之间的奇妙关联。因此，如果一个人抱怨说，在他的苦难超过一切限度的时候，他看不见任何安慰为他而存在，那么这之中的原因就是：他对恐怖和灾难没有足够深刻的理解，他其实是更愿意让一切被混淆并且在"不存在安慰"这贴虚妄的止痛剂中寻找排遣痛苦的可能性[35]，而不是在"不存在任何超越人所能受的试探[36]"这一保证之下论断自己并令自己谦卑。

然后我们就要谈论关于肉中刺

使徒保罗，众所周知，是一个在各种苦难之中备受考验的人。因此，尽管这承受苦难的人（这样的事情发生得太频繁了）不是在那被提供的安慰之中寻求指导，而是变得狡猾诡诈，而是拿这样的一种思忖来作为消遣：现在，这讲演者是不是真正地得到了考验、是不是恰恰像他自己受过考验那样地得到了考验，因为否则的话，他就是缺乏经验；尽管这承受苦难的人，作为这种"隐藏的虚妄"的各种狡猾的诡计的猎物，会拒绝掉许多见证者原本可靠的证据；——尽管如此，无疑他也仍不会拒绝使徒保罗。那么，就列举出你的各种苦难吧，或者，如果你的悲伤有着这样一种吹毛求疵的能力，甚至使得你对使徒和他的无畏感到妒忌，那么，就凭你的想象来设计各种痛苦吧；你无疑会发现，使徒已在之中受过考验，尽管你无法成功地根据你的意念来构建出他的形象、在赛跑之中让他停下[37]，这样，他就会在各种苦难的喋喋不休之中喋喋不休地停留在你里。眼睛无法真正看清楚奔跑的人，因为他在奔跑，同样，各种苦难的情形也是如此；将来的那些苦难得不到时间去吓住使徒，过去的那些则得不到时间来羁绊住他，因为他在奔跑[38]。但他确实尝试了那苦难。人们当然不应当去教导使徒说：如果一个人坐着不动，因过去的东西而疲惫无力，只是满心焦虑地为将来的东西忙碌，那么这苦难就会变得更可怕。相反，人们倒是应当向使徒学习，去奔跑并且完成奔跑[39]。那么，就列举出各种逆境吧，那些通过在瞬间的短暂之中倾注所有痛苦来毁灭一个人的、那些缓慢地折磨着他而把灵魂从身体中逼迫出来的，列举吧，"被当成一个精神病而受讥嘲"[40]、"被作为一种冒犯而人皆避之[41]"，列举生命危险、裸裎、囚禁、锁链，列举所有误解的深度侮辱，列举"发现除了那误解之外就全是睡着的"[42]，列举"在一个人是使徒的时候，被当成偶像来致敬"[43]，列举"人走之后马上被遗忘、看见善的事业被一些变得怯懦的朋友们放弃却被旨在制造混乱的敌人们支持"[44]，列举"被自己所信赖的人离弃"[45]、"被想要自助的弱者离弃"[46]、"在作为真相的见证时被当成诱惑者"[47]、"在作为真理之教师的时候[48]为罪给出进入新的罪的藉口"[49]、"在温和的时候被看成是虚弱、在严格的时候被看成是傲慢"[50]、"在心怀父亲所具的忧虑时被看成是自爱"[51]；继续列举吧，如果你想这样，觉得你要让使徒受到考验。但是，所有这些苦难，却都没有被他称为是肉中刺。

这差异无疑就是：所有那些苦难都是外部世界里的苦难，甚至那对教众的担忧，甚至那误解之刻骨蚀心的悲伤[52]，不管它在他内心之中压迫得多么沉重，他也仍没有什么可自责的[53]；在所有这苦难之中，这样一种信心一直是在战胜着的：他与上帝有着理解[54]。即使生活的进程作见证反对着他，即使上帝就好像是要逃出这个世界并且不为自己留下任何见证；因为这无疑就是每一个人，甚至一个使徒，所能够明白的最好的证据：他为之而工作的"那善的"有着进展，他所宣示的真理取得胜利，他为之而斗争的神圣事业有着至福、工作有着酬报、苦劳有着果实、努力有着意义、斗争有着决定性结果、日日夜夜的失眠有着一种美好的用处——尽管这样一来，世界和有形之物被上帝离弃，他却有灵[55]作证[56]：他是上帝的员工[57]。那么，在那里有着什么样的困境呢！在下一个瞬间，一切就已经可能是被改变了的；即使说上帝已经逃走，他仍还是在诸天之上，使徒在那里看见他与人子就在权能者之右[58]，——不是坐着，唉，在使徒被这样地离弃了的时候，他怎么会坐着呢，不，他站起来，使徒看见他，就像司提反，站在权能者之右，迅速去帮忙。是的，哪怕是一切都要被弄成虚妄，如幻觉般被风吹走，哪怕是不会有任何事情，完全没有任何事情被达成，而苦难是唯一现实的东西，哪怕漫长一生的不懈牺牲变得毫无意义如同斗拳打空气[59]，使徒仍确信，不管是天使还是魔鬼，不管是现在的还是将来的，都不能把他从这样一种爱中拉扯出来，在这爱中，上帝之证在他心中作着见证[60]。于是，与这一至福相比，所有尘俗的苦难又算什么呢！尽管他是在场于肉身之中，他却并不在这爱中缺席，绝不，只有那些被欺骗的人们才会想要伤害他！如果一座监狱所关的被囚人被提到第三重天上[61]，那么，这监狱又是怎样空虚的幻觉啊！去讥嘲那除了各种"人不可说的言辞"[62]之外什么都听不见的人，去处决那不在场的人，——这又意味了什么！

被提到第三重天上！本来，保罗并不是不认识生活之中令人喜悦的东西：他能让自己希望，希望自己借助于言辞的宣示甚至能够到达西班牙[63]，他因为自己远离这一会区而在当地留下一些他所赢得的、一些强化了信仰的和一些他重新赢得的教众[64]；他离开这一会区，旅行到另一个会区；有的人仍然保持对他忠诚，他的父亲般的忧虑有时候也会为他赢得一个儿子的奉献之心[65]。保罗对此的谈论是多么感动[66]；他是多么感恩；在愿望得以实现的时候，在他不再渴念着要见到他所爱的人们的时候，在他与他们共享着圣灵的恩赐并且通过去使得别人坚强并且富足而强化自己的时候[67]，这喜悦，恰似描述这喜悦的言辞，会是多么美好啊！但是这一表述，"被提到第三重天上"，在各种高度的启示之中作为参与者[68]，感受一种不可言说的至福，——这一表述是他所无法使用的，他没有将之用于描述那美丽的喜悦，他是与别人共享了这喜悦。但是，那种不可言说的至福是他不能言说出来的[69]，——唉，为了阻止他言说，他获赐一枚肉中刺。

因而，前面所说的那苦难与这至福相互对应。如果事情是这样，前面所说的那至福只是为使徒保留的，那么，任何人就都无需畏惧苦难了。但是，如果事情是这样的话，那么我们就无法谈论这事情了，并且在这方面也没有什么是值得谈论的了，而使徒居然写下了关于这方面东西的文字，这就已经令人觉得无法解释了。确实，他表述得很简短，并且他的描绘看来也因此而与那以神圣的名来得以装饰的虚构和胡言[70]有着天地之隔的差异；但是一个使徒无疑也是那在所有人中最后写出谜语的人，——这些谜语无人能猜出，至多只能让一些人因为想要猜谜而耽搁时间；一个试图为所有人而作为一切[71]的使徒，无疑就是最后一个"想要作为某种如此特别的人以至于让自己对此而言变得对于任何人都'完全什么都不是'"的人。所以说，让我们摒弃全部的好奇心吧，它遭到了判决却并不自知；因为它得到的判决是：要么它无法明白这个，要么它是应当能够明白这个；而它的罪是：要么它为了沉浸在各种关于"那谜一样的东西"的想法而忽略了比较微渺的事情，要么它狡猾地使用其能力去使之变得不可理解，并且虚伪地使这种做法看上去仿佛就是"想要理解"。每个人都应自己省察[72]，相对于自己所经历的东西忠实于自己；但任何人都不应当忘记，灵的至福和灵的苦难不是什么外在的东西；对此，一个人真诚而确实地说：我的生活境况没有为我提供机会去体验这个。在灵的世界里没有玩笑也没有鬼魂，在那里，幸运和偶然并不把一个人弄成国王而把另一个人弄成乞丐，也不会令一个人美丽得如同东方的女王[73]而令另一个人比拉撒路更悲惨[74]；在灵的世界里只有那排斥自己的人是被排斥的；在灵的世界里所有人都得到邀请，因此关于它的谈论是安全而不会令人害怕的；因为，如果它牵涉到哪怕只是一个人，它就与所有人有关。那么，好奇心又为什么会去猜测那通过上帝而给予每个人机会去体验的东西，是的，那被安置得与他如此近的东西，如此之近，以至于我们甚至可以说：他应当是已经明白它的。因为，如果一个人到死都没有明白，"是富有的"或者"是美丽的"或者"是国王"到底会是怎样的，或者，"不被接受"、"被鄙视"、"贫困"、"天生目盲"、"被族类拒绝"到底会是怎样的，如果一个人到死都没有明白，那个年长的智慧者关于那作为"尘世生活的最美丽的意味"的东西的神秘言谈，"不管你结婚还是你不结婚，两者你都会后悔"[75]；那么，我们是不是因此就能够有权论断他说，他没有用上这一生？但是，如果一个人死了，并且从来就没有了解到过，什么是"与上帝争斗"[76]，那么，这是否就是一个标志说：人们所埋葬的这个人曾有过罕见的高度敬神之心？或者，如果他从来就没有了解到过，什么是"被上帝离弃"[77]，那么，这是否就是一个标志说：人们所埋葬的这个人在一种罕见的意义上曾是一个主所喜爱的人？或者，如果他从来就没有经历过主的愤怒及其蚀人的火焰[78]，甚至从不曾梦想到过有这样的东西存在，那么，我们是不是可以说，这是他在死亡中的安慰、他在审判中的公正，这对于他而言是一个标志，意味了：他曾是神的朋友[79]，任何别人都不能与他相比；或者，我们是不是可以说，如果他这样回答就可以了：我从不曾有机会去经历任何这样的事情？唉，设想一个这样的人在这样的情况下仍然想要解释那个表达词，设想我们结果发现他也明白"肉中刺"会意味了什么，就是说，那对他而言成了肉中刺的东西是灵，并且，只要它出离了

115

他，那么他的痛苦就消失了，那么他的恐惧就被驱散了，——这恐惧爱不会将之完全驱散[80]，信仰无法完全将之驱散，哪怕这是发生在一个使徒身上，也是如此。

肉中刺是"灵的不可言说的至福"的对立面，这对立面无法在"那外在的"之中，就仿佛各种苦难、各种枷锁、误解的诸多鞭挞、死亡的多种恐怖会将它从他这里夺走，或者说，就仿佛在广阔的世界里，学习的进展和信仰的胜利能够完全地填补他的匮乏。一旦苦难被感受到，一旦这肉中刺开始折磨他，使徒就唯独只与自己有关了。至福消失了，它在越来越大的程度上消失，唉，"拥有它"是不可言说的，而因为它甚至无法说出自己的丧失，这痛苦也是不可言说的，而回忆除了在无奈之中憔悴之外什么都做不了！曾被提到了第三重天上，曾被藏在至福的怀抱之中、在上帝之中[81]得到了扩展，而现在则是被肉中刺栓钉在现世之奴役之中！曾在上帝之中变得富足[82]，这是不可言说的，而现在，被毁灭，成为血肉之体、尘土和朽物[83]！曾在上帝面前对自己在场[84]，而现在被上帝离弃，被自己离弃，只从一种可怜的无法令心灵坚强的回忆中获得安慰！对一个人来说，"经受人类的无告无慰"是一件相当沉重的事情；但是，要经受"在上帝那里也还是有着变化、有着流转的影子"[85]，经受"有一个撒旦的差役有着权柄去把一个人逐出这一至福"！一个人的确定安全在哪里呢，它甚至不在那第三重天上！然而，让我们不要迷失方向；因为，就像我们现在这样谈论着，如果有一个人，他固然知道自己谈论什么并且只见证自己所经历了的东西，却不知道自己应当像一个使徒那样谦卑地说话、无论发生了什么事情都听任上帝作决定，那么，在他的世界里，人们也是这样地谈论着的。使徒说，他知道这一变化对他是有益的[86]。多么简单、朴素，这说词，多么平静！在以语气最强烈的表述提及了最福乐和最沉重的东西之后、在赢得和丧失了之后，在这样的情况下，如此镇静！我的听者，如果你对别人的"感觉到了类似的东西"的说法有所知的话，那么，你所听见的也许就不是这个，相反你也许会听见一声恐惧之尖叫，"一切都永远失去了"，一声绝望之高喊，"他们永远都不再会品尝这一至福"。——然而，倒霉啊，那想要得免于苦难的人！

然而，那个使徒的表述词无疑不仅仅是标识那种离弃，那种分离之痛苦（它甚至比死亡之痛苦更可怕，因为死亡只是把一个人与现世的一切分隔开，并且因此而是一种解放，而这种分离则把他关在"那永恒的"

之外,并且就是这样一种囚禁,而这囚禁则又再次让灵在易碎的瓦罐里[87]、在狭窄的空间里[88]、在客旅寄居状态里[89]叹息,因为灵的家园是在"那永恒的"和"那无限的"之中)。在同一瞬间,一切就仿佛是从头开始。那曾在自身之外的人,回返到自身之中;但这一状态,"以这样的方式处于自身之中",却不是"自由"的状态和"得到解放的人"的状态。然后,这不可言说的至福就消失了,丰收的欢悦之歌黯哑下来,人们又要去流泪撒种了[90],灵又要被卡在麻烦之中,又要叹息,只有上帝知道那叹息所不明白的东西[91],在怎样的情况下,欢悦的竖琴重新会在灵魂的隐蔽之中响起[92]。这人重新回到其自身之中,他不再因为"被从自己那里拯救出来被拯救进自己并且被拯救进'在上帝之中得以变形'之中"而感到至福[93],这样,那过去的一切不得不放开他,不再有审判的权力,因为自我指控得以减轻,被遗忘在"与治理[94]之深奥莫测的智慧所达成的理解"之中、被遗忘在"赎救和解的至福的教导"之中;于是,"那永恒的"不畏惧任何将来,甚至不希望任何将来,但是爱拥有一切而不止息[95],没有变化的阴影。一旦这个人回到其自身,他就不再明白这一点;相反,他会明白各种痛苦的经验所强调的东西,这东西被强调得只会令他过于难忘,这自我指控(Selvanklag),如果过去的事情在他的灵魂里拥有着一种这样的要求的话,——这要求是任何悔都无法完全地满足的,也是任何对上帝的信赖都无法完全抹除的,并且唯有身处至福之不可言说的沉默之中的上帝自身才能够满足和抹除这要求。

在一个人处于自身之中的时候,他的灵魂能够藏下多少过去的东西啊?他越是深刻,他的灵魂所藏就恰恰越多!因为,一种动物性的安慰,"时间抹除一切"[96],甚至比最可怕的回忆更可怕;有一种虚妄叫思想匮乏[97],它[98]与时间开着玩笑并且带着轻浮的态度与永恒交往,自然而然,它只能够帮助那种"一路浑浑噩噩地晕眩着"[99]的人;傲慢的贫困,迷失之灿烂的悲惨[100]听任时间流逝,甚至根本就不想要永恒之"无聊乏味",——事情也许应当是如此:天堂想出了各种新的消遣[101],那些优越的要求可以因这些消遣而感到心满意足;不管世界怎样命名这一切,这一切也只是应被鄙弃的东西而已。不,时间本身无法帮助一个人去忘记过去的事情,尽管它会淡化对过去的印象;但是,即使一个人(他绝非是自扰地诅咒自己去一再而再三地嚼食往事之苦涩)听任时间——这有经验者——来决定,过去的事情也并不因此被完全忘却,更不用说是完全被消灭。只有永恒之至福能够完全消灭掉过去，因为灵魂完完全全地被这种至福充满。因此说，消遣能够帮助轻率者去遗忘，某种忙碌的劳作能够帮助思想更为匮乏的人去抹除过去的事情，是因为消遣和尘世的忙碌在填满他们的灵魂。但是一个人越是深刻，这就越无法成功，只有天上的至福能够做到这艰难的事情，而要理解"这艰难的事情"的艰难则就已经需要有"严肃"了。如果人的理解力本来就是醒着的，如果人的思想本来就已经变得清醒，那么，对于这理解力和思想来说，"有什么东西会被忘记"，乃至"上帝会忘记什么东西"这样的事情，岂不就是在几率性[102]的意义上最不可能的事情？就是说，"人的思想匮乏甚至能够忘却最重要的东西"，要理解这一点并不是那么困难。在至福的瞬间，它是被遗忘的，或者说，在至福之中，它是和谐的；但是，在一个人再次归返到他自身之中的时候，在一切事情之中，这就是在几率性的意义上最不可能的事情。然而，这一在几率性的意义上不可能的事情，在总体上作为"在几率性的意义上不可能的事情"而言，它是"至高的生命"的开始和无法探测的秘密[103]。这一至高的生命在时间之中永远都不会赢得完美的形态，而首先是不会以任何毫无意义的方式来赢得，就仿佛这在几率性的意义上不可能的事情是逐渐地，也许是通过习惯和衰减，变成那种在思想匮乏的意义上并且根据无精神性之概念是有着几率可能的东西。几率性与他作对，他必须不断地让自己从这几率性中死灭出去[104]，只有在信仰之中，他才能够寻求"那在几率性的意义上不可能的事情"；如果信仰赢得一种几率性，那么，一切就被毁灭，并且信仰也会陷于困惑，因为这显示出：它没有完成掉那事前的工作，这样，它就允许自己被混淆为最容易发生在动物身上的麻木迟钝。相反，如果一个人在更早的时间里相信过，这是生命的意义：不管你是要为澄清事实的说明而欢呼还是觉得自己无法停留在平常的解释上，在这之前，你首先要理解这困难；在你唱响胜利赞歌之前，你首先要被恐怖攫住。

现在，我们固然并不是很详尽地了解保罗的生活，但我们毕竟知道保罗，这是首要的事情。就是说，正如我们可以以此来认出感性的人：他在自己的兄弟眼中看见刺，但却看不见自己眼中的梁木[105]，同样的错误发生在别人身上，他就严厉论断，而在他自己身上，他就很轻易地原谅自己；同样，这则是那更深刻、更关注自身的人的标志：最严厉地论断自己，竭尽心智去寻找谅解他人的理由，但却无法为自己辩解或原谅自己，甚至确信事情是如此,"别人是更可原谅的,因为,总是会有一种可能性剩下,既然相对于一个人而言,使得一个人被剥夺这可能性的唯一的人就是他自己"。[106]"坦率"的情形是如此麻烦的一件事情;因为它与"心智弱化"并非完全同义,你也完全可以停留在它这里而无需通过"甚至想要去论断上帝"来走更远,如果坦率本来是审判中的坦率[107](当然,这"审判中的坦率"要求"上帝的论断渗透思想和意念"),如果它本来是对上帝之仁慈的坦率,并且这一说法不是一种对自身思想匮乏(这种思想匮乏不去信赖上帝、而是在"早已停止了悲哀"之中找到安慰)的虚假虔诚的表达。即使任何人都无法为自己洗清罪责,一个人仍还能够做一件事:以如此可怕的方式指控自己,以至于他无法为自己洗清罪责,而只能学会"需要仁慈"。在这方面一个人很难理解另一个人;因为严肃的人总是强调自己。

保罗的生活有着极大的动荡,正如使徒动荡的活动为他收获了许许多多欢乐的回忆,同样,他早年的动荡,在他使出全力用脚踢刺[108]的时候,也曾以一个回忆来为他的余生带来创伤,这回忆就像一根刺一样地在肉中噬咬着,就像撒旦的差役一样让他噤声。世俗的景仰认为,保罗一直总是伟大的,甚至在他的谬误之中[109]也有着某种非同寻常的东西;好吧,就让它去这样认为吧!在使徒身上寻找安慰或者指导的人,他马上就会看见:一个使徒并不追求高大的东西和非凡的东西,相反是追求那谦卑的东西。那么,保罗怎么会不曾严肃地领会了过去的事情?固然,他在一种罕有的意义上成为了另一个人,一个新造的人[110],他不仅仅只是改变了名字[111],但是,在另一种意义上,这却仍是同一个人。固然,过去的事情被强行逼退,在他奔向"那完美的"的时候,它无法获得力量以自己的恐怖来抓住他;固然,他并非静坐着被魔咒送进一个由"过去的东西的回忆"构成的圈子之中,因为在他所到之处,他使得一切都变成新的;固然他感受到了天上的至福并且保存下了灵[112]的抵押[113],但仍有着一种记忆在那里。记忆是难以交往的:一忽儿它遥不可及,一忽儿它又如此在手中流动,就仿佛它从不曾被遗忘过。在他布道宣讲基督,尤其是关于被钉上十字架的基督[114]的时候,——被钉上十字架;犹太人们就是这样叫喊的[115]。在这事情发生的时候,保罗在哪里?我们不知道,但是,在司提反被石头打击的时候,他坐在刽子手那里看护着他的衣服[116]。如果他一瞬之间在这赛跑里站定,如果回忆让他记错,因而他听见的不是布道而是尖叫,因而他不是听见自己在布道，而是听见自己在威胁！如果说他把基督当作道、当作他自己曾走过并且指导许多人走的道来宣讲[117]，那么，其实这条路在保罗走上它之前就已经存在；在扫罗从犹太教公会获得许可去囚禁"信奉这道"的人们的时候，这道也是存在着的；因而在他以谋杀和威胁暴怒地对待基督徒的时候，他也是在走上这道[118]。固然，保罗从那时起就抓捕了自由人们，比起他将他们锁拿了带往耶路撒冷[119]的时候，他所抓的人数还要远远更多，他抓他们的方式远远更为牢靠，但是，那些不幸的人们，这时他们在哪里呢？如果他站定，如果回忆与他擦肩而过，那样的话，他就会沉陷进惶恐的忧虑之中，想着他是不是能够重新找到那些不幸的人们；如果这种心灰意懒的疑虑对他变得更强烈的话：他的所有活动，为所有其他人所作的言辞之宣示，到底是不是他该去做的事情？！无疑，扫罗曾认为，他急切的热情是一种让上帝欢愉的热情[120]，哦，但恰恰是这热情，它意味了："不得不把自己抓进或者被抓进一种这样的自我欺骗，并且因此不得不为那被他视作是令上帝欢愉的事情而悔（这在思想和意念中是怎样的一种翻覆啊；怎样的一种恐怖之标志啊，对于'悔'而言，这又是怎样的一种艰难啊，——要去抓住自己的对象并要把守着这对象：不得不为一个人所做的最好的事情而悔，是的，甚至是为那被人视作'是令上帝欢愉的'的事情而悔），并且因此不得不在这时为被迫害者们的尖叫、为被囚禁者们的悲惨而悔（怎样的一种'悔之辛劳'啊；因为'去那么做'并非是扫罗想要的事情，而是急切的热情，他认为这是对美好事业的热情），并且这样一来，作为对自己的急切热情的酬报，不只是'不得不收获人们的忘恩负义'，而且也是'悔之苦涩，因为他曾暴怒过！'"[121]保罗戴着枷锁被带到亚基帕面前，亚基帕王对他说：你在暴怒，保罗[122]。设想一下，如果这句话，"你在暴怒"，使得他停下，如果这句话为回忆之混淆给出了机会，如果那种神圣的暴烈（这神圣的暴烈在他身上焚烧着一个令上帝欢愉的牺牲[123]）又重新变得暴怒，如果他为了赞美上帝而变成了一个自扰者，那样的话，事情又会是怎样？因为那样的情形也要求了一颗伟大的灵魂啊！但是保罗知道，这是一个撒旦的差役，——唉，它并不因此而绕开；但他知道，这事情的发生对他是有好处的，也知道那个撒旦的差役其实是上帝的特使。这岂不是一个奇迹：把撒旦的差役转变成上帝的特使；撒旦自己岂不会变得厌倦！因为，在黑暗的差役穿戴着所有恐怖确信"只要他让保罗看一下他，那么他就能够使保罗成为石头"的时候，在他起初嘲笑保罗没有勇气这么做的时候，这时候，使徒的眼睛盯着他，他并不因恐惧而迅速收回这眼神，他并不因惊惶而让目光垂下，不，他坚定不移地看着；他看得越久，他就越清楚地明白：这是一个上帝的特使在探访他，一个友善的灵在祝他好运。人们几乎要怜悯这可怜的魔鬼了：以这样一种方式，想要作为"可怕者"，但却站在那里被人看穿，被转变为相反的东西，一心只想着要脱身。

于是，过去的事情停留在那里；悔囚禁了它们，切割开那与之的关联，抵抗着它们，不管是它们联合起来想要闯出来，抑或是单个的倒戈者试图突袭；信仰把那些反叛的想法们置于上帝之恩典下的顺从之中（这上帝之恩典超越一切限度地安慰着使徒），因为他知道自己是一个无用的仆人[124]，诸使徒之中最卑微的，因为他曾迫害上帝的教会（哥林多前书15：9）[125]。如果保罗想要测度自己的使徒活动，如果他让它去尝试着补偿那过去的，那么反叛就会爆发出来，并且甚至连保罗都无法制止它；而现在则反过来，这对他成为了一根肉中刺，并非因为这本来是如此，而是因为那不可言说的至福已经离开了他。

但这一反叛仍不断地想着过去的事情，这过去的东西会再重新带着新的恐怖作为将来的东西而来临。在时间之中不存在任何保障能够让一个人带着世俗的平静说"平安稳妥"[126]，除非他是在思想匮乏之中找到安慰。在这里我们所说的事情是"跑"；唉。人很想要跑得越来越快，但是，只要他是在时间之中跑，他就无法跑过时间。如果你知道，我们谈的是关于什么，那么，就将之称作是一种逃避吧，借助于这逃避，你仿佛已经逃脱到了帷幕的后面，这帷幕把你与所有世上的恐怖和灾难分隔开，让你得免于那种你在很久以前早已遗留在身后的"故态复萌之陷阱"，但这里仍缺乏着一小点；就将之称作是一场搏斗吧，在这搏斗之中你似乎已经是胜利了[127]，尽管竭尽全力，你仍在最后的进攻之中感觉到你的所有力量，你将在这最后的进攻之中抓取永恒的全部至宝[128]，但这里仍缺乏着一小点；就将之称作是一次荣耀的终结吧，这在"不可理解"之雾中艰难跋涉的旅途，在那解释让自己的光线进入这旅途作出阐明，并映照出苦难、匮乏、危险、困难和恐惧的意义的时候，在那解释让自己的光线阐明这旅途之上受祝福的和平的时候，它是这旅途的美好终结，但这里仍缺乏着一小句话。如果你知道，我们谈的是关于什么，那么，就让这事情在一开始就发生在你身上吧，在"圆满（Opfyldelsen）"的至福向美好的意图伸展出自

121

己忠实的手的时候,就让它在这时发生吧,但这里仍有着一个麻烦;让它在时间的进程之中发生在你身上吧,在"圆满(Opfyldelsen)"一步一步忠实地追随着无忧无虑的旅人,既不像早晨的影子那样急切地赶到前面,也不像傍晚的影子那样落在后面的时候,就让它在这时发生吧,但这里仍有着一个偏差,这偏差避开每一个人,但唯独不避开恐惧之诡辩。如果你知道,我们谈的是关于什么,我该怎么对你说呢?但是,如果你不知道,我们谈的是关于什么,那么这里就对你说了,这是关于:不耐烦是怎样突然如巨人般强有力地醒来,带着其恐惧,把那"一小点"转化成"许许多多",把一小点时间转化成永恒,把一小点距离转化成无底深渊,把那单个的困难转化成全然的定局,把那单个的偏差转化为全然的沉沦;这里所谈的是:力量怎样沉陷进软弱,猜疑怎样把所有帮助都吓跑,沮丧怎样放弃所有希望,过去的事情(灵魂以为自己已经将自己从过去的事情中赎买了出来)怎样重新带着自己的要求站在那里,不是作为回忆,而是通过与那将来的东西合谋而变得比任何时候都更可怕;——是关于肉中刺。一个古老的值得尊敬而可靠的陶冶文本说,上帝待一个人就像猎人对待猎物:他追逐,使之疲倦,然后他给予猎物一点喘息的时间来重新聚集力量,然后狩猎又重新开始[129]。一个陶冶文本以这样一种方式来恐吓,这岂不是像那猎人的做法:借助于自己的名把人们邀入陶冶之安息,然后将他们惊吓起来?然而这样也是合情合理,我们接受这陶冶;因为,如果一个人想要陶冶但却不知道恐怖,那么他就有祸了[130];他不知道他自己想要的是什么!但是,如果一个人知道恐怖在那里,那么他就也知道,"故态复萌"是"恐惧之狩猎再次开始"的标志,或者,如果说不是"故态复萌",那么,在恐惧借用"将来的东西"的力量时,这也还是对"故态复萌"的恐惧。在过去的事情得到许可保持让自己继续是其所是(亦即,继续是"过去的事情")的时候,在一个人通过步入正道而离开它并且不经常回头看的时候,这时,他一点一点地改变自己,过去的事情也同样因此而不知不觉地被改变,最后他与过去的事情仿佛不再相互般配,过去的事情褪淡成一种不确定的形态,它变成一种回忆,这回忆变得越来越不可怕,它变得更平静,它变得温和,它变得忧伤,在所有这些定性之中,它都是在被移开,越来越遥远,最后这过去的事情对他几乎就变得陌生,他不明白,他怎么曾会有可能这样地走上迷途,他听回忆对此所作的叙述,就像一个旅人在遥远的国土上听古老传说,——但是"故态复萌"教一个人去明白，这怎么会是可能的；是的，甚至是对"故态复萌"的恐惧，在这恐惧突然醒来的时候，哪怕只剩下一瞬间，它知道怎样利用这瞬间去使得一切变得如此现在[131]，不是作为一种回忆，而是作为一种来临。然而，使徒知道，这对他是有益的，他知道，每一个仅仅只作为愿望[132]的现世的恐惧都必定会被销蚀掉，每一个想要完成的自信都必定会在"将来"的涤罪之火中被燃尽，每一种想要偷偷溜过危险的怯懦都必定会在期待之沙漠中死亡。一个人要认识自己，就只能是面临如此多困难；他对"那永恒的"的追求可能是完全真诚的，然而一种危险仍可能会在那里，他，如果听由他自己，他是很想要得免于这危险的，他很想要绕开它，因此，他在所有谦卑之中仍还是保留了一种隐蔽的虚荣，因为他没有在极端的意义上认识他自己，而这又是因为他没有在极端的意义上受到惊吓，没有感受到死亡和毁灭的恐怖。一个人不能论断任何人，或者说，每一个人都只可以论断自己。唉，只要这一危险不在那里，一切看起来都是如此安全确定；天上的至福是如此不可言说，而现在……就是这种可能！于是这肉中刺开始噬咬；因为，如果一个人没有感受到天上的至福，那么他就也不会承受太多痛苦。哦，一旦这情形发生，在最后这可以叫作：终于[133]！但是，在一个人担惊受怕的时候，时间就走得很缓慢；在一个人非常担惊受怕的时候，甚至一个瞬间都会走得要命地缓慢；在一个人担惊受怕致死的时候，时间到最后就停下了。想要跑得比任何时候都快，但却无法移动一步；想要牺牲一切来买下这瞬间，但却发现这瞬间是不卖的，因为"这不在乎那定意的，也不在乎那奔跑的，只在乎发怜悯的神"（罗马书9：16）！又有谁会理解，这对一个人是有好处的？因为，那"思想匮乏"当然是不会胆敢去想要用上它能为"生活中有用的东西"作出的那种大范围的解释的。[134]

我们谈论了肉中刺；我们尝试了要在一般的意义上解释这一表述，亦即：就是在一般的意义上，它通过与单独的一个人发生关系而与所有人发生关系。我们并没有特别用很多心思去关心怎样考究出保罗会特别地用这一表述来针对什么，而如果有什么人问，保罗长得是高是矮、面目是否英俊[135]，以及诸如此类的其他事情，那么，在这样的一种意义上，我们则更是绝不会想要问这方面的问题了。我们特别是不想要试图暗示出在那单个的人身上会是肉中刺的"那可能的偶然会是的东西"、"那可能的无关紧要的事情"。也许对此的描述会吸引某个读者，也许它甚至会为讲演者赢得对他的景仰；但是这毕竟是可鄙的，如果讲演者想要打扰陶冶的话。相反，一般意义上的解释则是这个：至高的生活也有着自己的痛苦，有着那最沉重的痛苦；任何人，如果他想要避开一样东西所具的危险，都不应当轻率地想去要这东西；任何人都不应当因为"被置于那'他也许是对之一无所知的'的危险之中"而沮丧；任何人都不应当毫无精神地（aandløst）赞美自己生命中舒适而惬意的日子。只要一个人真正地留意于这一危险性，那么，他就已经是正在开始那漂亮仗[136]了。安慰无疑会到来，一个人不可过早地去抓住它。在此作出了这讲演的人，只是一个年轻人[137]，他不会去阻止什么人受惊吓；因为他不会有能力以模棱两可的经验来安慰别人，——这模棱两可的经验就是，漫长的人生教他知道：危险并非如同使徒所描述的危险那样，并非如同每一个更深刻的人曾有一次在青春时代隐约地感觉到过的那样（他们在青春时代都曾隐约地感觉到过这危险，直到每个人各自走上自己的道路：这一个打着危险和恐怖的漂亮仗；另一个变得聪睿并且毫无精神地（aandløst）为生活的安全感而感到欣悦）。

注释：

  1 《哥林多后书》（12∶7）] 保罗在《哥林多后书》（12∶7）写道："又恐怕我因所得的启示甚大，就过于自高，所以有一根刺加在我肉体上，就是撒旦的差役，要攻击我，免得我过于自高。"

  2 在这些神圣之地] 固定表述：在各个教堂里。

  3 让言辞的东西归给言辞] 在《马太福音》（22∶21）中，耶稣说："凯撒的物当归给凯撒，神的物当归给神。"

  4 这个"这"是指："它的语言构建出敬神者们关于那神圣的东西的讲演，它的说词和表达一再反复地在这些神圣之地、在每一场关于那神圣的东西的更庄严的讲演之中回响（不管这讲演者是试图通过'让言辞的东西归给言辞'来解读圣经的言辞，还是试图去达到圣经的言辞——极其简洁地将这圣经的言辞作为对他所说的许多东西的明晰而完全的解说）"。

  5 "……人们'使用这言辞'的方式足以展示出……"

  就是说："……人们以一种特定的方式来使用这言辞，这方式足以展示出……"

  6 对这言辞的飘忽的运用……生活中的琐碎小事的那种戏谑性的关联] 比如说可以参看《非此即彼》上卷之中"最初的爱"中对之的运用："机缘就是不断地有着这样一种模棱两可的性质，并且，不管是想要拒绝、想要从这一肉中刺这里解脱出来，还是想要将机缘置于宝座，其实都一样，因为如果它身穿贵族的紫衣、手持节杖的话，看起来也是非常糟糕的，因为人们马上就会看出，它不是天生的统治者。然而这一迷途就在咫尺之间，而那些走上歧途的常常是一些最有头脑的人。"（社科版《非此即彼》上卷，第295页）。

7 丰足的悟性] 指向《歌罗西书》（2：2—3），之中保罗写道："要叫他们的心得安慰，因爱心互相联络，以致丰丰足足在悟性中有充足的信心，使他们真知神的奥秘，就是基督。所积蓄的一切智慧知识，都在他里面藏着。"

8 坚定的灵]《诗篇》（51：10）中有："神啊，求你为我造清洁的心，使我里面重新有坚定的灵。"这个"灵"，丹麦语是Aand，在圣经的关联上译作"灵"，而在德国唯心主义哲学的关联上，译者将之译成"精神"。

9 阻止他说出那种不可说的至福] 指向《哥林多后书》（12：2—4）："我认得一个在基督里的人，他前十四年被提到第三层天上去。或在身内，我不知道。或在身外，我也不知道。只有神知道。我认得这人，或在身内，或在身外，我都不知道。只有神知道。他被提到乐园里，听到隐秘的言语，是人不可说的。"

10 每一种焦急都销蚀着焦急者……这焦急是……"想要追随上帝"的焦急] 参看《诗篇》（69：9）："因我为你的殿心里焦急，如同火烧。"

11 第三层天] 见前面"不可说的至福"的注脚。

12 一场不幸的婚姻……真正的福乐关系要到天上才能够缔结] 在神秘论和虔信派之中，人们常常用"作为新郎的基督"和"作为新娘的基督徒"做比喻，——他们死后在天上达成一场至福的结合。布罗松（H. A. Brorson）的许多赞美诗中常常用到这比喻。

13 棘刺开始引起疼痛和溃烂] 指向布罗松（H. A. Brorson）的圣诞节赞美诗《最美丽的玫瑰被发现》（1732年）第11首，最后一段："让世界为我留下所有东西的印象，/让荆棘刺咬吧，/让心灵只是昏晕碎裂吧，/我永远都不愿失去我的玫瑰"，——《信仰的美好宝藏》，由哈根（L. C. Hagen）出版。

14 这里是说这样一种"牵强而糟糕的说法"，这说法"曾被用来或者曾想要被用来解释这个段落"。

15 对这个段落做过解读……得到过"是一个谜"的名声] 所指的是圣经解读者们总是关注的问题：保罗用"肉中刺"这一表述所暗示的是什么，他是不是患有某种慢性的或者也许是心理上的疾病。可对照阅读G. B. Winer的学生圣经辞典（德文书名是 *Biblisches Realwörterbuch zum Handgebrauch für Studirende, Kandidaten, Gymnasiallehrer und Prediger*，莱比锡第二版，bd. 1—2, Leipzig 1833—38 [1820]，ktl. 70—71），在第二卷第262页中有总结说，很有可能保罗"患有某种很痛苦的肉体的疾病，在他看来，这病可以归因于魔鬼"。

对比马丁·路德的《基督教注记》（丹麦文 *En christelig Postille, sammendragen af*

Dr. Morten Luthers Kirke – og Huuspostiller. Efter Benjamin Lindners tydske Samling）第二卷，第152页："然而，我们几乎就会从这文字里推出：这曾是某种很特别的东西，魔鬼用这东西来打击和折磨保罗的身体。他说，这刺是撒旦的差役。他继续说，他三次祈求主让这东西从他身上消失，但他的祈求没有被听见。现在我无法相信他曾祈求得免于迫害。但是，既然他自己没有说那是什么，我们就满足于去让这是一种秘密的苦难，除了圣保罗之外，任何人都不知道。我们知道这么多就足够了，正如上帝赋予他如此大的天启，任何人都无法知道，然后，为了让他不因此自以为是，上帝也给予他一根这样的肉中刺，除了他之外，任何别人都无法知道这肉中刺是怎么一回事。"

16　肉体上的病症］参看前面的注脚。

17　上帝所拣选出的器具］在《使徒行传》（9∶15—16）之中，耶稣对亚拿尼亚说，让他去找保罗："你只管去。他是我所拣选的器皿，要在外邦人和君王并以色列人面前，宣扬我的名。我也要指示他，为我的名必须受许多的苦难。"

18　那与之关联的痛苦］见前面的注脚。

19　与一个使徒的苦难相比］在这里，克尔凯郭尔在草稿中去掉了一句话，他在日记JJ之中写下了："在一篇陶冶讲演之中被划去的句子：关于肉中刺。过于幽默。"

20　信仰在一种苦难之中战胜世界］指向《约翰一书》（5∶4）："因为凡从神生的，就胜过世界。使我们胜了世界的，就是我们的信心。"

21　外在的人……内在的人……出离腐败］指向《哥林多后书》（4∶16），之中保罗写道："所以我们不丧胆。外体虽然毁坏，内心却一天新似一天。"另见《彼得前书》（1∶23—25）："你们蒙了重生，不是由于能坏的种子，乃是由于不能坏的种子，是藉着神活泼常存的道。因为'凡有血气的，尽都如草，他的美荣，都像草上的花。草必枯干，花必凋谢。惟有主的道是永存的。'所传给你们的福音就是这道。"

22　智慧……痴愚……无法在灵的意义上领会任何东西］指向《哥林多前书》（2∶12—14），之中保罗写道："我们所领受的，并不是世上的灵，乃是从神来的灵，叫我们能知道神开恩赐给我们的事。并且我们讲说这些事，不是用人智慧所指教的言语，乃是用圣灵所指教的言语，将属灵的话，解释属灵的事。然而属血气的人不领会神圣灵的事，反倒以为愚拙。并且不能知道，因为这些事惟有属灵的人才能看透。"这里的"灵"是在基督教的意义上译作"灵"，在哲学的意义上一般译作"精神"。

23　它应当被称作是怯懦］指向《提摩太后书》（1∶7），之中保罗写道："因为神赐给我们，不是胆怯的心，乃是刚强，仁爱，谨守的心。"

24　自备粮饷地当兵］指向《哥林多前书》（9∶7），之中保罗在自辩中写道："有谁当兵，自备粮饷呢？有谁栽葡萄园，不吃园里的果子呢？有谁牧养牛羊，不吃牛羊的奶呢？"

25　那末后的景况反而比先前的更糟］在《马太福音》（12∶45）中，耶稣说及那污鬼离了身子而去却又带来七个别的污鬼重上身的人：" 那人末后的景况，比先前更不好了。"

26　没有人不经历苦难就进入天国〕指向《使徒行传》（14：22），在之中保罗和巴拿巴都说："坚固门徒的心，劝他们恒守所信的道。""我们进入神的国，必须经历许多艰难。"

27　精神磨难（Anfægtelse）：Anfægtelse 是一种内心剧烈冲突的感情。在此我译作"精神磨难"，有时我译作"在宗教意义上的内心冲突"或者"内心冲突"，有时候我译作"信心的犹疑"或者"对信心的冲击"，也有时候译作"试探"。可参看前面有过的对这个概念的注释。

28　像一个夜间的窃贼〕在《帖撒罗尼迦前书》（5：2）中，保罗写道："因为你们自己明明晓得，主的日子来到，好像夜间的贼一样。"也可比较阅读《彼得后书》（3：10）。

29　根本就想不到自己会是产妇……分娩之阵痛〕《以赛亚书》（26：17—18）："妇人怀孕，临产疼痛，在痛苦之中喊叫，耶和华啊，我们在你面前，也是如此。我们也曾怀孕疼痛，所产的竟像风一样，我们在地上未曾行什么拯救的事。世上的居民也未曾败落。"

30　他经受了迄今不曾有任何人经受过的各种苦难〕保罗多次谈论了自己所经历的各种苦难和考验，比如说，可以比较阅读《哥林多后书》（1：8—9），关于在亚西亚省击中了他和提摩太的灾难："弟兄们，我们不要你们不晓得，我们从前在亚细亚遭遇苦难，被压太重，力不能胜，甚至连活命的指望都绝了。自己心里也断定是必死的，叫我们不靠自己，只靠叫死人复活的神。"进一步比较阅读《哥林多后书》（11：23—29）："他们是基督的仆人吗？（我说句狂话）我更是。我比他们多受劳苦，多下监牢，受鞭打是过重的，冒死是屡次有的。被犹太人鞭打五次，每次四十，减去一下。被棍打了三次，被石头打了一次，遇着船坏三次，一昼一夜在深海里。又屡次行远路，遭江河的危险，盗贼的危险，同族的危险，外邦人的危险，城里的危险，旷野的危险，海中的危险，假弟兄的危险。受劳碌，受困苦，多次不得睡，又饥又渴，多次不得食。受寒冷，赤身露体。除了这外面的事，还有为众教会挂心的事，天天压在我身上。有谁软弱，我不软弱呢，有谁跌倒，我不焦急呢。"最后，也可比较阅读《哥林多后书》（6：3—10）。

31　不能够寻求任何人的指导，也不能借助于别人的经验来强化自己的力量〕指向《加拉太书》（1：16—17），之中保罗写道，上帝在大马士革城外向他启示自己的儿子并且召唤他去在异教徒们那里宣示关于上帝之子的福音，"既然乐意将他儿子启示在我心里，叫我把他传在外邦人中，我就没有与属血气的人商量，也没有上耶路撒冷去，见那些比我先作使徒的。惟独往亚拉伯去。后又回到大马色。"

32　这时他也为自己留下了一个见证〕也许是指向《加拉太书》（1：20），在之中保罗写道:"我写给你们的,不是谎话,这是我在神面前说的。"

33　不管一个人走在哪里,他都总是行走在危险之中]指向布罗松(H. A. Brorson)的赞美诗"不管我走在哪里,我都总是行走在危险之中"。——《信仰的美好宝藏》(*Troens rare Klenodie*),由哈根(L. C. Hagen)出版。第 279 页。

34　必定是叫那信者得益处]在《罗马书》(8:28)中,保罗写道:"我们晓得万事都互相效力,叫爱神的人得益处,就是按他旨意被召的人。"

35　"排遣痛苦的可能性",直译的话就是"消遣"(Adspredelse),就是说,分散开自己的心神。在后面的文字中,译者一般将之译作"消遣"。

36　不存在任何超越人所能受的试探]指向《哥林多前书》(10:13),之中保罗写给哥林多教众:"你们所遇见的试探,无非是人所能受的。神是信实的,必不叫你们受试探过于所能受的。在受试探的时候,总要给你们开一条出路,叫你们能忍受得住。"

37　在赛跑之中让他停下]《哥林多前书》(9:24—26)中保罗写给哥林多教众:"岂不知在场上赛跑的都跑,但得奖赏的只有一人。你们也当这样跑,好叫你们得着奖赏。凡较力争胜的,诸事都有节制。他们不过是要得能坏的冠冕。我们却是要得不能坏的冠冕。所以我奔跑,不像无定向的。我斗拳,不像打空气的。"

38　将来的……过去的……因为他在奔跑]参看《腓利比书》(3:13—14),之中保罗说:"弟兄们,我不是以为自己已经得着了。我只有一件事,就是忘记背后努力面前的,向着标竿直跑,要得神在基督耶稣里从上面召我来得的奖赏。"

39　向使徒学习,去奔跑并且完成奔跑]在《提摩太后书》(4:7)中,保罗写道:"那美好的仗我已经打过了。当跑的路我已经跑尽了。所信的道我已经守住了。"

40　被当成一个精神病而受讥嘲]在《使徒行传》第二十六章之中在保罗向国王亚基帕和总督非斯都的申辩过程中,非斯都打断保罗的话对他说(26:24)"保罗,你癫狂了吧。你的学问太大,反叫你癫狂了。"

41　被作为一种冒犯而人皆避之]在《哥林多前书》(4:13)中,保罗写道:"被人毁谤,我们就善劝。直到如今,人还把我们看作世界上的污秽,万物中的渣滓。"

42　全是睡着的]在《马太福音》(26:37—46)中,耶稣两次发现彼得和西庇太的两个儿子睡着了。

43　被当成偶像来致敬]在《使徒行传》(14:11—18)中,在路司得城里,人们把巴拿巴当成丢斯(宙斯),称保罗为希耳米(赫尔墨斯)。

44　人走之后马上被遗忘、看见善的事业被一些变得怯懦的朋友们放弃却被旨在制造混乱的敌人们支持]在《加拉太书》(1:6—7)中,保罗写道:"希奇你们这么快离开那藉着基督之恩召你们的,去从别的福音。那并不是福音,不过有些人搅扰你们,要把基督的福音更改了。"(2:4)"因为有偷着引进来的假弟兄,私下窥探我们在基督耶稣里的自由,要叫我们作奴仆。"(4:16):"如今我将真理告诉你们,就成了你们的仇敌吗?"

45 被自己所信赖的人离弃]也许是指向保罗和彼得在安提阿的争执,比较阅读《加拉太书》(2:11—21)。信赖的人:在《马太福音》(16:18)之中,耶稣对彼得(彼得说一个希腊名字,意为"岩石,悬崖")说:"我还告诉你,你是彼得,我要把我的教会建造在这磐石上,阴间的权柄,不能胜过他。"

46 被想要自助的弱者离弃]也许是指向《提摩太后书》(4:10),之中保罗说"因为底马贪爱现今的世界,就离弃我往帖撒罗尼迦去了。"

47 在作为真相的见证时被当成诱惑者]也许是指向《哥林多后书》(6:7—8),之中保罗写道:"真实的道理,神的大能。仁义的兵器在左在右。荣耀羞辱,恶名美名。似乎是诱惑人的,却是诚实的。"也可比较阅读《哥林多后书》(12:16)和(4:2)。

48 在作为真理之教师的时候]指向《提摩太前书》(2:7),之中保罗写道:"我为此奉派,作传道的,作使徒,作外邦人的师傅,教导他们相信,学习涉道。我说的是真话,并不是谎言。"

49 为罪给出进入新的罪的藉口]指向《罗马书》(7:7—11),之中保罗写道:"这样,我们可说什么呢?律法是罪吗?断乎不是。只是非因律法,我就不知何为罪。非律法说,不可起贪心。我就不知何为贪心。然而罪趁着机会,就藉着诫命叫诸般的贪心在我里头发动。因为没有律法,罪是死的。我以前没有律法,是活着的,但是诫命来到,罪又活了,我就死了。那本来叫人活的诫命,反倒叫我死。因为罪趁着机会,就藉着诫命引诱我,并且杀了我。"也可比较阅读《哥林多后书》(2:17—18)

50 在温和的时候被看成是虚弱、在严格的时候被看成是傲慢]指向《哥林多后书》(10:1),之中保罗写道:"我保罗就是与你们见面的时候是谦卑的,不在你们那里的时候向你们是勇敢的,如今亲自藉着基督的温柔和平,劝你们。"也可比较阅读《哥林多后书》(10:10):"因为有人说,他的信,又沉重,又厉害。及至见面,却是气貌不扬,言语粗俗的。"

51 在心怀父亲所具的忧虑时被看成是自爱]指向《哥林多后书》(12:14—15),之中保罗写道:"如今我打算第三次到你们那里去,也必不累着你们,因我所求的是你们,不是你们的财物。儿女不该为父母积财,父母该为儿女积财。我也甘心乐意为你们的灵魂费财费力。难道我越发爱你们,就越发少得你们的爱吗?"

52 对教众的担忧,甚至那误解之刻骨蚀心的悲伤]指向《哥林多后书》(11:28—29)。

53 没有什么可自责的]指向《哥林多后书》(12:10),之中保罗写道:"我为基督的缘故,就以软弱,凌辱,急难,逼迫,困苦,为可喜乐的。因我什么时候软弱,什么时候就刚强了。"

54 在所有这苦难之中,这样一种信心一直是得胜着的:他与上帝有着理解]也许是指向《罗马书》(8:37),之中保罗就所有这些痛苦灾难写道:"然而靠着我们的主,在这一切的事上,已经得胜有余了。"

55 这里的"灵"是在基督教的意义上译作"灵",在哲学的意义上一般译作"精神"。

56 他有灵作证]保罗在《罗马书》(8:16)之中写道:"圣灵与我们的心同证我们是神的儿女。"

57 上帝的员工]保罗在《哥林多前书》(3:9)中写道:"因为我们是与神同工的。你们是神所耕种的田地,所建造的房屋。"

58 他与人子……就像司提反……权能者之右]在《使徒行传》(7:55—56)中有这样的描述:"司提反被圣灵充满,定睛望天,看见神的荣耀,又看见耶稣站在神的右边。就说,我看见天开了,人子站在神的右边。"

权能者之右:在《马太福音》(26:64)中,耶稣说:"然而我告诉你们,后来你们要看见人子,坐在那权能者的右边,驾着天上的云降临。"

59 斗拳打空气]《哥林多前书》(9:26)中保罗写道:"所以我奔跑,不像无定向的。我斗拳,不像打空气的。"

60 确信,不管是天使还是魔鬼……这爱中……在他心中]在《罗马书》(8:38—39)之中,保罗写道:"因为我深信无论是生,是天使,是掌权的,是有能的,是现在的事,是将来的事,是高处的,是低处的,是别的受造之物,都不能叫我们与神的爱隔绝。这爱是在我们的主基督耶稣里的。"

61 被提到第三重天上]尽管保罗在《哥林多后书》(12:2—4)中明确地说这被提到第三重天上的是一个他所认识的人,但是一般人们都认为(克尔凯郭尔也这样认为)保罗所谈的是他自己。

62 人不可说的言辞]参看《哥林多后书》(12:2—4):"我认得一个在基督里的人,他前十四年被提到第三层天上去。或在身内,我不知道。或在身外,我也不知道。只有神知道。我认得这人,或在身内,或在身外,我都不知道。只有神知道。他被提到乐园里,听到隐秘的言语,是人不可说的。"

63 希望……甚至能够到达西班牙]比较阅读《罗马书》(15:24),之中保罗写道,他希望得到罗马教众的帮助而继续旅行到西班牙。这里,在《罗马书》(15:23—28)中,"西班牙"被译作"士班雅":"但如今在这里再没有可传的地方,而且这好几年,我切心想望到士班雅去的时候,可以到你们那里。盼望从你们那里经过,得见你们,先与你们彼此交往,心里稍微满足,然后蒙你们送行。但现在我往耶路撒冷去,供给圣徒。因为马其顿,和亚该亚人乐意凑出捐项,给耶路撒冷圣徒中的穷人。这固然是他们乐意的。其实也算是所欠的债。因外邦人,既然在他们属灵的好处上有分,就当把养身之物供给他们。等我办完了这事,把这善果向他们交付明白,我就要路过你们那里，往士班雅去。"

64 因为自己远离这一会区……重新赢得的教众] 在保罗去地中海地区传教旅行的时候，他建立了一些新的教众团体，后来他又探访他们，他一方面为基督教信仰赢得新人，一方面又强化原本的信仰者们的信念，一方面还去纠正那些脱离信仰的人。另外，比较阅读保罗给路加的信，《使徒行传》（13∶1—21，16）。"重新赢得"：比较阅读《加拉太书》（4∶19），之中保罗说："我小子啊，我为你们再受生产之苦，直等到基督成形在你们心里。"

65 一个儿子的奉献之心] 也许是指向《提摩太后书》（1∶2），之中保罗写道："写信给我亲爱的儿子提摩太"，然后在（3∶10—11）中继续："你已经服从了我的教训，品行，志向，信心，宽容，爱心，忍耐，以及我在安提阿，以哥念，路司得，所遭遇的逼迫，苦难。我所忍受是何等的逼迫。但从这一切苦难中主都把我救出来了。"另外保罗在《哥林多前书》（4∶17）之中称提摩太为"我所亲爱有忠心的儿子"，在《提摩太前书》（1∶2）称"我真儿子的提摩太"。

66 保罗对此的谈论是多么感动] 在《提摩太后书》（1∶3—5）中，保罗在给提摩太的信中写："我感谢神，就是我接续祖先，用清洁的良心所侍奉的神，祈祷的时候，不住地想念你，记念你的眼泪，昼夜切切地想要见你，好叫我满心快乐。想到你心里无伪之信。这信是先在你外祖母罗以，和你母亲友尼基心里的。我深信也在你的心里。"

67 渴念着……他所爱的人们……圣灵的恩赐……使得别人坚强并且富足] 在《罗马书》（1∶11—12）中，保罗写道："因为我切切地想见你们，要把些属灵的恩赐分给你们，使你们可以坚固。这样我在你们中间，因你与我彼此的信心，就可以同得安慰。"

68 在各种高度的启示之中作为参与者] 在《哥林多后书》（12∶7）中，保罗写道："又恐怕我因所得的启示甚大，就过于自高，所以有一根刺加在我肉体上，就是撒旦的差役，要攻击我，免得我过于自高。"

69 那种不可言说的至福是他不能言说出来的] 可比较阅读前面注释。

70 那以神圣的名得以装饰的虚构和胡言] 也许是指向"新约外典"的《保罗启示录》（出现于约380年）。

71 为所有人而作为一切] 保罗在《哥林多前书》（9∶22）中写道："向软弱的人，我就作软弱的人，为要得软弱的人。向什么样的人，我就作什么样的人。无论如何，总要救些人。"

72 每个人都应自己省察] 指向《哥林多前书》（11∶28），之中保罗在写了关于"吃主的饼，喝主的杯"之后写道："人应当自己省察，然后吃这饼，喝这杯。"

73 美丽得如同东方的女王] 也许是指向拜访所罗门的示巴女王，可比较阅读《列王记上》（10∶1—13）和《马太福音》（12∶42），在之中她被称作"南方的女王"。克尔凯郭尔将之称作"东方的女王"也许是因为按照传统，示巴是在"幸福的阿拉伯"区域。比较阅读 G. B. Winer *Biblisches Realwörterbuch* bd. 2，s. 477.

74　比拉撒路更悲惨］指向耶稣的拉撒路比喻。见《路加福音》（16：19—31）。

75　年长的智慧者……神秘言谈……两者你都会后悔］指苏格拉底。《第欧根尼·拉尔修的哲学史》这样描述苏格拉底："一个人问他，人是不是应当结婚？他答：要么你这样做要么你那样做，你都会后悔"。也参看《非此即彼》上卷"间奏曲·非此即彼：一个心醉神迷的演说"（社科版《非此即彼》上卷，第26页）。

76　与上帝争斗］在《创世记》第32章中有关于雅各和上帝角力的故事。

77　被上帝离弃］也许是指向《诗篇》（22：2）："我的神阿，我白日呼求，你不应允。夜间呼求，必不住声。"另参看《马太福音》（27：46）。

78　主的愤怒和它蚀人的火焰］在旧约之中，噬蚀的火焰常常被用作对上帝显身的表述，也包括了上帝的震怒。比如说可比较阅读《以赛亚书》（30：27）："耶和华必使人听他威严的声音，又显他降罚的臂膀，和他怒中的忿恨，并吞灭的火焰，与霹雳，暴风，冰雹。"

79　神的朋友］在《雅各书》（2：23）中亚伯拉罕被称作是"神的朋友"。

80　爱不会将之完全驱散］也许是在演绎《约翰一书》（4：18）："爱里没有惧怕。爱既完全，就把惧怕除去。因为惧怕里含着刑罚。惧怕的人在爱里未得完全。"

81　亦即，在对上帝的信、对上帝的依托之中。

82　在上帝之中变得富足］演绎《路加福音》（12：21），耶稣在讲完财主积财但却在第二天死去的比喻之后总结说："凡为自己积财，在神面前却不富足的，也是这样。"

83　血肉之体……朽物］也许是指向《哥林多前书》（15：50）："弟兄们，我告诉你们说，血肉之体，不能承受神的国。必朽坏的，不能承受不朽坏的。"另外在《创世记》（3：19）中神的诅咒以"尘土"结束："你必汗流满面才得糊口，直到你归了土，因为你是从土而出的。你本是尘土，仍要归于尘土。"

84　"对自己在场"，就是说"对他自己而言是在场的"。

85　有着变化、有着流转的影子］《雅各书》（1：17）："各样美善的恩赐，和各样全备的赏赐，都是从上头来的。从众光之父那里降下来的。在他并没有改变，也没有转动的影儿。"

86　使徒说，他知道这一变化对他是有益的］指向《哥林多后书》（12：10）："我为基督的缘故，就以软弱，凌辱，急难，逼迫，困苦，为可喜乐的。因我什么时候软弱，什么时候就刚强了。"

87　灵在易碎的瓦罐里……叹息］也许是指向《罗马书》（8：26），在之中保罗写道："况且我们的软弱有圣灵帮助，我们本不晓得当怎样祷告，只是圣灵亲自用说不出来的叹息，替我们祷告。"也可比较阅读《哥林多后书》（4：7）。

88 在狭窄的空间里〕也许是在演绎《约伯记》(36∶16),之中约伯的朋友以利户对约伯说:"神也必引你出离患难,进入宽阔不狭窄之地。摆在你席上的必满有肥甘。"

89 在客旅寄居状态里〕在旧约之中常常谈论寄居者(异乡人)或者在寄居状态(异乡状态),但是这里也许是指向《希伯来书》(11∶13),之中对那些古老的信仰见证者有这样的说法:"这些人都是存着信心死的,并没有得着所应许的,却从远处望见,且欢喜迎接,又承认自己在世上是客旅,是寄居的。"在《论概念反讽》之中,克尔凯郭尔谈论到"理念的背井离乡状态",并且以"它的外在性,亦即,它的直接就其本身的现世性和空间性"。

90 丰收的欢悦之歌黯哑下来,人们又要去流泪撒种了〕指向《诗篇》(126∶5):"流泪撒种的,必欢呼收割"。

91 上帝知道那叹息所不明白的东西〕保罗在《罗马书》(8∶26—27)中写道:"只是圣灵亲自用说不出来的叹息,替我们祷告。鉴查人心的,晓得圣灵的意思因为圣灵照着神的旨意替圣徒祈求。"

92 灵又要被卡在麻烦之中……欢悦的竖琴重新……响起〕指向布罗松(H. A. Brorson)的赞美诗《在这甜蜜的圣诞节》(1732 年),第六段:"即使我欢愉的歌/混同于哭泣和深深的叹息,/十字架的强制/令我永远都不闭上嘴;/在心灵被死死卡住的时候,/欢乐的竖琴则被调得,/能够发出更好的声音,/碎裂的心最能够感觉到/这一喜悦的盛大狂欢/将会带来什么"。——《信仰的美好宝藏》(*Troens rare Klenodie*),由哈根(L. C. Hagen)出版。从第 11 页起。

93 这个分句"……他不再因为'被从自己那里拯救出来被拯救进自己并且被拯救进'在上帝之中得以变形'之中'而感到至福……"的丹麦语原文是:"...han er ikke mere salig ved at være frelst fra sig selv til sig selv og til at være forklaret i Gud, …"

Hong 的英译本是:"…he is no longer beatific by being rescued from himself to himself and to being transfigured in God…";

Emanuel Hirsch 的德译本是:"…er ist nicht mehr selig darin erlöst zu sein von sich selbst zu sich selbst und zur Verklärung in Gott…"。

94 治理〕亦即"上帝的治理"。参看《巴勒的教学书》第二章"论上帝的作为"第二段"圣经中关于上帝的眷顾以及对受造物的维持",§ 5:"在生活中与我们相遇的事物,不管是悲哀的还是喜悦的,都是由上帝以最佳的意图赋予我们的,所以我们总是有着对他的统管和治理感到满意的原因。"

95 爱……不止息〕保罗在《哥林多前书》(13∶8)中写道:"爱是永不止息。"

96 时间抹除一切〕丹麦有成语"时间会治愈所有创伤"。

97 "有一种虚妄叫思想匮乏"是译者的改写。直译的话,这整句应当是:"'与时间开着玩笑并且带着轻浮的态度与永恒交往'的'思想匮乏',按其自然是如此,只能够帮助那种'一路浑浑噩噩地晕眩着'的人。"

98　这个"它"是"思想匮乏"。

99　一路浑浑噩噩地晕眩着]引自明斯特尔（J. P. Mynster）的圣三一主日之后第24礼拜日布道"睡眠画面之下的死亡"，可参看主教所著《年度所有礼拜日和神圣庆典日的所有布道》（*Prædikener paa alle Søn – og Hellig – Dage i Aaret*）的第63篇，第二卷第385页，之中有这样的说法："谁能够不具惊恐地看着死亡的踪迹，或者想象它的到来？因为，任何一个没有一路浑浑噩噩晕眩着的人，他又怎忍受得了'人类旅行的终极目标是毁灭的永恒的遗忘'这一设想？"

100　也就是说，"迷失"所具备的"灿烂的悲惨"。

101　永恒之"无聊乏味"，——事情也许应当是如此：天堂想出了各种新的消遣]也许是指向海贝尔（J. L. Heiberg）的启示喜剧《一个死后的灵魂（En Sjæl efter Døden)》（1841）。在第三幕中，灵魂进入地狱［海贝尔将这地狱置于当时的哥本哈根，因为生活在其"坏的无限（slette uendelighed）"之中伸展］。在结尾处，灵魂与靡菲斯特有一段很长的对话。靡菲斯特描述了地狱中的生活，然后说："另外，我还要对你说，从我的描述中你能够认出的东西是：这里是无聊乏味之王国，在这片国土上，人们会打上很多哈欠。"对此，灵魂说道："那样的话，这地方太乏味了，这很糟糕！"靡菲斯特回答说："恰恰相反，这是极其舒适的。据我所知，人们在天堂里恰恰无法有任何娱乐。但我们有丰富的娱乐，不过在这娱乐之中藏着无聊；只要你想一想，你就会觉得这很好。我不否认，在你们这下面，除了各种失落之外，这娱乐也会失去；但是在这里，人们用永恒来填充这地方，人们向这深渊里投入些什么呢？在你们这里，每个人其实都知道，再也没有什么东西是比无聊乏味更健康的；它是唯一不会让人过度吞咽而致死的食物；相反，生活所想要的就是它，并且生活所需的是时间，这样，如果你们只要有着无聊乏味，那么它在尘世中就给予你们一切永恒。"马腾森（H. L. Martensen）在剧评中写道：地狱"不仅仅是恶人们（Onde）王国并且也是糟糕人（Slette）的王国"。他把"那糟糕的/坏的（det Slette）"解释为"一种比'那恶的（det Onde）'更直接更低级的范畴"、"理念"的"直接的、毫无反思的对比物"、"精神的零点"和"完全的无偏向性和无关紧要性"。他由此得出结论，"那糟糕的/坏的（det Slette）"的王国也是"凡庸"之王国，由此，他提出并论述了，《一个死后的灵魂》为"凡庸性之形而上学"提供了内容。关于天上的生活，马腾森写道："人在自己的乐园里无法变得完全至福，如果他无法把自己的所有有限性中的世界一起携带着"；不过，在天堂里还是有希望重新找到这世界的，要在这样一种唯一的预设条件之下，——"'那喜剧的'是一个在天堂里也有着其有效性的范畴"。这时，人类"作为精神就会拿他们现世的意识现象来游戏；他们在天上也会带着他们的经验现实，及其所有细节、其所有脆弱和无常，因为这要起到一种诗意材料的作用，他们的精神通过这材料准备好了可以去享受自己无限的自由和至福。"也可参看比较《恐惧的概念》（社科版《畏惧与颤栗恐惧的概念致死的疾病》）第 364 页。

102　几率性，几率意义上的可能性，一些黑格尔著作的译者将之译作"或然性"。它与哲学中的"可能性"（Mulighed）概念是不同的，在数学中被称作"概率"，是对随机事件发生之可能性的度量。

103　它是"至高的生命"的"开始和无法探测的秘密"。也可改写作：它是"至高的生命"的开始和"至高的生命"的无法探测的秘密。

104　见前面关于"死灭"的注释。

105　在自己的兄弟眼中看见刺，但却看不见自己眼中的梁木］指向《马太福音》（7∶3）。

106　这一句："……甚至确信事情是如此，'别人是更可原谅的，因为，总是会有一种可能性剩下，既然相对于一个人而言，使得一个人被剥夺这可能性的唯一的人就是他自己'。"

丹麦语原文是："…ja at være overbeviist om at det er saa, at den Anden er mere undskyldelig, fordi der jo altid bliver en Mulighed tilbage, da det eneste Menneske i Forhold til hvem et Menneske er berøvet denne Mulighed er ham selv."

Hong 的英文版："…is convinced that the other one is more excusable, because there is always still a possibility, since the only one in relation to whom a person is deprived of this possibility is he himself."

Emanuel Hirsch 的德文版："…davon überzeugt zu sein, daß der andere tatsächlich entschuldbar ist, weil da ja stets eine Möglichkeit übrig bleibt, während der einzige Mensch, bei welchem einem Menschen diese Möglichkeit entzogen ist, er selber ist."

107　审判中的坦率］指向《约翰一书》（4∶17）："这样爱在我们里面得以完全，我们就可以在审判的日子，坦然无惧。"（中文圣经之中的把"坦率"译作"坦然无惧"。）

108　使出全力用脚踢刺］指向《使徒行传》（26∶14）中保罗向亚基帕王讲述大马士革城外所发生的事情："我们都仆倒在地，我就听见有声音，用希伯来话，向我说，扫罗，扫罗，为什么逼迫我。你用脚踢刺是难的。"

109　在他的谬误之中］可能是指向保罗早期在耶路撒冷对基督徒的迫害。参看《使徒行传》（8∶1—3）、（9∶1—2）以及《加拉太书》（1∶13—14）。

110　一个新造的人］指向《哥林多后书》（5∶7）。

111　改变名字］在《使徒行传》中，保罗被称作扫罗，直到（13∶9）"扫罗又名保罗"。但是，在（22∶13）和（26∶14）仍回顾性地被称作扫罗。名字的变换是发生在塞浦路斯，也许是因为保罗在这时进入地中海的希腊语言的地区去传播福音。扫罗是希伯来语中的一个犹太名字，而保罗则是一个罗马名字。

112　这里的"灵"是在基督教的意义上译作"灵"，在哲学的意义上一般译作

"精神"。

113 灵的抵押]指向《哥林多后书》（1：22），之中保罗说，上帝"又用印印了我们，并赐圣灵在我们心里作凭据。"

114 他布道宣讲基督，尤其是关于被钉上十字架的基督]指向《哥林多后书》（1：22），之中保罗写道："我们却是传钉十字架的基督，在犹太人为绊脚石，在外邦人为愚拙。"

115 被钉上十字架；犹太人们就是这样叫喊]在审判耶稣的时候，彼拉多并不认为耶稣有罪，想要释放他，而犹太人们则叫喊"把他钉十字架"。比较阅读《马太福音》（27：20—26）。

116 在司提反被石头打击的时候，他坐在刽子手那里看护着他的衣服]指向《使徒行传》（7：58）：人们把司提反"推到城外，用石头打他。作见证的人，把衣裳放在一个少年人名叫扫罗的脚前。"

117 他把基督当作道……来宣讲]这方面的例子没有被发现，不管是在使徒的作为还是信件中都没有。比较阅读《约翰福音》（14：6），之中耶稣这样说自己："我就是道路，真理，生命。"

118 在扫罗从犹太教公会获得许可去囚禁"信奉这道"的人们的时候，这道也是存在着的；因而在他以谋杀和威胁暴怒地对待基督徒的时候，他也是在走上这道]指向《使徒行传》（9：1—2）："扫罗仍然向主的门徒，口吐威吓凶杀的话，去见大祭司，求文书给大马色的各会堂，若是找着信奉这道的人，无论男女，都准他捆绑带到耶路撒冷。"

119 他将他们锁拿了带往耶路撒冷]参看前面的注释，也可比较阅读《使徒行传》（22：5），之中保罗写道，他"往大马色去，要把在那里奉这道的人锁拿，带到耶路撒冷受刑。"

120 扫罗认为，他急切的热情是一种让上帝欢愉的热情]《使徒行传》（22：3），之中保罗写道："保罗说，我原是犹太人，生在基利家的大数，长在这城里，在迦玛列门下，按着我们祖宗严紧的律法受教，热心侍奉神……"还有《加拉太书》（1：14），在之中保罗谈论他对基督徒的迫害："我又在犹太教中，比我本国许多同岁的人更有长进，为我祖宗的遗传更加热心。"

121 这一段译者作了稍稍改写。原文直译是：

"无疑，扫罗曾认为，他急切的热情是一种让上帝欢愉的热情，哦，但恰恰这个，不得不把自己抓进或者被抓进一种这样的自我欺骗，并且因此不得不为那被他视作是令上帝欢愉的事情而悔（这在思想和意念中是怎样的一种翻覆啊；怎样的一种恐怖之标志啊，对于'悔'而言，这又是怎样的一种艰难啊，——要去抓住自己的对象并要把守着这对象：不得不为一个人所做的最好的事情而悔，是的，甚至是为那被人视作'是令上帝欢愉的'的事情而悔），并且因此不得不在这时为被迫害者们的尖叫、为

四个陶冶性的讲演，1844 年

被囚禁者们的悲惨而悔（怎样的一种'悔之辛劳'啊；因为'去那么做'并非是扫罗想要的事情，而是急切的热情，他认为这是对美好事业的热情），并且这样一来，作为对自己的急切热情的酬报，不只是'不得不收获人们的忘恩负义'，而且也是'悔之苦涩'，因为他曾暴怒过！"

丹麦文原文："Visseligen meente Saulus, at hans Nidkjærhed var en Gud velbehagelig Iver, o, men netop dette, at maatte gribe sig selv eller at vorde greben i et saadant Selvbedrag, og altsaa at maatte angre hvad han ansaae for Gud velbehageligt (hvilken Omvæltning i Tanker og Sinde; hvilket Forfærdelsens Tegn, hvilken Vanskelighed for Angeren at gribe sin Gjenstand og at fastholde den: at maatte angre det Bedste, man har gjort, ja hvad man endog ansaae for Gud velbehageligt), og altsaa dermed at maatte angre de For | fulgtes Skrig, de Fængsledes Elendighed (hvilken Angerens Møisommelighed; thi det var jo ikke Saulus's Lyst at gjøre det, men Nidkjærhed, som han meente, for den gode Sag), og altsaa til Løn for sin Iver end ikke at maatte høste Menneskers Utaknemlighed, men Angerens Bitterhed, fordi han havde raset!"

Hong 的英文版："Surely Saul thought that his zeal was an ardor pleasing to God – oh, but precisely this, this having to catch himself or be caught in a self-deception such as that, and consequently having to repent of what he regarded as pleasing to God (what an upheaval in thought and mind, what a sign of terror, what a difficulty for repentance to grasp its object and to hold it: to have to repent of the best that one has done, indeed, what one even regarded as pleasing to God), and consequently in that connection to have to repent of the screams of the persecuted, the misery of the prisoners (what a labor for repentance, since it certainly was not Saul's desire to do this but zeal, as he thought, for the good cause), and then as reward for his zeal to have to harvest not only the ingratitude of men but the bitterness of repentance because he hadraved!"

Emanuel Hirsch 的德文版："Sicherlich hatte Saulus gemeint, daß sein Eifern ein Gott wohlgefälliger Dienst sei, O, aber eben dies, sich selbst ertappen oder ertappt werden über einer solchen Selbsttäuschung und mithin bereuen müssen, was er für Gott wohlgefällig angesehen (welch eine Umwälzung in Gedanken und Sinn; welchein Zeichen des Schreckens, welch eine Schwierigkeit für die Reue, ihren Gegenstand zu fassen und ihn festzuhalten: das Beste bereuen müssen, was man getan, ja was man sogar für Gott wohlgefällig angesehen), und mithin zugleich bereuen müssen die Schreie der Verfolgten, das Elend der Gebundenen (welch eine Mühsal der Reue; denn es war ja nicht die Neigung des Saulus gewesen das zu tun, sondern, wie er vermeinte, Eifer für die gute Sache) und mithin zum Lohn seines Eifers nicht einmal der Menschen Undankbarkeit ernten müssen, sondern der Reue Bitterkeit, weil er gerast hatte!"

137

122　戴着枷锁被带到亚基帕面前……你在暴怒，保罗］指向关于保罗在亚基帕王和罗马所派总督（或译巡抚）非斯都面前申辩的叙述。根据《使徒行传》，说"你在暴怒"的不是亚基帕，而是非斯都。参看《使徒行传》（26：1—32）。在（26：24—25）之中有："保罗这样分诉，非斯都大声说，保罗，你癫狂了吧。你的学问太大，反叫你癫狂了。保罗说，非斯都大人，我不是癫狂，我说的乃是真实明白话。""暴怒"在中文圣经这里译作"癫狂"。

123　一个令上帝欢愉的牺牲］指向《罗马书》（12：1），之中保罗写给罗马教众："所以弟兄们，我以神的慈悲劝你们，将身体献上，当作活祭，是圣洁的，是神所喜悦的。你们如此侍奉，乃是理所当然的。"

124　无用的仆人］在演绎《路加福音》（17：10）："这样，你们作完了一切所吩咐的，只当说，我们是无用的仆人。所作的本是我们应分作的。"

125　诸使徒之中最小的……（哥林多前书15：9）］比较阅读《哥林多前书》（15：9）："我原是使徒中最小的，不配称为使徒，因为我从前逼迫神的教会。"

126　平安稳妥］指向《帖撒罗尼迦前书》（5：3）："人正说平安稳妥的时候，灾祸忽然临到他们，如同产难临到怀胎的妇人一样，他们绝不能逃脱。"

127　一场搏斗吧，在这搏斗之中你似乎已经是胜利了］见前面注释，比较阅读《提摩太后书》（4：7）。

128　抓取永恒的全部至宝］指向《腓利比书》（3：14）："向着标竿直跑，要得神在基督耶稣里从上面召我来得的奖赏。"

129　一本古老的值得尊敬而可靠的陶冶文本说……狩猎又重新开始］指向阿尔恩特（Johann Arndt）的《四本关于真正的基督教的书》（*Vier Bücher vom wahren Christentum* / Magdeburg 1610 年）第三卷第23章。比较阅读 *Sämtliche geistreiche Bücher vom wahren Christenthum*, 2. udg., Tübingen uden år［1777］, ktl. 276.

130　如果直译是"让我们为他感到痛苦吧"，但是这里译者取用圣经的译法"他有祸了"。

131　这"现在"是对一种状态的描述，也可以改写为"在现在的时间之中在场着"。

132　直译应当是"……只是愿望着的……"，译者改写为"……仅仅只作为愿望……"。

133　终于］在1839年9月11日的日记（journalen EE）中，克尔凯郭尔写道："'终于'这句话，它出现在我们所有的短祷文中，它是最具史诗性命运性、最抒情而不耐烦的，最真实的基督教口令。"（Pap. II A 561［EE：180］）。

134　这个句子比较繁复，各个环节容易被混淆，因此说明一下。这句子的主语、宾语和动词关系是："那'思想匮乏'……不会胆敢去想要用……解释"。这里的宾语是"解释"，亦即，"它能为'生活中有用的东西'作出的、那种大范围的解释"

("它能为'生活中有用的东西'作出的"和"那种大范围的"都是对"解释"的描述)。

135 保罗长得是高是矮、面目是否英俊] 圣经的解读者们一直都是热衷于要弄明白保罗的长相。按传统的说法，他是一个小个子秃顶的很有魅力的人，有着一种易怒而忧郁的脾气。比较阅读 G. B. Winer *Biblisches Realwörterbuch* bd. 2，s. 262.

136 那漂亮仗] 指向《提摩太前书》（6∶12），之中保罗对提摩太说："你要为真道打那美好的仗，持定永生。你为此被召，也在许多见证人面前，已经作了那美好的见证。"也比较阅读《提摩太后书》（4∶7）。

137 在此作出了这讲演的人，只是一个年轻人] 克尔凯郭尔在写这讲演的时候31岁。

反对怯懦

《提摩太后书》(1∶7)：因为神赐给我们，不是胆怯的心，乃是刚强，仁爱，谨守的心。[1]

如果事情确是如此，在生活之中有着那控制着或者能够控制一个人的东西，以至于它能够渐渐地让他忘记所有高贵而神圣的东西，在世俗和瞬间的事物之中受奴役；如果事情确是如此，时间控制着或者能够控制一个人，以至于它在为他数出他生命中的日子的同时也在每一天之中为他测量出，他的生命距离神圣的东西越来越远，这样，他陷在日常的东西和习惯的东西之中变得与那永恒的东西和本原的东西陌生起来；如果经验教会我们，这样的事情也曾发生在那"曾经在自身之中强烈而当场地感觉到那永恒的东西"的人身上；——如果是那样的话，那么"针对它的每一种手段都得到推荐"无疑就是有益的，而"这手段以一种严肃的、但也是得体的方式得以推荐"则也是我们所希望的。赞美上帝，手段有很多，正如危险有很多，每一种这样的手段都是可靠的并且是经过考验的。一种这样的手段是决定（Beslutning）[2]，或者是"作出一个决定"；因为这决定恰恰是把一个人与那永恒的东西关联起来，为他把那永恒的东西带进时间，把他从单调之瞌睡之中吓醒过来，解开习惯的魔法，打破各种烦心的思想们的冗长争执，并且祝福着哪怕是最虚弱的开始，只要它毕竟还是一个开始；因为这决定是一种向着那永恒的东西的苏醒；如果一个人长期缺乏决定之复苏，那么，在他作出决定的时候，他肯定会是有着这样一种感觉，就像拿因的那个从担架上醒起来的寡妇之子，唉，他在事先就恰恰更像那个死了被人抬出来的寡妇之子[3]。因此，我们赞美决定。不过关于这方面的说法不应当被想成是要去逗弄青春的听觉，也不应当听上去像是在那温情主义的柔软耳朵中的一种撩骚的、令人欣悦的样式变换[4]，正如有时候，如果有人在这个世界大声叫喊出这样一种讲演，那么这讲演还是会被听见，恰好适合于此，尽管并非是有意于此："这全部只是一瞬间的事情，只是去作一个决定，敢于像那快乐的游泳者那样一头扎进大海，敢于相信一个人比所有痛苦更轻松，穿过所有激流、穿过波涛的泡沫泛滥，游泳者仍然一路游向自己的目标。看吧，无所畏惧的游泳者：他攀上一个高地，他的眼睛通过这危险来让自己获得娱乐，他的形象在恐惧的颤栗之中欣喜，——然后他勇敢地扎入波涛；他就像被大海吞没那样地消失，但马上又冒出来，并且赢了，在单个的瞬间里得胜了。决定就是以这样的方式站立在那改变外貌的山上[5]，在危险之中显映出自身，然后他扎向大海，而在同一瞬间它又带着胜利冒出头来！"如果这讲演以这样的方式有着"作出一个决定"的荣誉，那么它无疑就会为我们留下印象，因为，听者又怎会不赞美演讲者的热情、景仰他的雄辩呢？这听者又怎会不被改变地走回家去呢？他应当是坐在那里，被各种高高在上的决定围绕，只是怀疑着，怎样的英雄形象才会是最适合于他的；不久他又会渴望再听一次这样的讲演，而在此之前则做着他能够做的事情——颂扬这讲演者，在他描述那游泳者的时候，他的剧烈动作、他的身形所展示出的猛劲，都在他眼前栩栩如生地呈现着。唉，让戏剧舞台保留那些属于戏剧舞台和耍把戏的英雄们的东西吧：各种夸张的大话、各种勇武的动作以及评判的人众的喝彩。如果一个人想要赞美"作决定"之中那有用的东西，那么他不会想为自己招致欺骗的罪名——借助于这欺骗来延缓听者的行动并为听者在"景仰"之中留下许多要做的事情；因为，"想要景仰"也是一种消遣手段，而"帮着去唤出它"则是一种暗杀，或者一种痴愚。

这样，讲演者不得不换一种方式来开始，最重要的是要去除掉这欺骗；因为魔鬼使用各种各样的技艺来诱惑一个人[6]，并且，在他通过各种高高在上的决定，或者更精确地说，通过对之的谈论和对之的景仰，加上通过随后到来的厌倦感（人们在看见自己之所能有多么微渺时所感受到的厌倦），想要引诱一个人去放弃一切的时候，这总会是一次危险的进攻[7]。不，在一个人学走之前他先是爬着[8]，而要飞则总会是可疑的事情[9]。固然世上有各种重大的决定（Afgjørelser）[10]，但是甚至相关于这些决定（Afgjørelser）也尤其是如此：一个人所要做的事情是"开始自己的决定（Beslutning）"，这样，他在这决定之中不会如此腾空高飞而以至于让自己忘记了走路。

这却是上面提及的那个讲演所作的欺骗：看来，一个人似乎应当考

141

虑，现在他是不是想要一头扎进大海。这已经是在浪费工夫了，在"去做成什么事情"上延迟，一种骄傲之营养，一个人自我欺骗或者让这样一种想法来欺骗自己：生活中的事情就是如此，危险是一种向人发出邀请的欢庆，一种不管你愿不愿意都会被实施的建议。事情却远非如此；在夸夸其谈的俗语之上，人们忘记了，一个人其实是处在危险之中，这里的问题不是关于"欢快地跳出去"[11]，而是关于"拯救自己"。这处在危险中的人也不是通过让自己"像游泳者或者那个受到赞美的决定那样地从那些高的地方一头扎下去"而进入危险的，相反，事情是简单而自然地发生的，是通过"一个人在逆犯之中进入母胎并且在罪中出生"[12]而发生的，因为，一个人是通过出生被置于危险之中，而他现在所处的，就是在危险之中。停留在对"有危险存在"的一无所知之中，这是怎样的思想匮乏啊，而想要通过各种夸张的大话和通过关于英雄盛名的承诺来鼓励一个人冒险去他所在的地方，这又是怎样的错乱[13]啊。然而这"让自己投入了危险"本身就是骄傲的，谦卑一点的话就是承认"自己在那里"，让自己接受"自己在那里"的事实，亦即，"在那生命之关系和治理[14]安置一个人所在的地方"，不敢离开自己的位置，不管是逃跑还是攀上更高的"一个人想要从那里让自己向下一头扎入危险"的地方。这危险在那里；去发现这危险也不是什么非凡的事情，以至于会引发出骄傲，如果一个人考虑到，"相对于为'发现这危险'而感到的骄傲，危险的恐怖也在增大"，确实，如果所有这一类思虑不通过一种简单的看法——"一个人要做的只是拯救自己"来被重新打断的话，那么恐怖很容易就会在一个人的头脑里膨胀起来。"让自己一头扎入危险"是骄傲，"与闻所未闻的恐怖作斗争"是骄傲，但是，有时候我们能够得知这同一个人有多么可悲，"过多的意图而太少的行动，丰富于真相而贫瘠于德行"也是可悲的[15]。危险在那里；对于有智慧的人或者对于有勇气的人，这不是什么秘密，单纯的人也知道这个[16]。我们也不会不谈论危险的真实名字而去谈论大海、风暴和波涛声，这些东西很容易把想象力引向幻想出来的观念和想象出来的业绩。幸运和福祉面临着危险：你将失去它们，也许因为失去它们，也失去你的勇气和信仰。这里有着灵魂的危险：世界对你而言变得空虚，一切对于你都成为无所谓，生活没有了滋味和营养，真理成为一种辛苦的捏造，死亡成为一种不确定的想法，既不令人惊恐也不召唤人。这里有着罪的危险：你将忘记你的义务，或者，至少将忘记，一个人应当带着喜悦去履行义务,一个人应当承受自己的痛苦,或者,至少将忘记,一个人应当带着奉献之心来承受这些痛苦,你将陷于罪中并且失去你的爽朗,沮丧地走过一生,在死亡之中绝望,这样,甚至悔都无法给予你支持。这里有着死亡的危险,这危险在外面到处都有着自己的探子,尽管它知道任何人都逃避不开它。是不是这危险不在这里,或者,你是不是知道,你,你也许想要到山顶之上一头扎下,你是不是知道,你是一个受指控的人,如果任何尘世的法庭都没有指控你,那么,你是在天上被指控,这审判是在天上;你是不是知道,你被囚禁了[17],尽管这监狱就像广袤的世界一样宽敞,但是尝试一下吧,跑到世界的极端边缘,躲进深渊,尝试看一下,那因禁你的公正是不是会把你带出来[18];你是不是知道,见证们在那里,尽管他们绝非作见证反对你,相反他们是你的知心者,这些见证是你的各种想法,这见证是你自己,他们在清算的日子将不得不成为你自己的举报者,而不能隐藏起最秘密的忠告或者忘却最飘忽的想法或者为你自己保留哪怕一个单个的想法使之隐藏起来,令你的良心不知道怎样拧榨出你的内闭性[19],令你的违背自己意愿的自我举报不知道怎样剥夺走这内闭性?因为人的正义是非常复杂的,但在有时候却又足够适度;神圣的正义则更简要,并且不需要指控者的报告,不需要法警的发送,没有对证人的询问,而是让有辜者成为他自己的举报者并且用永恒之记忆来帮助他。

但这却是一个幻觉,上面提及的那个欺骗性的讲演用这幻觉来骗人,看起来似乎是一切都已被决定下来,一切都在决定之战役日取胜了。就是说,固然"达成一个好的开始"的事实已经完全地被赢得了[20],但在同一个瞬间所该做的则恰恰是"以这个开始为起点出发",因为,如果一个美好的开始在下一个"此刻"会阻碍他而不是帮助他向前的话,那么这对于一个人来说也许就是最具败坏作用的事情了。把所有针对自己的危险和恐怖集中在一个地方,斗争着地挤向敌众聚结得最密集的地方,这是骄傲;"想要让太阳停止行进,在所有敌人被战胜之前不可以进入夜晚"[21],这是一句骄傲的话。相反,如果你去承认,"哪怕并非因为一个人自己的错,搏斗也一样被拖延持久,这样,每一天都有其相应的夜晚[22],而因为一个人的错,这白天以这样一种方式持久,这样,有时候在失败之后就进入了夜晚",那么,这种承认则是谦卑;如果你去承认,"哪怕诚实的搏斗者贯穿一生的道路也是艰难的,哪怕是以稳健的步伐走路的人也不是以英雄的步履行走的,是的,生命的暮夜在漫长的一天之后让搏斗者冷静下来，但吹响号角的机会却没有出现，因为甚至那达到了与目标最近距离的人也不会因胜利的努力而注定地或者理所当然地达到这目标，而是精疲力竭地希望能够有一个让自己安息的墓穴和一个平和地离开这里的行程"，那么，这种承认则是谦卑。固然一个这样的人的生活并非不知道各种更大的决定（Afgjørelser），但他却承认，他的整个一生都是一场搏斗，在他与他人的谈话中，他不会尝试着提及那些他有幸参与的各种重大决定（Afgjørelser）；他很清楚地知道，他的关于每天的搏斗的叙述会让那些好奇的人感到厌倦。无论如何，这毕竟是他的生活；他也许尝试过生活的可变性，也许是人类的可变性，但是危险仍不断地追随着他。但是，随着危险的不断重复，他更新自己的决定（Beslutning），他就是以这样的方式在斗争之中坚持下去。哪怕他走路没有力气，步履蹒跚，哪怕事情常常不是在向前进展而是后退着，那决定（Beslutningen）仍然一点一点地帮助着他，他却以一句美丽的话来激励自己："为上帝做你能做的事，这样，上帝将为你做你所不能做的事"[23]，直到他再一次决定，哪怕他的决定（Beslutning）看上去出身卑微，与前面所说的那个出身高贵的决定相比就像是一个残缺者。

在"作决定"以这样一种方式被理解为对一种决定性的决定[24]（一个表面看上去的矛盾，就像是：提醒一个人去作出行动，仿佛今天这一天是他的最后一天，但却又呈示出，在他眼前有着漫长的一生）的时候，这样一个事实就确定了：这决定是一种拯救性的手段。但是，如果这一事实是确定的，那么，"去留意决定之天敌，亦即，怯懦"，就无疑又是值得我们去做的事情，这怯懦，正如它有着顽强的生命力，它总是在考虑着怎样去打断或者损坏"决定"与"那永恒的"之间融洽的理解，怎样去咬断决定之锁链，这锁链被戴着时是轻的，但在它被打断之后就很沉重。因此，讲演就应当是针对着怯懦，因为它关联到使徒的那句简短的话。尽管我们有时候听人说，对上帝的敬畏，宗教，基督教使得一个人怯懦，反过来的情形也无法比在这里所说更确定地被说出来，在这里，使徒所说恰恰是：上帝并不给出怯懦之精神[25]，因此这怯懦之精神必定是来自别的地方，可能本来就已经在那个反对意见之中在场了。因此，任何人都不应当通过强调"使得他怯懦的是他的虔诚、他在上帝强有力的手下的谦卑"来做辩解；任何人都不应当害怕在这样一种意义上去把自己托付给上帝——觉得这一关系将从他那里剥夺掉他的力量而使他怯懦。恰恰相反，一个人，如果上帝没有用自己强有力的手来把他封作骑士，他在自己灵魂的最深处是并且继续是怯懦的，即使不是因为别的理由，至少也是因为他太骄傲而无法承受骑士封号仪式，因为正如每一场骑士封号仪式，这要求一个人承认自己的"不值"[26]。

然后我们就要谈论关于反对怯懦

人们给予"那不被允许的"、"那被禁止的"和罪一个开脱性的、一个几乎是受尊敬的名字，这应当是"一个精致的时代"的标志。有时候，"作伪"持续得如此长久，以至于那古老、严肃而确定的词语被遗忘，被废弃不用。如果有单个的一次，有人听见它的话，它则几乎会唤起哄笑[27]，因为人们会觉得，要么这讲演者是一个从那使用过时的庄严语言（这语言完全缺乏交流所需的灵活性）的国家来的人，要么他是一个使用这言辞来引发哄笑（要么是由于这言辞本身、要么是由于它对于其他"被它唤起了自己的回忆"的人的模仿）的小丑。如果一个人选择使用两个词（它们都标识某种可鄙的东西，是的，同样地可鄙）之中的一个，因为这一个在通常的联想之中有着一种附加的、在世界的眼中并非是很糟糕的涵义，那么，一种类似的作伪也会出现。这是"怯懦"和"骄傲"这两个词[28]的情形。如果一个布道者，他的作为是留意着人们的生活并将之唤入"那善的"，如果他要让人们警惕骄傲，那么他无疑会找到许多听众，然而讲演的作用则绝非在所有人那里都是如愿的，是的，甚至还会有这样的人，根本不留意这劝诫而去听从"使用这话语"之中所具的奉承的认可。相反，如果他要让人警惕怯懦，那么，那些听众就会看看这个看看那个，到底是不是有一个这样的可怜人在场，一颗怯懦的灵魂，一切之中最可鄙的，最无法忍受的，因为，甚至我们能够容忍被败坏的人，如果他骄傲的话，但是，一个怯懦者……确实，如果一个人感觉不到"既然怯懦如此令人反感、如此令人害怕去提及，是的，甚至它在生活之中就完全消失了，那么它就必定会有着什么问题"，那么，他就必定是完全听不见激情的黑话了。然而，任何一个人，如果他非常倾向于去认为"那针对'骄傲'的有礼貌的警告与他有关"的话，那么，他就可以肯定，那针对"怯懦"的侮辱性的警告也与他有关，因为，怯懦与骄傲是完全同一样东西；他可以肯定，如果他一向很愿意让自己看起来骄傲的话，那

145

么，这讲演就特别与他有关，因为那恰恰就是怯懦。

怯懦与骄傲是完全同一样东西。但这不可以被误解并且由此而马上就认为，人们以骄傲的名义所谈论的东西在通常就是怯懦。甚至不真实的骄傲也很少发生，如果布道者相应地让自己的讲演去针对生活所展示的各种关系，那么，他极少有可能会去警告别人警惕骄傲。不真实的骄傲要求一种关于"自己的价值"和"这骄傲者对自己所具的责任"的高度观想，这是他在整个世界上最害怕的东西。骄傲者总是想要做正确的事情、伟大的事情；其实他不是在与人类斗争，而是在与上帝斗争，因为他想要借助于他自己的力量来斗争；"要躲避开什么"不是他的愿望，不，"把自己的任务设定得尽可能地高"并且"通过自己的力量（满足于自己的意识和自己的赞同）来完成它"，这才是他想要的。因此，甚至不真实的骄傲者在孤独之中也会是骄傲的，也会去放弃和鄙视世上的一切酬报，同样，对人类的偏爱也是如此，任何灵魂，哪怕是最骄傲的灵魂，哪怕是最可爱的灵魂的请求都不可以打扰他；任何收获，哪怕是整个世界，最微不足道的和最隐蔽的收获，都不可以来引诱他；他必定会绷紧所有自己的想法来看见那正确的东西，他必定会想要这样做，因为他太骄傲而无法允许，人们是对的而他是错的，尽管没有人能够说服他。但是，一种这样的生活是无眠而非常紧张的，并且被许许多多恐怖追逐着。因此，在我们带着这一要求走到人众之中的时候，看吧，能够满足这一要求的人是如此之少。是的，骄傲在生活之中的第一跃，很多人作出了这一跳跃，很多人中固然不乏愚蠢的；但是，下一步：然后这骄傲者就去乞求那个他曾骄傲地鄙视过的人，然后这个曾骄傲地昂着脖子的人弯下了膝盖，然后他满足于他曾骄傲地摒弃的东西，然后这个曾想要与一切作对的人祈求着生命，然后这个曾骄傲地想要直立独行的人张望着寻找志同道合者，然后那狡猾地改变了骄傲之任务的人对自己撒着一点谎，并且从别人那里获得"这当然是最骄傲的事情"的判断，然后他们聚在一起，并且变得在集体之中骄傲，——这是虚荣和怯懦。我们当然不是为了要赞美那种不真实的骄傲而这么说，然而它的道路却就是这样可怕，并且因此是罕有人迹的路，这倒也很好，因为魔鬼正伺机等待着这不真实的骄傲，它会成为魔鬼的猎物，因为它是怯懦。就是说，如果一个人独自有这样的立场，那么他就必定会发现"有一个上帝存在"，如果他这时不愿意明白"一个人独自有一个秘密"是不够的，那么他就是过于骄傲而无法让一个全能的上帝[29]作为自己的"知密者"（Medvider），那么他当然就是怯懦；因为，尽管世界，尽管尘世生活和人生所藏起的所有恐怖都没有成功地向他展示出"他的孤独是一种幻觉"，但那全能者则马上就会向他展示，而这是他所不能忍受的；但这样一来，他就因而是怯懦的。

现在，既然连不真实的骄傲在世界上也是非常罕见的，但人们却又如此频繁地提及骄傲，那么，我们由此就可以推导出"怯懦必定是非常普通的事情"，是的，我们可以这样推导而同时不至于侮辱什么人；无需作为论断者和人心了知者[30]，我们也能够毫无疑问地认定"每一个人都多多少少地是怯懦的"；尤其是，我们可以相信，每一个试图进一步认识自己的人都会愿意承认：他常常陷于这样的想法之中，并且因此缘故他总是有着疑虑，甚至对自己最勇敢的作为也有着疑虑。不难看出，这种混淆会发生，这讲演将不断地把这一认识带进记忆，因为它，在它论述"怯懦"的时候，在自己的视野里一直有着"骄傲"；因为，如果我们要从根本上来考虑这事情，那么，最首要的事情就是，我们必须阻止那个最初的谎言。即使是在怯懦被混淆成聪明、被混淆成一种在人们眼中是受赞美的明智（其秘密是自爱）的时候，即使是在这时，它也是首先被混淆为骄傲，也就是说，在这样一种意义上："以这样的方式聪明地对待世界和自己的利益"被认为是某种伟大的事情。如果有人对这样的聪睿做出警告，那么我们可以好好看一下，这警告不会变得有什么诱惑性；因为，确实有人会愿意去听一种这样的劝诫，尽管并非只因这劝诫的缘故。只有从一种宗教视角来考虑，我们才能够正确地谈论或者反对这一类事情，因为这种宗教性的观想[31]认识那唯一不可少的事情并且知道它是那唯一不可少的事情，因此它不去为那许多的事[32]忙碌或者在"描述诸多差异"之中变得具有诱惑性。

现在，假如怯懦的情形是如此，就好像在这怯懦之上有着一种魔咒，在这怯懦之上也确实有着这种魔咒：除了自己的真实形象，它根本就无法在别的形象之中显现出自己，它根本就无法以自己的外在来欺骗，这样一来，它无疑马上就会在这世界上变得无家可归，因为，又有谁愿意与这可怜的东西住在一起呢？是的，它会马上不得不逃到最偏远的地方，这样，即使是最悲惨的人，即使是最低下的人都不愿意召唤它出来。然而事情却并非如此，怯懦恰恰是最灵活可变、最有弹性的，所谓是一切激情之中最令人舒服的；它不是嘈闹刺耳的，相反它宁静而沉闷地[33]，但却挑逗地，把所有其他激情吸引到自己这边来，因为，在与这些激情的交往中它是极其投入的，它知道怎样保持与它们的友谊，并且把自己置于灵魂的最深处，就像静止不动的水面上催眠的雾气，各种不健康的气流和欺骗性的幻象从这雾气之中弥漫出来，而这雾气则仍停留在原处。怯懦最惧怕的东西是"有一个决定（Beslutning）被作出"，因为一个决定总会在一瞬间里驱散开雾气。怯懦最愿意与之共谋的势力是时间；因为时间和怯懦都不觉得有什么理由去赶快；这岂不奇怪：那说出"就在今日"的不是时间，而是天上的上帝和"那永恒的"[34]。那么，就让每一天自有其烦扰和艰难[35]、也自有其快乐和酬报吧；这是那决定（Beslutningen）的永恒副歌，它的最庄严的最日常的要求，它的最初的和最后的言词，它想让每一天意味的东西和它想给予每一天的意味：就在今日。

但是，首先，怯懦使得一个人不去认识，那"是善"的东西，那真正伟大而高贵的东西；这东西应是他的追求、他早早晚晚的勤勉的目标[36]。如果在这里怯懦必须显示为它所是的那种可怜的爬虫，或者完全带着自己的粗鄙面目站出来，那就不会有什么危险存在了，但是它绝不会以这样的方式显现自己，或者至少是在之后，正如"那恶的"总是使用相应的形象来引诱，然后扔掉面具，并且让自己的猎物在"这已太迟"的想法之中沉入深渊。怯懦只想推迟这决定（Beslutningen）之决定（Afgjørelse）[37]，因此，它给予自己的行为一个漂亮的名字。它激烈地反对所有仓促的东西、不成熟的东西、急切的东西，但是不，"继续的追求"则是伟大的事情，这是一个骄傲的任务。"继续的追求"，——一个漂亮的名词，多么有欺骗性，在这样的情况下，难道怯懦还不能够为自己俘获一个灵魂吗？"继续的追求"仍需要有一个开始，尤其是考虑到它也许要获得一个终结，——不管是怯懦还是时间都不愿对此有所知；因为只有决定知道这个，它的名字提醒我们记住这一点，因为决定（Beslutningen）是开始，然而它的名字是来自"它知道：有一个终结（Slutning）在到来"。如果怯懦在一个人这里能够达到如此之远，那么我们就能够说，它已经把自己安顿得很到位很舒适了。这样持续地凝视着云朵而无需低下自己的头来看自己的脚，这是多么骄傲啊？如果我们赞美上帝把人构建成直立者[38]，那么，怯懦更漂亮地使得一个人站立，它岂不是更应当受赞美！现在，一个这样的人是在眼前看着一个遥远而伟大的目标活着；如果他有一瞬间的疑虑，那么，怯懦就马上会准备好解释，说这必须如此，因为这目标是如此无限地遥远。他生活在这"继续的追求"之中；如果忧虑醒来，担忧这到底是不是一种追求，它是不是继续，这时，怯懦就把所有怀疑散发出来，并且马上以这样的解释来抚平额前的皱纹：要去测量一种这样的追求，这单个的一天、这单个的一星期是一种太微不足道的定性。确实，他不追求；怯懦平静地继续着自己的追求，并且完全能够看出，它一星期一星期，是的，一天一天，并非是徒劳地追求，也不是在追求一个无限远的目标。

然而，"那善的"，那真正伟大而高贵的东西当然不仅仅是什么普通的东西，不仅仅认识的普通对象本身，相对于单个的人的特别的天赋（这天赋使得一个人能够比另一个人做得到更多，使得一个人能够以一种方式做这事，而另一个能够以另一种方式做这事），它也是某种特别的东西。天赋本身不是"那善的（det Gode）"，仿佛出色的能力是那好的（det Gode），而被局限的能力是那糟的[39]（这对幸福的人是怎样的诅咒啊，而对那不幸的又是怎样的绝望啊！）不，天赋是无关紧要的，但这无关紧要的东西却获得自己的意义。现在，如果能力很出色，那么怯懦就说："如果一个人有着这样的装备，那么，确实就不用这么急着开始。这太容易了，先让一些时间流逝，让一些东西被失去，出色的玩家喜欢在游戏输掉了一半的时候才开始。我很清楚地知道，现在我懒散着什么都不做，但是马上，马上会带着我的全部力量站起来行动。"这怯懦说得多么骄傲！"这任务太容易"意味了什么，它意味了：这任务是艰难的；在"那更沉重的"的名下，怯懦让选择者去选择那在世界的眼里确实是最沉重的东西，然而这东西却是"那更容易的"。就是说，"完全平静地开始"是更艰难的，因为这不怎么会让人获得声望，而这一小小的谦卑则恰恰就是艰难。因此，这给出建议和劝告的，不是骄傲，而是怯懦。每个人都知道，危险的瞬间给予一个人更大力量，但是，我们要注意，一个人在怎样的程度上并且在怎样的意义上而因此更伟大。或者，是不是如此伟大，以至于需要危险之恐怖以求能够集聚自己的力量？更不用说，那相反的情形也可能发生：恐怖固然到来了，但力量却无法被聚集。这是如此容易，以至于他无法决定去开始；这很骄傲，但这是怯懦的；因为他其实是害怕，他允许自己将之称作是"微不足道的琐事"的东西，结果并非完全如同他所说的那样；这时他就处于尴尬：要感觉到自己的弱点但却又不直接面对那极端的恐怖的巨大名声，要屈辱地站在那里，被剥夺掉每一种灿烂的退场可能。

或者，这能力是差的。那么怯懦就说："这一点太少了，要开始的话是不够的"。这说法是很蠢的，甚至很痴愚；因为，如果你没有更多的东西可让你作为开始，那么这必定就总是足够的，并且一个人用来作为开始的东西越小，他就变得越伟大；但是，看，怯懦把聪睿赢到了自己这一边，它说，这完全对，因为什么都不开始，那就什么都不会失去。一种这样的聪睿无疑是值得骄傲的，并且这骄傲已经认识到，"拒绝一切"要比"以一小点作为开始"远远更骄傲的多，而如果一个人拒绝"那被提供给他一小点"并且另外也拒绝了"一切根本就没有被提供给他的东西"，那么他所能够做的就是这个了。这看起来是骄傲的，但怯懦却是它的最初发明者。

"那善的"，那真正伟大而高贵的东西除了所有其他各种好的性质之外还有着这样一种性质：它不允许观察者有漠不关心的态度。如果一个人曾经看见过它，那么它就仿佛是从这个人这里获得了一个许诺；不管他沉陷得多深，他在根本上都不会完全地忘记，甚至是在他堕落的迷途之中，这一回忆固然是一种折磨，但有时候也是一种拯救。但是，正如它使得一个人得到提升，同样，它也羞辱他；因为它从他那里要求他的所有力量，但却又保留了将他称为一个"无用的仆人"[40]的权威，甚至在他做了所有他该做的事情的时候也是如此。对于怯懦，"去阻止这一爱恋的理解"就有着极端的重要性，这是"决定"与"那善的"在一种如此谦卑的境况之下庄严的协定。于是，骄傲就马上到场了；它同意"怯懦"的说法，解释说：在一个人只是想要这么做的时候，自己意识到"自己能够是比'自己所是'更多的某种东西"，这是更骄傲的。有时候，一个人可以把这一不确定的伟大提高到他所想要设定的高度上，一个人不应当让"自己是一个无用的仆人"这句话来拒绝他自己[41]。聪睿也支持怯懦，并且教导说，一个人总是应当有点怀疑，永远都不应当完全交出自己。这当然也是非常聪明的；但是设想一下：如果相对于那样一种情形——在之中如果你不把一切投入的话你什么都不会赢得，这只是一种痴愚。在生活中，如果你想要与一个有着确定价格单的生意人讨价还价并稍稍要把价格压低，这种讨价还价是不是聪明？如果这生意人有着完全确定的价格单，而你则将有必要用到他所销售的东西，这种讨价还价是不是聪明？然而这确实是聪明的；怯懦微笑地看着那轻率的骄傲者，看着他奋勇向前要去参与荣誉之争，微笑地看着他跌倒并安慰自己。然而，那怯懦的骄傲者只在一瞬间之中比那轻率的骄傲者更聪明，并且更可鄙；或者更确切地说，因为停留在对这样的一些差异的思考上是没有用的，这两者都失去了一切。

　　看，如果事情的进展是如此，那么，一个人就可以为此而感谢他自己和怯懦；因为上帝不给出怯懦之精神，上帝所给出的是力量和爱和慎思之精神[42]，正如这对于去认识"什么是'那善的'、那真正伟大而高贵的东西"和去认识"这东西对他意味了什么并且与他有什么关系"是必不可少的；正如这对于"用无私的爱去爱'那善的'、那真正伟大而高贵的东西"是必不可少的（这种无私的爱只想要作一个无用的仆人——这"作一个无用的仆人"是爱的喜乐，而与此相反的东西对于这爱则是一种侵害，这种侵害通过把爱弄成一种利润来污染他的爱）；正如这对于"在恒定之中坚持，以免让一切在不具备那种'使得这努力和决定之决定[43]冷却下来'的慎思的情况下都变得毫无结果"是必不可少的。这一认识，这一决定之同意是第一场献身仪式（Indvielse）。唉，一个人实在是很少有机会以这样一种方式来经历这一情形：他甚至是只在这献身仪式（Indvielse）的一瞬间里放弃掉所有自己梦想的和幻觉的东西，放弃掉每一个想要在超自然的尺度中向他展示并使得他为自己惊叹的海市蜃楼，而反过来去获取"按事情本身的样子看事情"的力量，获取"以自我拒绝的爱来将之环拥起来"的力量，获取"与之达成审慎之约"的力量；一个人实在是很少有机会以这样一种方式来经历这一情形：他甚至是只在这献身仪式（Indvielse）的时分中有力量去把自己拉向"那善的"（就仿佛"那善的"要消灭他）、有爱去让自己不在"那善的"面前退缩、有审慎之心去不让自己作伪！怯懦并非是来自上帝，但它却知道怎样为自己给出一个作为力量和爱和慎思之精神[44]的外表。现在，以这样一种方式，事情确实是如此，怯懦也这样教导说，每一个人都应当追求一种高而远的目标，它是高的，因为看，它是天空，它是远的，谁不知道这个，遥远，尤其是在一个人的业绩要去达到这目标的情况下。但是，上帝自己在日子们的初始划分出了时间，分离开了白昼和黑夜[45]，以同样的方式，决定之审慎也马上想要为人划分时间，这样，早上的更新了的决定，晚上的感恩和安息日的庆典，或者，不管现在决定是怎样为你划分了时间，我的听者，它们[46]就获得自己的作为分配和作为目标的意义。如果一个人在一开始不愿意明白这个，那么他就不会真正去理解一个决定，这则会使得他的生活变得毫

151

无意义，是的，可疑，就像那种"不断地拒绝生活所给出的表达自己的恰当时机"的友谊，毫无意义，是的，没有被人作为生活而经历过[47]，就像一场讲演在自己的卓越之中蔑视语言所提供的言辞和表达，它永远都不被人听到。谁不会看见这个，甚至连那最怯懦的人也许都会微笑地把这一讲演视作是多余的，因为账目的清算展示出什么是应当被做的事；但是他也许不曾想到，如果决定不是开始而开始不是决定，那么那账目就永远都无法得到清算，因为在某种意义上不存在任何账目。

现在，事情当然就是这样，"那善的"，那真正伟大而高贵的东西，对于不同的人是不同的，但是决定（这决定是真正的认识）则是同样的决定。这是一种非常具有陶冶性的想法。那想要建[48]一座塔的人，他坐下来对"他能够把这塔造得多高"作一下大致的估测[49]。唉，在估算的瞬间看来这会有多大的差异啊，但是在决定的瞬间，则又会有怎样的相同性，而如果决定不出现，那就不会有什么塔出现，不管这估测有多么富于幻想，或者多么确实地华丽！善的决定，它与那对"那善的"的认识相对应，就是想要做一切它所能够做的事情，竭尽其能所及想要为此努力。去做一个人所能做的一切，怎样一种至福的相同性啊！因为，这是每个人都能够做的事情。只在估测的瞬间有着差异。或者，那想要做出仁慈行为的人，他是不是能够做出比"给出他所拥有的一切"更多的事情；那个寡妇是不是比那从自己的多余财物之中给出一点的富人给了更多[50]？有时候，具体情况能够决定一分钱可以比"通常它所意味的"要意味着更多一点，但是，如果有人要达成一个奇迹，那么他能够使得这一分钱意味得像全世界的金子集聚在一起那么多，如果他是因为仁慈而这样做并且这一分钱是他所拥有的唯一的东西。是的，那用耳朵去判断"这馈赠有多大"的人，他只要听见钱币的叮当声就能够感觉到之中的差异，但是仁慈和圣殿钱匣对此有不同的理解。那能够用耳朵在估测中听出可能性之低语的人，他做出巨大的分别，但是决定对此有不同的理解。这样一来，我们看，如果一个人为自己的健康和力量而欢愉，拥有着圣灵的最好馈赠，在他带着自己的一切、带着那似乎是陈列在他面前的许许多多年、带着期待对生活每一个要求（每一个要求只为"那善的"的缘故而被期待和要求）投入为"那善的"的工作的时候，——我们也看反过来的情形，如果一个人带着忧伤看着自己的尘世的脆弱性、看着崩溃瓦解的日子如此接近以至于他忍不住要像一个牧师说话那样地谈论那被赋予他的时间，在一个这样的人用牧师的话语在决定的时分许诺"把这些瞬间奉献"[51]给为"那善的"所做的工作的时候,这时,谁的塔会是建得最高的?或者,如果这一个喜悦地觉得自己像那"将要成为一种'去赢得许多人'的强有力的工具的人",而那一个悲哀地在心中觉得自己对别人只构成一种负担,然而在他们都决定要为了"那善的"而成为一切并成为完全乌有的时候,谁的塔会是建得最高的,他们是不是两个都能够达到天[52]?或者,如果这一个对内在的敌人一无所知,他为了要为"那善的"工作而让自己的意念和想法逼向人类去拯救成千上万人,那另一个回返到自己内心中的战役,在决定的瞬间里拯救他自己,那么,谁的塔会是建得最高的?如果怯懦能够明白这个,那么它就不会那么反对决定,因为这就是决定之秘密。它要求一切,确实,它不让自己受欺骗,它容忍不了任何不诚实,它对那不愿意尽其所有地给出的人吝啬到一枚白币[53]都不给,但它却也不是小气的,它欢愉地看着那奉献出自己所有的一小点的人,它只会在这样的情况下生气,如果他想要让自己有所保留,如果他想要把过失推给自己的悲惨境况,如果他强词夺理地想要自欺说:"奉献出一切"对他是一种不可能,既然他什么都不拥有,如果他想要用"愿自己有许多东西可奉献"的愿望来让自己得到消遣、想要用"自己有多么慷慨"的想法来令自己欢愉、想要以梦想来满足自己心中的决定之愿望——直到这愿望重新消失。所有这一切都是怯懦和隐蔽的骄傲,它在昏暗之中希望变得对自己而言比其所是稍稍更多,希望以虚假的承认来搪塞决定。

其次,怯懦阻止一个人去做那善的,去完成那真正伟大而高贵的东西,而这个人正是在决定之中把自己与那善的和那真正伟大而高贵的东西关联在一起。在前面,我们已经提醒了人们去注意关于某种迷信,它使得一个人去认为一切都通过决定(Beslutningen)而得以决定(afgjort),这样他并非没有这样的倾向去作这决定,甚至也许是在这样一种推想之中:他的生活因各种决定而具备一种崇高,这崇高使得他不用去为卑微的事情担忧;他只愿在各种崇高的和决定性的场合冒险做一切,他不关心卑微的事情。唉,但是这样地仿佛想要纯粹地在生活中精心打扮是一种非常出色的谬误。对于那允许自己有着各种这样的关于"决定"的想法的人,这决定本身变成一个诱惑者和骗子,而不是一个忠实的导师。就是说,固然在决定之上确确实实闪耀着永恒之光芒,在决定之中一切看来确确实实是永恒地得到了决定;但这只是第一步。于是,这决定换掉其外衣,并且现在恰恰想要为最日常的事情担忧；以这样一种方式，这决定在自己的日常服装，或者，如果我可以这样说，在自己的家常便装中，看上去并非是那么神圣，但是在其内在本质之中，它仍是同样的，毫无改变。就是说，这是决定对于人的生活的意义：决定想要为人的生活给出关联，给出一种平坦而安宁的过程。对此，决定有着一件可爱的礼物：关注卑微的小事，这样，你就既不会忽视它们也不会在它们之中迷失，于是生活就在决定之中继续向前，在决定之中得到强化、更新和激励。

现在，这决定是另一样东西。也许它是"去得免于只有贫困需要去看的东西"，是"去忍住不说出一句小小的愤怒的言辞"，是"去强制自己忍受一种微不足道的不适"，是"去在工作中坚持的更久一些"，是"去忘记一个小小的侮辱"。怎样的变化啊！难道这样的一种做法不是一种对决定的不忠吗，或者难道这真的是决定所曾是的东西吗？因为，不管怎么说，决定曾是想要对尘俗的东西没有需要，想要在心满意足之中变得像天上的飞鸟一样无忧无虑[54]；决定曾是想要借助于和解来战胜自己的意念和自己的敌人；决定曾是生命之傍晚要见证白天有过工作；决定曾是把自己的灵魂提高到生活之中所有琐屑的小事之上。是的，那曾是决定，我们没有忘记；但是现在，这……，我的主啊，难道我们现在已经距离贫困如此之近，以至于我们有必要得免于这一小点？难道我们是如此愤怒，以至于我们在这样一种程度上要去畏惧一场小小的爆发？难道这半个小时有力量去使得一个人成为闲荡者？难道因为我们稍稍有点沉郁，我们就也许马上会发疯吗？难道在我们愿意去忘却各种更大的侮辱而只记得各种更小的侮辱的时候，我们就是无法和解的吗？哦，如果一个人对决定有所知，那么，他不会否认：这决定知道怎样说话，它说得那么漂亮，它几乎是在为自己的缘故而恳求，惟愿我们按它所说的去做，首先是，不要因为相信"在我们将自己托付给决定的时候，我们是在把自己托付给一个不可靠的人"而污染我们自己。它承认，它所想要的是一件琐事，并且这事就是应当被当成是一件琐事来做，因为否则的话，它就会被迫以一种颠倒的方式通过"使得一件琐事变成最重大的事"来把一个人的生活弄得很艰辛；因为，那作为一件琐事并且就其本身能够被忽视的东西，在决定在它之上设置了要求的时候，它就不再是一件琐事；因为一件琐事的缘故而对自己的决定不忠实，这也一样是不忠实，并且绝非是什么无关紧要的事情。最后，它严守着自己，并且想要通过"长久地困扰一个人而不是给予他安宁"来帮助这个人。

如果人与决定不再能够和谐地共处[55],那么,这错是出在哪里呢?这错是在于他的怯懦。确实,如果无足轻重的事情对于一个人不断地变成意义重大的事情,那么这个人的灵魂会困惑。这样的事情也不是决定之所愿,决定想要的是,他应当把这无足轻重的事情当作无足轻重的事情来做,应当把它当作决定的进一步后果来做。相反,怯懦会不断地想要与那意义重大的事情有关系,并非恰是为了真正去做出什么事情,而是因为"在意义更重大的事情之中经受考验"能够满足一个人的虚荣心,因为,在一个人失败的时候,"这事情是意义重大的"能够起到安慰作用。无疑,这样的事情是很罕见的:一个人真正地不作尝试,或者,不相信自己能够完成伟大的事情,并且以这样一种方式承认自己是怯懦的(如果这伟大的事情本来就是某种在其普遍有效性之中与每一个人都有关的话,因为相对于那外在的和偶然的,"不去过多地冒险"会是智慧而审慎的);不,他先是不诚实地对待这任务,将之称作一件无足轻重的事情,然后,他不去完成它。但是,欺骗是属于怯懦的,而满足是属于骄傲的,这样,在这里,怯懦又是作为基础的东西。

如果决定不在这一搏斗之中突破出来,如果这样的事情发生得更频繁——这决定以这样的方式不了了之,那么,它在最后就变得精疲力竭,事情越来越糟,直到决定成为一个被遗忘得差不多的徒劳的想法,一个来自往昔的、偶尔光临这被改变了的人的突发奇想。我们看见的不是那由决定想出的不断的进步,而是一种退步。然而再一次是如此,我们只能够到决定之中去寻找拯救,但这里的境况则不同于第一次。这时,怯懦表示反对;并且像它那么无力,它甚至把仇恨投向决定,在心里对之怀着恶念[56],并且通过骄傲之欺骗来满足自己。谁又能够算计出怯懦在这样的情况下能够想出的所有借口、所有诡辩,谁能够算计出所有怯懦知道要提出的欺骗性建议,它提出这些建议是为了证明自己相对于决定是对的,为了确证决定是一个捕捉人的圈套、是一种被囚者虐待自己的自我折磨、是一个并不帮助人的骗子(因为,它在以前曾帮过你吗?或者是不是曾有过这样一个瞬间是这样的:你几乎是愿意与它成交,但是看,它是不是马上来帮你了)。即使决定再一次在一个人身上胜利,哦,但这个人要真正重新获得力量,这则是多么罕有的事情啊。怯懦到处伺机守候着,如果它做不了别的事情,那它也留意着,等着决定在更新的时候会出现小小的偏差。如果决定真的要彻底得到更新，那么它就恰恰必须在它停下的地方重新开始。这是非常痛苦的。于是，怯懦和时间就用虚假的友谊来帮忙。处于间歇中的时间将"故态复萌"置于一定的距离之外，把它远远地放在不确定的轮廓之中，间隔的空间欺骗着眼睛，而浪费的时间作为过去看来并不很长，也不那么荒凉而贫瘠；另外杂草有时候也会开放出华丽的花朵。然后，在遗忘缓解了一些痛楚之后，这时，决定终于又来了。唉，但是怯懦也一起来了；尽管它不是决定的父亲（它永远都不是决定的父亲），它却站在那里，还得以起到一部分阻碍作用，令决定在更深的意义上无法把关联带进生活。也许骄傲以这样一种无畏的想法来安慰：去完全从头开始，去让过去的事情被遗忘掉，并且在现在比任何时候都更充满勇气地开始。但是骄傲所安慰的是谁呢？一种这样的安慰只会让决定感到受冒犯，那抓向这安慰的是怯懦；因而怯懦在这里又一次是作为基础的东西。如果这样的事情发生，那么，一个人可以为此感谢自己和怯懦；因为，上帝所给出的是力量和爱和慎思之精神。[57]

然而，也许事情并非如此，也许人们谈论的是那种在人之常情的意义上所谈论的"敢于决定去把塔建得很高的人"。如果这决定是伟大的，那么对这决定的实施也是伟大的，决定在胜利中就像是扯起了满帆一样地直奔目标。然而，他现在知道，以前也知道，他渐渐地越来越清楚地感觉到，有一件小小的琐事，他无法做到，一点小小的偏差。假如他的决定是善的决定，那么，这决定就会是"牺牲一切来为'那善的'服务"，因为，如果这不是他的决定，那么，这决定，不管这决定多么伟大，那么，他的受人敬佩的力量、他的耐力、他的胜利进展就只是一种多余并且是自己虚构出来的重要性；"那善的"和上帝并不需要他。即使一个人得以装备了去改造世界，如果他要把他所做的一切都算在他自己的账上，那么，他在上帝的眼里甚至不会比天空下的一只麻雀更重要[58]，这麻雀还并非是上帝真正需要的。但是，如果那曾是善的决定，那么现在这决定就会严守着自己并且很严谨地对待一个人。那么这又意味了什么呢：他在自己确实是能够去做成那伟大的事情的同时却不能够做成那微不足道的事情？不管他多么伟大，他也仍只是一个仆人；在他向"那善的"承诺了一切的时候，这时，他所能够做的事情，比起那"在人类的眼里是伟大的"的东西，则有着远远更神圣和更真实的意义。如果他，尽管他能够向全人类传授真理，却还是通过发现自己身上的弱点和错误而把自己的所有力量用在了他自己身上,那么,确实,在这样的情况下,他就是可靠的,比起"如果他所做的是相反的事情",他对于上帝就更重要,虽然人类会晕眩,如果他们看见一种撼动世界的力量在专注于处理那被他们称作是"无足轻重的小事"的话(尽管事情并非如此,因为反过来的情形就会是"对自己而言变成一个谜并且因此而尽自己的努力去把生活弄得毫无意义")。但是,我们怎样解释这一小小的错误呢?为什么它会在那里?那是无关紧要的事情,因此,"不去关心它"就是骄傲。那是无关紧要的事情;相当奇怪,生活中的情形会是这样:那些伟大的人无法去做普通人们所能做的更卑微的事情。那是无关紧要的事情;"那可笑的"距离最深刻的严肃是多么近啊!最伟大的东西和最卑微的东西就以这样的方式联系在一起,无关紧要的事情以这样的方式讥嘲那伟大的事情,就像一个促狭的小精灵一样地跟着它;多么奇怪啊,"考虑这种无关紧要的东西"真是某种适合于心理专家的事情,某种可以被我们称作是"生活对杰出的人的妒忌"的事情,它向这杰出的人提示说:他和所有其他人一样、和最卑微的人一样,仍是一个人;人本身的东西要求得到自己应得的[59]。现在,这是理所当然,每一个这样的解释肯定都能够有自己的意义,尤其是对于那不相关的人,但是,如果那相关的人会满足于这解释的话,那么,他其实就只是想要得到消遣,并且在根本上是怯懦的,他不敢面对自身去承受那仿佛是在等待着他的矛盾。只有通过自己承受这矛盾,他才能去学会那每个人不应当只是记住背熟而是应当特别地学习的东西:"他什么都不是";——有些人因为"他们自己所能就等于是什么都不是"而学习到这个,另一些人则因为"他们自己所不能就等于是什么都不是,但却足以在本质上使得所有他们的所能成为什么都不是"而学习到这个。规模庞大的事业常常会有足够的迷惑力,尤其是在它不仅仅华丽而受人们赞美、而且还对许多人有用的时候,然而,它却仍只是一种海市蜃楼;这决定仍不是善的决定,因为一个这样的人不是带着一切向"那善的"奉献自己,就是说,不是带着自己的弱点、听任上帝安排:到底是他想要让这一充满力量的人通过漫长的一生来疲惫地对这样的一个小小的缺点做修正工作,还是想要让那个有着美好的天赋的人对别人具备意义。幻觉是在于:一个这样的人在自己的眼里成为一个有用的仆人,一件重要的工具,但这不是那"满足于想要作为一个无用的仆人"的善的决定。因此每一个人都要考验自己[60]。固然有这样的可能:世上曾有人被人们钦佩,在活着的时候饱受赞美，在死后被人怀念，被尊为行善者，通过人们的纪念而被回忆，然而对这样一个人上帝却会说：不幸的人，你所选择的不是更好的福分[61]。但是，如果事情是这样的话，那么一个这样的人肯定也会不时地感觉到这种偏差，正确地理解的话，这偏差要么只是想要作为他的一个不懈的训蒙师[62]，并且就其本身要求在任何时候都能够进入，要么要求他去改变这规模庞大的事业并且更新那善的决定；上帝不给出怯懦之精神，上帝所给出的是力量和爱和慎思之精神。为上帝做你能做的事[63]，这样，上帝将为你做你所不能做的事。但这"做你能做的事"，难道不就是"想要谦卑地留意着你的弱点，在这弱点之中他也许恰恰会对你变得可理解"？是的，这是沉重的，如果一个人似乎能够为"那善的"做如此之多，但这一点却是肯定的：那最伟大的人和最卑微的人能够为上帝做的事情，那唯一的和那最伟大的事情，是完全地奉献出自己，因此，也是带着自己的弱点；因为对于上帝来说，听命是更令他欢喜的，胜过公羊的脂油[64]。

"青春的各种翱翔高飞的决定"的情形是一种痴愚，但是依赖于上帝，一个人可以敢去冒一切险。因此，去冒险吧，你已经变得对你自己和你的决定不忠实，也许因此而被弱化得如同一个孩子气的老人，你现在踟蹰着向前绝不去相信决定之重振，你，去冒险更新你的决定吧，它必定会在对那"给出力量和爱和慎思之精神"的上帝的信心之中让你重新站立起来！去冒险吧，你曾丢弃掉决定之锁链而现在作为一个被释放的囚徒强调着你的自由，你，冒险去明白"你的这种骄傲是怯懦"吧，去再次告发你自己吧，这样，公正重新会把你绑定在决定的工作之中，在对那"给出力量和爱和慎思之精神"的上帝的信心之中去冒险这样做吧！去冒险吧，你曾在什么时候在善的决定之中让自己在上帝之下变得谦卑，但却犯错并变得在你的和人众的眼中对"那善的"如此重要，你，去再次冒险到上帝面前变成乌有吧，他必定会给出力量和爱和慎思之精神！

最后，怯懦阻止一个人去承认他所做的"那善的"。现在，事情固然是如此，"被看得比'一个人本身所是'更卑微、更糟糕"总是比"被看得更好"更可取，后者是一个巨大的危险，如果它发生在一个人身上，非常可怕，假如这是他自己招致的。哦，即使我是一个濒死者，我还是会赞美这句话："在你禁食的时候，要梳头洗脸，不要叫人看出你禁食来，只叫你暗中的父看见"⁶⁵。尽管一个人进入了迷途并且行了罪,在上帝的仁慈之中仍有着安慰和信心。但是,如果一个人麻木到了足以去轻浮地对待那至高的东西,如果美德、爱、虔诚的神圣名词对于他已经成为了陈词滥调,他的嘴里充满了这些词,简直到了令人厌恶的程度,如果他对这一技艺已经炉火纯青到了极点,甚至能够毫无思想地与最神圣与最严肃的想法作交流,甚至能够把最严肃的东西转化成一阵舌头滚动声、把最神圣的东西转化成一个身姿;或者如果卑鄙得足以想去要弄出一身虚伪的外表、卑鄙得足以通过"扭歪自己的脸"⁶⁶来鄙视人众,卑鄙得足以去设想上帝是可以被购买的,是的,通过言辞和说法来买通,——一个这样的人,怎样才会有救啊?!或者,也许语言,尤其是在我们的时代,也许会去考虑到要为那神圣的东西想出一个新的并且是庄严的表述,如此庄严,乃至能够为那种人,为那(我们几乎要相信这样的事情)"尽自己的努力去借助于那作为一种神圣的遗产从更严肃的先人们那里继承下来的东西来把每一个更好的人弄得令人厌恶"的人留下印象?或者那神圣的东西会不会在什么时候攫住那只是太习惯于在虚伪之中与之交往的人?如果事情是如此,那么,那么我们就有必要去留心,使得一个人不去因为怯懦(尽管他做"那善的")而对他自己成为一个圈套,并且因为误导其他人的判断而成为败坏他们的因素;我们应当留意,那想要阻止一个人去承认自己所做的"那善的"的,是怯懦。

所有一个人身上的好的东西,从最初起就是来自沉默,正如这是上帝的属性,上帝居于隐蔽之中⁶⁷,同样,在一个人身上,"那善的"也是居于隐蔽之中。每一个"在其至深的根本之中是善的"的决定都是沉默的,因为它有着上帝作为"知密者"(Medvider),并且是到隐蔽的内屋⁶⁸之中走向他;每一种"在其至深的根本之中是善的"的神圣感情,都是沉默的并且被一种羞怯隐藏起来,这羞怯比女人的羞怯更神圣;每一种对那"在其至深的根本之中是善的"的人本身的东西的纯粹同情都是沉默的,因为它是隐蔽在上帝之中⁶⁹;每一次心灵的感动都是沉默的,因为嘴唇是闭起的而只有心是被扩展开的。如果人类在越来越大的程度上忘记了:在一切都沉默的时候,在没有人提及或者说出"在那里面发生什么"的时候,在寂静在一个人周围蔓延开的时候,他能够在暗中与上帝在一起⁷⁰,——那么,这有多么悲哀啊!如果生活的喧哗与骚动一代一代越来越早地把儿童和少年拉出去推进喧嚣之中,把这孩子召集起来去围绕那大声喧哗的东西,或者越早越好地让这孩子自己大声喧哗,——那么,这有多么悲哀啊!就让那些尘世的伟绩变得越来越伟大、越来越意义奇特、越来越复杂吧,我们不要忘记:一个人通过去参与,是的,通过去处理,最伟大的人类事业而赢得的收获,与"在世界里多余但却与上帝同享"相比,是不值得我们去从公路上将之捡起的。[71]

但是,如果"那善的"以这样一种方式是沉默的,那么,它会是多么容易被错认啊!很遗憾,事情也常常就是如此:那些最好的人们,就像那个国王的女儿,固然拥有着心头的金子,但没有小额的零钱来散发[72],有时候恰恰会因为其他人而在这个世界受最大的苦。如果这事情发生,那么,诱惑就在那里了:去中断与人众的关系,把自己与"那善的"一起关闭在沉默之中。这是如此有诱惑性,不仅仅对于那不真实的骄傲者,而且也是对于那带着畏惧与颤栗在上帝之下让自己沉默而平静地谦卑的人;在所有那不真实的灿烂、浓妆艳抹的虚假高度地受人尊敬,甚至想要去论断那被错判的人的时候,这是如此有诱惑性:让自己沉默、让事情看上去就仿佛"这论断是对的",让自己沉默,不用言辞来捍卫自己,而是让自己的秘密与自己一起进入坟墓。在感情纯洁而热情地带着一个人的心去见证"他爱得多"[73]的时候,这是如此有诱惑性;在那里的感伤垄断了伟大的言辞,甚至还要去论断那被错判的人的时候,这是如此有诱惑性:在这时沉默[74],几乎就确认它的论断,只是怀着这意识:周围的人们以自己的方式承认一个人身上的"那善的";因为,无论如何,难道这个人没有被宣称为唯一的自爱者吗?在如此多人马上对"那善的"说"是",许诺去做父亲想要他做的事,并且让自己获得赞扬的时候,这是如此有诱惑性:在这时说不,并且在寂静之中试图去做这事[75]。在灵魂叹息、呻吟并且禁食的时候,这是如此有诱惑性:在这时又梳头又洗脸,不去找那些慷慨大度的人、而是找没有心肠的人做伴。在如此多人带着他们的馈赠疾奔着,被作为行善者而提及,或者在他们涌向那受冤屈的人(他因这冤屈而赢得一种世俗的重大意义)或者探访那被囚禁的人(他通过监狱而在世间成名)[76]的时候,这是如此有诱惑性:在这时作为无名者,不被任何人看见地去探访寡妇、孤儿[77]和那被社会排斥的囚犯[78]。然而这也有着其危险,这会对一个人自己变得危险,并且这怯懦很容易就能够隐蔽地在场,或者逐渐地悄悄溜进来。

"那善的"为自己保留了"使得一个人成为一个无用的仆人"的权

利,哪怕是在他做了最多的事情的时候。这一想法对于这个人身上的自私来说是最有羞辱性的。它向一个人要求诚实的招供,承认自己变得完全就像每一个其他人,就像那最卑微的人所是,或者(因为不幸的是,这更真实)就像每一个人都能够成为的那种人。但是,如果他这时承认"那善的",那么,世界在这时也许会给出不同的论断,它会向他要求某种别的东西,并且,他也许无法忍受这个,即使他在寂静之中还是会有诚心去想要并且有力量去做"那善的"。本来,通过自己的善的决定,他只想要作为一个无用的仆人[79],亦即,一个不要求任何酬报的仆人。但是,看,世界酬报他,它以"错判"来酬报他。这[80]不是按照约定发生的。哦,如果一个人不明白,"甚至是在他为'那善的'做了自己所能的最多的事情并且另外还遭受错判的时候,他也仍是一个无用的仆人",那么,他的想法就根本没有领会"那完美的";而关于"他本应是已经完成了它",就更是免谈了。如果他畏惧错判,那么,那使得他不去承认"那善的"的东西,自然就是怯懦。

但是,一个人自己会有助于去招致错判。因此,就这点而言,他看来并不为"那善的"要求任何酬报,尽管他没有承认这一点。然而,让我们看。在他遭受错判的时候,他很容易变得自命不凡,固然不去论断别人,但是他想让自己的作为去论断别人,并且以一种狡猾的方式(如果我敢这样说的话)在上帝那里得到更大一笔贷方余额。他并非完全满足于作为一个无用的仆人,他想要作为"稍稍更多"。

现在,通过以一种夸张的方式来将自己展现成"那善的"的发言人,因此也就是,通过过多地承认"那善的",如果人们愿意这样说的话,一个人能够来招致错判,甚至是世界的迫害;现在,我们在这里不谈这个。我们在这里所谈的是:因为不去承认"那善的"而招致错判。我们不想以《传道书》(4:10)来说:"若是孤身跌倒,没有别人扶起他来。这人就有祸了",因为,对于"那生活在人众圈子中的人"和那孤独的人,上帝当然是"那既扶人起身又将人压倒者"[81];我们不想对这人喊"有祸了",但肯定会说一声"唉",他不可以进入迷途;因为在考验自己、检查他所追随的是否上帝的呼唤抑或是诱惑之声、检查在他的追求之中是否有着一种对抗和一种愤怒令人不堪地混进来的时候,他当然也是孤单的一个人。迷途是多么近啊!唉,也许还会有人甚至把诅咒招向自己,但这人却还是对的,在他被论断的原因上,他保持了自己的良心的清白,而他不

161

对的地方是在"保持沉默"中,是在于:他保持沉默的理由可能是"缺乏勇气去承认自己的弱点",他宁可让自己看起来邪恶而被人恨,也不愿被人爱却让别人知道自己的弱点。唉,也许还会有人如此沉重地承受着无用的痛苦,以便让这些痛苦来启迪一个诗人,并且也在一些时候让自己通过误解之苦恼来自命不凡,然而如果他想要让自己真正地诚实,他就必须自己坦白:通过一段小小的供词他至少能够缓和这些痛苦!唉,也许还会有人成年累月地戴着错判的索套,不让自己自命不凡,他屈伏于这索套之下,因为他把它当作自己的惩罚来承受它,尽管他让自己允许了一个变化,这样他没有因为他应为之受惩罚的东西而受惩罚,而是因为某种别的东西,他自作主张地从上帝的手上拿下人类误解了的论断作为一种上帝的判决,而让人类弄错。因为沉默和轻率(Letsind)也可以隐藏着一种沉郁地爱着"那善的"的沉郁(Tungsind)[82]。这将会是非常费劲的,更糟糕的是,沉郁还会由此得到养料而繁茂起来。对一切的沉默和冷漠也可以隐藏着一种良心上的不安,这不安的良心却有着"那善的"的这种表达:它恰恰想要承受自己的惩罚。就是说,我们在这里不是谈论关于那想要让自己看起来更好一点的虚伪,而是谈论关于那相反的东西,一种对自己的恨,这恨去令这人自己受委屈,这样,他只在"为自己增大苦恼"上很有创造力。但是对自己的恨却也是自爱,而所有自爱都是怯懦。

  每个人都考验自己,检查自己是不是承认"那善的",——它就驻留在他自身之中、感动并填充他的心灵,并且他为此而活着。如果他这么做,不喧嚣,不炫耀,因为,正如"那善的"是如此,同样"承认"也当如此,缄默的、谦逊的、得体的,总是羞怯的,这样,他就应当承受世界的错判,他没有任何责任,因为他,并且只有在这时,他才真正地是"在上帝面前是显明的"[83]。但是如果他不这么做,那么他最好要当心;因为怯懦实在是太愿意与骄傲沉瀣一气地结伴了。怯懦之欺骗是"去伪造任务",并且去使得艰难的东西变得容易,使得容易的东西变得艰难;骄傲的满足是"去选择那幻想出的艰难的东西"。这样,一个人就变得自命不凡,因为那行善但却又不承认的人,他就并非完全如同其他人。但是,如果一个人这样论断,他就不是以属灵的方式论断;因为,如果一个人以属灵的方式论断[84],那么他就知道,每一个人都只是一个无用的仆人。想要放弃世界和世界的判断,但却又为自己对"已这样做了"再给出一个世俗的承认，这可不是放弃世界，尽管怯懦和骄傲能够成功地发送出一次迷惑人的欺骗。如果一个人真正是爱"那善的"，难道它还不会对他有一个要求，让他承认它吗？就是说，"那善的"固然不是虚荣的，绝不会是因此才要求他去承认，但这是为了"那真的"，因此所有喧哗对于"那善的"来说也同样是可厌的东西。这是为了"那真的"，这承认就是他欠自己的邻人的真相[85]。因为，如果一个人要去犯错，那么"抓住这个人的手臂不让动"是不是一个善的作为？然而，如果一个人要去作出不正确的论断，并且，如果那对"那善的"的承认不阻止他这样做，他就无法做出别的论断，那么"扣住这个人的论断"是否也是一个善的作为呢？我们能够让一个人非常委屈，但是最沉重的也许就是：以迟到的悔（Anger）来覆盖一个过于急切地得出的不公正论断，而我们自己也参与了去达成这论断。

看，如果这样的事情发生，如果一个人以这样的方式通过去做"那善的"而步入迷途，那么，这时他就只能将此归咎于自己和怯懦，因为上帝给出力量和爱和慎思之精神。为上帝做你能做的事，（但这"做你能做的事"是不是这个：不愿意承认那善的，而想要一个人单独承受，尽管你的生活恰恰会教你去相信"一个人比他表面看起来的要更好"？）然后，上帝将给予你力量和爱和慎思之精神。因此，去冒险这样做吧，你与"那善的"联合了起来并且忠实于你的决定，你[86]，鼓起勇气（因为你是知道的，这讲演是在反对怯懦，而不是在反对骄傲）去冒险做更卑微的事情，如果你想要让它被这样称呼的话，去承认"那善的"，尽管你并不以此来夸耀！因此，去冒险这样做吧，你在你的心里承认"那善的"，你，也在人众面前这样做吧；不要在这样做的时候感到羞愧并垂下眼睑，就仿佛你是走在被禁止行走的路上，去承认它，尽管因为"你总是感觉到你自己的不完美"而羞愧，尽管你在上帝面前总是垂下你的眼睑！在对上帝的信赖之中去冒险这样做吧，你承受了你的惩罚并且没有逃避良心的审判，你，去冒险做更卑微的事情吧（这讲演是在反对怯懦，而不是在反对骄傲，尽管它还是牵涉到你），承受一个人的同情吧，你这个承担起惩罚的人！于是，每一个人都应当去承认"那善的"，在自己的决定之中得以更新，永远都不去被任何魔术把戏诱入歧途，就仿佛在被错判的情况下要为"那善的"工作就更困难；因为，如果这事情同时也是更不真实的话，那么它更艰难又有什么用呢，或者说，如果这事情对他倒是更容

163

易的，那么它对许多人更艰难又有什么用呢？

注释

    1　《提摩太后书》（1：7）：……］标题文字出自《提摩太后书》（1：7）。

    2　译文中出现的大多数"决定"，如果没有后面的括号，一般是指"决定（Beslutning）"。另外，在后面的关联之中，还有一个"决定"（Afgjørelse）概念。

    这个"决定"（Beslutning）是一个人所做的选择，选择让自己做什么。而上面的"决定"（Afgjørelse）则是一个人对外在的人的命运或者事物的走向所作出的决定，或者一个人的命运受外来的权力所做出的决定。

    3　拿因的那个从担架上醒起来……死了被人抬出来的寡妇之子］指向耶稣唤醒拿因的寡妇之子的故事。《路加福音》（7：11—16）："次日耶稣往一座城去，这城名叫拿因，他的门徒和极多的人与他同行。将近城门，有一个死人被抬出来。这人是他母亲独生的儿子，他母亲又是寡妇。有城里的许多人同着寡妇送殡。主看见那寡妇就怜悯她，对他说，不要哭。于是进前按着杠，抬的人就站住了。耶稣说，少年人，我吩咐你起来。那死人就坐起，并且说话。耶稣便把他交给他母亲。众人都惊奇，归荣耀与神说，有大先知在我们中间兴起来了。又说，神眷顾了他的百姓。"

    4　样式变换，就是说，不再单调。

    5　改变外貌的山上］指向关于耶稣在山上改变外貌的故事，《马太福音》（17：1—8）："过了六天，耶稣带着彼得，雅各和雅各的兄弟约翰，暗暗地上了高山。就在他们面前变了形像。脸面明亮如日头，衣裳洁白如光。忽然有摩西，以利亚，向他们显现，同耶稣说话。彼得对耶稣说，主啊，我们在这里真好。你若愿意，我就在这里搭三座棚，一座为你，一座为摩西，一座为以利亚。说话之间，忽然有一朵光明的云彩遮盖他们。且有声音从云彩里出来说，这是我的爱子，我所喜悦的。你们要听他。门徒听见，就俯伏在地，极其害怕。耶稣进前来，摸他们说，起来，不要害怕。他们举目不见一人，只见耶稣在那里。"

    6　魔鬼使用各种各样的技艺来诱惑一个人］比较阅读《哥林多后书》（11：14），之中保罗写道："连撒旦也装作光明的天使。"

    7　危险的进攻］指向《以弗所书》（6：11）："要穿戴神所赐的全副军装，就能抵挡魔鬼的诡计。"

    8　在一个人学走之前他先是爬着］丹麦谚语"在一个人学着走路之前，他不得不先爬着"。

    9　要飞则总会是可疑的事情］丹麦谚语"在你得到羽毛之前不要飞"。另外，在希腊神话中，代达罗斯替克里特岛的国王米诺斯建造了一座迷宫。然后米诺斯下令将代达罗斯和他的儿子伊卡洛斯一同关进迷宫里的塔楼。为了逃跑，代达罗斯制作出了飞行的翅膀，以蜡结合鸟羽制成。但这翅膀不耐高热，代达罗斯告诫儿子："飞行高度过低,蜡翼会因雾气潮湿而使飞行速度受阻;而飞行高度过高,则会因强烈阳光的灼烧会让翅膀融化。"父子两人飞出了塔楼,但伊卡洛斯越飞越高,结果离太阳太近,翅膀融化,最后坠海身亡。

10 前面出现的"决定"(Beslutning)概念是指一个人所做的选择,选择让自己做什么。而这里的这个"决定"(Afgjørelse)则是一个人对外在的人的命运或者事物的走向做作出的决定,或者一个人的命运受外来的权力所做出的决定。

11 夸夸其谈的俗语……"欢快地跳出去"]也许是指向丹麦俗语"不知危险的人是欢快的"。

12 一个人在逆犯之中进入母胎并且在罪中出生]指向《诗篇》(51:5):"我是在罪孽里生的。在我母亲怀胎的时候,就有了罪。"

13 这个"错乱(Bagvendthed)",在一些地方我也将之译作"逆转性"(《致死的病症》)或"颠倒"(《爱的作为》)。

14 治理]亦即"上帝的治理"。参看《巴勒的教学书》第二章"论上帝的作为"第二段"《圣经》中关于上帝的眷顾以及对受造物的维持",§4:"每一个人都应当把自己被安置的所在视作是一种来自上帝的使命安排,是为了要建立根据各种情况通过他而导致的最大和最好的益用",然后§5继续:"在生活中与我们相遇的事物,不管是悲哀的还是喜悦的,都是由上帝以最佳的意图赋予我们的,所以我们总是有着对他的统管和治理感到满意的原因。"

15 有时候我们能够得知这同一个人有多么可悲……也是可悲的]在草稿中,克尔凯郭尔在边角上写了"Ludvig de Ponte",亦即,西班牙的耶稣会成员和教师路德维希·德·朋德(Luis de la Puente)。德·朋德曾出版过一系列关于基督徒在生活实践和神秘内省中的完美性的审美著作。这一段是指向德·朋德的格言:"Ueberfluß haben an Vorsätzen, Mangel haben an heiligen Gemüthsbewegungen, reich seyn an Wahrheiten und arm an Tugenden – das ist das größte Elend(德语:丰富于各种意图,贫瘠于各种神圣的意念运动,丰富于真相而贫困于德行;这是最大的可悲)。比较阅读 H. Lamparter Leben des ehrwürdigen Ludwig de Ponte aus der Gesellschaft Jesu, overs. fra lat. af M. Jocham, bd. 1—2, Sulzbach 1840, ktl. 1957; bd. 2, s. 196.。

16 对于有智慧的人或者对于有勇气的人,这不是什么秘密,单纯的人也知道这个]也许是在演绎《马太福音》(11:25):"那时,耶稣说,父阿,天地的主,我感谢你,因为你将这些事,向聪明通达人,就藏起来,向婴孩,就显出来。"

17 你被囚禁了]在《四个陶冶讲演》的一个手写版中,克尔凯郭尔在第60页中写了:"你知不知道,正因此自杀才被称作是一次突破,因为活着的人被囚禁,这被称作是逃跑,因为'这活着的人是一个岗上的战士'。(苏格拉底)"[Pap. V A 113], ktl. 2130—2132]。比较阅读苏格拉底的《申辩》20d。

18 跑到世界的极端边缘……囚禁你的公正是不是会把你带出来]也许是指《诗

篇》(139:7—10):"我往哪里去躲避你的灵。我往哪里逃躲避你的面。我若升到天上,你在那里。我若在阴间下榻,你也在那里。我若展开清晨的翅膀,飞到海极居住。就是在那里,你的手必引导我,你的右手,也必扶持我。"

19 你的良心……拧榨出你的内闭性]比较阅读《恐惧的概念》之中关于"那作为'那内闭的'和'那不自愿地被公开的'的魔性的"。(社科版《畏惧与颤栗 恐惧的概念 致死的疾病》从第334页起)。

这里,"拧榨"是一个比喻,就像手洗床单之后,要将床单拧干,就必须把床单里的水拧榨出来那样,这良心要把"你的内闭性"从你身上像水一样地拧榨出来。

20 "达成一个好的开始"的事实已经完全地被赢得了]也许是指向丹麦成语:"好的开始是完成的半途"。另外,在第欧根尼·拉尔修的哲学史(第二卷第五章第32节)中描述说苏格拉底曾说过:"一个好的开始不是什么一小点东西,但却还是靠近一小点"。

21 想要让太阳停止行进,在所有敌人被战胜之前不可以进入夜晚]指向《约书亚记》(10:12—14):"当耶和华将亚摩利人交付以色列人的日子,约书亚就祷告耶和华,在以色列人眼前说,日头阿,你要停在基遍。月亮阿,你要止在亚雅仑谷。于是日头停留,月亮止住,直等国民向敌人报仇。这事岂不是写在雅煞珥书上么。日头在天当中停住,不急速下落,约有一日之久。在这日以前,这日以后,耶和华听人的祷告,没有像这日的,是因耶和华为以色列争战。"

22 每一天都有其相应的夜晚]丹麦成语。

23 为上帝做你能做的事,这样,上帝将为你做你所不能做的事]指向路德维希·德·朋德(Luis de la Puente)的警句:"Thu für Gott, was du kannst; und Gott wird für dich thun, was du nicht kannst"。

比较阅读 H. Lamparter Leben des ehrwürdigen Ludwig de Ponte aus der Gesellschaft Jesu bd. 2, s. 191.

24 决定性的决定(afgjørende Beslutning):一个对某人或某事物起到"决定性的(afgjørende)"作用的"决定(Beslutning)"。

后面的名词"决定"(Beslutning)概念是指一个人所做的选择,选择让自己做什么。而前面的这个形容词"决定性的"(afgjørende)中所蕴含的"决定"的意义则是一个人对外在的人的命运或者事物的走向所作出的决定,或者一个人的命运受外来的权力所做出的决定。

25 这是按照丹麦语直接翻译。但是如果按照中文版《提摩太后书》(1:7),则是"神赐给我们,不是胆怯的心"。

26 亦即,承认自己配不上这头衔。

27 人们给予"那不被允许的"、"那被禁止的"和罪一个开脱性的、一个几乎是受尊敬的名字,这应当是"一个精致的时代"的标志……它则几乎会唤起哄笑]比较阅读明斯特（J. P Mynster）的《观想》（Betragtninger）第一卷之20"罪"（第240页）："罪，——这个词现在很少在世界里被听见，至少是很少带着其真正的意味被提及；看来人们是认为，一个这么难的词能够照看着我们的各种行动；看来人们是认为这对我们和对别人都是不合情理的，如果我们想以如此严厉的一个名词（因为人们是这样说的）来为各种人身上的错误、弱点和不完美打上烙印的话；因此人们更愿意把这个词留给轻率的玩笑。"

28　"怯懦"和"骄傲"这两个词] 比较阅读《恐惧的概念》之中的"骄傲—怯懦"。（社科版《畏惧与颤栗 恐惧的概念 致死的疾病》从第358页起）。

29　全能的上帝] 参看比如说《巴勒的教学书》第一章《论上帝及其性质》第三段"圣经之中所教的关于上帝之本质和性质的内容" § 3："上帝是全能的，能够做一切他想做的事不费工夫。但他只做确定而好的事情，因为除了唯独这个之外，他不想要别的"。

30　人心了知者] 比较阅读比如说《路加福音》（16∶15）："耶稣对他们说，你们是在人面前自称为义的。你们的心，神却知道。因为人所尊贵的是神看为可憎恶的。"还有《使徒行传》（1∶24）："主啊，你知道万人的心"。

31　这一句，译者稍作改写，如果直译的话，则应当是："只有一种'宗教性的观想'能够正确地谈论或者反对这一类事情，因为这'宗教性的观想'认识那唯一不可少的事情并且知道它是那唯一不可少的事情，因此它不去为那许多的事忙碌或者在'描述诸多差异'之中变得具有诱惑性。"

32　那唯一不可少的事情……那许多的事] 演绎《路加福音》（10∶41—42）中耶稣对马大说的话："耶稣回答说，马大，马大，你为许多的事，思虑烦扰。但是不可少的只有一件。马利亚已经选择那上好的福分，是不能夺去的。"

33　沉闷（lummer）。Lummer这个词在丹麦语之中的本义是："闷热的；沉闷的；呆钝的"，在现代丹麦语中也有"带有性暗示"的意思。Hong将这个词译作"suggestive（挑逗性的）"。Emanuel Hirsch的德文版则将之译作"schwül（闷热的；沉闷的；呆钝的）"。

34　那说出"就在今日"的不是时间，而是天上的上帝和"那永恒的"] 也许是指向《希伯来书》（4∶7）："所以过了多年，就在大卫的书上，又限定一日，如以上所引的说，你们今日若听他的话，就不可硬着心。"另外还可以比较阅读《希伯来书》（3∶7）。最后还可以比较阅读布洛尔森（H. A. Brorson）的赞美诗《今天是恩典之时》（1735年），特别是第六段："仍有恩赐可得，/对于碎裂的心的叫喊，/仍有上帝可及，/仍有天大开。/哪怕你听见他的话/爱的教导，/恩典仍是伟大的。/现在这叫作：今天"。——《信仰的美好宝藏》（Troens rare Klenodie），由哈根（L. C. Hagen）出版。从第193页起。

35　就让每一天自有其烦扰和艰难] 指向《马太福音》（6∶34）："所以不要为明

天忧虑。因为明天自有明天的忧虑。一天的难处一天当就够了。"

36 这东西应是"他的追求、他早早晚晚的勤勉"的目标。

37 "决定"（Beslutning）是人所做的选择，选择让自己做什么。"决定"（Afgjørelse）则是一个人对外在的人的命运或者事物的走向所作出的决定，或者一个人的命运受外来的权力所做出的决定。

38 凝视着云朵……把人构建成直立者〕也许是在词源的意义上演绎希腊语"ánthrōpos（人）"——柏拉图给出的意义是"向上看者"。这种想法在古典时期很普遍。在西塞罗的《论律法》（Om lovene）第一章26中说："因为，在自然使得其他活的生物向地下弯腰以便能够为自己取得食物的同时，人是自然唯一直起的生物，它使他站起来，以便让他望向天空，就仿佛是望向自己祖国和本原故土"。

39 "那糟的（det Slette）"，也译作"那坏的"，它与"那好的（det Gode）"对立，但不具伦理意义。它不同于"那恶的（det Onde）"。"那恶的（det Onde）"与"那善的（det Gode）"的对立是伦理意义上的对立。

40 无用的仆人〕演绎《路加福音》（17∶10）中的说法："这样，你们作完了一切所吩咐的，只当说，我们是无用的仆人。所作的本是我们应分作的。"

41 这一句的丹麦语是："Denne ubestemte Storhed kan man Tid efter anden anslaae saa høit man vil, og man skal ikke lade sig det forekaste, at man er en unyttig Tjener."

Hong 的英译本："From time to time, this indefinite greatness may be rated as high as one wishes, and one must not let oneself be upbraided as an unworthy servant."

Emanuel Hirsch 的德文版："Diese unbestimmte Großartigkeit kann man von Zeit zu Zeit so hoch veranschlagen als man will, und man braucht es sich nicht vorwerfen zu lassen, daß man ein unnützer Knecht sei."

42 这是按照丹麦语直接翻译。但是如果按照中文版《提摩太后书》（1∶7），则是"神赐给我们，不是胆怯的心，乃是刚强，仁爱，谨守的心。"

43 亦即：决定（Beslutningen）之决定（Afgjørelse）。见前面的注脚。

44 这是按照丹麦语直接翻译。但是如果按照中文版《提摩太后书》（1∶7），则是"刚强，仁爱，谨守的心。"

45 上帝自己在日子们的初始划分出了时间，分离开了白昼和黑夜〕指向创世记的初始。《创世记》（1∶3—5）："神说，要有光，就有了光。神看光是好的，就把光暗分开了。神称光为昼，称暗为夜。有晚上，有早晨，这是头一日。"

46 这个"它们"是指被划分开之后的时间的各个部分，诸如："早上的更新了的决定，晚上的感恩和安息日的庆典"……。

47 "没有被人作为生活而经历过"，丹麦语是 ulevet，直译是："不曾被人生活过"，就是说，不曾有人这样生活过，因而毫无意义。

48 "陶冶"的丹麦语动词形式是 opbygge。这个词的直译是"向上建起（op-

bygge)",所以与"建塔"中的动词"建(opføre)"有同一个前缀。

"陶冶(opbygge)"在圣经中有相应用语,在中文圣经译本之中(丹麦文译为:opbygger)有时译作"造就",有时候也以各种不同的汉译词出现,比如说,"建立德行"《罗马书》(14:19)、(15:2),"造就"《歌林多前书》(8:1)、(14:3)、(14:12)、(14:26)、《歌林多后书》(10:8)、(12:19)、(13:10)、《以弗所书》(4:29)、《犹大书》(1:20),"建造"《歌罗西书》(2:7)、《彼得前书》(2:5),"建立"《帖撒罗尼迦前书》(5:11)。

49 那想要建一座塔的人,他坐下来对"他能够把这塔造得多高"作一下大致的估测]指向《路加福音》(14:28—30),之中耶稣说:"你们哪一个要盖一座楼,不先坐下算计花费,能盖成不能呢?恐怕安了地基,不能成功,看见的人都笑话他,说,这个人开了工,却不能完工。"

50 那个寡妇是不是比那从自己的多余财物之中给出一点的富人给了更多]指向《马可福音》(12:41—44):"耶稣对银库坐着,看众人怎样投钱入库。有好些财主,往里投了若干的钱。有一个穷寡妇来,往里投了两个小钱,就是一个大钱。耶稣叫门徒来,说,我实在告诉你们,这穷寡妇投入库里的,比众人所投的更多。因为他们都是自己有余,拿出来投在里头。但这寡妇是自己不足,把他一切养生的都投上了。"

51 "把这些瞬间奉献"]此处的双引号是原文中作者所给出的。双引号中的说法的出处尚未查明。

52 他们是不是两个都能够达到天]关于巴别塔的故事。《创世记》(11:1—9)。人类联合起来建高塔,希望能通上天;于是上帝介入,变乱人类的语言,使之相互不能沟通,并把他们分散到了世界各地。

53 白币]中世纪的一种银币,相当于1/3斯基令。一分钱。

54 想要在心满意足之中变得像天上的飞鸟一样无忧无虑]演绎《马太福音》(6:26):"你们看那天上的飞鸟,也不种,也不收,也不积蓄在仓里,你们的天父尚且养活他。你们不比飞鸟贵重得多吗?"

55 人与决定……和谐地共处]指向《诗篇》(133:1):"看哪,弟兄和睦同居,是何等地善,何等地美。"

56 在心里对之怀着恶念]演绎《马太福音》(9:4):"你们为什么心里怀着恶念呢。"

57 这是按照丹麦语直接翻译。但是如果按照中文版《提摩太后书》(1:7),则是"神赐给我们……乃是刚强,仁爱,谨守的心。"

58 在上帝的眼里甚至不会比天空下的一只麻雀更重要]演绎《路加福音》(12:6—7),耶稣说:"五个麻雀,不是卖二分银子吗?但在神面前,一个也不忘记。就是你们的头发也都被数过了。不要惧怕,你们比许多麻雀还贵重。"

59 "……人本身的东西要求得到自己应得的",简单的直译就是"……'那人

169

的'要求其权利",就是说:既然他是一个人,那么,那决定了"他是一个人"的东西也要求起到自己的决定性作用。

　　这句的丹麦语是:"…at det Menneskelige kræver sin Ret"。

　　Hong 的英译本:"…that the human demandsits rights!"

　　Emanuel Hirsch 的德文版:"…das Menschliche fordere eben sein Recht"。

　　60　因此每一个人都要考验自己]指向《哥林多前书》(11:28)。

　　61　你所选择的不是更好的福分]演绎《路加福音》(10:41—42)中耶稣对马大说的话:"耶稣回答说,马大,马大,你为许多的事,思虑烦扰。但是不可少的只有一件。马利亚已经选择那上好的福分,是不能夺去的。"

　　62　一个不懈的训蒙师]指向《加拉太书》(3:25—26),之中律法被说成是"训蒙的师傅"。

　　63　为上帝做你能做的事,这样,上帝将为你做你所不能做的事]前面有过注释。指向路德维希·德·朋德(Luis de la Puente)的警句。

　　64　对于上帝来说,听命是更令他欢喜的,胜过公羊的脂油]指向《撒母耳记上》(15:22):"撒母耳说,耶和华喜悦燔祭和平安祭,岂如喜悦人听从他的话呢。听命胜于献祭。顺从胜于公羊的脂油。"

　　65　在你禁食的时候,要梳头洗脸,不要叫人看出你禁食来,只叫你暗中的父看见]《马太福音》(6:17—18),耶稣说:"你禁食的时候,要梳头洗脸,不要叫人看出你禁食来,只叫你暗中的父看见。你父在暗中察看,必然报答你。"

　　66　扭歪自己的脸]比较阅读《马太福音》(6:16):"你们禁食的时候,不可像那假冒为善的人,脸上带着愁容。因为他们把脸弄得难看,故意叫人看出他们是禁食。我实在告诉你们,他们已经得了他们的赏赐。"

　　67　上帝的属性,上帝居于隐蔽之中]对照阅读《马太福音》第六章中耶稣谈论主"在暗中"。

　　68　隐蔽的内屋]演绎《马太福音》(6:6):"你祷告的时候,要进你的内屋,关上门,祷告你在暗中的父,你父在暗中察看,必然报答你。"

　　69　亦即,在对上帝的信、对上帝的依托之中。

　　70　在暗中与上帝在一起]参看《歌罗西书》(3:3),之中保罗写道:"你们的生命与基督一同藏在神里面。"

　　71　"一个人通过去参与,是的,通过去处理,最伟大的人类事业而赢得的收获,与'在世界里多余但却与上帝同享'相比,是不值得我们去从公路上将之捡起的"。这句句子插入成分较多,这里我强调一下句子中的主谓宾关系(见黑体字部分):

这种(一个人通过去参与,是的,通过去处理,最伟大的人类事业而赢得的)收获(,与"在世界里多余但却与上帝同享"相比,是)不值得我们去(从公路上将之）捡（起的）。

72 那个国王的女儿，固然拥有着心头的金子，但没有小额的零钱来散发] 指向李尔王的女儿考黛丽娅。在莎士比亚悲剧《李尔王》第一幕第一场中。老李尔决定退位，把王国一分为三；在他决定他的三个女儿将得到一些什么样的嫁妆之前，他想知道她们中谁爱他最深。在大女儿高纳里尔声称自己爱父亲超过任何别的东西的时候，小女儿考黛丽娅在一边说："考狄利娅该怎么好？爱并且沉默！"然后二女儿雷甘同样声称自己对父亲有着伟大的爱的时候，考黛丽娅在一旁说："哦，贫穷的考黛丽娅！不，并不贫穷，因为我的爱远比我的口舌更富有。"然后李尔王分别各把三分之一的国土分给两个大女儿。然后他问考黛丽娅，她将说一些什么来获得最大的一部分国土。一开始她不愿意说，然后，在父亲的催促下，她说："哦，我没有福分，不会把我的心强逼到我的嘴里；我爱您只是按照我的义务，既不多，也不少。"在父亲的进一步催促下，她说，假如她只爱父亲，她就不会像两个姊姊一样去嫁人的。他问，这是不是她心里的话。她回答是；他说她冷漠，她说自己诚实。他对她说："那么就让你的诚实做你的嫁妆吧！"然后他发誓断绝了与她的父女关系，并决定把王国一分为二作为两个大女儿的嫁妆。然后，勃艮第公爵和法兰西国王来到，两人都向考黛丽娅求婚。得知考黛丽娅被剥夺了继承权，勃艮第公爵撤销了婚约，法兰西国王则因对她真心的爱而迎娶了她。

73 他爱得多] 也许是指向法利赛人家里的女人的故事（《路加福音》7∶36—50）。关于这个进入法利赛人家里、以泪水湿了耶稣的脚并用头发擦干吻亲耶稣的脚并用香膏抹耶稣的脚的妓女，耶稣说（47）："所以我告诉你，她许多的罪都赦免了，因为她的爱多；但那赦免少的，他的爱就少。"

74 那被错判的……沉默] 比较考黛丽娅的台词"爱并且沉默！"。

75 说"是"……在这时说不，并且在寂静之中试图去做这事] 指向耶稣的"两个儿子"的比喻，《马太福音》（21∶28—30）："一个人有两个儿子，他来对大儿子说，我儿，你今天到葡萄园里去作工。他回答说，我不去。以后自己懊悔就去了。又来对小儿子也是这样说，他回答说，父啊，我去。他却不去。"

76 探访那被囚禁的人……在世间成名] 也许是指哥本哈根的监狱联合会。这个监狱联合会在1841年8月在英国人伊丽莎白·弗莱的安排下建立，并且在丹麦国王的1842年6月25日的许可之下，在一年的试验之后，在1843年12月1日正式成立。监狱联合会有一个特别的由十一个男女成员构成的探访委员会，其工作是探访囚犯，给他们上课，在道德上和宗教的意义上影响他们。

77 探访寡妇、孤儿] 指向《雅各书》（1∶27）："在神我们的父面前，那清洁没有玷污的虔诚，就是看顾在患难中的孤儿寡妇，并且保守自己不沾染世俗。"

78 不被任何人看见地去探访……囚犯] 指向《马太福音》（25∶31—46）的审判日场景："当人子在他荣耀里，同着众天使降临的时候，要坐在他荣耀的宝座上。

万民都要聚集在他面前。他要把他们分别出来，好像牧羊的分别绵羊、山羊一般。把绵羊安置在右边，山羊在左边。于是，王要向那右边的说，你们这蒙我父赐福的，可来承受那创世以来为你们所预备的国。因为我饿了，你们给我吃。渴了，你们给我喝。我作客旅，你们留我住。我赤身露体，你们给我穿。我病了，你们看顾我。我在监里，你们来看我。义人就回答说，主啊，我们什么时候见你饿了，给你吃，渴了，给你喝。什么时候见你作客旅，留你住，或是赤身露体，给你穿。又什么时候见你病了，或是在监里，来看你呢。王要回答说，我实在告诉你们，这些事你们既作在我这弟兄中一个最小的身上，就是作在我身上了。王又要向那左边的说，你们这被咒诅的人，离开我，进入那为魔鬼和他的使者所预备的永火里去。因为我饿了，你们不给我吃。渴了，你们不给我喝。我作客旅，你们不留我住。我赤身露体，你们不给我穿。我病了，我在监里，你们不来看顾我。他们也要回答说，主啊，我们什么时候见你饿了，或渴了，或作客旅，或赤身露体，或病了，或在监里，不伺候你呢。王要回答说，我实在告诉你们，这些事你们既不作在我这弟兄中一个最小的身上，就是不作在我身上了。这些人要往永刑里去。那些义人要往永生里去。"

79 "本来"是译者加的。在丹麦文原文中"通过自己的善的决定，他只想要作为一个无用的仆人"这一句中的动词是过去时。

80 "这"是指前面的"通过自己的善的决定，他只想要作为一个无用的仆人"。在丹麦文原文中"这不是按照约定发生的"这一句中的动词是过去时。

81 上帝当然是那既扶人起身又将人压倒者〕指向《诗篇》（75：7）："惟有神断定。他使这人降卑，使那人升高。"

这一句"……对于'那生活在人众圈子中的人'和那孤独的人，上帝当然是'那既扶人起身又将人压倒者'"是译者的领会。也许这一句也可以被理解为"……上帝当然是'那既扶人起身又将人压倒者'，是'那生活在人类的圈子中者'，并且是那孤独者"。

译者之所以如此领会，是因为考虑到前面所引的《传道书》中的句子中这个"孤身跌倒，没有别人扶起他来"而"有祸"的人当然不是上帝。

丹麦语的原文是："…Gud er jo dog den, der baade opreiser og nedtrykker, den, der lever i Menneskenes Kreds og den Eensomme"。

Hong 的英译为："…God is indeed still the one who both raises up and casts down, the one who lives in association with people and the solitaryone"（上帝当然是"那既扶人起身又将人压倒者"，是"那生活在与人们的交往中者"，并且是那孤独者）。

Emanuel Hirsch 的德文版则相似于译者的选择："…denn Gott ist ja doch der, welcher aufhilft und niederbeugt so den, der da lebt im Kreise der Menschen als den Einsamen"（上帝当然是那"既扶助又压倒'那生活在人类的圈子中的人'和那孤独的人"者）。

82 轻率（Letsind）……沉郁（Tungsind）：这两个词在丹麦语中直意是由

"轻——心"（let‐sind）和"沉重——心"（tung‐sind）构成。

83　在上帝面前是显明的] 比较阅读《哥林多后书》（5:11），之中保罗写道："我们既知道主是可畏的，所以劝人，但我们在神面前是显明的，盼望在你们的良心里，也是显明的。"

84　不是以属灵的方式论断……以属灵的方式论断] 指向《哥林多前书》（2:14）："然而属血气的人不领会神圣灵的事，反倒以为愚拙。并且不能知道，因为这些事惟有属灵的人才能看透。"

在与圣经无关的文字里，译者一般将这个"属灵的（aandelig）"译成"精神的"。

85　就是说，是他应当向自己的邻人给出的真相。

86　"你与那善的联合了起来并且忠实于你的决定，你"。译者在这里稍作改写，原文直译应当是"与那善的联合了起来并且忠实于你的决定的你"。

真正的祈祷者在祈祷之中斗争——
并且因为上帝战胜——而战胜

　　谁会想要去进入搏斗，如果他不具备"战胜"之希望，但是谁会不是高兴地进入这搏斗，如果他对胜利是确定的？那么，激发那搏斗者吧，我的听者，把他唤入战斗，尽可能地为他在战斗中创造有利的条件，让胜利之期待成为一种确定吧。对他说，他是最强大的，但是看，胜利仍是不确定的，只要它尚未被赢得！对他说，那些强有力者是他的朋友，随时准备要帮助，但是看，胜利却仍并非因此而已被赢得！对他说，对抗者是如此虚弱，乃至这战斗只是做做样子的，但是看，只要胜利尚未被赢得，那最确定的胜利也仍还是可疑的！因此，难道这胜利永远都不是确定的，只要它尚未被赢得，因此，难道这战斗者在战斗中总是带着一定的怀疑？绝非如此，有一种战斗条件能够去除所有怀疑，因此，有一种战斗条件使得战斗者真正喜悦而无畏；并且，这就是这条件：在他失败的时候，这时，他就胜利了。难道思想，不管它思考多久，还能够想得出比这"失败就是一场胜利"更大的胜利之确定性吗？如果一个人想要召集人众并且说："我确实邀请你们来战斗，但胜利是确定的。"那么在这时会出现怎样拥挤的人群想要参与去战斗，或者更确切地说，想要参与去胜利啊；如果他补充说："胜利是如此确定，乃至失败就是一场胜利，而'被战胜'就是'成为战胜者'。"如果只有一个人将获得这样的机会，那么这又会被激发出怎样的妒忌啊；如果他为了抚慰和满足这许多人的心而说："每一个人都能够参与，没有人被排斥在外。"那么，在这种喜悦的欢欣之中，整个人群在这时会怎样充满期待地围绕着他！但是，如果讲演者想要再稍稍更确切地解释，对那些斗志昂扬的人们的问题——"地点和战场到底在哪里，有怎样的战火辉煌的环境"，他回答说：战场是在每个人的内心之中，因此最好是每个人各自回家，这样战斗就可以开始。这时估计也就只有一个单个的人会这么做，人众几乎都不会听从他的劝告相互分手，而是以另一种眼神看着他,继续站在那里作为一堆好奇的人堆:一个痴愚者在这人堆中通过自己的讲演来为大家提供笑料。这时,如果他进一步对"战斗由什么构成?"这个问题作答说,其构成是"祈祷";那么,这时人们无需再进一步用见证人来反对他[1],因为"祈祷"恰恰就是"战斗"的对立面,"祈祷"是一种怯懦而沮丧的作为,是女人和小孩子做的事情,而战斗则是男人的喜好。如果他对"胜利由什么构成?"这问题回答说,其构成是:去认识到你已失败;那么,这时甚至那不太喜欢笑的人也忍不住要微笑,并且带着一丝微笑继续听这说话的人补充说:使用"失败"这个词是对的,这不是一个比喻的表达,而是完完全全地标识性的,标识着人的语言和人的意念就一次失败和一次挫折所理解的东西,相反"胜利"则必须在一种高贵的,并且在这样一种程度上是比喻的意义上被理解。在人众笑得厌倦了之后,这时,他们的发言人就会以傲慢而不乏机智的表述来终结这整个事件:他有着恰恰相反的看法,他希望自己最好是在根本意义上的战胜者,而在比喻意义上失败。

我的听者,这一讲演不就是生活之中所发生的事情的写照吗?一句随便说出的话聚集起一大堆人,轻易获得的胜利令他们振奋,但更深入的解释则把他们吓走,如果这价格会是它相对于"那至高的"所应是的价格,那么讥嘲就会给出撤退的信号,并且为撤退给出"赢得一场胜利"的表象;因为,难道不是这样吗:讥嘲总是要讨价还价以划算的交易来赢得"那至高的"?!然而,如果有人想要认为,那至高的和最神圣的东西的价格,就像现世物品的价格,要通过一个偶然事件、通过国内市场中货物短缺或者过剩的状况来决定,那么,这想法则是多么可鄙;相反,如果有人考虑到,事情并非如此,那自欺欺人地以为是以极低的价格购得了"那至高的"的人只是出于一种误解,因为这价格从来就是不变的,那么,这样的考虑则又是多么具有陶冶性啊。如果一个人想着,在你所购买的东西就是"那至高的"的时候,任何价格都不嫌高,那么这样的想法会让这个人的灵魂变得怎样地智慧、欣慰而果断啊!就是说,固然人们这样说是对的,"黄金也会被人以过于贵的价格买下"[2],但是,一个人是无法以太贵的价格买下"那至高的"的;如果他以太贵的价钱买下,那么他就没有买下"那至高的"!因此,这样的事情是美丽而崇高的,如果你在福音书的故事中或者在生活中遇上一个人,他不在市场上讨价还价(在市场上,通常最聪明的人算计着行情在今天高价买下那最痴愚的人借助于偶然在明天会很便宜地买下的东西),不,一个果断的、明白了什么是"那至高的"的人,他也会愿意为买下"那至高的"而付出一切[3];多么赏心悦目而有益身心,看他带着永恒持守的决定所具的不可侵犯之美,平静而严肃地站在那里:他收集好自己的拥有物,他在这些财物之外又加上每一个世俗的愿望,每一种被我们称作"人对生活的要求"的东西,他将所有这一切都摒弃掉,——这是他给出的价;如果你明天看见他,——毫无改变地重复自己不变的价格;如果世界用上了自己的全部狡智、全部恭维和全部恐怖,——他却仍然坚持自己的价格,只要他能够成功地买下"那至高的"。感性的人不愿明白什么是"那至高的"[4],不愿明白什么是"一场美好的仗"[5],胜利和失败意味了什么,不愿意,因为,赞美上帝,那最贫困和最简单的在贫困学校接受最初浅的教育的孩子[6],他很明白地知道这个;唉,是啊,如果一个人能够在自己的成年去完成他在童年时代曾知道过的东西、他在少年时代曾写作文论述过的东西,哪怕只是这些东西中的一半,那么,他就是在罕见的程度上的伟大而出色的人了。但是,感性的人的自爱太麻木不仁,因而不会愿意去被"那至高的"攫住;尽管有人会认为,得体的讲演能够使得感性的人有可能明白,什么是"那至高的",有人会认为,虔信的欺骗[7]能够把他骗进"那至高的"之中,或者爱心的计谋能够把他引到"那至高的"的手中,然而,在他那里,"那至高的"会被扭曲,它在他手中会成为恰恰相反的东西。事情是如此并且继续会是如此:美德是至高的聪睿;同样这也是很确定的:感性的人很愿意是聪明的并且追求聪睿;但是,尽管现在有人想要为了赢得他而论述这一点,这人也仍无法将他赢入美德,因为,如果要让他进入美德的话,那么,感性的人对聪睿的观念就首先必须被完全改变掉。确实,和解之心是最沉重的报复,确实,就像一个古老的智者所说的,对侮辱的最重惩罚是忘却它们;但是,如果那一心要报复的人像一头狼一样地隐藏在"和解之心"的外衣之下[8],那么,这会成为怎样的困惑、多么恶劣的僭妄啊?或者,他会不会因此就更进一步趋向和解之心的美德呢?我们可以相信,"那善的"会有其酬报[9],但是,如果那"图报的"感性的人为图报而行善,那么,他是不是会在什么时候去这样实践呢?毋庸置疑,履行一个人的义务,这一向就是生命之中最确定的事情[10];但是,义务有时候会要求牺牲生命,在这时,它也还会是最确定的事情吗?不,灵魂必须放弃所有算计、所有聪睿和几率统计来作出一个决定,它必须因为"那善的"是"那善的"而想要"那善的",而在这时,它无疑将会感觉到,这行善是有酬报的,它必须因为这义务是义务而驻留在这义务之中,而在这时,它无疑将会感觉到这之中的安全;它必须因心灵的无情催促而想要与自己的对头和解[11],这时,和解之漂亮仗也将为他赢得那被征服者的奉献之心。

以上所述,也同样适用于对于这一讲演的主题——"那在祈祷之中正确地斗争的人,他怎么通过失败而取胜"的理解。如果一个人不想要作出一个决定性的决定[12],如果他想要欺骗上帝而得免于心灵的冒险(在这样的冒险之中,一个人敢于闯到那看不见任何聪睿和几率可能的地方,甚至出离理智,或者,至少是出离自己世俗的思维方式),如果他不是马上迈出一步就开始,而似乎是想要在私下去知道一些什么,去使得那无限的确定性变成一种有限的确定性,那么,这讲演就不会对他有任何好处。有一种错乱[13],它想要在播种之前就收获;有一种怯懦,它想要在开始之前具备确定性;有一种极度敏感,它言辞盈溢地不断躲避着不去行动;如果一个人三心二意巧舌如簧地想要欺骗上帝,使之陷于几率性,而不愿意去理解那在几率意义上绝无可能的事情[14],——"一个人为了赢得一切必须失去一切"[15],这又有什么用?他必须非常诚实地去理解这事情,因而在最决定性的瞬间、在历险之颤栗贯穿他的灵魂的时候,他不会又忍不住要用"他尚未完全决定而只是想要先尝试一下"的解释来帮自己作辩解;然而,如果他不愿这样去诚实地理解这事情,那么说这一切都没有用。[16]因此,所有讲演,关于"祈祷者与上帝的斗争",关于"真正的失败"(因为,如果毁灭之痛不被真正地承受,那么这承受苦难的人就是尚未真正到达那应有的深度,他的尖叫就不是危险中的尖叫,而看见危险时的尖叫)以及关于比喻性的胜利,都不能够有意图去说服什么人或者把这关系转换成一种世俗的计算作业,并且把上帝对这冒险者的恩赐兑成给胆小鬼的现世的零钱散币。这在事实上对一个人并没有什么用处,哪怕讲演者有着这方面的能力,哪怕讲演者通过雄辩的艺术去令这个人在半个小时的决定之中坐立不安,借助于信念的炽烈在他心中点燃火焰,这样,这个人在一瞬间的善的意图之中有很大的热情,但却不能够在讲演者沉默了之后仍持守一个决定或者仍怀有一个意图。即使是一个天使用天使的话语来描述祷词的有益效用[17],这对感性的人也没有什么用,因为这感性的人既不愿明白[18]也不想去关心祈祷所益助的事情。即使那感性的人很愿意听见

"有益用的"这个词,并且天使使用了这个词,但是如果他们在一切方面都完全不同,甚至在对这个词的使用上都无法达成一致,那么这又有什么用。

不过,这讲演仍会获得其意义,然而对这意义进行沉思,则又是摇摆而可疑的事情;因此,我们最好是把这讲演看成一种冒险行为。就是说,如果一个人令另一个人明白那在现世的意义上是对他有好处的事情,并且后者根据前者所说去做了,那么我们就可以说,前者影响了后者。相反,如果一个人试图使得另一个人能够明白他的永恒福祉,那么他就不是直接以这样的方式来帮助了;因为依据于这第一个人的讲演,那另一个人尚不能够把握"那永恒的"。而反过来,如果他[19]作出永恒的决定,并且是在"那永恒的"之中作出这决定,那么他就不欠任何人任何事情,也不欠这讲演者任何事情[20]。就是说,一个永恒决定,是任何人都不可能给予另一个人或者从另一个人那里剥夺去的,也不是这一个人能够欠那另一个人的[21]。如果有人要反对说,在你没有这种几率性去赢得其他人的情况下,你完全可以沉默,那么,他只是通过这反对展示出,他(在"他的生活很有可能是在几率性之中繁荣而滋润"并且"他的事业在为几率性服务之中有着进展"的同时)从来就不曾冒过险,因而也不曾在任何时候有过或者给予过自己机会去考虑:几率性是欺骗,"去冒险"才是真相,这真相为人的生命与人类之境况给出本质和意义;"去冒险"是热情的渊源,而几率性则恰恰相反,是热情的天敌,是幻觉,感性的人借助于这幻觉来拖延时间、拒斥永恒,他借助于这幻觉来欺骗上帝、欺骗自己和欺骗同时代的人,——在上帝那里蒙混掉荣誉,在自己这里蒙混掉毁灭之拯救,而在同时代的人这里蒙混掉境况之平等。

因此,这讲演将要在这样一种想法之中寻求去把握那陶冶性的东西:真正的祈祷者在祈祷之中斗争——并且因为上帝战胜——而战胜。

在祈祷之中斗争,多么矛盾的说法啊!一个表述要多么强有力,才能够把两种如此相互冲突的想法捆绑在一起啊!在每一场斗争之中,事先都确定好斗争的武器[22];如果斗争的武器以这样一种方式确定下来是祈祷,那么这斗争看来就是不可能的,因为我们知道,祈祷不是一种战争的武器,而恰恰相反是对和平的无声追求,祈祷不属于那攻击别人的人、不属于那捍卫自己的人,它属于那屈从的人。如果说,按照每一场斗争中的惯例,斗争者之间的距离要在事先被确定出,那么,这斗争看来就又是不可能的；因为，在不祈祷的时候，上帝是在天上，而人在地上[23]，因而距离太大；但是在祈祷的时候，他们相互间又太近，这时就没有什么可在斗争场地中被展示出的中间区域。就是说，如果一个人完全投入在自己的祈祷之中，那么，他不是在斗争；但是如果他根本不投入，那么他就不是在祈祷，哪怕他是日日夜夜跪伏着祷告。这里的情形就像是一个维持着与一个遥远的朋友的关系的人的情形，如果他不去留意正确地写上收信人的地址姓名，那么，这就使得信件的定性无法被达成，这信件就无法被送达，不管他写多少信都没有用；同样，祈祷者要以这样的方式去留意，祈祷的形式必须是正确的，必须是那内在的人所具的奉献之心，因为，否则的话他就不是在对着上帝祈祷；这一点是祈祷者必须非常准确地去留意做的，因为在这里，相对于人心了知者[24]，任何幻觉欺骗都是不可能的。因为，如果说王公们逃避到乡间的孤独之中是为了逃避开那些不思时宜或者没有理智的请愿人众，那么，上帝在天上就有着更好的保障，尽管他仍不断是每一个人的最亲近者，他有着更好的保障，因为，任何不具备恰当形式的祷告（这恰当的形式是在人的内在之中），根本就不会到达他的耳边，尽管上帝距人近得足以听见最轻微的叹息，这祷告也与他无关，因为它不是向他作的祷告。即使这样的祷告拼命挤到了前面，即使它在世界之中听起来很响亮，但是，没有任何生命物知道这讲演应当与什么人有关，更不用说，如果你这样想的话，我的听者，要让一个天使降临来将它呈送到上帝面前[25]，就更不用说了，因为天使马上会在形式上看出，它不是要被发送给上帝的。看，因此，"祈祷成为针对上帝的武器"似乎是如此不可能，因为，只有恰当的祷告会达到他，而不恰当的祷告则是他根本听不见的，而"这样地祈祷的人要能够攻击他或者去伤害他或者去让他委屈"则就更是远远不可能的事情了。针对某个人，一个人能够借助于自己的祈求来使之委屈，这样，介于人和人，这祈祷是一种可怕的武器，也许就是最有杀伤力的；是的，人们警告强者，让他不要对弱者滥用自己的权力，但人们也警告弱者，让他不要对强者滥用祈求之权力；因为，一个人怯懦而狡猾地在一个不恰当的地方进行祈求，祈求让自己的愿望得以实现，在祈求之虚弱中将自己投掷进向人哀乞的悲惨之中以便去碾碎另一个人，这种做法能够造成的冤屈是惊人的，相比之下，也许那滥用自己的权柄的暴君、那滥用自己的聪睿的骗子，也从来就不曾在这样一种程度上为人带来惊天动地的冤屈。但是，相对于上帝的情形就不是如此；在其至福之中，他无

179

需面对那对于祈祷、对于哭叫和泪水的最可恕的和最卑鄙的滥用。

但是,如果我们说,祈祷之斗争在某种状态之中发生,那么这状态又是一种什么样的状态呢?如果那祷告者在祈祷之中与上帝斗争,因而他就是在同时既保留了与上帝的深刻而真挚的奉献之关系——因为他祈祷,又以这样一种方式与上帝分离开——这样他们可以斗争,那么,这祷告者又是一个什么样的祷告者呢?如果我们观察小孩子,那么,每个人无疑就都会倾向于去赞美他的简单而虔诚的祈祷,因为这小孩子在精神上贫乏,因此他看见上帝[26],他的祷告永远也不会与上帝发生斗争。那小孩子的幸福就在这之中,但在这之中也有着那对于一种后来的思考而言的"在孩子对上帝的虔诚奉献之中模棱两可的东西"。那小孩子,如果他本来就是遵照主的训诫得到了教养[27],他向上帝祈求"那善的",为"那善的"而感谢上帝;那么,他所祈求的是哪一种善,他为哪一种善而感谢上帝?这是那根据小孩子的观念而想象出的善。在小孩子在圣诞节得到玩具的时候,他就感谢上帝,正如他所得到的训诫要求的;如果一个小孩子在一年的这一时刻没有因成人的教导而去完全确信上帝的善,而同时他的父母的生活条件本来是有助于让他们的性情偏向于上帝和这孩子的,那么这小孩子必定就会是一个特别的小孩子。小孩子所祈求的,他为之而说感谢的,所有这种善的情形就是如此。在另一方面,小孩子并不把痛苦的事情、悲伤的事情、不舒服的事情(而小孩子的心性其实几乎只区分"舒服的事情"和"不舒服的事情")归咎于上帝。于是,又有什么奇怪的,小孩子会这样觉得:上帝就是善本身!不舒服的事情则被以另一种方式来得以解释,最通常的是借助于那关于各种"邪恶的人"或者关于一个"只会伤害人的坏人"的观念。如果小孩子看见母亲伤心,他绝不会想到要把这伤心归咎给上帝作为原因,或者觉得应当是有一种伤心之模棱两可,根据这模棱两可,伤心可以来自上帝,恰恰是为了把人拉向上帝。相反小孩子马上就想到那些邪恶的人。如果孩子丧失父亲,他看见母亲的痛苦,这时,他其实并没有关于"死亡会是怎样的"的观念;这小孩子被从这样的场景之中带走,尽管他在这种严肃、这种在整个环境之中弥漫开的悲哀阴影之中有所留意;但是这小孩子也还得到一件新衣服,有时候他对这衣服感觉如此满意,以至于母亲自己,尽管仍在流泪,也禁不住因此微笑,这样一来,小孩子对死亡的看法就又被引入困惑。现在,如果母亲在自己的悲伤之中不忘对孩子的关怀,对他解释说父亲是在天上在上帝那里,于是这小孩子马上就与上帝和解了，并且一如既往，在这里也得到祝福；因为这解释固然在一开始也许是母爱为小孩子定制的构想，然而它也渐渐地无声无息并且隐蔽地让这母亲满意，并且对这悲伤的寡妇而言变成一种解释。孩子跳起来越过"死亡"这麻烦。父亲曾在大地之上，那时曾是多么美好，因为父亲的父爱完全与孩子的观念一致；现在父亲则是在天上，并且在上帝那里过得很好。但是，这变化是怎么发生的，小孩子则不会真正去专注考虑这个问题；不管怎么说，他都不会想到要去把死亡看成是来自上帝。因此，在赞美孩子心中的虔敬时，我们总是应当稍稍谨慎。那值得赞美的东西，每个人都会想要、都会试图珍藏到临死之日的东西，是孩子的真挚内心；因为，每次他想到上帝，上帝对于他确实都是活生生地在场的。相反，在另一种意义上，小孩子的关于上帝的观念则并不是真的很虔敬。

一旦各种对立的想法要被放在一起思考，比如说，在悲伤的妻子不得不把亲人的去世与自己的悲伤归咎于上帝的时候，在她要想出一个与那母亲马上能够为孩子给出的说法不同的解释时，麻烦就开始了。这麻烦要在一个稍晚的年龄时期才出现，在孩子到了这样一个年龄的时候，一方面，那关于"那令人喜乐的"、关于"那可欲求的"、关于善和恶的观念很明确地得到了发展，另一方面，"一切最终都必须归因于上帝，如果一个上帝和一种敬神的生命观是存在的话"这一观念也明确地得到了发展。在这里，如果那孩提的东西又以一种无法解释的方式重新归返，那么在这时，我们将之称作是"孩子气的东西"，并且不只是满足于它的内在真挚性，因为我们要求这内在真挚必须处于与一种"更大程度上的成熟"的关系之中。因为，如果一个成年人除了知道区分舒服的事情和不舒服的事情之外没有任何更严肃的关于生活的观念、除了胆敢去思维匮乏地把这同样的理解简直就是强加给上帝之外（在这种理解之中他们可以在"上帝给予而他感谢"这一点上达成一致）没有任何更神圣的关于上帝的观念，那么，又有谁会去称赞这样一个成年人的虔敬呢？一个这样的可怜虫确实是不会在祈祷之中斗争；如果一切都如愿，那么他就感谢，如果事情与他的愿望相悖，那么他就放弃祈祷，因为他完全缺乏思想的这种真正的真挚内在：事情必须按上帝希望这事情被理解的方式来被理解，一切都应当归因于上帝。然而，这种真挚内在却无法马上穿透外在的东西，——这外在的东西与感性的人的各种观念与概念达成协议，使得斗争变得不可能；因为认识上帝比认识一个人还要更难，我们无法那么容易地通过"根据外

181

在的东西来认识上帝"来令自己驻留在一种幻觉之中,因为上帝只是灵[29]。如果一个人放弃那种思想之真挚内在,那么他就不再能够在祈祷之中进入斗争。他的斗争是完全另一种斗争,我们不敢许诺说他的斗争会有如此荣耀的结果,不管他现在是达到了"想要违抗上帝"的程度,是的,达到了对抗的极端,到了"想要拒绝上帝并因此简直就是要消灭上帝"的程度,还是他有足够的孩子气以至于想要把上帝引入尴尬,这样,在事情已经太迟或者在事情发生了之后,他想要令上帝为此而后悔。就是说,正如从来就不曾有过什么"没有去设想一个上帝的存在"的人,倒是有许多"没有想要让这一想法对自己有什么影响"的人,同样,其他人则是用一种不怎么直接的方式来证明他们还是不能没有上帝的,即使不是因为别的原因,哪怕是为了让自己能够通过"上帝不能没有他们"的想象来自命不凡并且妄自尊大,他们也要这么做;就像一个被纵容娇宠惯的孩子想要摆脱开父亲但却又摆脱不开那种滋养其自身虚荣心的想法——"这必定会使得父亲难过"。

  斗争者是何其之多啊;在一场斗争之中,祈祷者与上帝一同考验自己(因为那"与上帝作对地"考验自己的人不是在祈祷之中斗争),这斗争是多么不同啊;通过祈祷的特别性质,斗争者试图战胜上帝,祈祷的这一手段是多么不同啊!因为这斗争者的内心倾向就是如此,这是他的意向:这斗争必须有胜利果实,它必须获得一个荣耀的结局;如果有人想要劝他镇定说,"上帝是不变者[30],上帝不仅仅远住天国,而且在其不变性之中距离每个人更远",那么,这斗争者肯定会因为这样的一种说法而心生反感。因为,正如在说及一个人的时候,最坏的说法就是说他是一个"非人",同样,在说及上帝的时候,最坏和最令人反感的亵渎就是说上帝是非人性的,不管现在这样的说法会让人觉得那么漂亮,还是会让人觉得那么有个性。不,他向之祈祷的这上帝是人性的,有着人性地去感觉的心,有着听得见一个人的抱怨的耳朵;尽管他不会满足所有愿望,可是他还是靠近着并且让自己因斗争者的尖叫[31]、因他谦卑的欲求、(在他被遗弃如同坐监的时候)因他的悲惨、(在他在希望之中预期着希望之实现的时候)因他对希望之实现的急切欣喜而被感动;是的,这上帝让自己(在斗争者要死于沮丧的时候)因斗争者的哀恸、(在他沉陷进剧变之漩涡的时候)因他的叫喊、因他在所有时刻所许下的感恩而被感动;他让自己被感动,如果不是在更早的时候,也会是在最后的叹息之间,这时,在人之常情上说似乎已经是太迟了。于是就斗争起来。一个人为"自己的那一份没有出现的美好事物"而祈祷着地搏斗；一个人为诱人的荣誉而搏斗；一个人为他想要为自己所爱的人创造的幸福而搏斗，另一个人则为那要为他在他的爱人那边绽放的幸福而搏斗；一个人与他所逃离的往昔之恐怖对抗着，祈祷着地搏斗，另一个人与他所注目窥入的将来之恐怖对抗着，祈祷着地搏斗；一个人与隐藏在偏僻的孤独之中的颤栗搏斗，另一个人与所有人都看得见的危险搏斗；一个人为愿望之实现而搏斗，另一个人则针对那已经实现的愿望——因为它是一种匆忙的轻率——而搏斗；一个人竭尽全力地努力，尽管他同时祷告着，另一个人在祈祷之中期待着一切，尽管他同时还是劳作着；一个人想着愿望之实现与劳作的关系，另一个人想着错误关系。唉，尽管在这国家里有着和平，尽管有着健康与富足，唉，即使是在太阳明媚温暖地微笑的时候，也仍有着如此多斗争，唉，即使是在夜晚，天穹静默，星空无云，大地安息，也仍有着如此多斗争！但是，为什么而斗争呢？它是为"上帝是善"而作的斗争吗？不，绝不。它是为"上帝是爱"[32]而作的斗争吗？不，绝不。不，这斗争是为了让自己在上帝面前变得可以理解、为了真正向他解释那对于祈祷者是有益的事情、为了真正将之印入他的心中、为了真正赢得他对愿望的肯首。这斗争对上帝是善意的；因为它是为了真正能够靠上帝而变得喜乐[33]、真正能够感谢他、真正能够见证他的荣耀、真正能够确定在天上有着全部的慈父之爱[34]、真正能够爱他——如同人们在提及"那至高的"时所说："如一个人爱上帝那样地深爱"。斗争者对上帝是真诚的，因为这一见证是他敢于给予他自己的：他不是一个孩子，不分裂自己的灵魂，所以他不会一忽儿想要这个一忽儿想要那个，所以他不会在"愿望之实现"来临的时候思维匮乏地忘记了这愿望，不，愿望只有这唯一的一个；他敢于给予他自己这见证：他竭尽自己的全部理智以求变得有足够的深谋远虑来窥见对"愿望之实现"的最微渺的暗示，他绷紧自己的每一根思绪来以咒语召唤最微不足道的事件，查看它是不是会在自身之中隐藏了什么，他以感谢来向每一道暗示表示欢迎，并且请求它留在他这里。他的祈祷也不是什么骗人的诡计，对于他来说，这祈祷不是最后的逃避手段，因为，进行祷告是他所喜欢的，他不想要停下；如果他发现自己以这样一种方式变得半温不热[35]并且脱离了上帝，那么他的后悔不会迟缓，并且他马上又会重新在祈祷之中斗争。

斗争就是如此；难道它不是如此，我的听者，或者难道它不曾是如此？那脱离并且放弃祈祷的人，关于他和他的斗争，我们不谈。但是现在我们看，斗争的结果！然而，这问的人是谁？是一个好奇的人，他也愿意听这个故事？我们没有他想要的答案。如果这是一个经受了考验的人，那么，他当然自己就知道，甚至比讲演者更清楚地知道，并且我们很愿意接受他的指导。然而，让那斗争者问吧，因为那斗争的人当然是第一个轮到"去问结果"的人。也许他最希望的是，能够有一种经验来担保事情是如此：祈祷是就像是上帝所要的价钱，但是通过这个价格，那祈祷者在最终也获得他所想要的东西。难道这经验能帮得上他，说到底，难道这经验能够帮得上任何人（当然，除了那自己积累出这经验、因而也就是没有得助于这经验的人）？也许他想要的是，我们会谈及一种对愿望的奇迹般的实现，就像很久以前曾有一次发生的那样：婚宴上的客人得到美酒的意外盈余[36]，盲人获得视力[37]，瘫子获得康复[38]，死者获得生命而母亲重新得到自己的孩子[39]，那个躲在坟茔之间的不幸逃亡者重新获得与人类共处的命运[40]。难道这会对他有好处，就像他所认为的，如果还要加上一句，这样的事情不会再发生了？是的，如果这样的事情发生在一个人身上，那么这个人是幸福的，如果一个人尽管知道那些荣耀的日子已经过去但却能够为此、为那些荣耀的日子而感到喜乐的话，那么这个人就得到了至福！但是现在，这斗争的结果，你说；这个问题不是随便地被扔出来的，这同时是既害怕又渴望去听那解释；因为，能够期待得到解释，这则总是一种安慰，"希望"敢许诺自己从解释之中得到一切，只要人们还没有听到这解释，因此人们害怕已经听到了这解释；但是解释则是安慰，因此人们渴望听到这解释。我们已经提及了结果：祈祷者在祈祷之中斗争，现在我们看见了他斗争；他取胜，因而这成了结果；但是他通过"上帝取胜"来取胜，并且他自己由此成为了那真正的祈祷者。——我的听者，你难道从来不曾与一个这样的人谈过话，他在智慧上非常优越但却对你怀着善意，甚至比你自己更多或者说更好（并且因而更多）地关心着你的福祉；如果你从不曾这样做，那么好吧，现在就设想一下，就在现在，在我想要提出这问题的时候，会有什么样的事情发生在你身上或者我身上。看，在一开始的时候我们会是完全地不一致的，这智者所说的话令我觉得是一场古怪的讲演，然而我对他有这样的信心：他不想要滥用自己的优越，而是愿意听别人来说服他，并且愿意亲自来帮助我消除误解。于是我们谈到一起，并且在谈话的争执中交换了很多意见。这智者看来必定是有着综观，因为他一直保持着冷静，我倒是在没有真正感觉到事情是怎样的并且也不因此感到羞耻的情况下就会变得暴怒起来，因为这智者按理应当同意我的看法，这对于我是如此重要，乃至我在没有与他达成一致的情况下不敢坚持我的看法，——不过倒是敢去攻击他以求把他推向一致。这岂不是也会使得我发怒，因为这无疑是一种自相矛盾：想要以一种狡猾的方式通过我的能干（就仿佛我是那更强者一般）来赢得那智者对我的看法的认同，然后又是依据于对于"这是那智者的看法"的信心来让自己确信这看法的正确——因为他确实是那更强大者；因为我还是一直对他有着这信念，与他达成一致对于我来说是有着决定性的作用的。最后，在似乎是摇摇摆摆地在对话之中蹒跚了很久之后，在两个人都作了很大努力并且承受了不少艰辛之后，我一下子如此清楚地看明白了我想要说的东西，我简要地并且带着不可解说的力量提出我的看法，很确定地觉得，这必定能够让他信服。然而，看，这智者同意我是对的，并且给予我肯定。但是，既然他对我还是善意的，并且相信，我能够承受这解释，于是他就用竖起手指警告我说：你现在的看法恰恰就是我从一开始起所说，因为你在之前不能够也不愿意明白我的意思。这时，我的谦逊无疑就会在我的灵魂里醒来，于是我因我前面的行为而惭愧，但是这并没有在我这里剥夺走那种"为我所明白的真理而喜悦"的欣然之心，尽管我绝非是胜过那智者，因为我在这斗争之中只是自己被说服并且获得了力量。多么奇妙啊！然而这确实是一种幸运：我没有走上另一条道路、没有发怒、没有中断斗争、没有辱骂这智者（仿佛他因为不愿意听从我所以就是我的敌人）、没有因为他不愿认为我正确（相反他倒是更爱护我，比我自己所明白的更深切地爱护着我）而高声喊叫他的自爱。谦逊再次拯救了我：否则的话，如果我中止了斗争，并且在事后自己认识到真相，那么我就会继续把这智者视作是我的敌人，尽管我这时恰恰认识到了他所说的东西；我甚至会想要通过倔强地表示出"我现在自己明白了真理，根本不需要他，也根本不考虑到他"来羞辱他，尽管他恰恰想要帮助我，让我自己去看见这真相[41]，尽管他是那唯一的"原本能够通过说'是'（从而得免于我的侮辱并获得我的感谢）来阻止我去弄明白"的人。[42]

如果斗争者不放弃内在真挚，那么他的情形就是如此；内在真挚是他真正能够被说成是"在祈祷之中斗争"的前提。我的听者，不要说这是一种虔诚的幻觉，不要去诉诸于"生活之中的情形并非如此"的经验；因为，在事情仍会是如此的时候，这就是无所谓的，你只是在强制我（为了承认你是对的）去说，生活之中的情形是完全不同的，就是说，因为事情会是如此：人们会变得半温不热、冷漠而无所谓[43]，这样，他们既不感觉到那首先的，也不感觉到那末后的[44]，变得健忘，这样，在他们到达终极的时候，他们不再记得，事情在起始的时候是怎样的[45]，变得狡猾、诡诈而厚颜，以至于去指控上帝说他不帮助他们，并且无视上帝，认为他们自己能够依靠自己——首先，这说法是一种谎言，而在最后，如果本来在这之中是会有着真相的话，那么任何人都不可能脱离开上帝而了知这真相[46]。但是，那不放弃真挚内在的人，不是通过自己的斗争来使自己争斗出与上帝的关系，而是努力进入到上帝之中，他的情形就像前面所解说的那样，这时在上帝之中[47]的祈祷之真挚对于他成为首要的事情，而不是一个达到某种意图的手段。或者，难道"有什么东西被祈求"如此本质地属于祈祷，因而一个人祈求的东西越多，或者说他的言辞越是冗长，这祈祷就越真挚内在？这样一个人，他是不是一个祈祷者，是啊，真正的祈祷者，如果他说："主，我的上帝，其实我根本不向你祈求任何东西；即使你许诺我令我的每一个愿望得以实现，在根本上我仍然不知道自己能够想得出什么东西，除了一件事：我只想祈求可以与你在一起，在这你我生活在之中的'分隔之时间'里尽可能地靠近你，而在所有的永恒中完全与你在一起"？在祈祷者把自己的目光移向天空的时候，那么在这时，如果他不安的眼神不断地为他带来某种对于特定悲伤的安慰、某种对于他的愿望的满足，他是不是那个祈祷者，或者说，真正的祈祷者呢；让我们看得更确切，看那让自己平静的眼神只寻找上帝的人，他，难道不是他，才是真正的祈祷者？另外还有，如果那真挚内在不被放弃，而是作为人内心之中的一道圣火，毫无改变地被保存和守护着；因为，愿望，尘世的欲求，世俗的忧虑，都是现世的东西，在通常比人死得更早，即使他没有抓住那永恒的东西，也是如此，而他又该怎么去忍受那永恒的东西！这样，愿望之火就变得越来越黯然，最后这愿望的时间就过去了，欲望之虫渐渐死灭[48]，欲望死绝，于是忧虑之警醒渐渐地沉睡，再也无法醒来，然而真挚内在之时间永远也不会过去。

现在，谁得胜了呢？上帝得胜，祈祷者无法通过自己的祷告来逼迫上帝使得愿望实现。但是祈祷者其实也得胜了。或者，"得胜"是不是"一个人被认为是对的，尽管他不对"；是不是"一个人使自己的一个尘世的愿望得以满足，就仿佛它是那至高的事情、是对于'一个人向上帝作了祷告并且正确地作了祷告'的证明，对于'上帝是爱[49]而祷告者与上帝达成了相互理解'（其实正相反，这祷告者一生都对上帝有着还不清的感谢，而他通过自己的祈祷和通过自己的感谢则亲自把这上帝弄成了一个偶像）的一个证明"？

现在，胜利者们在这胜利中的状态不同于斗争者们的，这胜利是什么样的胜利啊？上帝被改变了吗？肯定的回答看来是一种艰难的说法，然而却确是如此，他被改变了；因为现在我们恰恰能够看到：上帝是不变的[50]。然而这一不变性不是那种凛然的冷漠、那种致命的高傲，那种模棱两可的遥远距离，那是僵化的理智性所赞美的东西，不，恰恰相反，这一不变性是真挚而热情并且无所不在的，是一种"对一个人的关怀"的不变性，并且恰恰因此，它不会因祷告者的尖叫（就仿佛现在是"什么都完了"）、因他的怯懦（在他觉得"'无法自助'是最舒适的"的时候）、因他虚假的伤心[51]（一旦对危险的忧虑过去了之后他马上却又为这伤心而后悔）被改变。

祈祷者被改变了吗？是的，这不难看出；因为他变成了那真正的祈祷者，真正的祈祷者总是胜利，因为这是同一回事。以一种不完美的方式，他已经确信于此，因为，在他有足够的真挚内在去祷告的同时，他还确信，如果他正确地祷告，那愿望就被实现，如果他相对于那愿望正确地祷告的话，——他就是这样理解的。现在他被改变了，但是这还是真的，是的，现在这成了真的：在他正确地祈祷的时候，这时，他就得胜。在一开始，"他祈祷"就已经是对他有好处的了，且不管他的祈祷有多么不完美；就是说，让自己的灵魂专注于一个愿望，这对他是有益助的。不幸的是，通常一个人想要太多东西，让自己的灵魂随着每一丝微风起舞。但是，那祈祷的人却知道怎样作出区分，他逐渐地放弃那根据他的尘俗概念来说是无足轻重的东西，因为他不太敢带着这些东西去面对上帝，因为他不愿意因为"总是去乞求这个那个"而丧失掉上帝的善意，相反，他在对自己的唯一愿望的欲求上做出更多强调。于是，面对上帝，他就让自己的全部灵魂集中到一个愿望之中，这一点就已经具备某种使人高贵的东西，就已经是对于"放弃一切"的准备，因为，唯独那只有着一个单一愿望的人，唯独他能够放弃一切。这样，他就准备就绪可以去在与上帝的

187

斗争之中获得力量并且去取胜,因为真正的祈祷者在祈祷之中斗争并且因上帝战胜而战胜。

战场上的情形是如此:如果第一排的战斗者获胜了,那么第二排的就根本不用进入战役,而只是参与庆祝。在精神的世界并非如此。如果一个人没有竭尽全力去赢得胜利,那么,这胜利固然是意味了一场胜利,但也意味了,他马上要被引入一场新的斗争以便再通过失败来得胜。现在,有多少人是在斗争着啊;在一个人的内心之中,斗争常常进行得如此隐蔽而私密,因为有形的世界不会揭示出任何事情。祈祷者在"那外在的"之中不欲求任何东西,他的愿望不去追求任何尘世的东西,他的想法并不专注于、并不担忧那许多东西,不,他平静地坐在自己的失败中,然而却并不闲着,因为他沉思着,并非无所事事,因为他默想着一种解释。因而,这斗争变得更真挚。他并没有想要向上帝解释自己的愿望,没有想要在自己的祷告之中使自己对于上帝变得可理解,绝非如此,他放弃了愿望,他承受损失,他与痛楚和解,然而他还是绝非要去作解释;他的"祈祷中的斗争"是:上帝会向他解释自己。他敢为自己给出这一见证:他不是一个认为"解释是存在的,只要他去问一下什么人"的孩子,也不是一个为自己做梦去梦见这解释的少女,不,他工作。在白天,生活喧嚣着,这时他的思想工作着要去盖过这喧嚣声,在夜里,万籁俱寂,他的思想工作着,是的,甚至在软弱的瞬间,在本来是没有人能够工作的时候,他的思想仍在工作着,它在假日和工作日都工作着,然而,"他能够找到解释"的庆典之日还是没有到来。因为,已发生的事情当然必定是那最好的,与那唯一的或者所有愿望的实现相比,丧失和痛楚则是在完全另一种意义上对他来说有益的[52],——"有益的",是的,这是那座桥的名字,他要从痛楚出发过桥纵身扑向至福,唉,但这桥却不断地被切断;"有益的",是的,这是那摆渡人的名字,他想要为自己买下摆渡人的友情[53],唉,这摆渡人却沉默;"有益的",是的,这是那黄昏的名字,他想要在黄昏与上帝相遇,唉,然而这应许却没有出现;"有益的",是的,这是他所欲求的献身仪式(Indvielse)的名字,为了可以被接纳进那对于"上帝的苦难之秘密"的领会!或者,难道这是解释:上帝拒绝给予他理解,而只是要求信心,因此上帝只想与他有那种"在'那不可理解的'之中的理解";因为,那使得我们不去通过"想要使信仰成为某种别的东西"来讥嘲上帝和人类和那些经受了考验的人和英雄们和语言和后代和焦虑者们和我们自己。信仰阅读理解，只会像是在阅读谜语[54]，从人的角度说，它不具备解释，如果说理解，也只是在某种疯狂的意义上的理解，所以从人的角度说，它是世上所曾有过的最糟糕的生意经了。但事情也应当是如此，天上的上帝尚未进入尴尬处境，不管人类做什么，他都不甩卖；他当然是不变的，理智嘲弄那向上帝尖叫的焦虑者说，但是，看，它[55]的讥嘲落到它自己身上，因为，他确实是不变的，他没有成为怯懦和软弱的一个朋友，他没有随着年岁而变得虚弱以至于无法区分我的和你的并且让一切在自己面前混作一团，他仍是语言的最初发明者[56]和至福的唯一施主，他是不变的，尽管他不会去满足时代的各种要求！信仰的情形就是如此，它是从人的角度说最糟糕的和从人的角度说最麻烦的生意经。

那么，安慰者[57]什么时候到来呢？基督回答那些悲哀的弟子（他在像训练商店学徒那样地教这些弟子去达成出色的生意经）说：在我离你们而去的时候。[58]他对他们是什么？他是他们所拥有的一切，对他们而言，他是他们唯一的不可估量的财产，他在他们那里是喜悦之日常面包，他对他们而言是至福之期待。耶稣的离开令使徒变得贫困，没有任何富人因丧失一切而变得如此贫困，没有任何恋人因失去爱人而变得如此一无所有，没有任何期待者会变得像使徒一样感到匮乏。然而基督必须离开，并且"这是对你们有益的"。[59]看，这是信仰的解释，从人的角度说，使徒到底明不明白，或者能不能明白这解释？然后，安慰者就会到来。哦？是的，在这事情发生的时候。但是他马上就来；因为我们也通过"哦？"这句问句来问这个问题。或者，难道这事情迅速降临于使徒[60]，就如同发生在亚伯拉罕身上的事情那样迅速，那时安慰用了七十年时间才来临？[61]哦，那知道去为悲伤者歌唱的人、知道去扶持膝盖松弛步履颤抖者的人、那知道去引导那"因为在自己周围只看见无望的悲惨世事而盲目地凝视自身者"的人，他有福了；但是，让我们丢弃掉所有漫不经心的说法吧，所有这些漫不经心的说法，想要缩减悲伤的时间，但自己却没有从悲哀之中学到"计数是什么"；所有这些漫不经心的说法，有着安慰之形态，没有安慰之力量，所有滔滔不绝的言辞，在耳中留下美声的回响，但却在那想吃之人的嘴[62]中有着谎言之可鄙，丢弃吧！不，安慰者不会马上到来，一个人敢对自己和别人说的唯一的东西就是：他将到来，他肯定会到来，正如上帝活着。

然后，安慰者带着解释来临，然后他将一切都更新，脱下受难者的丧服[63]并且给予他一颗新的心和确定的灵[64]。然而，这之间会持续很长的时间。如果斗争者——尽管他认为自己失去了一切，如果他欺骗了他自己，那么他的灵魂在某种视角之下要冒险去借助于人类的几率可能去尝试一种世俗的福祉，那么，在这里还有时间。这样，那错误的认识就会得到时间去侵犯那失去了一切的人，这样，忘恩负义之心就得到时间和勇气去一意孤行并藐视那"被暗示着生命危险的尖叫误导"的人，去冒险进入危险并且让自己亲身待在那尖叫者在幻觉之中以为自己所处的境地；这样，讥嘲就得到时间去通过"向那只能以自己的痛苦作为'上帝是爱'的证据的人要求人类意义上的[65]证据"来进行伤害；这样，羞耻感就得到"去与伤害作伴"的良机。对于那以为失去了一切的人，还会有多少新的痛楚被预留给他，这痛楚会多么隐蔽而私密地击中他？然而，看，这一切全都有助于去得到那解释！

为获得解释而斗争的情形就是如此，祈祷是使得这解释的情形会变得如同他所祈求的解释的情形。一个人为了不让这解释使得他自己有辜而竭尽全力地搏斗，不，一切都是天意，一切都是来自上帝，是为了考验、为了净化、为了试探那爱者；一个人为了让这解释向他解释他的辜而搏斗，他搏斗，为了让自由之激情看上去不会是一种欺骗，并且反过来让"辜"的鸿沟般的分隔会使得和解的至福更真挚。一个人欲求让解释将他置于与人类的关联之中，让这解释进入那"对所有人是共同的"的命运——这命运对所有的一切都意义重大；另一个人的欲求是：这解释会在与其他人的关系之外看他，这样他就能够被特别地视作是属于孤独的痛苦，不仅仅是如此，而且也被特别地视作是属于孤独的特选。斗争的情形就是如此，斗争者在祈祷之中与上帝搏斗，或者他与自己斗争并且在祈祷之中呼唤上帝来帮助自己与自己作斗争。但是，如果斗争者不放弃真挚内在，因而也就是不放弃祷告，如果他爱上帝很多[66]，如果他像人们渴盼那"对自己的存在而言是不可或缺的"[67]的人那样谦卑地渴盼上帝，炽烈地，就仿佛是渴盼那"自己因为他而成为一切"的人，如果他诚实地对待自己欠上帝的感谢与崇拜之债（这债务不断地增大，因为他还不能够真正地感谢——既然他无法真正明白），像对待一件为更好的时光而托付给他的美好事物那样地对待它，——那么，那么他就是在祈祷之中斗争。不管在这期间会发生一些什么（这甚至对于天使都是隐蔽的），不管这时刻在什么时候到来（这除了上帝之外谁也无法找到[68]），尽管他不再为期待之灯去购买新的油[69]，然而这一点很确定，那从上帝那里购买东西的人，他永远都不会因为"在事后发现这买来的东西并不怎么值钱"而被欺骗。如果我们能够这样说的话：尽管一个人偶然地以太贵的价钱买下一件不值钱的东西，然而如果他是从上帝那里买下，并且这高价的买卖是一笔在上帝面前和在对主的信托之中的诚实买卖，那么，他就没有以太贵的价钱买下，他不会为这买卖后悔，因为他所买的绝非什么无足轻重的东西，所付出的价钱和上帝都为此作担保。如果一个人把那"聪睿者也许马上而大多数人则在第二天会将之称作是'无足轻重的东西'的东西"如此当一回事，以至于失去这东西对于他就是失去一切，并且他在这种丧失的痛苦之中放弃世界以及世间事物，那么，他不会，即使是在他看出这之中的"无足轻重"的时候，他也不会后悔自己买下这东西，如果他无声的痛楚本来是要把他引入与上帝的关系的话，因为，"尖叫"、"让自己在短暂的时间里变得对自己和别人重要"，都不是"从上帝这里购买"，而只是一种出自"'声色和感性的人'的虚荣本质"的毫无结果的表述。只有在"他真正放弃一切"之中有着真相的时候，这买卖才不应令他后悔；而这可以是真相，因为，否则的话，除了那被世俗的评估者们的评估判为"失去了一切"的人之外，不会有人会放弃一切；但是"失去一切"与"放弃一切"并非是同一回事。但是，那甚至在"一件无足轻重的事情"的机缘中购得了上帝的信赖与友谊的人，他确实不应当后悔，相反他是应当在永恒之中感谢上帝，为了"他是一个这样的孩子，把无足轻重的事情如此当一回事，一个这样的孩子，根本不明白'这是无足轻重的事情'"而感谢上帝。

但是，现在，让我们看那结果！我的听者，设想一个孩子，他拿着一支石笔画着这样的一个小孩能够想到的东西，这样的一个小孩能够随意而毫无关联地涂出的东西；但是，在这孩子背后站着一个无形的艺术家在牵引着这孩子的手，于是，那即将进入混乱的画面屈从于美的规则，于是，那即将走上迷途的线条又重新被召回到美的疆域之内，——想象一下这孩子的惊奇！或者想象一下，这孩子在晚上把自己的画放到一边，但是在他睡觉的同时，一只友好的手来完成那混乱的并且是很糟糕地开始了的画面，想象一下，这孩子在早上醒来再次看见自己的画的时候，他的惊讶！一个人的情形也是如此，让我们永远都不要忘记，甚至更成熟的人也总是在自己心中保存有一些孩子的不理智，尤其如果这祈祷不是作为那本质性的东西,而是作为一种手段,要协助去达成那解释。少年人忙于考虑着自己想要在这世界里作为什么,在那些伟大的和卓越的人物之中,谁是他想要仿效的。更严肃的人丢弃掉了孩子气的东西[70],他不那么关心"那外在的",他只想进行自我教育。于是他坐在那里画着;或者,那在祈祷之中为了一个解释而与上帝斗争的人,难道他不是一个画者吗,难道这解释不是要在他与上帝之间画出一条边界线,让他在面对上帝的时候能够有着自己的样子吗?唉,但是,这里就有了差异,因为这孩子必须以这样的方式得到帮助,要有东西被增添,但那斗争者,则是越来越多地被去除。那外在的和所有对生活的要求都被从他那里去掉了,现在,他为一种解释而斗争,但是他甚至也不为达到这解释而斗争。到最后,在他看来这就似乎是:他变成彻底的乌有。现在,这瞬间就到了。除了上帝之外,又有谁是那斗争者想要仿效的呢;然而,如果他自己是个人物或者想要成为一个人物,那么这个"人物"就足够来妨碍相像性[71]。只有在他自己成为了乌有的时候,只有在这时,上帝才能够映透他,这样他就与上帝相像。不管他是什么人物,他都无法表述出与上帝的相像性[72],只有在他自己成为了乌有的时候,上帝才能够在他身上印刻出自己。在大海竭尽全力挣扎的时候,它恰恰不能够再现天空的样子,即使是最轻微的波动,也会使得它无法再现出清晰的图案;但是在它平静而深沉的时候,天空的图案就沉入它的乌有之中。

现在,那战胜者是谁呢?是上帝,因为他并不给出那祈祷者所想要的解释,并且他并不是像斗争者希望得到解释那样地给出解释。但是斗争者也还是胜利了。或者说,他没有得到一种对上帝的解释(Forklaring),而是在上帝之中得以神圣化地变容(forklaret),他的这变容(Forklarelse)怎样的变容啊——再现出上帝的形象[73],难道这不是一场胜利吗?

现在,在这胜利之中战胜者们的状态不同于战斗者的状态,这胜利是什么样的胜利?上帝被改变了吗?一个肯定的回答觉得这是一种艰难的说法,然而事情却确是如此,至少那祈祷者对他[74]有不同的理解,并且不要求任何解释。祈祷者被改变了吗?是的,因为他对自己有了不同的理解,然而他并不停止作为祈祷者,因为他总是在感谢着。但是,那总是在感谢着的人,他是真正的祈祷者,并且,那总是在感谢着的人,必定也是不断地战胜着,否则他为什么要感谢?这一感谢会在什么时候停止吗?当然不,总是有着理由去感谢上帝,每一个人都欠着他[75]的债,并且永远地欠着。唉，但是一个人在赌运气的桌上、通过投骰子、通过玩牌招来的债务，人们将之称作"荣誉之债"[76]的，我能够想：因为它就其本身是毫无意义的，所以人们就必须给予它一个伟大的名字并且赶紧要摆脱这债务。欠上帝的债则不是这样的荣誉之债，而是相反，"欠着上帝债"是一种荣誉；不欠幸运任何东西是一种荣誉，但反过来，欠上帝一切是一种荣誉；不欠命运任何东西是一种荣誉，但反过来，欠天意一切是一种荣誉；不欠无常情绪任何东西是一种荣誉，但反过来，欠慈父之爱[77]一切是一种荣誉。——于是，那真正的祈祷者就这样地在祈祷之中斗争并且因上帝战胜而战胜。

我们谈论了关于斗争。斗争在通常不是令人欣喜的；这一个战胜了，那另一个就被碾碎了，唉，有时候这样的事情也会发生：战胜者和被征服者都失败了。但这一斗争是奇妙的，无疑是值得在之中经受考验的，永远都值得赞美的，因为在这里双方都战胜，比爱人间的争执被变容（forklares）而升为"得以强化了的爱情"有更大的至福。我的听者，你是不是想要说，这讲演不容易（也许那经受过考验的人会觉得，与各种痛苦相比，这讲演是贫乏而没有说服力的），——斗争本身也不容易。如果有人想要通过预期斗争的平静结局、其幸福理解来进行自欺，那么，这也不是这讲演的过错。胜利只是在一种高贵并因而是比喻的意义上的胜利，而痛楚则是根本意义上的痛楚；胜利的时刻在什么时候到来，我们不知道，但是我们知道这个：这斗争是生死搏斗。

注释：

1 无需再进一步用见证人来反对他］演绎《马太福音》（26：65），之中大祭司在审讯耶稣的时候说："他说了僭妄的话，我们何必再用见证人呢。这僭妄的话，现在你们都听见了。"

2 黄金也会被人以过于贵的价格买下］丹麦成语。

3 在福音书的故事中……一个果断的……人……付出一切］指向耶稣在《马太福音》（13：45—46）中的比喻："天国又好像买卖人，寻找好珠子。遇见一颗重价的珠子，就去变卖他一切所有的，买了这颗珠子。"

4 感性的人不愿明白什么是"那至高的"］演绎《歌林多前书》（2：14）。

5 一场美好的仗］指向《提摩太前书》（6：12）和《提摩太后书》（4：7）。

6 贫困学校接受最初浅的教育的孩子］贫困学校是哥本哈根贫困事物局（fattigvæsnet）所管的免费学校。在贫困学校里，孩子们所接受的课程除了读写和算术之外，还有宗教、道德、自然史和社会知识等科目。不过使用的课本一般都是比较简单的教科书。

7 虔信的欺骗］见前面的注脚：它是"一种善意而无辜的欺骗，可能会对欺骗者有好处的欺骗"。

8 像一头狼一样地隐藏在"和解之心"的外衣之下］演绎《马太福音》（7：15），之中耶稣说："你们要防备假先知。他们到你们这里来，外面披着羊皮，里面却是残暴的狼。"

9 "那善的"会有其酬报］也许是指向《加拉太书》（6：9）"我们行善，不可丧志。若不灰心，到了时候，就要收成。"

10 履行一个人的义务，这一向就是生命之中最确定的事情］比较阅读《巴勒的教学书》第六章，"论在一种神圣的生平之中的信仰之果实"，亦即，"论各种义务"，§2："上帝命令我们去观察的任何东西，都是我们的义务。在西乃山上所给出的律法之中，一般的义务被简要地写出，全部都在十诫之中，摩西根据上帝的命令将此十诫写上石板。"在对此的一个说明之中又有："上帝的律法都在十诫之中，首先是为犹太人们而写下的规定；但是，它也包括了任何人在任何时刻都应当观想的这样一些义务，因为它们的意图指向是为了我们自己和别人的好处而提出的要求。"

11 与自己的对头和解］指向《马太福音》（5：25），之中耶稣说："你同告你的对头还在路上，就赶紧与他和息。恐怕他把你送给审判官，审判官交付衙役，你就下在监里了。"

12 决定性的决定：一个对某人或某事物起到"决定性的（afgjørende）"作用的"决定（Beslutning）"。

后面的名词"决定"（Beslutning）概念是指一个人所做的选择，选择让自己做什么。而前面的这个形容词"决定性的"（afgjørende）中所蕴含的"决定"的意义则是一个人对外在的人的命运或者事物的走向所作出的决定，或者一个人的命运受外来的权力所做出的决定。

13 这个"错乱（Bagvendthed）"，在一些地方我也将之译作"逆转性"（《致死的病症》）或"颠倒"（《爱的作为》）。

14 "那在几率意义上绝无可能的东西"（det Usandsynlige）。

几率性，一些黑格尔著作的译者将之译作"或然性"。它与哲学中的"可能性"（Mulighed）概念是不同的，在数学中被称作"概率"，是对随机事件发生之可能性的度量。

15 一个人为了赢得一切必须失去一切］也许是指向《马可福音》（8：35—36），之中耶稣说："因为凡要救自己生命的，（"生命"或作"灵魂"。下同）必丧掉生命。凡为我和福音丧掉生命的，必救了生命。人就是赚得全世界，赔上自己的生命，有什么益处呢？"

16　这里译者稍稍作了改写。原文直译是：

有一种错乱，它想要在播种之前就收获；有一种怯懦，它想要在开始之前具备确定性；有一种极度敏感，它言辞盈溢地不断躲避着不去行动；如果一个人三心二意巧舌如簧地想要欺骗上帝，使之陷于几率性，而不愿意去理解那在几率意义上绝无可能的事情，——"一个人为了赢得一切必须失去一切"，不愿意如此诚实地去理解这事情——因而在最决定性的瞬间、在历险之颤栗贯穿他的灵魂的时候不会用"他尚未完全决定而只是想要先尝试一下"的解释来帮自己说话，那么，这又有什么用？

17　用天使的话语来描述祷词的有益效用]指向《歌林多前书》（13：1—3）："我若能说万人的方言，并天使的话语却没有爱，我就成了鸣的锣、响的钹一般。我若有先知讲道之能，也明白各样的奥秘，各样的知识，而且有全备的信，叫我能够移山，却没有爱，我就算不得什么。我若将所有的周济穷人，又舍己身叫人焚烧，却没有爱，仍然与我无益。"

18　感性的人既不愿明白]演绎《歌林多前书》（2：14）。

19　这个"他"，就是说"那另一个人"。

20　"不欠这讲演者任何事情"，就是说，他并不是因为这讲演者才做出永恒的决定的。同样，后面所说的，"一个永恒决定……也不是这一个人能够欠那另一个人的"，也是这意思。

21　如果一个人试图……一个人能够欠那另一个人的。]比较阅读《哲学片断》
jf. Philosophiske Smuler i SKS 4，219f.

22　在每一场斗争之中，事先都确定好斗争的武器]可能是指决斗。决斗者必须选择武器的类型（通常是剑或者手枪），而且决斗的地点和决斗者之间的距离都在事先约定好。有时候教会把决斗看成是上帝之审判的表达，因为上帝会站在公正的这一边。在十七和十八世纪，各地政府试图杜绝决斗。根据丹麦1866年的刑法，对决斗的处罚是监禁。

23　在不祈祷的时候，上帝是在天上，而人在地上]指向《传道书》（5：2）："你在神面前不可冒失开口，也不可心急发言。因为神在天上，你在地下，所以你的言语要寡少。"

24　人心了知者]比较阅读比如说《路加福音》（16：15）："耶稣对他们说，你们是在人面前自称为义的，你们的心，神却知道。因为人所尊贵的，是神看为可憎恶的。"还有《使徒行传》（1：24）："主啊，你知道万人的心"。

25　一个天使降临来将它呈送到上帝面前]指向《多俾亚传》（12：12），之中天使辣法耳对托彼特说："托彼特，当你和你的儿媳在祈求时，我将你们的祷辞，呈送到神圣者面前"。在后面则有（12：15）："我是辣法耳，是七天使之一，是侍立在天主跟前，呈送义人的祈祷的"。

26　在精神上贫乏，因此他看见上帝]指向《马太福音》（5：3和8），中文圣经将"精神上贫乏"译作"虚心":"虚心的人有福了,因为天国是他们的"和"清心的人有福了,因为他们必得见神"。

27 遵照主的训诫得到了教养]指向《以弗所书》(6:4),之中保罗写道:"你们作父亲的,不要惹儿女的气,只要照着主的教训和警戒,养育他们。"

28 一切归因于上帝的观念]参看《巴勒的教学书》第二章"论上帝的作为"第二段"《圣经》中关于上帝的眷顾以及对受造物的维持",§4:"每一个人都应当把自己被安置的所在视作是一种来自上帝的使命安排,是为了要建立根据各种情况通过他而导致的最大和最好的益用",然后§5继续:"在生活中与我们相遇的事物,不管是悲哀的还是喜悦的,都是由上帝以最佳的意图赋予我们的,所以我们总是有着对他的统管和治理感到满意的原因。"

29 上帝只是灵]指向《约翰福音》(4:24),之中耶稣对撒玛利亚的妇人说:"神是个灵,所以拜他的,必须用心灵和诚实拜他。"

这里的"灵"是在基督教的意义上译作"灵",在哲学的意义上一般译作"精神"。

30 上帝是不变者]比较阅读《巴勒的教学书》第一章《论上帝及其性质》第三段,§2:"上帝是永恒的,他既不是初始也不是终结。他是恒定地不变的,并且总是如一。"

31 他还是靠近……斗争者的尖叫]也许是指向《诗篇》(34:18):"耶和华靠近伤心的人,拯救灵性痛悔的人。"和(145:18):"凡求告耶和华的,就是诚心求告他的,耶和华便与他们相近。"

32 上帝是爱]参看《约翰一书》(4:8):"没有爱心的,就不认识神。因为神就是爱。"

33 靠上帝而变得喜乐]也许是演绎《腓利比书》(3:1):"弟兄们,我还有话说,你们要靠主喜乐。"。也可比较阅读(4:4)。

34 在天上有着全部的慈父之爱]指向《以弗所书》(3:15),之中保罗写道,他在父耶稣基督面前屈膝,"天上地上的全家,都是从他得名"。按丹麦语圣经的翻译是"天上地上的全部慈父之爱,都是从他得名"。

35 半温不热]演绎《启示录》(3:16)之中约翰所写:"你既如温水,也不冷也不热,所以我必从我口中把你吐出去。"

36 婚宴上的客人得到美酒的意外盈余]指向《约翰福音》(2:1—11)耶稣在迦拿的婚礼上令水变为酒的故事。

37 盲人获得视力]耶稣在耶利加令瞎子复明(《马可福音》10:46—52),在耶路撒冷令生来眼盲的人获得视力(《约翰福音》9:1—41)。比较阅读《路加福音》(4:18)。

38 瘫子获得康复]指向《马太福音》(9:1—8)中,耶稣在迦百农令瘫子起来行走的故事。

39　死者获得生命而母亲重新得到自己的孩子〕指向《路加福音》（7：11—16）中耶稣唤醒拿因的寡妇之子的故事。

40　那个躲在坟茔之间的不幸逃亡者重新获得与人类共处的命运〕指向《马可福音》（5：1—17）中关于耶稣从那躲在坟茔中被污鬼附身的人身上驱逐掉污鬼的故事。

41　他恰恰想要帮助我，让我自己去看见这真相〕指向苏格拉底的"助产妇式的谈话艺术"。他借助于这种谈话艺术来帮助谈话的另一方自己去得出真相。参看《哲学片断》。jf. Philosophiske Smuler i SKS 4，219ff.

42　这时，我的谦逊无疑就会在我的灵魂里醒来……来阻止我去弄明白"的人。〕这一整段关于与智者的对话类似于柏拉图的对话录《高尔吉亚》中苏格拉底与年轻人们的对话的方式。比如说，在487a－e："我确信，如果你的看法与我心中的看法一致，那么我们终于真正地获得了真理。因为我观察到，任何人想要恰当地考察一个人的灵魂是否善良或邪恶，必须拥有三项素质，而这些素质你全部都有，这就是知识、善意和坦率。我现在认为，有许多人无法对我进行考察，那是因为他们和你不一样，有些人是聪明的，但却不愿说实话，因为他们没有善意，不像你那么关心我。而我们在场的两位客人，高尔吉亚和波卢斯，他们是聪明人，是我的朋友，但他们缺乏坦率，显得太害羞了。当他们的羞怯超过应有限度时，那么，我们此刻的进程显然是这样他们就分别当着众人的面，冒险自相矛盾，在涉及最重要的事务时也是如此。不这样做他们又能如何呢？但是你具有别人缺乏的所有这些素质。你接受过良好的教育，许多雅典人都会同意这一点，你对我抱着良好的意愿。我这样说有什么根据呢？我会告诉你的。卡利克勒，我知道你在智慧方面与其他三个人是同伙，你、阿菲德那人提珊德尔、安德罗提翁之子安德隆、科拉吉斯的瑙昔居德，我曾经听你们讨论过学哲学应当学到什么程度。我知道在这个问题上你们中间占上风的观点是，我们学哲学不能热情到最挑剔的程度，你们相互之间也建议说要警惕变得过分聪明，因为这样一来反而会不知不觉地被哲学所腐蚀。所以，当我听到你向我提出的建议时，我知道这个建议与你向你最亲密的同伴提出的建议是相同的，这样一来我就有了一个最充分的证据，表明你确实对我心存善意。再说，你自己的陈述和你刚才的讲话都表明你非常坦率，没有任何害羞、忸怩的。如果在我们的讨论中，你我在某个问题上意见一致，那么这个问题就已经被你我恰当地作了证明，不再需要其他试金石的考验。你决不会由于缺乏智慧或不节制而赞同我的看法，也不会出于某种欺骗的意向而赞同我的意见。因为你是我的朋友，这是你自己宣布的。因此，你我之间所达到的任何一致都是真理的顶峰。"（我在这里引用《柏拉图全集》第 1 卷第 372—373 页中的文字。王晓朝译，人民出版社 2001 年版。）

43　变得半温不热、冷漠而无所谓〕演绎《启示录》（3：16）之中约翰所写："你既如温水，也不冷也不热，所以我必从我口中把你吐出去。"

44 那首先的……那末后的] 也许是在演绎《启示录》（1∶17），之中那好像人子者对约翰说："我是首先的，我是末后的"。

45 事情在起始的时候是怎样] 指向《约翰福音》（1∶1）："太初有道，道与神同在，道就是神。"还有《创世记》（1∶1）："起初神创造天地。"

46 任何人都不可能脱离开上帝而了知这真相] 对比《哲学片断》中的说法："老师则是给出前提和给出真相的神"。

jf. Philosophiske Smuler iSKS 4, 224: "Læreren er da Guden, der giver Betingelsen og giver Sandheden."

47 "在上帝之中"，亦即，在对上帝的信、对上帝的依托之中。

48 欲望之虫渐渐死灭] 演绎《马可福音》（9∶44、46、48）。"在那里虫是不死的"。

49 上帝是爱] 参看《约翰一书》（4∶7—8）和（4∶16）。

50 上帝是不变的] 比较阅读《巴勒的教学书》第一章《论上帝及其性质》第三段，§2："上帝是永恒的，他既不是初始也不是终结。他是恒定地不变的，并且总是如一。"

51 伤心]《诗篇》（34∶18）中有："耶和华靠近伤心的人，拯救灵性痛悔的人。"

52 有益的] 参看《巴勒的教学书》。第一章"论上帝及其性质"第三段，§7后面附加的说明："我们应当以真正的感恩来珍惜大大小小的上帝的礼物，永远都不要畏惧他会拒绝我们他觉得对我们有好处的事情"。

53 摆渡人的名字，他想要为自己买下摆渡人的友情] 根据希腊神话摆渡人卡戎（注意，不是人马喀戎）摆渡死者们的灵魂过冥河去死亡的国度。按古希腊民间风俗，人们在死者嘴里放一枚铜币作为给卡戎的摆渡钱；没有它，人就无法被渡到死亡国度。

jf. W. Vollmer Vollständiges Wörterbuch der Mythologie aller Nationen, Stuttgart 1836, ktl. 1942—1943, s. 528.

54 像是在阅读谜语] 指向《哥林多前书》（13∶12）。

55 这个"它"是指那理智，——那嘲弄地说着"上帝当然是不变的"的理智。

56 语言的最初发明者] 比较阅读《恐惧的概念》第一章第六节中的一个注脚："这一点是很确定的：这问题并不是要让人自己成为语言的发明者。"参看比较《恐惧的概念》（社科版《畏惧与颤栗 恐惧的概念 致死的疾病》第364页）。

关于语言的渊源于神的说法：jf. J. G. Hamann Zwo Recensionen nebst einer Beylage, betreffend den Ursprung der Sprache (1772) og Des Ritters von Rosencreuz letzte Willensmeynung über den göttlichen und menschlichen Ursprung der Sprache (1772), i Hamann's Schriften, udg. af F. Roth, bd. 1—8, Berlin og Leipzig 1821—43, ktl. 536—544; bd. 4, 1823,

s. 1—20 og s. 21—36，jf. endvidere s. 36—72.

57　安慰者］就是说，圣灵。在许多丹麦的赞美诗篇和牧师布道中，常常提及"圣灵"为信众带来"安慰"。

58　基督回答那些悲哀的弟子……在我离你们而去的时候］指向《约翰福音》(16∶5—7)："现今我往差我来的父那里去。你们中间并没有人问我，你往哪里去。只因我将这事告诉你们，你们就满心忧愁。然而我将真情告诉你们。我去是与你们有益的。我若不去，保惠师就不到你们这里来。我若去，就差他来。"

"保惠师"就是指"圣灵"。

59　基督必须离开，并且"这是对你们有益的"。］见前面的注脚。

60　这事情迅速降临于使徒］圣灵在五旬节（亦即后来基督教的圣灵降临日），圣灵降临于耶稣门徒。比较阅读《使徒行传》(2∶1—13)。

在克尔凯郭尔的手稿纸边上所写的文字中，克尔凯郭尔谈及"门徒们必须等待的40天"，那似乎是指向耶稣的升天日。

61　如同发生在亚伯拉罕身上的事情那样迅速，那时安慰用了七十年时间才来临］也许是指向《创世记》(12∶1—4)：亚伯兰75岁的时候，"耶和华对亚伯兰说，你要离开本地，本族，父家，往我所要指示你的地去。我必叫你成为大国，我必赐福给你，叫你的名为大，你也要叫别人得福。"

62　想吃之人的嘴］在《那鸿书》(3∶12)中有"你一切保障，必像无花果树上初熟的无花果。若一摇撼，就落在想吃之人的口中。"

63　将一切都更新，脱下受难者的丧服］指向《启示录》(21∶4—5)："神要擦去他们一切的眼泪。不再有死亡，也不再有悲哀，哭号，疼痛，因为以前的事都过去了。坐宝座的说，看哪，我将一切都更新了。"

64　给予他一颗新的心和确定的灵］指向《诗篇》(51∶12)："求你使我仍得救恩之乐，赐我乐意的灵扶持我。"

65　"人类意义上的"，就是说，不是在神圣的意义上。

66　如果他爱上帝很多］也许是指向《路加福音》(7∶47)。

67　"人们渴盼那对自己的存在而言是不可或缺的人"是译者的改写，直译的话就是"人们渴盼那'没有他的话自己就什么都不是'的人"。丹麦语原文是："…man længes efter Den, uden hvem han er Intet…"

Hong 的英译本："…one longs for someone without whom oneis nothing…"

Emanuel Hirsch 的德文版："… man nach dem sichsehnt, ohne den er ein Nichts ist..."

68　这甚至对于天使都是隐蔽的……除了上帝之外谁也无法找到］指向《马太福音》(24∶36)："但那日子，那时辰，没有人知道，连天上的使者也不知道，子也不知道，惟独父知道。"

69　不再为期待之灯去购买新的油]指向耶稣在《马太福音》(25∶1—13)中的比喻:"那时,天国好比十个童女,拿着灯,出去迎接新郎。其中有五个是愚拙的。五个是聪明的。愚拙的拿着灯,却不预备油。聪明的拿着灯,又预备油在器皿里。新郎迟延的时候,她们都打盹睡着了。半夜有人喊着说,新郎来了,你们出来迎接他。那些童女就都起来收拾灯。愚拙的对聪明的说,请分点油给我们。因为我们的灯要灭了。聪明的回答说,恐怕不够你我用的。不如你们自己到卖油的那里去买吧。她们去买的时候,新郎到了。那预备好了的,同他进去坐席。门就关了。其余的童女,随后也来了,说,主啊,主啊,给我们开门。他却回答说,我实在告诉你们,我不认识你们。所以你们要警醒,因为那日子,那时辰,你们不知道。"

70　丢弃掉了孩子气的东西]指向《哥林多前书》(13∶11):"我作孩子的时候,话语像孩子,心思像孩子,意念像孩子。既成了人,就把孩子的事丢弃了。"

71　就是说,仿效时与上帝的相像。

72　与上帝相像……与上帝的相像性]指向《创世记》(1∶26—27):"神说,我们要照着我们的形像,按着我们的样式造人,使他们管理海里的鱼,空中的鸟,地上的牲畜,和全地,并地上所爬的一切昆虫。神就照着自己的形像造人,乃是照着他的形像造男造女。"

73　再现出上帝的形象]见前面注释,指向《创世记》(1∶26—27)。

74　这个"他"是指上帝。

75　这个"他"是指上帝。

76　荣誉之债]有一类债务,人们在法律上没有偿还的法律义务,尤其是赌债,如果一个人偿还这一类债务,那么这就是一件荣誉的事情。

77　在天上有着全部的慈父之爱]指向《以弗所书》(3∶15),之中保罗写道,他在父耶稣基督面前屈膝,"天上地上的全家,都是从他得名"。按丹麦语圣经的翻译是"天上地上的全部慈父之爱,都是从他得名"。

三个想象出的场合讲演

索伦·克尔凯郭尔

哥本哈根
大学书店莱兹尔

毕扬科·鲁诺斯印刷坊印刷
1845

献给

我已故的父亲

米凯尔·彼得森·克尔凯郭尔[1]
作为纪念

前　言

　　尽管这本小书（场合讲演[2]，如它被称谓的，尽管它不具备使人成为讲演者并且使他有权威的场合[3]，也不具备使人成为读者并使他去学习的场合）完全没有受到任何要求，因而在其缺陷之中没有任何借口，没有任何人际环境中的支持，并且以这样方式在其完成过程之中是无助的，它也仍不是不抱希望，尤其是，它并不缺乏乐观。它寻找那个单个的人，我带着欣喜和感恩将之[4]称作我的读者，[5]或者，它尚未去寻找他。不知光阴和时间，它在宁静之中等待着那个真正的读者会像新郎一样来到[6]，并且也带来机缘。每个人做自己的一份，因而读者做得最多。"意义"是在"取用"之中。因此是本书欣悦的奉献。在这里，那分隔开并且禁止取用"属于邻人的东西"的，绝非世俗的"你的"和"我的"。因为钦敬却是轻度的妒忌，并且因此而是一种误解；批评，完全合理地说，则是轻度的对立，并且因此而是一种误解；在镜子里认出自己只是一种倏然即逝的相识，并且因此而是一种误解；真正地看过去，并且不愿忘记那镜子之无奈所不能够影响到的东西[7]，这是取用，而这取用是读者的"更多"，是他的胜利的奉献。

S. K.

在一个忏悔仪式[8]的场合

在天之父！我们多么确定地知道，"寻找"总是有着其应许[9]，那么，寻找你——所有应许和所有美善的馈赠的给予者[10]，又怎么会没有？固然，我们知道，寻找者并非总是需要在世界之中漫游，因为他所搜索的东西越是神圣，这东西就距离他越近，而如果他所搜寻的是你，哦，上帝，你对于他当然是最近的！但是我们也知道，"寻找"总是有着其辛劳和考验[11]，那么，寻找你，你大能者，寻找你怎么会不是一种恐怖呢！如果甚至那在思想之中将自己托付给亲属的人都是在冒险，如果甚至他都带着这想法并非没有恐怖地在那些考验[12]之中冒险（在那些考验之中，他通过怀疑在生存的智慧秩序中寻找你的踪迹，在那些考验之中，他通过绝望[13]在各种动荡事件对天意的顺从中寻找你的踪迹）；如果那被你称作是你的朋友[14]的人，他在你的视野中流浪[15]，如果他也并非不颤抖地寻求与你的友情遇会，你，唯一的大能者；如果那全心全意地爱着[16]的祈祷者，如果他也并非没有恐惧地冒险进入与自己的神的祈祷之斗争[17]；如果甚至那正死去的人，你为他把尘世的生命转化为永恒的生命，甚至他在你召唤的时候也是并非没有惊悚地松手放弃世间一切；如果甚至那悲惨的人，世界把全然的苦难施加于他，甚至他也是并非没有惊恐地逃向你（你不是稍稍地给出一点抚慰，相反你是一切）；——如果甚至那些人的情形都是如此，那么，罪人又怎么敢去寻找你，公正的上帝！但是，因此他并非是像那些人那样地寻找你，而是在罪人的忏悔之中寻找你。

确实这地方是存在的，我的听者，你知道在哪里；这机会是存在的，我的听者，你知道是怎样的机会；这瞬间是存在的，它叫作"就在今日"[18]。多么宁静！因为，在上帝的家[19]里有着和平，但是在栅栏内深深的内在之中有着一间忏悔室[20]。那去那里的人，他寻找宁静，那坐在那里的人，他在宁静之中；不管听忏师[21]所说的是什么，这宁静只是在增长着。多么宁静！没有任何共同性，每一个人都只管自己的事情；没有任何联合起来的作为，每一个人都被召入特别的责任；没有任何进入共处的邀请，每一个人都是单独的。因为那做忏悔的人，他是孤独的，就像一个正死去的人一样地孤独。不管是有许许多多对他好的、珍惜他的和爱他的人们围拢在正死去的人的床前，抑或他是被世界遗弃而躺在那里——因为他遗弃世界或者世界遗弃他，这正死去的人是孤独的，不管是前者还是后者，都是在孤独地斗争；思想进入迷途，一千个人无法留住它，一万个人无法留住它，如果那孤独者不知道安慰的话。到底是有几千人等着并且盼望那通过忏悔来寻求宁静的人，抑或是他在自己离开的时候是个没有人等待没有人关心的卑微而可怜的人，这之上的差异只是玩笑而已；真相是，严肃的真相是：这两者都是孤独的。对于他，那有权势的人：所有他的朋友、世上的荣耀和业绩的广泛意义都帮不了他，这一切只是在打扰他的宁静，而这种打扰正是最大的损害；对于他，那可怜的人："被遗弃"并不损害他，如果这"被遗弃"帮助他找到宁静的话。让骆驼走过针眼，是艰难的[22]；对一个世俗的人，要找到宁静是艰难的，不管他是有权势的还是卑微的，要在生活的喧嚣之中找到宁静是艰难的，即使他自己不是随身带着这喧嚣，要在宁静所在的地方找到宁静，是艰难的。多么宁静，多么严肃！然而却没有任何人指控，在一个每个人都是有罪责的地方，谁敢作为指控者；然而却没有任何审判者，在一个每个人都在考虑着要清算自己的账目的地方，谁又敢作为审判者。除了各种想法之外，谁都不是指控者；除了那看进隐蔽之处并且在暗中听着忏悔的[23]，谁都不是审判者。是的，甚至在有人讲演的时候，你也是那通过讲演者[24]的声音与你自己说话的人。那讲演者恰恰要对你说的东西，只有你知道；你怎样领会那讲演，他不知道，而只有你知道；即使那是你最好的朋友，他也还是不会像你知道这事情一样地知道这事情。如果你不是以这样的方式听，那么你就不是真正地在听，那么他的讲演就变成一种打扰宁静的喧嚣，你的关注就变成一种侵犯这宁静的消遣。那惧怕这种宁静的人，他躲避这宁静，但是他不敢否认它的存在；既然他惧怕它，它当然存在。那说自己寻找它但却找不到它的人，他是一个妒忌的欺骗者，想要打扰他人，因为否则的话，他会沉默并且感到悲哀，或者他会说：我没有正确地寻找，因此我找不到它。因为，任何东西，在整个世界之中，任何东西，哪怕地震撼动了教堂的柱子，哪怕是最糟糕的人的最错误的讲演，哪怕是最卑鄙的伪善者的下流行为，都无法将这宁静从你这里拿走，但是某种远远微渺得多的东西却会给予一个人寻找托辞的机会。不，除了你自己之外，没有任何东西能够将之从你这里拿走，正如全世界的权力、所有其智慧和所有人联合起来的努力也同样无法将之给予你，正如你自己也无法占取它并把它送给别人。它不可能让人白白地得到[25]，但是它也不让人以黄金来购买[26]；它无法被以强力夺取[27]，但是它并非是像一场梦一样在你睡觉的时候到来；它不为条件而讨价还价，哪怕你出的价钱是，你想要有益于全人类。如果你把一切都送给别人，它也仍不因此就被获取了，但是，如果你获取了它，那么你完全可以拥有一切，就像那什么都没有的人一样，没有区别[28]。那说它不存在的人，说这宁静不存在，他只是在喧哗着；或者，你有没有也在什么时候听说过，有人在宁静之中认定它不存在，尽管你曾听过夸张的言辞、响亮的讲演和喧嚣的作为，它们的目的是让它消失，不是想要获得良心和宁静，或者上帝审判的声音，而是想要获得一种来自拥挤人群的自然回声、一种困惑的集体尖叫，一种普遍的看法，因为一个人害怕自己、在怯懦之中不敢独自担当。但是你，我的听者，如果你惧怕这一宁静，尽管你努力着想要具备一种良心（因为没有宁静，良心就根本不存在）、想要具备一种安宁的良心，那么你就忍受吧，忍受这宁静；这宁静不是死亡的宁静（你不会在这宁静之中死去），它不是致死的这种病症[29]，它是向生命的过渡。

于是，这忏悔者在对各种罪的忏悔中寻找上帝，忏悔是道路，并且是至福之路上的一个祈祷处[30]，人在这里停留，沉思在这里聚集思绪，账目在这里得以清算。不是吗，一本帐必须是正确而没有欺骗的，——于是就有宁静，于是每一张嘴就被堵住了，于是每个人都变得有辜，并且千中之一都不能回答[31]。借助于干扰，一个人变得不太有辜，甚至也许还变得公正。一种可悲的公正！因为，你为另一个人的缘故（如果他请求你原谅他，或者，如果你相信他是想要让你原谅他）、为了上帝的缘故（上帝要求你原谅他）、为了你自己的缘故（你不可以被打扰）而原谅这另一个人，这不是不公正的[32]；你也不接受任何贿赂，因为你留意你自己的内心之中催促和解的声音[33]；你也不会在路上耽搁自己，如果你（尽管你是受委屈的一方）寻求与你的对头和息，而他则还在路上[34]；你不去欺骗上帝那应属上帝的东西，如果你在出售原谅的时候白白送人[35]；你也不浪费你的时间或者滥用这时间，如果你审思着"什么东西可能会被用于借口"；你也没有被欺骗，如果你在找不到借口的情况下借助于爱的神圣欺骗

（这爱的神圣欺骗把所有世界对你的弱点的讥嘲转化成对你的胜利的天国喜悦[36]）相信"忤逆冒犯是可以被原谅的"；——但是，如果这是你自己的账目，那么，即使你原谅自己一丝一毫，你也确确实实地是在犯错，因为自我公正感甚至比最黑的自我负疚感还要糟糕得多；那样，你就是在接受贿赂，如果你在你自己的事情上遵从了轻率和狡诈的催促；那样，你就在路上耽搁了你自己，也耽搁了灵[37]的炽烈热情，那样你就浪费了你的时间并且错误地把这时间用在了"寻找借口"之上，是的，那样，你就在一场僭妄的欺骗之中被骗了，恰恰是在你找到借口的时候被骗了。唉，是的，这是一个奇怪的过渡，一场令人晕眩的突变！一瞬间之前，这同一个人有钱有势地走过来，现在，一瞬间之后，尽管其间什么都没有发生，他却无法回答千中之一的问题。因为，这里，这讲演所针对的，当然就是这有钱有势的人，他不是那被冤屈的人，不是那被压迫的人，不是那遭不公正待遇的人，不是那被侵犯的人！也许那踩着被压迫者的施暴者，也许那以不公正来标志出自己的道路的权势者，也许那用寡妇的眼泪来增加自己的财富的财主，也许那侵犯并讥嘲别人的绝望者，也许，所有这些人都不把这原谅很当一回事；然而一个统治王国和疆土的国王，一个拥有一切的黄金之子，一个要喂饱饥饿者的养育者，他们都不如那"别人需要其原谅"的人那样，拥有如此伟大的东西，或者说，有着如此伟大的东西去给予、或者如此必需的东西去赠送给别人。需要，是的，"需要"作为首要的必需；如果有人不这么认为，正因此，它也仍是一样地是被需要的，——而那受委屈的人拥有最多。一个其名与"征服与权力"的观念不可分割的异教徒，在他的敌人（唉，异教徒们的情形就是如此）通过杀死自己来展示出至高的勇气[38]的时候，曾说过：那他是剥夺走了我最荣耀的胜利，因为我本来是想要原谅他[39]。而另一个曾说："因此我不想要原谅，因为我爱得深。我的过错也许并不重大，原谅肯定就是一个合乎情理的要求，但是如果这原谅没有被得到，那么那过错就是无穷无尽的，而原谅的权力就是对我的无限的压倒性力量。"[40]因而，那无辜地受冤屈的人就是富人[41]。只不过是在一瞬间之前，在世界之场景中，他还敢说："好吧，不公正地待我吧，你们才是将会失去最多的，因为你们需要我的原谅"，——而现在，这之后只一瞬间，宁静就围绕起他，他不知道他有什么可去原谅的，那账目显示出，他无法回答千中之一的问题。这账目就是如此，如果他的周围是宁静的，就是说，如果他自己不招致干扰。那行为不公正的人和那一切人中最纯净的人，甚至那无辜受冤屈的人，他们的账目一样，都是如此。因此有些人可能会惧怕这一宁静及其力量，惧怕那无限的乌有（在这乌有之中所有差异都坠落下来，甚至是不公正与原谅的差异），惧怕那深渊（在这深渊里，孤独的人沉陷进宁静之中）。这就像是那放弃了世界的人的情形：在空虚似乎是显现出自身的时候，他面对着这空虚颤栗。只不过是在一瞬间之前，那时他还想要如此之多，神往着，追求着，在夜晚睡不安宁，询问关于别人的消息，妒忌一些人，忽视一些人，在适当场合谦虚，在友情和敌意之中忙碌，预告着天气，了知风向，改变计划，一再努力，赢并且输，不知疲倦，探寻酬报并且在一瞥之间看到利润，——而现在，是啊，这可怜的受骗者！如果他在这一放弃之中没有找到那唯一不可少的东西[42]，这可怜的自欺欺人的受骗者，这通过其自身而沦为生活之讥嘲的牺牲品的可怜的人，因为，现在，他所想要的那伟大的东西也许就来临了，现在他变得富有，现在，现在，哦，绝望啊，为什么恰恰是现在，为什么不是昨天，而是现在，在这他既不能完全想要、又不能完全放弃的时候！还有，这样的一个人的情形也是如此，——这个人通过自己的经历知道了"一种'在之中每一个人都变得有辜的'的宁静是存在的"，并且只学会了去惧怕这宁静。如果他在人们的眼中被视作是公正的，并且这是他的欲求，如果他是受冤屈的，但却在自己骄傲地拥有着"原谅"的情况下目中无人，如果他并非无辜但却深受世界的青睐，唉，这可怜的受骗者！对那个把他引领进宁静并且因而也令他在宁静之中迷失的人，对那人他会多么愤怒，但在事实上"那人"并不存在，没有人能够这样引领他，他的愤怒是无奈的。可怜的受骗者，如果现在民众授予他公正之公民荣冠[43]——他神往已久的荣誉；如果现在几千人达成一致同意称他为民族的公正者，这是他高傲的耳朵虚荣地想要听见的；——为什么是现在，现在，就在他的耳朵或许并非完全被堵上、但他却也尚未完全明白"宁静"的无限秘密的时候！可怜的受骗者，如果现在那有辜的人走向他的门，如果现在那瞬间就是此刻："原谅"的售价会是极其昂贵的，这是他一直想要欣喜地进入的胜利瞬间啊，为什么是现在，为什么不是昨天，而是现在，现在，在他固然并非津津有味地感受着报复与骄傲的激动、但却也并非完全地领会"自身的辜"的严肃寓意的时候！因为那领会了这寓意的人，他是确实不会被欺骗的。至福属于那理解了这寓意的人。这讲演没有权威[44]去教别人知道关于他们的辜、去教他们学习，这讲

211

演也并没有这样做；如果"去教别人知道关于他们的辜、去教他们学习"是某个人的作为，那么，这个人就确实是有着这安慰：恰恰最纯净的人就最愿意去最深刻地领会自己的辜。因为，如果说事关那最大的冒险——"在自己有辜的同时把所有人都置于辜中"，（在这种事情上甚至那勇敢者的思想也会停下，并非因为他害怕把自己包括在了其中，而是因为思想会做出抵抗，如果它看见这种在人之常情上说是纯净而可爱的东西，如果它面对一种女性青春的美丽的纯洁，这美丽的纯洁谦卑地在这里真诚地想着自己的卑微，对世界一无所知，对世界的各种怂恿催促一无所知），在这时，如果这讲演之作为要求他把罪宣示为人类的共同命运的话，那么，他就会从这之中找到一种也许会让他自己感到羞辱的理解。

这忏悔者在对各种罪的忏悔中寻找上帝，忏悔是道路，并且是至福之路上的一个祈祷处[45]，人在这里停留，沉思在这里聚集思绪。于是，我们将在这时停留，并且值此忏悔之际谈论：

什么是寻找上帝，

并且，通过记住"如果没有纯洁，没有人能够看见上帝[46]，如果不变成一个罪人，没有人能够认出他"来为此做出进一步定性。如果有人觉得自己在这任务前以一种不正确的方式被停止了，那么，就让他把这讲演扔掉吧，这样，那跑得更快的就不会被缓慢者拖延得迟缓下来。当然，审思的价值一向就是不确定的；有时候它能够帮助一个人达成那决定性的东西，有时候则也能够阻止他去达成；正如一小段助跑能够帮助达成跳跃之决定性，但是好几英里的助跑则也许甚至会阻止这跳跃。相反，如果有人足够频繁地感觉到自己在生活中被阻止，但却找不到宁静，如果他曾在它确实存在的地方寻找它但却没有真正地找到它，并且因此而自责，如果他搏斗过但却没有赢，那么，就让他再次作尝试吧，让他追随这讲演，但自由而自愿地；没有任何绑定他的东西，没有任何义务，没有任何责备等待着他，——如果他没有通过这讲演而得到成功的话，因为这讲演也确实是没有权威的。但是他也不愿意让这讲演这样说及那宁静，说它以这样一种方式是在那神圣的地方[47]：如果一个人能够留在那里并且无需重新出来走到生活的困惑之中，那么他就一直能够让自己拥有这宁静；因为那要求这个的人，他对这讲演要求得太多，就是说，那样一来这讲演就会欺骗他，就仿佛那个地方,外在地理解,仿佛那个地方是起着决定性作用的,就仿佛——如果他留在那神圣的地方的话,那么,这与那"在世界[48]里发生在他身上的事情"完全相同的事情就不会发生在他身上,就仿佛那样一来,他因一种幻觉而首先不会感到恐怖,——他在这幻觉之中找到了令自己安宁的依据:"起决定作用的是地点"。确实,一个诗人曾说过,对上帝的一声没有言辞的叹息就是最好的崇拜[49],那么我们也可以相信对神圣的地方次数不多的访问,如果一个人是来自很远的地方,就是对上帝的最好侍奉,因为这两者都为那幻觉提供帮助。就是说,一声没有言辞的叹息就是最好的崇拜,如果关于上帝的思想只是要在生存之上投下黎明的曙光,就像遥远地平线上的那些蓝色的山[50],如果灵魂状态的朦胧要通过最大可能的多义性来得以满足。但是,如果上帝应当对灵魂是在场的,那么,叹息肯定就会找到思想,思想肯定就会找到言辞,——但是也会遇上那人们在远距离之外梦想不到麻烦。在我们的时代,人们确实把这一点讲述到了痴愚的程度:"那至高的"不是"生活在宁静之中"[51],就是说,在宁静之中没有危险;这真是到了痴愚的程度,因为在宁静之中有着危险,正如在困惑之中有危险,直接地理解吧:那伟大的既不是"处在孤独之中"也不是"处在困惑之中",那伟大的是"克服危险",——而那最平庸的则是让自己竭尽全力地去考虑"什么是最艰难的",因为这样的工作是无用的苦劳[52],没有任何归属,就像这劳作者本人,他既不是在困惑之中也不是在孤独之中,而是在各种忙碌的想法的心不在焉之中。

如果终于有人因为诸多生意和忙碌的作为认为没有时间去阅读这样一个讲演,是的,那么,他说,他没有时间去读这个讲演,他完全可以是对的,这讲演也很愿意等到最后被人考虑,但是,如果这意味了,他根本就没有时间去关心这讲演所关心的东西——宁静,那么,这讲演就应当,尽管这忙碌的人在他的诸多事务之中找到一点空闲时间来急急地给出异议,这讲演也不应当通过回应这异议来把自己弄得可笑。那许许多多生意也许是一个可疑的好处,也许它们也想要通过考虑这宁静来变得,对他而言,更少一点,而许多生意首先是被看作是"更频繁地去寻找清算账目的宁静"的又一个理由,但在这种宁静之中,一个人却不能用马克和斯基令[53]来算账目,也不能使用褒奖和贬惩或者其他幻觉的尺度。

如果那寻求者在自己身外寻求那某种作为外在之物的东西,某种他无法决定的东西,那么,这被寻找的东西就是在一个特定的地方。只要他找到了这东西所在的地方,那么他就获得了帮助,这样,他就抓住这东西,他的寻找就有了一个终结。同样,每个人在自己早年的青春都曾会有这样一次,他知道有如此多美丽的东西存在,但是他并不确定地知道它们存在的地方。唉,尽管许多人忘记了这童年学识,所有人难道就真的因此变得更智慧,难道那没有得到美丽的"充实"的单一,但却赢得了"怀疑"的双倍和"决定"的一半的人,难道他也因此变得更智慧了!

如果我们假设那寻求者自己无法为"找到那个地方"做任何事情,那么他就是怀着愿望的。每个人在少年时代都曾有一次是如此。唉,尽管许多人有了变化,难道所有人就真的都因此而是向"那更好的"变化,难道那没有得到"愿望"的不确定财富,但却赢得了"平庸"的确定悲惨的人,难道他也因此而是向"那更好的"变化了!

在那怀着愿望的人看见自己的愿望得以实现的时候,这时,他就感到惊奇,正如他通过"怀着愿望"已经是处于惊奇状态之中。每个人在其少年时代都曾有一次是如此,并非是如同人们不公正地就青春所说的,"很容易被引去做一些愚蠢的事情",而是内在地"很容易被引向对'惊奇'的无条件的至福的奉献,——那怀着愿望的人忠诚地为'愿望实现之瞬间'藏起的诚实酬报"。唉,尽管许多人失去了这想要"施人以己所欲"[54]的急切,正如他也学会了去藐视这愿望,难道因此这一讨价还价的诚实(它并不真正有什么愿望也不真正惊奇,并且也不以这样的方式"施人以己所欲")、难道因此这诚实就是一种收获!

怀着愿望的人也寻找,但是他的寻找是盲目的;之所以这么说,与愿望的对象倒是没有很大关系,而是因为考虑到,他并不知道自己是在走近还是在远离这对象。

现在,在许多善的东西之中有一样,它是至高的善,它不在它与其他善的东西的关系之中得以定性,因为它是至高的善,然而那怀着愿望的人却并没有一种特定的观念,因为,它恰恰作为"那不为人知的"而是那至高的善,而这善就是上帝[55]。其他善的东西是有名目和标识的,但是,在愿望至深地吸气的地方,在"那不为人知的"似乎显现着自己的地方,这地方就有着惊奇,而惊奇是直接性(Umiddelbarheden)对上帝的感觉[56],也是所有更深的理解的开始[57]。那怀着愿望的人的寻找是盲目的,这与愿望的对象并没有很大关系,因为这对象当然就是"那不为人知的",这更多地关系到"他是在走近还是在远离这对象";——现在,他感到震惊了，惊奇之表达是崇拜[58]。惊奇是一种模棱两可的灵魂状态，在其自身之中包含了畏惧和至福。因此崇拜同时混有畏惧和至福。甚至是那最纯净的、理性的上帝崇拜[59]，它也是在畏惧与颤栗之中的至福[60]，在生命危险之中的信任，在罪之意识中的乐天态度。甚至是那最纯净的和理性的上帝崇拜也有着惊奇之脆弱，决定上帝之关系的尺度的，既不是力量的、也不是智慧的、也不是作为的直接的尺度，那最有权势的是最无奈的[61]，最虔诚的叹息来自最深重的灾难[62]；那最强有力的是正确地合拢起双手的人。

怀着愿望的人的惊奇对应于"那不为人知的"，并且以这样一种方式完全是不可定性的，或者更准确地说，是无限地可定性的，在同样的程度上既可以是可鄙的又可以是可笑的，在同样的程度上既可以是迷失的又可以是孩子气的。在森林在傍晚皱起眉头时，在夜月在群树之间迷路时，在森林中的自然惊奇捕捉其猎物时，这时，异教徒突然看见一个抓住他的光影作用的奇迹，于是，他看见"那不为人知的"，而崇拜则是惊奇的表达；在节瘤扭曲的树干构成一个迷惑人的形象时，这形象对于他是不为人知的，它像一个人，但却又意外地只在一种超自然的尺度上像一个人，于是，他停下并且崇拜[63]；在他在沙漠里看见一丝不属于某个人或者某种他所知的生物的踪迹时，在孤独的力量把惊奇灌输进他的灵魂时，于是他在这踪迹之中看见，"那不为人知的"曾在这里，并且，他崇拜；在大海深沉而宁静，无法得以解说时，在"惊奇"晕眩地向下凝视进大海，直到仿佛"那不为人知的"从海里走出来时，在大海的波浪单调地卷向海岸并且以单调之力量来压倒灵魂时，在灯芯草在风中低语又低语并因而必定想要与听者共享什么秘密时，这时，他崇拜。

如果"惊奇"为自己定性，那么它的至高表达就是：上帝是生存的不可解说的一切，正如这一点对于想象力[64]来说是在从最小到最大的任何地方都隐约地感觉到的。那作为异教文化的内容的东西，则又在每一代人的重复之中再次被体验[65]，要在它彻底被经历了之后，这曾是偶像崇拜的东西才被缩减为一种在诗歌创作的无辜性[66]之中的无忧无虑的存在。因为偶像崇拜在得到了净化之后就是"那诗意的"。

如果我们设想怀着愿望的人自己能够为找到那被寻找的东西提供某种帮助，那么，他就是在追求着。因而，惊奇和愿望就开始经历自己的考验。在常常被欺骗的情况下，因为惊奇的范围（恰恰因为它让自己直接与"那不为人知的"发生关系）在同样的程度上既是可鄙的又是可笑的，在同样的程度上既是错误的又是孩子气的，惊奇在常常被欺骗的情况下会小心留意而不让自己再次进入盲目。这样一来，这直接的关系在第一个此刻是一种破裂了的关系，但这一"破裂"却不是什么彻底的突破。它是这样破裂的：在对于那怀着愿望的人而言不存在任何道路的同时，道路作为一种定性进入其间。在寻找者不在步入盲目时，他就不仅仅是有愿望，而且也是在追求；因为这追求恰恰是通往那被寻找的东西的路。每个人在其少年时代都曾有一次是如此，在"想要"之中崇高地飞翔着，尽管现在有许多人学会了留在大地上[67]，难道因此所有人也都变得更智慧，难道那没有得到飞鸟的翱翔，但却赢得了四脚动物的伛偻步法[68]的人，难道他也因此变得更智慧了！每个人在其少年时代都曾有一次是如此，鲁莽地要去冒险，唉，尽管许多人放弃了，难道因此所有人也都变得更智慧，难道那没有得到鲁莽在"那没有定向的"之中的奔跑[69]，但却赢得了步行者在"平庸之公路"上的安全感的人，难道他也因此变得更智慧了！

每个人在其少年时代都曾有一次是如此，挑战着，唉，尽管许多人学会了磨掉棱角放宽要求，难道因此所有人都变得更智慧，难道那因为得到了优待而满足得厌腻的人，或者那从人际环境里学会了琐碎的人，或者那在习惯的奴役之中学会了满足的人，难道他也因此变得更智慧了！哦，确实，如果我们知道有更神圣的东西可以提及，不谈论幸运是智慧的，但如果事情不是这样，那么，幸运从生活之中消失，它变得厌倦于给予和索取、厌倦于那些从它这里骗取惊奇的人们，这当然就是一种不幸。

但是在自由之世界里，在之中所有追求都有着其渊源，在之中所有追求都有着其生命，在那里，惊奇在路上出现。追求有着不同的名字，但是那对"那不为人知的"的追求，则是对准了上帝。这"它是对准了'那不为人知的'"，就是说，他是无限的。于是，追求者停下，他看见一个巨大的存在物的迷惑人的踪迹，这个存在物，它在它消失了之后存在，它在并且不在；这一存在物是命运[70]，他的追求就像通往迷途的行程。崇拜又是惊奇之表达，崇拜的范围是那在同样的程度上既可鄙又可笑的、在同样的程度上既是迷失的又是孩子气的东西。

如果我们设想那怀着愿望的人自己能够为找到那被寻找的东西去做一切，那么，魔法就消失了，惊奇就被忘记了，不再有任何东西可令人惊奇了。于是，在下一个瞬间，那被寻找的东西就是一个乌有，因此他有能力做一切。每个人在青春的年轮变换中都曾有一次是如此，然后他有了一个永恒的年龄[71]；唉，尽管许多人为不曾经历这一恐怖而感到安慰，难道因此所有人都变得更智慧，难道那"是一个处于耄耋之年的少年"的人，难道他也因此变得更智慧了！每个人在告别青春的时候都曾有一次是如此，生命站定并且他去世；唉，尽管许多人夸耀自己的青春，难道那从岁月和永恒那里骗取其正当性的人，他的智慧就是对那最严肃的问题的一个轻浮的回答，难道他也因此就是更智慧的吗！

　　从前在世上有过一次，人厌倦了惊奇、厌倦了命运而扭头离开那外在的[72]，并且发现，惊奇的对象不存在，"那不为人知的"是一个乌有，而惊奇是一种欺骗。那曾有一次是"生活的内容"的东西，在人类的重复之中再次出现。如果有人认为自己这样说是智慧的：有许多过去的形象是几千年前就已经完成的；那么，在生活之中并非是如此。你当然也不会认为，我的听者，我会浪费你的时间来讲述各种伟大的事件、提及各种离奇的名字并且在对全人类的考虑之中变得毫无精神地自以为是！唉，不，如果事情是这样——那只得知一小点的人是被欺骗了，那么，难道那得知了如此之多以至于知道"自己根本就没有从所知的东西中吸收任何东西"的人，他难道就没有也被欺骗吗！人类慢慢地向前走着，甚至那最美好的知识也只是一个预设条件。如果一个人想要越来越多地增加这些预设条件，那么，他当然就像是聚集起自己不用的钱财的守财奴。甚至那值得被高度珍惜的东西，——幸福的教育，甚至它也当然只是一种预设前提，吸收需要时间，一生的时间也不算多，如果我们想要吸收它。哦，如果那没有得到应得的教育的人是受了欺骗，那么，那持续地对于"这教育是一种预设前提、一笔被托付的财物[73]、一种要有收成的神圣遗产"一无所知而不加考虑地接受下这教育并且觉得自己名符其实的人，难道他就不是受了欺骗的！如果有时候那更好的人也曾叹息，因为那被寻找的东西是如此遥远，那么，我的听者，你肯定是明白了，这之中还有着另一种麻烦，有着一种蛊惑灵魂的知识之幻觉，有着一种令人了知但却仍受骗的安全感，有着一种远离所有决定的遥远——人在这遥远之中迷失但却做梦都想不到自己会迷失。让恐怖去捕获自己的猎物吧，哦，这安全是一种更可怕的妖魔！让匮乏在饥饿中屈服吧，难道死于盈余就更好？惊奇放弃了人，这是震撼性的，他对自己感到绝望[74]，但同样震撼性的是，他对此是能够了知的，能够知道远远更多，但却就是没有经历过他所知的东西，而最震撼的

217

是：一个人能够知道一切但却没有开始哪怕一丁点。如果事情是这样，哦，让我从头开始吧；回来，你，青春，带着你的愿望和你可爱的惊奇，回来，你，对"那不为人知的"的青春狂野的追求，带着你的鲁莽和你的颤栗，抓住我，你，绝望，你断绝了惊奇与青春之惊奇，但是，迅速，迅速，如果这是可能的，如果我浪费了我的最佳时光却没有体验什么事情，那么教我吧，教我至少不变得对此无所谓，教我在共同的丧失之中与别人一同寻找安慰，于是，丧失之恐怖就是我的康复的一种开始；不管这康复来得多迟，这也要好过如此：作为一个撒谎者继续活下去，不被那似乎是擅于欺骗的东西欺骗，唉，并且因此而可怕地被欺骗，——被许多知识欺骗！

因而，惊奇消失了，它消失了，这话曾就是这么说的；于是，这令人绝望的人这么说，并且在绝望之中重复这说法，并且讥嘲着地重复它，并且想要在讥嘲伤害他人的同时通过讥嘲来安慰自己，就仿佛所有讥嘲不是双刃的！但是你，我的听者，你当然知道，现在这讲演恰恰就停留在"惊奇"这里。因此这讲演不会让你意外，也不会在思绪的闪电在回返的一切之上炫出光耀时通过使你盲目来欺骗你[75]，也不会在一种意外的困惑之中把你拉到云里雾里。那确实地经历了上面所说的事情的人，他很容易看穿各种困惑的回忆之大杂烩，如果他不曾体验这个，那么，听或者阅读一个讲演只会在很令人怀疑的意义上对他有益。但是你，你自己就是处在惊奇状态之中，你当然知道：在那种最初的惊奇在绝望之中被销蚀掉的时候，这一惊奇进入存在。但是，我们又能在哪里为"惊奇"找到一个更有价值的对象呢，除非那在愿望与追求之中寻找着的人，那在绝望之中正要死去的人，除非他突然发现，他拥有着他所寻找的东西，不幸的是，他正站在那里失去它！让我们拉住那怀着愿望的人，就在他坐在那里做梦的时候，叫喊他并说：你有着你的愿望所想要的东西；让我们去阻下那鲁莽的追求者，就在他在那里一路向前冲的时候，使他停下并说：你有着你搜索的东西；突破绝望，这样绝望者就明白，他有着它，——在他同时被惊奇震撼并且又因为他简直是在再次失去他所寻找的东西而被震撼的时候，在他内心之中有着怎样的心灵激荡啊！愿望之荣耀、鲁莽之追求唤不醒第二次惊奇，绝望之破折号[76]阻碍它被唤醒，但是那被寻找的东西是现成的，那在误解之中站着并且失去了它的人，他拥有着它，——这就唤醒整个人的惊奇。对于"惊奇"，到底还会有什么样的表达能够比这更强烈：

那惊奇者就仿佛是被改变了，正如那怀着愿望的人变换了颜色；什么样的表达比这更强烈：他确实被改变了！这就是这一惊奇的情形，它改变那寻找者；这就是这一变化的情形，这"去寻找"变成某种别的东西[77]，是的，正相反的东西：这"去寻找"意味了"寻找者自己被改变"。他不应去寻找那被寻找的东西所在的地方，因为这地方就在自己这里，他不应去寻找上帝所在的地方，他不应当追求去那里，因为上帝正在他这里，完全临近，临近于一切所在，在每一个瞬间全在[78]，但是他必须被改变，这样，他自己就能够成为那地方，那上帝真正所在的地方。

然而，作为所有更深刻的理解的开始，惊奇是一种模棱两可的激情，在自身之中包含了畏惧和至福。或者，难道这不可怕，我的听者，被寻找的东西距你如此之近，你不寻找，但上帝寻找你；难道这不可怕，你无法动弹，除非你是在他之中[79]，你无法静止，除非你是在他之中，你无法如此不引人注意，除非你是在他之中，你无法逃亡到世界的边缘，除非他在那里并且在一路上的每一个地方，你无法在深渊之中藏身，除非他在那里并且在一路上的每一个地方[80]，无法对他说："一瞬间之后"，因为在你这样说的时候，他也在这瞬间之中；难道这不可怕，青春之玩笑和绝望之不成熟变成严肃[81]，你所指向和神往过的东西，你所说及过"它不存在"的东西——，它进入存在，是的，它在你周围并且围拢着你到处存在！[82]然而，难道这不是至福吗，有权势的人能够把你关进最黑暗的角落，但却无法把上帝关在外面[83]；难道这不是至福吗，你会坠入最深的深渊，在那里人们既看不见太阳也看不见星辰，然而却能够看见上帝；难道这不是至福吗，你会在孤独的沙漠之中迷路，但却马上能够找到通往上帝的道路；难道这不是至福吗，你会变成一个古稀老人遗忘一切，但却永远都不忘上帝，因为他不会成为什么过去的东西，你可以变哑但却呼唤他，变聋但却听见他，变盲但却看见他；难道这不是至福吗，敢去信任他，他不会像人类那样说："一瞬间之后"，因为在他说话的瞬间，他就在你这里！

但是那避开了畏惧的人，他想来也会留意，不让自己也去避开自己的发现。这很容易，或者如果有人更愿意以另一种方式来说同样的事情的话；要找到上帝是如此艰难，以至于有人甚至还要去证明他存在，觉得必须有一种证据[84]。就让证据之工作艰难吧，尤其是让那要认为"这证明什么东西"的人经历严重的麻烦；对于那证明者，这事情是容易的，因为他已经置身事外，他不是在与上帝往来（handler），而是在论述（afhan-

219

dler）某种关于上帝的东西。相反，如果这"去寻找"应当是意味了一个人自己要被改变，那寻找者无疑就应当留意他自己了。但是"向小孩子学惊奇"和"向一个人学畏惧"，这总是一种准备，然后，在上帝来使得各种证明变得多余的时候，畏惧就会和上帝一起到来。或者，难道这也许是勇气，一个人思维匮乏地对危险一无所知，证明者毫无改变地坐着证明并继续证明"全在者是存在的"（这全在者因而也在证明的瞬间看穿那证明者）——但却没有任何对这证明之价值的科学的判断。难道这全在者真的会变得像一种稀有造化物那样，要由博学者证明其存在，或者像一颗变星，千年一次才会被人观察到，因此其存在需要一种证明，尤其是在这之间它无法被人看见的几百年里！

但是真正的惊奇和真正的畏惧是一个人无法教会另一个人的[85]。只有在它们压缩和扩展你的灵魂的时候，"你的"，恰是你的，在整个世界里唯独你的，因为你变成是一个人与那全在者独处，只有在这时，它们才是真正地"为你"的。如果这讲演者有着天使的雄辩[86]，如果他有着一张能够令最勇敢的人感到惊恐的脸，以至于你（按人们说法）沉陷进对他的雄辩的至深惊奇之中，你因为听见他讲演而被恐怖感攫住；起作用的不是这一惊奇，不是这一畏惧。相对于每一个人，最卑微的和最伟大的，事情都是如此：任何天使，任何天使兵团，任何世间恐怖都无法令他产生真正的惊奇和真正的畏惧，而只会使他变得迷信。只有在他，恰恰是他，作为最卑微的人或者最伟大的人，在他单独面对那全在者的时候，真正的惊奇和真正的畏惧才会在那里存在。力量的、智慧的和作为的直接尺度无法为"上帝之关系"的尺度作定性。或者，是不是埃及的智者们并没有做出过几乎像摩西所做神迹一样伟大的神迹[87]；设想如果他们做出了更伟大的神迹，那会有什么样的后果？没有，任何后果都没有，如果是相对于上帝之关系而言的话。然而摩西敬畏着上帝，摩西为上帝而感到惊奇，畏惧、惊奇或者惊奇之畏惧及其至福为上帝之关系的尺度作定性。

理智所说是完全对的：没有什么东西是可让人惊奇的[88]；但恰恰因此，这惊奇就得到了保障，——因为理智在为它作担保。就让理智去论断那无常流转的东西吧，让它去清空那地方，——这样，惊奇就能够来到那被改变者心中的正确的地方。所有属于那最初的惊奇[89]的东西，理智都可以将之销蚀掉；让它这样做吧，这样，"那神秘的"就能够帮助一个人进入惊奇，因为它当然是神秘的，既然它直接与理智对它所做的论断作对。

但是如果这个人不再继续，那么，他就不能去指控理智，也不能因理智得胜而欢庆。如果一个王公派送出一个兵队队长带着自己的兵队去外国，而那个队长征服了这个国家，然后自己作为一个造反者控制了这个国家，那么，在这时我们就根本没有理由去因为他征服这国家而指控他，但我们也没有理由去庆祝胜利，既然他将之据为己有；同样，如果一个人通过自己的理智战胜了那"固然是美的但却是孩子气的"的东西，那么他就不该去指控理智，而如果理智在最后造反，那么他就不能庆祝胜利。但惊奇则在那被改变的人身上。

正如这里所已经说了的，每个人都曾一度经历过这样的事情：在决定（Afgjørelsen）的瞬间，精神的病症侵袭进来[90]，他感觉到在生活之中被囚禁，永远地被囚禁。唉，尽管许多人以"避免了这一危险"为安慰，难道那狡猾而怯懦地欺骗自己的人——他以为是欺骗了上帝和生活，难道他也因此就是更智慧的吗！这样的事情在每个人身上都曾一度发生过，这时，玩笑、幻觉和消遣都结束了；唉，尽管许多人骄傲地坚持自己无忧无虑的心态，难道那因为自己不受束缚而让自己的生活吸附在别的东西之上以寄生方式随意成长的人，难道他也因此就变得更智慧吗！这样的事情在每个人身上都曾一度发生过，唉，尽管许多人沉迷于一种有利的条件，难道那在不受束缚的情况下根本不知道自己恰恰因为"不受束缚"而是不自由的人，难道他也因此就变得更智慧吗！

如果那被寻找的东西被假定为是现成的，那么"寻找"就意味着"寻找者自己被改变"，这样他自己就成为那地方，那被寻找的东西真正可在的地方。被寻找的东西当然是现成的，它是如此地临近，乃至它仿佛又被丢失掉。对于"恐怖"，到底还会有什么样的表达能够比这更强烈：它就仿佛是被丢失的，但却没有"它被丢失了"的确定性；因而，这就是一个人往回倒推的情形！他曾经有愿望想要，他曾经鲁莽地冒险，那被寻找的东西曾经在遥远，自我感觉曾对抗地质疑它的不存在，而从那时到现在，这在时间上是怎样的距离啊，而现在，它已经距他如此之近，乃至它被丢失，随着这丢失他重新退回到那漫长的遥远之中[91]！寻找者会被改变，唉，他被改变了，——事情就是这样倒退回去。他所处的这变化，我们称之为"罪"[92]。因而被寻找的东西存在着，寻找者是那地方，但是被改变了，从"曾是那被寻找的东西所在之处"被改变掉了[93]。哦，现在没有惊奇，没有模棱两可的意义！灵魂的状态，在它明白了这一点的时候，是有辜者心中的畏惧与颤栗[94]，激情是回忆之后的悲伤，爱是迷失者心中的悔。我的听者，难道不是这样吗！不管怎么说，这讲演不会来使你意外，它没有权威[95]强迫你给出任何罪的坦白。恰恰相反，它倒是愿意坦白承认自己在这方面的无能为力，是的，如果有人会想要它坦白的话，那么，它会很愿意对他说：世上的全部雄辩也无法去说服一个人让他相信自己有罪；但它随后也会提醒他说：不要去惧怕罪人们的雄辩，而是要敬畏那神圣者的全在，更应当惧怕的是"自己想要避开神圣者"。如果一个人在本质上要理解自己的罪，那么他就必定是因为自己变得单独而理解这罪，他变得单独，他恰恰就是一个人与那全知的神圣者[96]在一起。只有这一畏惧与颤栗是真正的畏惧与颤栗，只有那上帝之回忆在一个人心中唤醒的悲伤是真正的悲伤，只有上帝之爱激励出的悔是真正的悔。如果一个讲演者有着天雷的声音，如果他有着一张令人惊恐的脸，如果他知道怎样以眼睛来瞄准，而现在，就在你坐在那里的时候，我的听者，他指着你说：你，你是一个罪人[97]，并且，如果他甚至是带着这样的一种力量这样做，使得你目光在地上挖洞、脸上血色全失，你也许再也无法从这一印象之中恢复过来，这时，你就明白了，他通过自己的行为把整个环境转化成一个集市傀儡戏台，他就在上面演滑稽，并且你很遗憾自己在寻找宁静的时候被他打扰。在那可鄙的东西——在一个宗教性的放纵者面前的畏惧与颤栗，不是真正的畏惧与颤栗。正如一个人不应当在另一个人那里寻找安宁，不应当在沙上盖房子，同样他也不应当相信"那说服他去确信自己是一个罪人的"是某个别人的作为，但别人的作为倒是无疑会提醒他关于他自己在上帝面前的责任，如果他没有通过自己来发现的话；所有其他理解都是消遣。如果我想要论断你的话，那么这只是玩笑，但是，如果你忘记了"上帝将会审判你"，那么，这就是严肃了[98]。

因而，那被寻找的东西是现成的，上帝相当近，但是如果没有纯洁，没有人能够看见上帝，而罪则正是不纯，并且因此如果不变成一个罪人，没有人能够认出上帝。第一句话是一句引诱的话，灵魂的目光对准高处那目标所在的地方，但在同一刻我们听见那第二句话指出了那开始的地方，这句话是一句令人沮丧的话。然而，这却是那"想要自己去理解罪"的人的情形。去让什么人信服，这是一个没有权威的讲演所不能想要去做的事情，是的，它甚至都不能直接地有益于什么人。那觉得自己更强大的人，当然是不可能被这讲演战胜的，而那让自己被战胜的，恰恰通过自己的被战胜证明了他是更强的。因此，我的听者，这讲演不应当对你使用欺骗的方式，把什么东西强加给你，相反，它倒反而给你提供一件武器去[99]对付那讲演者，如果你痴愚得足以想要去论断他的话，——这样的做法无疑是思想匮乏，因为，如果有什么人在上帝面前忘记指控自己的话，这才是严肃的事情。因为这个原因，你也不会从这讲演之中获知很多东西；如果你从中获知一些关于你自己的事情，那么这也是通过你自己而获知的；但是，如果有人想要要求获知一些关于"在一般情况下的罪"的事情，那么，他就是对这讲演要求过多了，因为那样的话，他就会被欺骗。

于是，这讲演就站定在开始的地方。这开始不是通过惊奇而发生的，但确确实实也不是通过怀疑[100]；因为那怀疑自己的辜的人，他的开始只是一个糟糕的开始，或者更正确地说，他继续那在"罪"的问题上已经被糟糕地开始了的事情。那与罪一同来的东西，它与悲伤为伴[101]，——因而罪本身的情形肯定也是如此。因此，悲伤是开始，颤栗是悲伤之警觉。悲伤得越深，人就越觉得自己如同一种乌有，比乌有更少，恰恰这是因为：悲伤者是那开始认出上帝的寻找者。我们一直说，即使是在异教文化之中，诸神也不会一文不取地出售那至高的东西[102]，神圣在一种神圣的妒忌中为自己定了价，这种妒忌为这关系的境况定了性；那么"作为一个单个的人去意识到上帝"这样的事情，这样的事情怎么会没有它的要求；而这要求就是：人变成一个罪人。然而这"他的神圣在场把那单个的人降格为罪人"，如果我敢这样说，这却不是人向上帝显示的一种礼貌；不，单个的人本是罪人，但通过他的在场才成为罪人。然而，那在上帝面前试图在罪的意识中理解自身的人，他并不将此理解为一种普遍陈述——"所有人都是罪人"，因为这之中被强调的不是这一普遍性。悲伤越深刻，人就越觉得自己如同一种乌有，比乌有更少，这一缩减性的自我感觉是"悲伤者是那开始认出上帝的寻找者"的标志。在世俗的意义上，人们是这样理解的：不希望成为总司令的就是一个糟糕的战士；在神圣的意义上则相反，他越是自以为卑微（不是作为普遍中的人或者关于"作为人"，而是关于"作为单个的人"的自己，不是考虑到各种能力，而是考虑到辜），上帝对于他就变得越明确。我们不想要增大辜来使上帝能够变得更伟大[103]，不，我们是想要增大对辜的认识。正如那警醒地守望着公正的高级权力部门，有时候使用一些探子，这些探子本身是有辜的[104]，同样，神圣者使用的每一个人自己就是一个有辜者，有时候甚至是一个在更严格的意义上的有辜者，这样，神圣者既关心着这有辜者的得救又关心着去通过他来拯救别人。

悲伤越深，罪的力量就越深地被领会，而对最深的悲伤的最强烈表达看来可以是：一个人觉得自己是最大的罪人。现在看来，这是当然的；以一种虚荣的方式，围绕着这种身份甚至也有过争执和辩论；曾几何时，这说法是至高表彰的至高表达[105]，在那样的时代，人们愿意给出一切来换得这种认可。每一种在歧途上的追求都是可悲的，最可悲的是那些宗教意义上的肆意放纵。在一个年轻人在人生中犯错的时候，这时，我们寄希望于未来的年月；在成年人步入歧途的时候，这就已经是更加可悲的事情了；而如果一个人在能够得到拯救的最后极端上走错路，那么拯救还会在什么地方！然而，由此并非就可以推断说，这样的做法是值得赞美的：不做什么决定而把神圣的虔诚搁置一边，并且以这样的方式来避免犯错。最大的罪人，关于"是最大的罪人"的辩论！我们不会为此而忍不住大笑，尽管让人有理由发笑的矛盾是在场的，因为，一个人以这样的方式把痴愚混入了最严肃的关联之中，尽管这是可笑的，这也不是让我们要去笑的事情，而这里也不是去笑这事情的地方。这讲演也不想要直接把这表达抛出来，而是想要对之作出稍稍详细一些的论述，并且想问：一个人是从哪里得知他是最大的罪人的？如果说他是得知了他是一个罪人，那么，他是通过这样的做法来得知的：他进入独孤，他，只是他，单独地与神圣者在一起。如果他不是这样一个人单独地独处，那么他就根本不会得知自己是一个罪人，更不用说是最大的罪人了。现在，这更多或者更少[106]是从哪里来的，他是通过什么来将自己定性为那最大的？这个"更多"是来自"那恶的"吗，它不是通过作假和欺骗而出现的吗；难道这不是由"从严肃之中分神[107]"和"在虚荣之中专心"造成的吗？一个因自己的痛苦而变得严肃的不幸者马上可以由此而被认出：他没有去关心是不是别人痛苦得少一点而这样做出判断，"我的痛苦让我感到沉重：我在受苦"。我们马上能够由此认出一个真正的爱者：他不会带着一群人、一堆见证者（一旦他明白了自己比别人爱得更多，他们当然是在场的）来污染恋爱之幽会，这幽会寻求的是独处；他诚实而真心的判断是简短的：我爱。罪之意识的情形也是如此，简单的陈述是最严肃的。所有比较都是世俗的，所有对比较的强调都是为虚荣服务的世俗附属物；比自我负疚感更糟糕的是自我公正感，而比自我公正感更糟糕的是虚荣地对待自我公正、并且恰恰通过"虚荣地想要成为最大的罪人"而严肃地成为最大的罪人。但是那独自与罪之意识独处的人，他无疑会（但不是比较着地）觉得自己是最大的罪人，因为直接面对那神圣者，他会觉得自己是那单个的人并且在自身之中感觉到罪的本质性的尺度。如果"想要以'别人更有辜'来为自己找借口"是一种消遣[108]，那么"想要通过'自己的罪与其他人的罪的关系'（而'这其他人的罪'却是没有人知道的）来决定自己的罪"就也是一种消遣。但是，在你禁食的时候，我的听者，你要在头上抹膏、要洗脸[109]，这样，你就既不会作为消遣去看其他人在更大程度上有辜，也不会作为消遣去看其他人在更小程度上有辜；如果一件事情不是公共的事务，那么你不要在街上做这事，而是要真正地在暗中做[110]。哦，左右观望要比向内注视进自身要容易得多；更容易的是讨价还价，正如压低价钱要比沉默容易得多，——但是更艰难的则还是那唯一不可少的东西[111]。甚至在日常生活中，每个人就都已经经历了：直接站在显赫者面前、站在国王面前，要比混迹于人众之中更艰难，单独而沉默地直接站在敏锐的行家面前，要比在一种行外人的普遍融洽之中参与发言更艰难；更不用说单独地直接站在神圣者面前沉默了。人们在宏伟的事物中、在大自然的咆哮之中[112]以及在世界历史的进程中[113]看见上帝；人们完全忘记了小孩子所理解的东西：在小孩子闭上眼睛的时候，他就看见上帝。在小孩子闭上眼睛微笑的时候，就会有一个天使；唉，在一个成年人独自一个人面对那神圣者并且沉默的时候，这时，他就变成一个罪人！首先是独处，然后你就会学会正确的上帝崇拜，想上帝的至高，想自己的卑微；但不要觉得你比你的邻人更卑微，就仿佛你是特别的，但记住你是面对上帝；不要觉得你比你的敌人更卑微，就仿佛你是那更好的，因为，你要记住，你是面对着上帝；但是要觉得你自己卑微。

如果一个人以这样的方式考虑自己的罪并且希望在这一宁静之中学会一门艺术，这艺术，我的听者，你可不要藐视：对自己的各种罪感到悲伤，他肯定会发现罪的坦白不仅仅是对所有单个的罪的列数，而是在上帝面前领会：罪在自身之中有着一种关联。然而，在这里他又会留意那窄门[114]，因为孤独者的路是狭窄而封闭的，但到处都有着无形之门，他只需说一句话，一扇这样的门就会被打开，——被囚者在开放的地方呼吸，这样，在他看来这只是一瞬间。如果他以这样的方式开始谈论罪的一般，不是他身上的罪，而是整个人类的罪[115]，如果他去抓向这一想法，那么门就

225

开了，——唉，现在他的呼吸变得多么轻松啊，其呼吸本来艰难的他；现在他的出逃变得多么容易，其步履本来艰辛的他；现在他是多么自由自在，本来努力工作着的他，——因为他变成了一个审视者。许多人肯定渴望听他讲一下他的看法。于是，这就成了另一回事，如此轻松，被改变得如此面目皆非，是的，被如此地改变，就像在我们中间的那严肃者所说的：问题变成了"在世界面前证明上帝的合理"，而不是对"在上帝面前证明自己的合理"[116]的关心。在一般的意义上承认自己的罪是更容易的；但是，从单个的罪，这罪是被精准而确定地解读了的，被解读得非常谨慎，就仿佛是那公平而没有偏好的法官拟定出来的，从这单个的罪中，或者从这些单个的罪中找到一种关联，这则是一个沉重的过程并且是一个被强制的过程，但这沉重的过程却是正确的过程，这强制是有用的强制。

有一种品质是非常受人赞美的，但却不是那么容易获取的，它是诚实。我不是谈论"那种可爱的童年"的诚实（在一个单个的成年人身上肯定也会有这诚实），因为，赞美这种诚实当然就是以这讲演来欺骗你，我的听者。如果在你身上有着这种诚实，那么这讲演不就几乎是变得在恭维了，尽管你的童心会阻止你去这样理解它；而如果它不存在，那么这无疑就是在讥嘲你。因此，这讲演不应当设定出差异、迎合人并且把诚实弄成一种只有很少人得到的"摇篮上的幸运礼物"[117]；一种这样的讲演属于那幸运把人们分隔开的地方，而不属于上帝之关系使得平等性得到承认的地方：不，诚实是一种义务[118]，每个人都应当具备它。然而，在很多分神的状态[119]中，要获取这诚实是艰难的。我倒不是在说，因此一个人就马上是一个撒谎者；但是他得不到时间也无法集中自己的心思去理解他自己。因为，难道事情不是这样？一个人想要什么东西，相当真挚地，如他所以为的；在这愿望得以实现之前，这一段时间发生了许多事情，或者这愿望就没有得以实现，而他则改变了自己。固然很有可能，他变得更智慧了，但他的智慧却缺少一样东西，一种对于"他曾有一次想要这个"的特定印象，而不是一种关于"他在一些年之前曾想要但现在不再想要它"的天方夜谭。这里要求，这两种状态，如果它们要美丽而和谐地在同一个灵魂的统一之中得以和解的话，那么它们就必须有一次小小的遇会，在这遇会之中它们能够相互让对方可以明白自己。也许这智慧是不错，但是这智者却缺少一点对自己的悲伤。现在，一个人决定了某件确定的事情，但是，时间与他讨价还价，他被改变，事情变得折中。也许这决定相对于他的力量而言确实是虚无缥缈的;好吧,但这里缺少一点什么,一点伤心,一点明确性,不管这是因为时间给予了他智慧的外表,还是因为他确实变得更智慧了。现在,辜、谬误和罪!唉,到底有多少人在许多年许多月之后确实地知道他们本来曾想要的东西、他们本来所决定的东西、他们本来曾为之自责的东西、他们曾做过的错事!上帝当然能够向一个人要求诚实。它会变得在怎样的程度上远远更为艰难啊!因为,一个人确实能够努力让自己在诚实之中变得对自己越来越透明,但是他难道敢向那人心了知者[120]交出这一清晰性,来作为他与后者之间的某种可信托的东西吗?哦,绝不会!甚至那在自己的内心之中诚实地追求着的人,甚至他,也许尤其是他,总是会想要有一个流动账户,这账户里的账目是他不相信自己能够去清算出来的,因为他也不知道他是否有着比他自己所知的更多的——但有时候在单个的账目上也许会更少的——亏欠[121]。也许这倒会是最好的。人毕竟只有一个上帝,如果他不能够与他[122]和睦相处,那么他该去归从谁呢[123]?注意这一必要性——在这里我们必须从单个的罪和谬误出发去理解:这是一种关联,一种深奥的关联。如果有人要来对你说,我的听者,这样一来,"想要获取诚实"根本就帮不上我们,因为,甚至那最诚实地追求的人,也总会在某种程度上无法弄明白自己,那么,你就像那讲演者那样去做吧,去像那根本就不曾听到过这讲演的人一样。确实,这讲演者不是什么疾跑者,但确确实实,他也不会让怯懦或者一种怯懦的妒忌(它想要在平庸之中具备机会)来耽搁自己,来使得精神之热忱被转化成瞌睡、使得无偿服务的热情被转化成糟糕利润的共同体。这种无法更好地忍受任何东西的悲惨存在着,这种想要耽搁你的背信弃义的友谊,你很清楚地知道这个,我的听者,但不要去与它作斗争;你要斗争的地方还不存在;与它斗争,对于它来说已经是一场胜利了。哦,还是去寻找沉默之遗忘吧,在之中你会得知关于你自己的辜的完全不一样的一些事情!

于是,诚实是困难的;在人众之中躲藏着并且把自己的辜淹没在人类的辜中,这更容易,向自己隐藏起自己要比在诚实中在上帝面前公开出自己容易得多。因为,正如前面所说。这一诚实当然不是一种永恒的列数,但是它也不是在一张白纸上签上一个名字,一个带有空洞的总体之名的坦白;一个忏悔者不是一个在人类的巨大债务簿上急急签字的联署人。

但是,没有诚实就没有悔。因为悔对"空洞的总体"深恶痛绝,但它也不是一个为优柔寡断服务的小气算术家,而是一个上帝面前的严肃观

227

察者。为一种没有内容的总体而悔是一种自相矛盾，正如以最深刻的激情款待泛泛之交的客人，而把自己的悔钉在一种单个事件上，这是为自己的责任而悔，不是面对上帝的悔，减弱心志[124]是沉郁[125]之中的自爱。难道悔就是这么容易吗：去爱并且越来越深地感觉自己的悲惨；在承受惩罚的同时，去爱；去爱，并且不想要把惩罚伪造成天意；去爱，并且不想要隐藏私下的怨恨，就仿佛是受了冤屈；去爱，并且不想要停止寻踪直至这一痛楚的神圣渊源！

这样，那考虑着自己的罪的人也知道，各种罪是有差异的。他当然是从自己的童年训蒙之中得知这一点的[126]，并且每个人最好就是自己考虑这个。这样的事情肯定也会在这个世界里发生：一个人通过一个以恐怖的色彩来描绘"总体的罪"的讲演而认出一种与一项单个的罪的可怕关系。但是那些宗教意义上的肆意放纵是最可怕的一类。一个这样的讲演也许是吓倒了那些更纯洁的人们、也许是在一个更无辜者的灵魂之中产生了一种恐惧，一种留在了那灵魂之中的恐惧。一个讲演者的恐吓，这是为了什么；一个人只会自己去理解自己是有辜的。那不是以这样的方式理解的人，不过是在误解；那理解这一点的人，他也无疑会知道那沉重的、或者更温和的、或者马上踊跃地出现的解释，完全都是根据他所应得的是什么。但这当然仍是令人反感的，如果有人因为他自己必须承受更可怕的罪的沉重惩罚而想要让新的罪从中获得好处；能够去让人觉得可怕。唉，轻率之放纵固然是一种新的罪，但各种阴暗的激情的亵渎性的强加则无疑也是一种新的罪！而你，我的听者，你当然知道，"那严肃的"就是"单独地留在那神圣者面前"，不管是全世界的掌声被关在了门外，还是全世界的指控都被撤去；因为，那个有罪的妇人，与"在不再有任何指控者在那里而她单独地站在主面前的时候"相比，难道在文士们指控她的时候，她会更深地感觉到那辜吗[127]！但是，你也知道，那被自己欺骗了的人，他是最危险地受了欺骗的人，那被许多知识欺骗了的人，他的状态是最令人焦虑的，此外，在另一个人的轻率之中看到对自己的安慰，这是一个可悲的弱点，而在另一个人的沉郁之中看到令自己颤栗的恐怖[128]，这也是一个可悲的弱点。让上帝单独去考虑这些吧，不管怎么说，上帝最清楚怎样去为那因为寻找他而变得孤独的人安排一切。

——当然，为此，这地方是存在的，我的听者，你知道这地方是在哪里，并且，当然也存在着相应的机会，我的听者，你知道这机会是怎样的，并且，当然也存在为此的瞬间，它叫作：就在今日。[129]

     *   *   *

  这讲演在这里终结，——在罪的坦白之中。但是，这可以有一个终结吗？现在，难道喜悦不会胜利吗？难道罪就只会和悲伤在一起？难道灵魂就会这样焦虑地坐在那里，而愉悦的竖琴音调却定不下来？[130]也许你习惯于得知更多，你自己肯定知道远远更多，那么，就在这讲演中、在讲演者这里找出错误吧。如果你确实是走得更远了，那么就不要让你被耽搁吧；但如果你没有，那么就想想：在一个人被许多知识欺骗的时候，他就是可怕地被欺骗了。让我们想象一个舵手并且设想，他以优异的成绩通过了所有考试，但他却还没有到海上驾驶过，——现在想象他是在一场风暴之中：他知道一切他要做的事情，但他本来却并不知道"在群星在夜晚的黑暗之中消失的时候攫住航海者的那种恐怖"；他本来并不知道"在航海者看见自己手上的舵把是大海的玩具的时候所怀有的那种无奈"；他本来并不知道在一个人到了这样一瞬间要作出准确计算的时候，血是怎样往头上冲的；——简言之，他本来绝对不曾想象到过在一个知者要使用自己的知识时发生在这知者身上的那种变化。晴天对航海者所意味的东西，对于那单个的人来说就是以不紧不慢的速度与其他人并且与时代一同随波逐流，但是决定，沉思的危险瞬间，也就是说，在他要处理周围的环境而单独面对上帝并且成为一个罪人的时候，这瞬间是一种宁静，这宁静改变"那通常的事情"，就像风暴所做的那样。现在，他知道这一切，知道那将要发生在他身上的东西，但他本来并不知道，在他感觉到自己被丰富多样的世界（在这世界里有他的灵魂）离弃的时候，会有什么样的恐惧来攫住他；他本来不知道，在来自他人的帮助、来自他人的指导、来自他人的尺度和来自他人的分心消遣在宁静之中消失的时候，他的心会怎样地敲打；他本来不知道，这是怎样的颤栗：因为没有人能够听见他，所以在他呼唤人们帮助的时候，已经太晚了；——简言之，他本来绝对不曾想象到过，在一个知者要吸收运用自己的知识的时候，这知者会怎样地被改变。这会不会也许就是你的情形，我的听者？当然，我不论断，我只是问你。在那知道如此如此之多东西的人变得越来越多的同时，有着完整经验的人们则变得越来越少了！但是，你从前曾经想要做的，就是这样一个人。你肯定没有忘记，我们就"对自己的诚实"所谈论的东西：一个人清楚地记得，自己曾有一次想要让自己是什么；而你自己当然考虑过想要在罪的坦白中诚实地面对上帝。你当时想要的到底是什么？你那时想要追求那至高的，去把握真理并且停留在真理之中；你并没有想要节省时间和工夫；你想要放弃一切，其中肯定也包括了每一种欺骗。即使你没有把握那至高的，你还是会想要让自己确定，你通过自己清楚地知道了，什么是你迄今所理解的"去达到那至高的"。即使这被达到的是那么少，你也还是宁可想要忠实于"少量"[131]，而不愿对"大量"不忠实[132]；即使这是一个唯一的想法，并且你成为混在那些知道一切的富人们之中的穷人，你也宁可想要忠信如金[133]，并且这是每个人都能够做的，如果他想要这样做的话，固然，黄金，它属于富人，但是忠信如金的则也可以是穷人。如果一个人忠实于"少量"，在患难之日、在账目被清算的时候忠信，在"领会自己的债务"中忠信，在那"没有酬报召唤但幸却变得明显"的宁静之中忠信，在承认一切的诚实（尽管这一诚实还是有缺陷的）之中忠信，在悔之爱（那谦卑的爱，其要求是自我指控）之中忠实，那么，他无疑也会被放置到"更多"的那一边去。

  这样的方式难道不是你所想要的吗？因为，我们是不是都同意这一点：相对于那本质性的事情，"能够"在本质上就是"能够去做"这事情。小孩子对此有不同的看法；在小孩子练习做那布置给他的作业时，他也许会问年长的姐姐说，他是不是想要听他背诵，但她有别的事情要忙，并且回答说，不，亲爱的孩子，我现在没有时间，但是把这作业读五遍或者读十遍，然后睡到明天再看它，然后明天你就能够很出色地背出它来，于是这孩子就相信这话，就按照对他所说的话去做，并且在第二天能够出色地背出这作业。但是更成熟的人以另一种方式来学习。如果有人想要背得出圣经，那么，这可以是如此美丽，如果他的行为仍有着某种童心的东西，但是在本质上，成年人只通过吸收来学习，并且在本质上他只通过去做那本质性的事情来吸收它。哦，在所有的危急之中，对生活、对人类和对"作人"本身的美丽喜悦；哦，在宁静之中，与每一个人的美丽和谐；在孤独之中，与所有人在一起的美丽集体感！因为，说"一个人并非像另一个人一样地有着同样本质的东西作为任务"是不对的，正如一个人的外表不会在本质上不同于另一个人，相反事情是这样的：每个人都会有稍稍不同的理解，并且以各自的方式来理解。这不同于困惑之中的情形，——在困惑之中有着不同的道路、不同的真相和新的真相；但这里的情形是这样的：道路有很多，都通往唯一的真相，而每条路都有各自的途径。在"那本质性的"变成了单个的人的拥有物（Eiendom）的时候，独特性（Eiendommelighed）就出现了，这一独特性是以"去做'那本质性的'"为条件的，并且通过这样做而被发现。这讲演会是分裂性的[134]吗？这讲演绝对是要谈论世人为之纷争（正如世人也为其他幸运之馈赠而纷争）的那种独特性；不，每一个通过"去做那本质性的事情"而拥有了某种本质性的东西的人，他具备这拥有物和独特性。这样，不要忘记了这讲演的对象："理解那种宁静"就是"能够变得宁静"。人会在哪里变得宁静呢？是的，为此，这地方是存在的，但不是外在和直接的，因为，如果一个人不是携带着这宁静，那么这"地方"就根本没什么用处。因而，在某种意义上就是没有"地方"；哦，这一"在某种意义上"岂不已经是令人不安了！人在什么时候最需要这一宁静？在他最强烈地被打动的时候。这一想法岂不是有能力去驱逐掉宁静吗？那么，为了逃避开自己，一个人该逃到什么地方去？是的，为了逃，一个人恰恰就逃避开这宁静。那么，这就没有任何事情可做了。是啊，如果一个人根本不想做任何事情，那么他就又在精神死亡之宁静中逃避开宁静。哦，难道"能够变得宁静"就这么容易吗！时而一种安全感在引诱着，因为时间当然还足够，时而一种急不可耐，因为这已经太迟了，时而一种召唤着的希望，时而一种流连的回忆，时而一种狂暴的决定，时而一种世间论断（这种世间论断讥嘲地追赶上你，就仿佛你是沿着这一宁静之路走向欺骗之沙漠，孤独者就在这沙漠里死去）的回声，时而一种来自你内心的自私的东西[135]，它以对自己的景仰来打扰，时而一种分散人心神的比较，时而一种分散人心神的算计，时而一小点借助于思想匮乏而达成的遗忘，时而一小点借助于自信而达成的预付，时而一种关于上帝之无限的奇想观念，时而因为"要在他本来就知道的事情上信赖那全知者"而感到的低落情绪，时而一次毫无用处的轻率跳跃，时而一声滋养沉郁的沉郁叹息，时而一种令人麻木的忧伤，时而一种令人意外的明晰，时而一种因各种计划、想法、未来之梦、幻觉的蓝图而达成的宁静，而不是因辜、因清算和因"意图与'明晰的辜和全知的上帝'结下的约定"而达成的宁静。哦，难道"变得宁静"就这么容易吗！曾距之如此之近，然而却抓住了一种幻觉，并且要重新开始，因而也就有更多不安！在另一个人那里找到了安慰，然后，发现这是一种自我欺骗、一种伪造的宁静，因而要带着更多不安开始！被世界、被一个敌人、被一个朋友、被一个假老师、被一个虚伪者、一个讥嘲者打扰过，而现在发现"想要把辜推给另一个人"是一种自我欺骗，因而要带着更多不安开始！曾斗争过，想要竭尽自己所能，然而却发现人什么都做不了、人甚至不能够给予自己这宁静，因为它属于上帝！如果有人想要说，这是正确的表述："人无法做到这个"，那么，他就该好好考虑一下：这是不是一种懒惰在这里说话。就是说，事情也确实是如此，甚至有一个使徒对此作见证[136]，然而，这一见证是不是一种突发奇想、一句匆忙之中的一般意见，或者，要明白这一人性意义上的乌有并且要在之中有着自己的意识生命是不是很难，这样，甚至他，那有权威的人[137]，那作了永恒决定的人，他也不是单独一个人这样做，而是需要一个帮手，就是说一个撒旦的差役[138]，通过各种日常经验并借助于每天的折磨来帮助他出离幻觉，出离"在死记硬背地学到的东西之中具备自己的智慧、在各种一般的保障之中具备自己的安宁、在泛泛之谈之中具备自己对上帝的信任"的状态？或者，是不是有人教过使徒这个，所以他能够在事后这么说？我们以前肯定在世界之中听说过，智者有着自己的守护神，引导或者警示他；假如保罗曾经谈论过这个，那么，这可能会是背诵出来的，但是"智者在日常之中需要用到一个撒旦的差役"[139]，这肯定是花费了很长时间才学会的。

  然而这讲演不应当是分裂性的[140]。上帝对每一个人所要求的是什么，这最好是留给上帝决定。在穷人，或者，为获取一点可怜的生活费用给自己和自己的家人而奴隶般地工作的人，在仆人——其多数时间属于别人，在这些人们[141]（唉，也许他们自己这么觉得的）只有很少机会能够去考虑灵魂的各种事情的时候，谁又能够怀疑，谁又会大胆无礼到如此程度而去这样做：不是对这一尘世生活的差异性怀有同情，而甚至是想要把这差异性导入到"那宗教性的"之中；谁又敢否认，祝福是丰裕的，正如上帝的所有祝福！但是，我的听者，如果有人（在那种卓越性的毛病的袭击之下）对生存感觉到厌倦，在精神自大之中鄙视简单的东西，并且唯恐自己的许许多多想法会得不到足够的任务，那么，你会不会认为真相的神奇性就是这个呢：简单的人明白它，最有智慧的人无法完全参透它，并且，一个人不会因为这一想法而变得迟钝，反而恰恰会是变得振奋！哦，在这个问题上我们当然又是一致的，因为这一点也是在宁静之中被人理解的，在这宁静之中，每个人都因为变得有辜而会有足够多的东西要去思考。

注释：

1 已故的米凯尔·彼得森·克尔凯郭尔］米凯尔·彼得森·克尔凯郭尔（Michael Pedersen Kierkegaard，出生用名是 Michel），1756 年 12 月 12 日出生于丹麦赛丁（Sædding）。在他十一岁的时候，1768 年，就到了哥本哈根，在他舅舅毛织品商尼尔斯·安德森那里学生意。学成之后，1780 年 12 月得到了在哥本哈根作为毛织品商的市民权，八年之后，他获得进口和销售大量来自国外的糖、芥末和咖啡（批发）的许可。出色的经商才能使得他成为了一个特别富有的人，这样，他在四十岁的时候带着相当可观的财富退出了商界。之后，他通过信贷和投资又增大了自己的财富。1794 年 5 月，他与姬尔丝顿结婚，后者尚未生育就在 1796 年 3 月去世了。一年多之后，他在 1797 年 4 月 26 日与安娜·伦德结婚，与她生了七个孩子，索伦·克尔凯郭尔是最小的。1803 年米凯尔·彼得森·克尔凯郭尔全家搬往希勒罗德，但是 1805 年又搬回哥本哈根，住在东街 9 号，直到他 1809 年在新广场 2 号买下了一幢房子。在短时间患病之后，他去世于 1838 年 8 月 9 日，终年 81 岁。

关于他临终之前的几个小时的生命，儿子彼得·克里斯蒂安·克尔凯郭尔在其日记中有记述（NKS 2656, 4°, bd. 1, s. 100f.）。

2 场合讲演］对一些教会讲演的泛称，包括牧师在坚信礼仪式、婚礼、葬礼和忏悔仪式上的讲演，教区司铎在牧师就职仪式上的讲演和主教在圣职授任仪式和教堂开光仪式上的讲演。牧师和主教也常常会出版自己的讲演文本。

3 不具备……使他有权威的场合］也许是指克尔凯郭尔未被授予神职，因此不能够带着神职牧师的权威来讲演。根据在克尔凯郭尔时代作为规则的《丹麦与挪威教堂仪式》（Dannemarkes og Norges Kirke – Ritual, Kbh. 1762），关于神职授职仪式，第十章第二条规定，在接受职位者们在圣坛前跪着的同时，主教要以这样的方式来传授他们"这神圣职位，同时说祷告词并把手盖向他们：'于是我根据使徒的传统，以神圣父圣子圣灵的名，将这神圣的牧师和布道者的职位授予你们，并且在之后给予你们权力和权威，作为上帝和耶稣基督的真正侍者，在教堂中秘密和公开地传布上帝的言辞，根据基督自己创建的制度分发高贵的圣餐，把罪与顽固者捆绑一处，解除悔过者的罪，并且，根据上帝的言辞以及我们基督的传统，去做所有其他与这上帝的神圣职务有关的事情"（370 页）。只有得到授职的神学候选人并且在满足了一系列其他条件之后，才可以在丹麦教堂里布道。

4 这个"之"就是指"那个单个的人"。

5 那个单个的人……称作我的读者］克尔凯郭尔在自己 1843 和 1844 年的全部六本陶冶性讲演集之中都是这样称呼自己的读者的。

另外，在前面的前言注脚中有过介绍，丹麦语的指示代词"那个（hin）"通常是指向一个在前文之中提及过或者被认识了的人、事件或者对象。

6 不知光阴和时间……会像新郎一样来到] 演绎耶稣的新郎比喻（《马太福音》25∶1—13）。

"光阴和时间"：在新约里有这样的表述，比如说在《马太福音》（24∶36）和（25∶13）中（在中文版圣经中译作"那日子、那时辰"），《使徒行传》（1∶7）和《帖撒罗尼迦前书》（5∶1）（在中文版圣经中译作"时候、日期"）。

7 在镜子里认出自己……影响到的东西] 可能是演绎《雅各书》（1∶23—24）："因为听道而不行道的，就像人对着镜子看自己本来的面目。看见，走后，随即忘了他的相貌如何。"

8 忏悔仪式] 关于"忏悔仪式"，在1685年的《丹麦挪威教堂仪式》（*Danmarks og Norges Kirke - Ritual*）第四章第一条中这样定性："那想要用圣餐的人，要在前一天，或者（如果在前一天因为重要原因而无法做到的话）在同一天布道之前，让自己面对坐在忏悔椅中的牧师，在他面前承认他们的罪并且请求恕免"（第143页）。这样，忏悔仪式被弄成一种对于一个人要参与圣餐仪式的不可避免的条件。这一仪式规定在克尔凯郭尔的时代仍有效。忏悔仪式是在"忏悔室"中进行，"忏悔室"是一个特别的关闭的小空间，有时候是在教堂里，有时候是在教堂的附属房间里；在一些比较大的教堂，比如说，哥本哈根的圣母教堂、国家样板教堂（克尔凯郭尔自己常去那里做忏悔），会有两个有着30—50个座位的"忏悔室"。在圣母教堂，忏悔仪式是这样进行的：忏悔者们在教堂里汇集，以一首赞美诗作为开始，并且由教堂唱诗人从唱诗班的门那里朗读忏悔祈祷。然后摇铃人把他们带进"忏悔室"，让他们在长椅上入座。牧师坐进自己的椅子并且做一个差不多十分钟的忏悔讲演。忏悔讲演之后牧师在忏悔者们那里走动着，两个两个地（牧师把手放在他们头上）应许罪之宽恕："你们出自真心悔过你们的罪，并且在坚定的信仰之中在耶稣基督之中皈依于上帝的仁慈，除此之外还通过上帝的恩典而承诺在以后让自己努力有一个更好和更和平的生活，于是，为了上帝和我的职责，根据上帝自己从天上赋予我让我在这里免除地上的诸罪的权力和权威，我现在以上帝圣父、圣子和圣灵的名对你们应许你们的罪之宽恕"（第146页）。在牧师一圈走完之后，牧师说："上帝自己在你们身上开始了那善，他在主耶稣基督的日子完成这全部，为耶稣基督，你们要保持让自己处于一种坚定而不灭的信仰直到终结。阿门！"（第147页）然后，忏悔者们回到教堂，如果有更多，那么新的一批进入"忏悔室"。在全部过程结束的时候，唱一段赞美诗。如果忏悔者们要参加星期天的礼拜仪式，一般就是在早上八点半举行忏悔仪式。在克尔凯郭尔的时代，忏悔仪式一般总是在礼拜仪式的同一天举行。

9 寻找"总是有着其应许] 指向《马太福音》（7∶7—8），耶稣说："你们祈求，就给你们。寻找，就寻见。叩门，就给你们开门。因为凡祈求的，就得着。寻找的，就寻见。叩门的，就给他开门。"

10　所有应许和所有美善的馈赠的给予者〕指向《雅各书》（1：17）："各样美善的恩赐，和各样全备的赏赐，都是从上头来的。从众光之父那里降下来的。在他并没有改变，也没有转动的影儿。"比较阅读《马太福音》：之中耶稣说："你们中间，谁有儿子求饼，反给他石头呢。求鱼，反给他蛇呢。你们虽然不好，尚且知道拿好东西给儿女，何况你们在天上的父，岂不更把好东西给求他的人么。"

11　考验（Anfægtelse）。在丹麦语中，Anfægtelse是指一种内心剧烈冲突的感情。在此我译作"考验"，简化了一些，Hong的英文版一般都译作"spiritual trial"。确切的翻译应当是"内心剧烈冲突的犹疑"，有时我译作"在宗教意义上的内心冲突"或者"内心冲突"，有时候我译作"信心的犹疑"，也有时候译作"试探"，有时候"对信心的冲击"。参看前面出现过的对这概念的注释。

12　考验（Anfægtelse）。指一种内心剧烈冲突的感情，见前面注脚。

13　通过怀疑……通过绝望〕也许是指向黑格尔的《精神现象学》，在之中黑格尔把现象学过程描述为"怀疑之路"（Weg des Zweifels），因为那进行现象学分析的自然意识对各种出现和被扬弃的不同概念进行怀疑。在这些概念变得相互矛盾并且被扬弃的时候，这现象学的过程在自然意识的视角之下就变成一条"绝望之路"（Weg der Verzweiflung）。可比较阅读黑格尔《精神现象学》（贺麟／王玖兴译，商务印书馆，1979年）。

14　称作是你的朋友〕指向《雅各书》（2：23）："这就应验经上所说，亚伯拉罕信神，这就算为他的义。他又得称为神的朋友。"也参考阅读《历代志下》（20：7）和《以赛亚书》（41：8）。

15　在你的视野中流浪〕也许是指向《创世记》（48：15—16）之中雅各对约瑟的两个儿子以法莲和玛拿西的祝福："就给约瑟祝福说，愿我祖亚伯拉罕和我父以撒所事奉的神，就是一生牧养我直到今日的神，救赎我脱离一切患难的那使者，赐福与这两个童子。愿他们归在我的名下和我祖亚伯拉罕，我父以撒的名下。"

16　全心全意地爱着〕指向《申命记》（6：5）："你要尽心，尽性，尽力爱耶和华你的神。"

17　与自己的神的祈祷之斗争〕比较阅读前面的讲演《真正的祈祷者在祈祷之中斗争——并且因为上帝战胜——而战胜》。

18　主自己说，就在今日〕也许是指《路加福音》（23：43），之中主对十字架上的犯人说："我实在告诉你，今日你要同我在乐园里了。"也可参看《希伯来书》（4：7）"所以过了多年，就在大卫的书上，又限定一日，如以上所引的说，你们今日若听他的话，就不可硬着心。"和（3：7）"圣灵有话说，你们今日若听他的话"。

最后还可以比较阅读布洛尔森（H. A. Brorson）的赞美诗《今天是恩典之时》（1735年），特别是第六段："仍有恩赐可得，／对于碎裂的心的叫喊，／仍有上帝可及，/仍有天大开。/哪怕你听见他的话/爱的教导，/恩典仍是伟大的。/现在这叫做：今天"。——《信仰的美好宝藏》（*Troens rare Klenodie*），由哈根（L. C. Hagen）出版。从第 193 页起。

19　上帝的家］"教堂"的固定表述，比较阅读《提摩太前书》（3∶15）："倘若我耽延日久，你也可以知道在神的家中当怎样行。这家就是永生神的教会，真理的柱石和根基。"

20　忏悔室］查看前面关于忏悔仪式的注释。

21　就是说，接受忏悔者的忏悔的神父或者牧师。

22　让骆驼走过针眼，是艰难的］指向《马太福音》（19∶23—24），之中耶稣对门徒说："我实在告诉你们，财主进天国是难的。我又告诉你们，骆驼穿过针的眼，比财主进神的国还容易呢。"

23　那看进隐蔽之处并且在暗中听着忏悔的］演绎《马太福音》（6∶6），之中耶稣说："你祷告的时候，要进你的内屋，关上门，祷告你在暗中的父，你父在暗中察看，必然报答你。"同一章的第 4 和第 18 句也有类似说法。

24　讲演者］是指那接受忏悔者的忏悔的神父或者牧师。

25　白白地得到］也许是在演绎《马太福音》（10∶8），之中耶稣对差出去的门徒说："你们白白地得来，也要白白地舍去。"

26　它也不让人以黄金来购买］马丁路德在《小教理问答书》（*Der Kleine Katechismus*）的第二条中写道："我相信，他（耶稣基督）……是我的主……他将我从罪、从死亡、从撒旦的王国中赎买和解放出来；不是以黄金或者白银，而是以自己的神圣而宝贵的鲜血，以自己的不公正而无辜的痛苦和死亡作为代价"。

27　无法被以强力夺取］可能是演绎《马太福音》（11∶12）："从施洗约翰的时候到如今，天国是努力进入的，努力的人就得着了。"丹麦语的新约的说法是："从施洗约翰的时候到如今，天国是以强力进入的，强行挤入的人就得着了。"

28　完全可以拥有一切，就像那什么都没有的人一样，没有区别］指向《哥林多后书》（6∶4—10），之中保罗把自己和其他信众描述为上帝的仆人："似乎忧愁，却是常常快乐的。似乎贫穷，却是叫许多人富足的。似乎一无所有，却是样样都有的。"

在《三个想象出的场合讲演》构思草稿之中，克尔凯郭尔提及，明斯特尔（J. P. Mynster）把"我们什么都没有但却拥有一切（vi eie Intet men besidde Alt）"作为自己布道的主题。

29　不是致死的这种病症］指向《约翰福音》（11∶4），耶稣在得知拉撒路的病之后的反应："这病不至于死，乃是为神的荣耀，叫神的儿子因此得荣耀。"

30　祈祷处］丹麦语是 et Bedested，有双重意义，一方面是人们在旅行中驻足休息的地方，一方面是指人们做祈祷的地方，在这里是指忏悔室。

31　千中之一都不能回答］就是说，面对一千种指控，但却无法对其中任何一种作答;指向《约伯记》(9:2—3),之中约伯说:"我真知道是这样。但人在神面前怎能成为义呢。若愿意与他争辩,千中之一也不能回答。"

32　"你为另一个人的缘故(如果他请求你原谅他,或者,如果你相信他是想要让你原谅他)、为了上帝的缘故(上帝要求你原谅他)、为了你自己的缘故(你不可以被打扰)而原谅这另一个人,这不是不公正的",这一分句的丹麦语原文比较模糊(丹麦文为:Thi det er ikke uretfærdigt, at Du tilgiver et andet Menneske for hans Skyld, hvis han beder Dig derom, eller, hvis Du dog troer han ønsker det, for Guds Skyld, som fordrer det, for Din egen Skyld, at Du ikke maa forstyrres;),我对照了 Hong 的英文版和 Emanuel Hirsch 的德文版,但是在这个地方,我觉得英文版和德文版的解读都是有问题的。我反复琢磨下来,还是觉得我上面的解读是准确的。下面,我把英文和德文译本中的这个分句(Hong 把它断成独立的句子了)也列出,供参考:

Hong 的英文版:"It is not unjust for you to forgive another person for his sake if he asks your forgiveness, or if you believe that he wishes it for God's sake, whorequires it, or for your own sake, so you may not be disturbed."(直接地译成中文是:"对于你,这不是不公正的,去为另一个人的缘故而原谅他,如果他请求你的原谅,或者,如果你相信他是为了上帝的缘故——因为上帝要求这样做——想要你的原谅,或者为了你自己的缘故,这样你就不可被打扰。")

Emanuel Hirsch 的德文版:"Denn es ist nicht ungerecht, daß du einem andern Menschen, so er dich darum bittet, oder, so du doch glaubst erbegehre es, seine Schuld vergibst um Gottes willen, der es heischt, um deiner selbst willen, auf daß du nicht gestört werdest;"[直接地译成中文是:"因为这不是不公正的:你为了上帝(上帝要求这样做)并且为了自己(这样你就不会被打扰)而原谅另一个人的过失——他这样请求你或者你相信他是想要这样做;"]。

33　"你自己的内心之中催促和解的声音",译者稍作了改写,按丹麦语直译应当是"你自己的内心之中的和解的催促"。

34　不会在路上耽搁自己……而他则还在路上]指向耶稣的登山宝训之一:"所以你在祭坛上献礼物的时候,若想起弟兄向你怀怨,就把礼物留在坛前,先去同弟兄和好,然后来献礼物。你同告你的对头还在路上,就赶紧与他和息。恐怕他把你送给审判官,审判官交付衙役,你就下在监里了。"(《马太福音》5:23—25)。

35　在出售原谅的时候白白送人]也许是在演绎《马太福音》(10:8),耶稣对差出去的门徒说:"你们白白地得来,也要白白地舍去。"

36　对你的胜利的天国喜悦]也许是在演绎《路加福音》(15:7),之中耶稣说,"一个罪人悔改,在天上也要这样为他欢喜,较比九十九个不用悔改的义人,欢喜更大。"

37　这里的"灵"是在基督教的意义上译作"灵",在哲学的意义上一般译作

"精神"。

38 通过杀死自己来展示出至高的勇气]也许是指向斯多葛学派的说法,根据第欧根尼·拉尔修的哲学史第七卷第一章第130节:"他们也说,有智慧的人能够根据理性来把自己拉出生命,既是为了祖国也是为了朋友的缘故,然后,也可以是,如果他承受着过于剧烈的疼痛,避免身体残破或者不治之症。"斯多葛学派是一个由来自塞浦路斯的季蒂昂的芝诺在雅典创立的哲学学派。

39 一个其名与"征服与权力"的观念不可分割的异教徒……我本来是想要原谅他]这是指凯撒所说的一句话,在他要去攻打北非的乌提卡时,他得知了自己的敌人小加图自杀。在普鲁塔克的传记之中写到过,正赶往北非乌提卡想要活捉小加图的凯撒听说了小加图在乌提卡自杀的消息之后说:"哦,小加图,我对你这死亡很不满;因为你不愿意让我获得'保全你生命'的荣誉。"参看普鲁塔克《凯撒》第54章,《小加图》第72章。小加图通过自杀赢得自己的荣誉,后人称他是"乌提卡的英雄"加图。

40 另一个曾说……对我的无限的压倒性力量。]这一说法出处不明。

41 "富人",就是说,能够给予"原谅"的人。在"原谅"上富有的人。

42 找到那唯一不可少的东西]演绎《路加福音》(10:41—42)中耶稣对马大说的话:"耶稣回答说,马大,马大,你为许多的事,思虑烦扰。但是不可少的只有一件。马利亚已经选择那上好的福分,是不能夺去的。"

43 公正之公民荣冠]一种用橡树叶编织成的环形冠,用来作为标志表彰应得荣誉的公民,在这里是指"唯一的公正"之标志。

44 没有权威]见前面前言中的相关注脚。

45 祈祷处]丹麦语是 et Bedested,有双重意义,一方面是人们在旅行中驻足休息的地方,一方面是指人们做祈祷的地方,在这里是指忏悔室。

46 如果没有纯洁,没有人能够看见上帝]指向《马太福音》(5:8):"清心的人有福了,因为他们必得见神。"

47 那神圣的地方]就是说,教堂。

48 教堂是神圣的地方,教堂外的世界就是世俗世界。

49 一个诗人曾说过,对上帝的一声没有言辞的叹息就是最好的崇拜]比较阅读莱辛的喜剧《明娜·冯·巴恩赫姆》 (Lessings *Minna von Barnhelm*, *oder das Soldatenglück*)第二幕第七场,之中明娜说:"Ein einziger dankbarer Gedanke gen Himmel ist das vollkommenste Gebet!(德语:对着天空的一个单个的感恩想法是最完美的祈祷)" (*Gotthold Ephraim Lessing's sämmtliche Schriften* bd. 1—32, Berlin 1825—28, ktl. 1747—1762; bd. 20, 1827, s. 241.)。

在1844年12月的日记JJ中,克尔凯郭尔写道:"如果我没有记错,是在《明娜·冯·巴恩赫姆》中,莱辛让他的人物之一说,一声没有言辞的叹息就是最好的崇拜上帝的方式。这听上去相当好，然而真正却意味了，一个人并非真正敢于或者愿意让自己进入那宗教的，而只是偶尔对着它凝视就像是凝视生活的边界：蓝色的山。如果一个人要在日常之中将'那宗教的'穿在身上，那么，各种对信心的冲击（Anfægtelser）就来了"（Pap. VI A 2 ［JJ：291］）。

50 遥远地平线上的那些蓝色的山］"蓝色的"这个词表明，这是在谈论遥远的、童话般的山。在德国浪漫主义中，蓝色的群山是一个经常被用到的词，几乎就是一句套话了，一般说来是标示意大利。意大利是罗曼蒂克者们的思念的最寻常的目标。另外，在《恐惧的概念》第四章"二"中对那些对永恒的审美和思辨的解读的批判中有这一段："人们完全抽象地解读'那永恒的'。如同那些蓝色的山，'那永恒的'是'现世'的界限，但是，那些精力充沛地生活在'现世'中的人们达不到这界限。那守望着的'单个的人'是一个站在'时间'之外的边界士兵。"（社科版《畏惧与颤栗 恐惧的概念 致死的疾病》第364页）。

51 在我们的时代……"那至高的"不是"生活在宁静之中"］也许是指马腾森对神秘论的批判，在他的《埃克哈特大师。一份介绍中世纪神秘论的文献》（Mester Eckart. Et Bidrag til at oplyse Middelalderens Mystik，Kbh. 1840，ktl. 649）之中。他在之中批判神秘论把至高的善解读为与上帝的沉默而无法捉摸的统一体："这一直接的神秘尚未展开自己而使得自己被公开，它被设定为真正的神秘，与之的同一蕴含了作为至高的善的上帝。在这一深奥的宁静之中，在神圣沉默之中的神秘意识与那超越了所有感觉与理智的'不可言说和无法说及的东西'融合在一起。"（第50页）马腾森的黑格尔主义陈述说，这种解读是片面的，因为它只包括了神秘，但是这一否定的解读暗示性地把自己的对立面置于公开："关于神秘和关于公开的概念相互在对方之外是不真实的，只有在相互之内才是真的。"（第52页）。马腾森在他的《道德哲学体系的基本轮廓》（Grundrids til Moralphilosophiens System，Kbh. 1841，ktl. 650，s. 51—55）的§ 49—50继续他对神秘论的批判。

52 无用的苦劳］演绎《传道书》（1：13）："我专心用智慧寻求查究天下所作的一切事，乃知神叫世人所经练的，是极重的劳苦。"

53 马克和斯基令］这表述相应于"钱钞"。在丹麦，一国家银行币有六马克，一马克又有十六斯基令（skilling）。在1873年的硬币改革国家银行币被克朗取代（一国家银行币等于二克朗 kroner，一斯基令等于二沃耳 øre），在1840年十个国家银行币相当于一个手工匠人一年工资的二十分之一。国家银行币是丹麦1713—1875年间的硬币。

54 施人以己所欲］《马太福音》（7：12）："所以无论何事，你们愿意人怎样待你们，你们也要怎样待人。"

55 那不为人知的……上帝］在《哲学片断》之中也谈及了"那不为人知的"，以"那不为人知的"来称呼"那神"，"理智在自己的悖论性的激情之中撞向它，它甚至在一个人那里打扰他的自我认识"。(SKS 4，244f.)

56 惊奇是直接性（Umiddelbarheden）对上帝的感觉］在 1844 年春天的日记 JJ 中克尔凯郭尔写道："对上帝的敬畏的自然出发点是惊奇。然而只要惊奇是没有任何反思的，那么它也会是被放弃的，并且会落到最可笑的东西上。如果基督教不把异教文化看成是罪的话，如果这神圣的东西是一个如此神圣的东西，以至于人们不会禁不住想要把它的可笑的滥用和谬误弄成喜剧性处理的对象的话，那么这样的事情无疑早就会是已经发生的了。然而这事情并没有发生，并且也许还让人看见了，通常的那些宗教讥嘲者们是多么愚蠢，他们根本就没有足够的精神去把握那些任务。在异教徒德国人走在一片巨大的森林之中时，在阳光的射线迷幻地落在一棵树的树根上而使得它像一个巨大的人时，或者在月亮苍白的幽辉就像在赋予这样一个形象灵魂时，这时，他就以为这是神。在这里，这对于罗曼蒂克环境之中对那喜剧的东西审美解读是有好处的，——这里，那喜剧的东西就是：这是神。一个这样的人在森林中走得更久一些，看见一棵更大的树，这树以同样的方式使他惊奇，——于是这是神。/ 一旦反思出场，惊奇就被净化了；但是现在理智的巨大谬误就出现了，它就像迷信一样愚蠢：反思要拿走惊奇。不！它把一切都拿走，人自己发明出来的一切，迷信对此根本一无所知，——然而，这样一个人恰恰就面对真正的决定，就在绝对的惊奇对应于那真正的神圣的东西（这是理智想不到的）的地方。在这里信仰才开始。"（Pap. V A 25 [JJ：218].)

57 所有更深的理解的开始］在 1841 年 1 月 2 月的日记中克尔凯郭尔写道："在亚里士多德认为哲学从惊奇开始的时候，而不像我们的时代认为是从怀疑开始，这对于哲学是一个正面的出发点"（Pap. III A 107 [Not7：21]）。在对这句话的注释中，克尔凯郭尔引用了亚里士多德的《形而上学》第一卷第二章："δια γαε το θαυμαζειν οι ανθεωποι ϰαι νυν ϰαι το πεωτον ηξαντο φιλοσοφειν"（希腊语：恰恰因为人类感到惊奇，他们现在和从最初的时候开始思考哲学），也引用了柏拉图的对话录《泰阿泰德篇》155d："μαλα γαε φιλοσοφον τουτο το παθος, το θαυμαζειν. ου γαε αλλη αεχη φιλοσοφιας η αυτη"（希腊语："因为，对于一个哲学的天性，惊奇是某种高度标志性的特征；是的它在事实上就是哲学之开始本身"。克尔凯郭尔给出了引文的出处是：K. Fr. Hermann *Geschichte und System der Platonischen Philosophie* bd. 1，Heidelberg 1839，ktl. 576，s. 275，note 5（在这注脚之中，这两句都被引用了）。

也比较阅读《哲学片断》。

也参看《恐惧的概念》第 358 页中的注脚（社科版《畏惧与颤栗 恐惧的概念 致死的疾病》）。

58 惊奇之表达是崇拜］见后面对"在森林在傍晚皱起眉头……他停下并且崇拜"的注释。

59 理性的上帝崇拜］指向《罗马书》（12：1），之中保罗写给罗马教众："所以弟兄们，我以神的慈悲劝你们，将身体献上，当作活祭，是圣洁的，是神所喜悦的。你们如此侍奉，乃是理所当然的。"

60 在畏惧与颤栗之中的至福] 指向《腓利比书》(2:12—13) 之中保罗写给腓利比的教众："这样看来，我亲爱的弟兄你们既是常顺服的，不但我在你们那里，就是我如今不在你们那里，更是顺服的，就当恐惧战兢，作成你们得救的工夫。因为你们立志行事，都是神在你们心里运行，为要成就他的美意。"

61 那最有权势的是最无奈的] 也许是演绎《哥林多前书》(1:20)，之中保罗写道："智慧人在哪里？文士在哪里？这世上的辩士在哪里？神岂不是叫这世上的智慧变成愚拙吗？"

62 最虔诚的叹息来自最深重的灾难] 比较阅读比如说《诗篇》(130:1—2)："耶和华啊，我从深处向你求告。主啊，求你听我的声音。愿你侧耳听我恳求的声音。"

63 在森林在傍晚皱起眉头……他停下并且崇拜] 参看前面对"惊奇是直接性 (Umiddelbarheden) 对上帝的感觉"的注释。也许是指向歌德的《诗与真》第六卷 (J. W. v. Goethe Aus meinem Leben. Dichtung und Wahrheit (1811—33), 6. bog, i *Goethe's Werke. Vollständige Ausgabe letzter Hand* bd. 1—55, Stuttgart og Tübingen 1828—33, ktl. 1641—1668; bd. 25, 1829, s. 13—15) 之中的描述："Ich zog daher meinen Freund in die Wälder (...). In der größten Tiefe des Waldes hatte ich mir einen ernsten Platz ausgesucht, wo die ältesten Eichen und Buchen einen herrlich großen, beschatteten Raum bildeten. Etwas abhängig war der Boden und machte das Verdienst der alten Stämme nur desto bemerkbarer. Rings an diesen freien Kreis schlossen sich die dichtesten Gebüsche, aus denen bemoos'te Felsen mächtig und würdig hervorblickten und einem wasserreichen Bach einen raschen Fall verschafften. / Kaum hatte ich meinen Freund, der sich lieber in freier Landschaft am Strom unter Menschen befand, hieher genöthiget, als er mich scherzend versicherte, ich erwiese mich wie ein wahrer Deutscher. Umständlich erzählte er mir aus dem Tacitus, wie sich unsere Urväter an den Gefühlen begnügt, welche uns die Natur in solchen Einsamkeiten mit ungekünstelter Bauart so herrlich vorbereitet. Er hatte mir nicht lange davon erzählt, als ich ausrief: O! warum liegt dieser köstliche Platz nicht in tiefer Wildniß, warum dürfen wir nicht einen Zaun umher führen, ihn und uns zu heiligen und von der Welt abzusondern! Gewiß es ist keine schönere Gottesverehrung als die, zu der man kein Bild bedarf, die bloß aus dem Wechselgespräch mit der Natur in unserem Busen entspringt! – Was ich damals fühlte, ist mir noch gegenwärtig; was ich sagte, wüßte ich nicht wieder zu finden. So viel ist aber gewiß, daß die unbestimmten sich weit ausdehnenden Gefühle der Jugend und ungebildeter Völker allein zum Erhabenen geeignet sind, das, wenn es durch äußere Dinge in uns erregt werden soll, formlos, oder zu unfaßlichen Formen gebildet, uns mit einer

241

Größe umgeben muß, der wir nicht gewachsen sind. / Eine solche Stimmung der Seele empfinden mehr oder weniger alle Menschen, so wie sie dieses edle Bedürfniß auf mancherlei Weise zu befriedigen suchen. Aber wie das Erhabene von Dämmerung und Nacht, wo sich die Gestalten vereinigen, gar leicht erzeugt wird, so wird es dagegen vom Tage verscheucht, der alles sondert und trennt, und so muß es auch durch jede wachsende Bildung vernichtet werden, wenn es nicht glücklich genug ist, sich zu dem Schönen zu flüchten und sich innig mit ihm zu vereinigen, und wodurch denn beide gleich unsterblich und unverwüstlich sind"（德语，参考刘思慕的中文译文："我因此拉我的朋友走到森林中。（……）在树林的最深处，我找到远年的山毛榉和檞树所构成的一个宽大的林荫空地，它给人以森严的印象。地面是有点倾斜，由此更可看出老树干的价值。在这一个空阔的广场的周围，聚成极密的灌木林薮，那儿长着青苔的岩石嶙峋雄伟地突现着，一条满涨着水的溪流形成湍急的瀑布流下来。/我强拉着我的朋友——他宁愿置身于野外大河岸边的人丛中——到这儿来，他用打趣的口吻向我断言，我显出是一个真正的德意志人。他根据塔西佗详细地解释给我听，我们的远祖们怎样以自然的寂寥与单纯所赋与的美好感情而自足，他对我谈了没有多久，我即喊出来：'啊，为甚么这个美妙的场所不落在深林之中，为甚么我们不围筑一道栏栅使它和我们都圣洁起来，与尘世隔绝呢！的确，崇拜上帝最美妙的方式就是不用任何神像，而只是从我们心里与自然的交感中产生出来的崇拜吧！'我那时所感觉的，现在还如在眼前；至于我所说的话，却不再记得了。但是，的确有一些话的意思是这样：只有青年和未开化民族的漠然和广泛的感情，是与崇高之感相适应的，这种感情如为外物所激动，一定无定形地或不可捉摸地围绕我们以一种无与伦比的伟大。/这样的一种心情，一切人都会或多或少地感觉到，他们也谋以种种方式来满足这种高尚的需要。正如泯合一切形态为一的黄昏和夜很容易生出崇高之感，而使一切事物区别和隔离开来的白昼却把它驱除那样，文化的进步也会把它消灭：除非有那样的幸运逃避于美感之中，与它契合为一，使两者同样不朽不灭。"——中文译文引自《歌德文集》/《诗与真》（上）刘思慕译，人民文学出版社1999年版）。

64　想象力］丹麦语 Indbildningskraften，是指想象的能力，人在头脑中想象出不在场的东西，为自己描绘出不在场的东西的景象的能力。

65　那作为异教文化的内容的东西，则又在每一代人的重复之中再次被体验］比较阅读《恐惧的概念》第三章§1—3。（社科版《畏惧与颤栗　恐惧的概念　致死的疾病》）第286—301页。

66　诗歌创作的无辜性］比较阅读《恐惧的概念》第一章§1—3。（社科版《畏惧与颤栗　恐惧的概念　致死的疾病》）第193—195页。

67　留在大地上］指向丹麦成语"留在大地上是最好的"。

68　四脚动物的伛偻步法］也许是指向古典时代的说法，比如说色诺芬和西塞罗曾经提及过：动物都是对着大地弯下腰，因为它们要在地上找食物；而人则是唯一站起来走的生物，因为人要能够以目光对着天空，那是他本原的家园。比较阅读陶冶性讲演"反对怯懦"中关于"凝视着云朵……把人构建成直立者"的注脚。

69　在"那没有定向的"之中的奔跑］演绎《哥林多前书》（9∶26），之中保罗写道："所以我奔跑，不像无定向的。我斗拳，不像打空气的。"

70　巨大的存在物……它在并且不在……命运］比较阅读《恐惧的概念》第三章§2。（社科版《畏惧与颤栗 恐惧的概念 致死的疾病》）第288—294页。

71　他有了一个永恒的年龄］也许是指向亚伯拉罕。比较阅读《畏惧与颤栗》中"对亚伯拉罕的颂词"。（社科版《畏惧与颤栗 恐惧的概念 致死的疾病》）第12—13页。

72　从前在世上有过一次，人厌倦了惊奇、厌倦了命运而扭头离开那外在的］比较阅读《恐惧的概念》第三章§2。（社科版《畏惧与颤栗 恐惧的概念 致死的疾病》）第288—294页。

73　一笔被托付的财物］也许是指耶稣在《马太福音》(25∶14—30) 的比喻："天国又好比一个人要往外国去，就叫了仆人来，把他的家业交给他们。按着各人的才干，给他们银子。一个给了五千，一个给了二千，一个给了一千。就往外国去了。那领五千的，随既拿去做买卖，另外赚了五千。那领二千的，也照样另赚了二千。但那领一千的，去掘开地，把主人的银子埋藏。过了许久，那些仆人的主人来了，和他们算账。那领五千银子的，又带着那另外的五千来，说，主啊，你交给我五千银子，请看，我又赚了五千。主人说，好，你这又良善又忠心的仆人。你在不多的事上有忠心，我要把许多事派你管理。可以进来享受你主人的快乐。那领二千的也来，说，主啊，你交给我二千银子，请看，我又赚了二千。主人说，好，你这又良善又忠心的仆人。你在不多的事上有忠心，我要把许多事派你管理。可以进来享受你主人的快乐。

那领一千的也来，说，主啊，我知道你是忍心的人，没有种的地方要收割，没有散的地方要聚敛。我就害怕，去把你的一千银子埋藏在地里。请看，你的原银子在这里。主人回答说，你这又恶又懒的仆人，你既知道我没有种的地方要收割，没有散的地方要聚敛。就当把我的银子放给兑换银钱的人，到我来的时候，可以连本带利收回。夺过他这一千来，给那有一万的。因为凡有的，还要加给他，叫他有余。没有的，连他所有的，也要夺过来。把这无用的仆人，丢在外面黑暗里。在那里必要哀哭切齿了。"

74　对自己感到绝望］比较阅读《非此即彼》第二部分的"'那审美的'和'那伦理的'两者在人格修养中的平衡"。（社科版《非此即彼》第二部分，从第259页开始）。

75　"……也不会在思绪的闪电在回返的一切之上炫出光耀时通过使你盲目来欺骗你"这一分句译者稍作改写，原文直译是："也不会在思绪的闪电在'一切回返的同时'发出耀眼光辉时通过使你盲目来欺骗你"。

76 破折号的丹麦语叫做"Tankestreg"——是由"想法"和"线"两个词合成出的。

77 Hong的英文版对这一句做了改写："……it seeks to become something else"（它寻求去变成别的东西）。

这一句的丹麦语是"……at det at søge bliver noget Andet"。

Emanuel Hirsch的德文版是："……daß das Suchen etwas andres wird"。与丹麦文和中文译文意义相符。

78 全在] 参看《巴勒的教学书》第一章《论上帝及其性质》第三段，§6，关于上帝的全在："上帝是全在的，并且在一切事物中以其力量起着作用，在任何地方他都不会离开他的受造物。"

79 你无法动弹，除非你是在他之中] 也许是在演绎《使徒行传》（17:28）中保罗所说："我们生活，动作，存留，都在乎他，就如你们作诗的，有人说，我们也是他所生的。"

80 你无法逃亡到世界的边缘……无法在深渊之中藏身，除非他在那里并且在一路上的每一个地方] 指向《诗篇》（139:7—10）："我往哪里去躲避你的灵？我往哪里逃躲避你的面？我若升到天上，你在那里。我若在阴间下榻，你也在那里。我若展开清晨的翅膀，飞到海极居住。就是在那里，你的手必引导我，你的右手，也必扶持我。"

81 严肃] 比较阅读《恐惧的概念》第四章§2中关于对严肃的定义的说法。（社科版《畏惧与颤栗 恐惧的概念 致死的疾病》）第359页。

82 这一分句如果直译的话是："在青春之玩笑和绝望之不成熟变成严肃的时候，在你所指向和神往过的东西、你所说及过'它不存在'的东西——在它进入存在的时候，是的，在它在你周围并且围拢着你到处存在的时候，这难道不可怕吗！"

83 关进最黑暗的角落，但却无法把上帝关在外面] 也许是指向《诗篇》（139:11—12）："我若说，黑夜必定遮蔽我，我周围的亮光必成为黑夜。黑暗也不能遮蔽我使你不见，黑夜却如白昼发亮。黑暗和光明，在你看都是一样。"

84 要找到上帝……要去证明他存在……必须有一种证据] 比较阅读《哲学片断》。第三章（SKS 4, 245—249）。

85 是一个人无法教会另一个人的] 比较阅读《哲学片断》。第一章，B，b，"老师"（SKS 4, 222）。

86 天使的雄辩] 也许是指向《歌林多前书》（13:1—3）："我若能说万人的方言，并天使的话语却没有爱，我就成了鸣的锣、响的钹一般。我若有先知讲道之能，也明白各样的奥秘、各样的知识，而且有全备的信，叫我能够移山，却没有爱，我就算不得什么。我若将所有的周济穷人，又舍己身叫人焚烧，却没有爱，仍然与我无益。"

87　埃及的智者们并没有做出过几乎像摩西所做神迹一样伟大的神迹]指向《出埃及记》(7:10—12):"摩西,亚伦进去见法老,就照耶和华所吩咐的行。亚伦把杖丢在法老和臣仆面前,杖就变作蛇。于是法老召了博士和术士来,他们是埃及行法术的,也用邪术照样而行。他们各人丢下自己的杖,杖就变作蛇,但亚伦的杖吞了他们的杖。"

88　没有什么东西是可让人惊奇的]也许是指向贺拉斯的《书信》第一卷,第六封信,1:"Nil admirari"。

89　最初的惊奇]对照阅读前文。

90　精神的病症]比较阅读《恐惧的概念》第三章§3(社科版《畏惧与颤栗 恐惧的概念 致死的疾病》第294—301页)。

91　随着这丢失他重新退回到那漫长的遥远之中]指向罪的堕落,比较阅读《创世记》第三章和《恐惧的概念》第一章§1(社科版《畏惧与颤栗 恐惧的概念 致死的疾病》第185—188页)。

92　我们称之为"罪"]比较阅读《哲学片断》。第一章,B,b,"老师"(SKS 4,224):"老师是神本身,他作为一种机缘起作用,使得学习者记住自己是'非真相',并且因自己的缘故而是'非真相'。但是这一状态:是'非真相',并且因自己的缘故而是'非真相',我们能够将它称作什么?让我们将之称作罪。"

93　就是说,他本来曾是"那被寻找的东西所在之处",但是被改变,所以现在就不是了。

94　畏惧与颤栗]指向《腓利比书》(2:12—13)之中保罗写给腓利比的教众:"这样看来,我亲爱的弟兄你们既是常顺服的,不但我在你们那里,就是我如今不在你们那里,更是顺服的,就当恐惧战兢,作成你们得救的工夫。因为你们立志行事,都是神在你们心里运行,为要成就他的美意。"

95　见前面关于这些讲演没有权威的注释。

96　那全知的神圣者]就是说,上帝。参看《巴勒的教学书》第一章"论上帝及其性质"第三段"《圣经》中关于上帝及其性质的内容",§4:"上帝是全知的,并且不管什么事情,已发生、或者正发生、或者在未来将发生,他同时都知道。我们的秘密想法无法对他隐瞒。"

97　一个讲演者……他指着你说:……你是一个罪人]也许是指向那些虔信派的宗教性的唤醒宣示形式,这形式常常是非常激烈的,有时候直接是对准了某单个的在场的人。

98　这里的"论断"和"审判"在丹麦语里是同一个词"dømme"。Hong译成的英文是"pass (the) judgment"。

99　那觉得自己更强大的人……更强的……提供一件武器]演绎《路加福音》

(11：21—22）："壮士披挂整齐，看守自己的住宅，他所有的都平安无事。但有一个比他更壮的来，胜过他，就夺去他所倚靠的盔甲兵器，又分了他的赃。"

100 开始……不是通过怀疑］也许是首先针对马腾森（H. L. Martensen）和海贝尔（J. L. Heiberg）。在马腾森对海贝尔《在王家军事高校为1834年开始的逻辑课程所作的序言讲座》（J. L. Heibergs Indledning-Foredrag til det i November 1834 begyndte logiske Cursus paa den kongelige militaire Høiskole，Kbh. 1835）的书评（Maanedsskrift for Litteratur bd. 16，Kbh. 1836，s. 518）中，马腾森写道："这格言叫作：怀疑是通向智慧的开始"。

海贝尔在《珀尔修斯，思辨理念杂志》（Perseus，Journal for den speculative Idee nr. 1，juni 1837，og nr. 2，aug. 1838，ktl. 569）上发表了一篇关于哲学与神学的很全面的文章"对儒特博士先生的三一性与和解之学说的评论"，之中写有"怀疑是（……）哲学体系的开始，因而也同样是通向智慧的开始"。教区牧师儒特（W. H. Rothe）在其《三一性与和解之学说》（Læren om Treenighed og Forsoning. Et speculativt Forsøg，Kbh. 1836，ktl. 746，s. 516—518）之中强调说，哲学体系应当建立在古老的命题"对上帝的敬畏是通向智慧的开始"之上，而不是像新时代哲学那样依据于格言"怀疑是通向智慧的开始"。

在对海贝尔的第一期《珀尔修斯》的评论之中，西贝恩（F. C. Sibbern）批判了黑格尔主义的陈述，哲学应当从怀疑开始，他写道：

"仅仅怀疑也无法构建出任何这样的开始；因为，关于这样的一种仅仅的怀疑——它只是仅仅的怀疑而不是什么别的，我们可以说：出自乌有的还是乌有。如果开始是怀疑，那么这怀疑必定就是丰富而潮湿的怀疑（……）。怀疑（……）只是那种思辨理念的全部展开中的一个环节；它恰恰预设了认可，并且，两者在一起——因而是在宗教的区域中的信仰还有怀疑——在这里一同并行。（……）现在，这一为自己与自己的对立面设定出关系的实在的怀疑不是真正的怀疑，而恰恰是争议，辩论"《文学月刊》（Maanedsskrift for Litteratur bd. 19，Kbh. 1838，s. 346f.）。另外，比较阅读《恐惧的概念》第四章II的一个脚注（第358页），（社科版《畏惧与颤栗 恐惧的概念 致死的疾病》）。

101 那与罪一同来的东西，它与悲伤为伴］丹麦有成语"那与罪一同来的东西，与悲伤一同去"。

102 在异教文化之中，诸神也不会一文不取地出售那至高的东西］也许是指向赫西俄德的生活规则。赫西俄德的语句在色诺芬的《回忆苏格拉底》的第二卷第一章之中得以再现："恶行充斥各处，俯拾即是：通向它的道路是平坦的，它也离我们很近。但不朽的神明却把劳力流汗安放在德行的宫殿之前：通向它的道路是漫长而险阻的，而且在起头还很崎岖不平；但当你攀登到顶峰的时候，它就会终于容易起来，尽管在起头它是难的。"（色诺芬《回忆苏格拉底》第47页。吴永泉译。商务印书馆

1986 年版。北京）。

103　我们不想要增大辜来使上帝能够变得更伟大］也许可以说是指向《罗马书》（6：1），之中保罗写道："这样，怎么说呢。我们可以仍在罪中，叫恩典显多吗。"另外也可以比较阅读《罗马书》（3：7—8）："若神的真实，因我的虚谎，越发显出他的荣耀，为什么我还受审判，好像罪人呢。为什么不说，我们可以作恶以成善呢，这是毁谤我们的人，说我们有这话。这等人定罪，是该当的。"

104　高级权力部门，有时候使用一些探子，这些探子本身是有辜的］也许是指向这样一种关系：警察，尤其是秘密警察，在使用便衣探子的时候，有时候是从犯罪的圈子里发展"卧底"人员。

105　曾几何时，这说法是至高表彰的至高表达］在"旧的和新的肥皂店之间的斗争"的手稿边上写有："三个警醒者的赌斗，关于谁是最大的罪人"。（Pap. II B 15［DD：208. k］，jf. 13，s. 293）"警醒者"是指虔信派教徒，特别是指十九世纪初的宗教警醒者们。

106　这更多或者更少］可以比较阅读阿德勒尔（A. P. Adler）的《对黑格尔的客观的逻辑的普及讲座》（jf. A. P. Adlers *Populaire Foredrag over Hegels objective Logik*，Kbh. 1842，ktl. 383，§ 16，s. 49f.）："我们在世界上所看到的所有差异只是量的差异；人与人之间、美德和恶习只是同一种无所谓的实体的或大或小的量而已。"

107　这个"分神"在别的地方也译作"消遣"。

108　"消遣"，也就是"分神"。

109　在你禁食的时候，我的听者，你要在头上抹膏、要洗脸］比较阅读《马太福音》，之中耶稣说："你们禁食的时候，要梳头洗脸，不要叫人看出你禁食来，只叫你暗中的父看见。你父在暗中察看，必然报答你。"

110　不要在街上做这事，而是要真正地在暗中做］指向《马太福音》（6：5—6），之中耶稣说："你们祷告的时候，不可像那假冒为善的人，爱站在会堂里和十字路口上祷告，故意叫人看见。我实在告诉你们，他们已经得了他们的赏赐。你祷告的时候，要进你的内屋，关上门，祷告你在暗中的父，你父在暗中察看，必然报答你。"

111　那唯一不可少的东西］演绎《路加福音》（10：41—42）中耶稣对马大说的话："耶稣回答说，马大，马大，你为许多的事，思虑烦扰。但是不可少的只有一件。马利亚已经选择那上好的福分，是不能夺去的。"

112　在大自然的咆哮之中］可能是指向《彼得后书》（3：10）："但主的日子要像贼来到一样。那日，天必大有响声废去，有形质的都要被烈火销化。地和其上的物都要烧尽了。"

113　在世界历史的进程之中］也许是指格隆德维（N. F. S. Grundtvig）所写的世界编年史《世界编年史在总体关联上的简编》（*Kort Begreb af Verdens Krønike i*

Sammenhœng，Kbh. 1812）和《世界编年史概观，特别是路德时期》（*Udsigt over Verdens - Krøniken fornemmelig i det Lutherske Tidsrum*，Kbh. 1817，ktl. 1970）。可参看前面关于"谈论说……认识上帝……拿出各种编年史"的注释。

114 那窄门]指向《马太福音》（7：13—14），之中耶稣说："你们要进窄门。因为引到灭亡，那门是宽的，路是大的，进去的人也多。引到永生，那门是窄的，路是小的，找着的人也少。"

115 罪的一般，不是他身上的罪，而是整个人类的罪]比较阅读《恐惧的概念》第二章§1（社科版《畏惧与颤栗 恐惧的概念 致死的疾病》第236—239页）。

116 那严肃者所说的……在上帝面前证明自己的合理]指向明斯特尔（J. P. Mynster）在斯比尔勒若朴任教区牧师期间"复活节之后第六个星期天的布道"，之中有："但是这些弱化信的力量的不断怀疑，与另一个非常奇怪的变化有着紧密的关联，这一变化在普遍的思维方式里发生。就是说，以前在智者与虔诚者所做的探究如此严肃地专注于这个大问题：面对上帝，人怎样变得公正；而现在看来则相反就仿佛绝大多数人更多地是在想怎样才能够在人面前证明上帝的合理；这一差异是如此明显、如此深入到根本，甚至于只有通过这差异，大多数与上帝、与上帝的意旨和与我们与他的关系有关的观念变得性质完全不同于从前"（*Prædikener* bd. 1，3. opl.，Kbh. 1826［1810］，bd. 2，2. opl.，Kbh. 1832［1815］，ktl. 228；bd. 1，nr. 9，s. 276）。

117 摇篮上的幸运礼物]指向这样一种风俗：教父在婴儿受洗之后在教堂里把一件礼物放在婴儿胸前，或者放在孩子的摇篮上，所谓"摇篮礼物"。在这里是指幸运的天赋能力或者性格。

118 诚实是一种义务]在《巴勒的教学书》第六章"论义务"的A段中有"论对上帝的义务"，评注："我们都必须诚实地崇拜上帝，所以我们不仅仅是向他祷告，以话语对他承诺和感恩，以及外在地证明对他的崇敬，而尤其重要的是，我们在内心之中对上帝有着真正的敬畏和对他的爱，同时在我们所有的关系之中展示出我们要'行他所愿'的欲望；因为否则的话，对上帝的崇拜就是虚伪，在一个全知而神圣的上帝面前，这是极其可憎的。"

119 这个"分神的状态"在别的地方也译作"消遣"。

120 人心了知者]比较阅读比如说《路加福音》（16：15）："耶稣对他们说，你们是在人面前自称为义的。你们的心，神却知道。因为人所尊贵的是神看为可憎恶的。"还有《使徒行传》（1：24）："主啊，你知道万人的心"。

121 亏欠（Skyld），也就是"辜"。

122 这个"他"（"他"）是指上帝。"如果人不能与上帝和睦相处的话……"

123 他该去归从谁呢]也许是演绎《约翰福音》（6：68）："西门彼得回答说，主啊，你有永生之道，我们还归从谁呢。"

124 减弱心志]也许是指向《使徒行传》（11：23），巴拿巴勉励安提阿的基督徒,"立定心志,恒久靠主。"

125 沉郁] 比较阅读《非此即彼》第二部分的"'那审美的'和'那伦理的'两者在人格修养中的平衡"(社科版《非此即彼》第二部分从 247 页起)之中对"沉郁"的定性。

126 各种罪是有差异的……从自己的童年训蒙之中得知这一点] 也许是指向《巴勒的教学书》第三章"关于人因为罪而被败坏",在 § 9 有:"所有罪就其自身无疑都是不对的;但是并非因此所有罪都同样大,或者应受同样程度的惩罚。"

127 那个有罪的妇人……更深地感觉到那辜吗] 指向《约翰福音》(8:1—11)之中的故事:"于是各人都回家去了。耶稣却往橄榄山去。清早又回到殿里。众百姓都到他那里去,他就坐下教训他们。文士和法利赛人,带着一个行淫时被拿的妇人来,叫他站在当中。就对耶稣说,夫子,这妇人是正行淫之时被拿的。摩西在律法上吩咐我们,把这样的妇人用石头打死。你该把她怎么样呢。他们说这话,乃试探耶稣,要得着告他的把柄。耶稣却弯着腰用指头在地上画字。他们还是不住地问他,耶稣直起腰来,对他们说,你们中间谁是没有罪的,谁就可以先拿石头打她。于是又弯着腰用指头在地上画字。他们听见这话,就从老到少一个一个地都出去了。只剩下耶稣一人。还有那妇人仍然站在当中。耶稣就直起腰来,对他说,妇人,那些人在哪里呢?没有人定你的罪吗?他说,主啊,没有。耶稣说,我也不定你的罪。去吧。从此不要再犯罪了。"

128 在另一个人的沉郁之中看到令自己颤栗的恐怖] 在 1944 年 6 月的日记 JJ 之中的一篇对《寂静的绝望。一个故事》之中,克尔凯郭尔写道:"从前有一个父亲和一个儿子。(……) 只有很少几次,在父亲看着儿子的时候,并且非常担忧地看着,这时他站定在他面前并且说:可怜的孩子,你处在一种寂静的绝望之中。但他从来就没有进一步问下去,唉!他无法再问,因为他自己也处于一种寂静的绝望之中。两个人在通常的情况下从来就没有就这事情相互讲过话,这父亲和这儿子也许是世上的人所能够记得的最沉郁的两个。/(……) 一旦这儿子听到这句话在自己面前被提及:'寂静的绝望',他总是会泪流满面,一方面是因为这句话是如此不可解说地有着震撼性,一方面因为它令他想起父亲被感动的声音,因为他正如所有沉郁那样是简要的,但同时却也有着沉郁的精髓。父亲认为,对儿子的沉郁,他是有责任的;而儿子则认为是自己造成了父亲的悲哀。但是他们从不曾相互谈论这方面的问题。/父亲忍不住发出的声音是他的自己的沉郁的爆发,所以,在他这样说的时候,他更多地是对自己说而不是对儿子说。"(Pap. V A 33 [JJ: 226])

比较阅读《"有辜的?"—"无辜的?"》之中的"寂静的绝望"。(《人生道路诸阶段》第 283 页,商务印书馆)。

129 就在今日] 参看前面关于"就在今日"的注脚。

130 难道喜悦不会胜利……竖琴音调却定不下来] 指向布罗松(H. A. Brorson)

的赞美诗《在这甜蜜的圣诞节》（1732年），第六段："即使我欢愉的歌/混同于哭泣和深深的叹息，/十字架的强制/令我永远都不闭上嘴；/在心灵被死死卡住的时候，/欢乐的竖琴则被调得，/能够发出更好的声音，/碎裂的心最能够感觉到/这一喜悦的盛大狂欢/将会带来什么"。——《信仰的美好宝藏》（*Troens rare Klenodie*），由哈根（L. C. Hagen）出版。前面有过注释。

131 忠实于"少量"］指向耶稣在《马太福音》（25：14—30）之中的比喻。之中主人说，"在不多的事上有忠心"。

132 对"大量"不忠实］也许是指向耶稣关于不诚实的管家的比喻，《路加福音》（16：1—13）："耶稣又对门徒说，有一个财主的管家。别人向他主人告他浪费主人的财物。主人叫他来，对他说，我听见你这事怎么样呢。把你所经管的交待明白。因你不能再作我的管家。那管家心里说，主人辞我，不用我再作管家，我将来作什么？锄地呢，无力。讨饭呢，怕羞。我知道怎么行，好叫人在我不作管家之后，接我到他们家里去。于是把欠他主人债的，一个一个地叫了来，问头一个说，你欠我主人多少。他说，一百篓油。（每篓约五十斤）管家说，拿你的账快坐下写五十。又问一个说，你欠多少。他说，一百石麦子。管家说，拿你的账写八十。主人就夸奖这不义的管家作事聪明。因为今世之子，在世事之上，较比光明之子，更加聪明。我又告诉你们，要藉着那不义的钱财，结交朋友。到了钱财无用的时候，他们可以接你们到永存的帐幕里去。人在最小的事上忠心，在大事上也忠心。在最小的事上不义，在大事上也不义。倘若你们在不义的钱财上不忠心，谁还把那真实的钱财托付你们呢。倘若你们在别人的东西上不忠心，谁还把你们自己的东西给你们呢。一个仆人不能侍奉两个主。不是恶这个爱那个，就是重这个轻那个。你们不能又事奉神，又事奉玛门。"

133 忠信如金］在草稿的边上空白处，克尔凯郭尔写道："因为，一个诗人曾如此美丽地说及关于一个女孩：她年轻的灵魂是经历了考验的黄金，这说法很值得商榷，因为，一颗年轻的灵魂怎么会是经受了考验的。但是，如果她以这样一种方式是罕见的，或者如果所有人都是如此……但是这一点是确定的，不管所有人是如此抑或只是罕见的事情，每个人在自己是忠信的时候，都能够成为经过考验的黄金。"

克尔凯郭尔所指的是约翰纳斯·爱瓦尔德（Johannes Ewald）的歌剧《渔夫们》（*Fiskerne. Et Syngespil i Tre Handlinger*/ 1779），在之中渔夫的女儿丽瑟在恋爱之中唱道："她的心是蜡脂，她年轻的灵魂/是经受了考验的黄金。"

134 "分裂性的"］就是说，有着这样一种倾向，要把不同的人区分开，分别对待，有可能导致纠纷的。

135 "自私的东西"，——"那自私的（det Selviske）"。

136 有一个使徒对此作见证］就是说，保罗在《哥林多后书》（12：5—10）里写道："为这人，我要夸口。但是为我自己，除了我的软弱以外，我并不夸口。我就是愿意夸口，也不算狂。因为我必说实话。只是我禁止不说，恐怕有人把我看高了，过于他在我身上所看见所听见的。又恐怕我因所得的启示甚大，就过于自高，所以有一根刺加在我肉体上，就是撒旦的差役，要攻击我，免得我过于自高。为这事，我三次求过主，叫这刺离开我。他对我说，我的恩典够你用的。因为我的能力，是在人的软弱上显得完全。所以我更喜欢夸自己的软弱，好叫基督的能力覆庇我。我为基督的缘故，就以软弱，凌辱，急难，逼迫，困苦，为可喜乐的。因我什么时候软弱，什么时候就刚强了。"

137　有权威的人〕关于启示和保罗的权威与使徒身份，可参看《哥林多后书》第11和12，以及《加拉太书》第1章。

138　参看前面"有一个使徒对此作见证"的注脚。

139　智者在日常之中需要用到一个撒旦的差役〕指向苏格拉底。参看色诺芬的《回忆苏格拉底》第一卷第一和第二章。苏格拉底说他有守护神对他说将会发生在他身上的事情。在第欧根尼·拉尔修的哲学史中（第二卷第五章第31节）也有提及。在柏拉图的《斐德罗篇》（242b）和《申辩篇》（31d）中也有这方面叙述。

140　"分裂性的"就是说，有着这样一种倾向，要把不同的人区分开，分别对待，有可能导致纠纷的。

141　"这些人们"就是指前面的"穷人"或者"奴隶般工作的人"和"仆人"。

在一个结婚仪式¹的场合²

　　各种无法说清楚的心境似乎带着情欲之爱的美丽的坚定信心憩息于灵魂之深处；现在，管风琴调子停下了³，只有回声在心境之中再次打动灵魂，并且要把这美丽的坚定信心转化为神圣的心境，现在有人要讲演了⁴！一个单个的人的声音将被听见。那从单个的人的嘴唇里说出来的言辞，与各种丰富的心境的美丽而神圣的运动相比，会显得多么贫乏；言辞不可以在这里起打扰作用，善意的言辞会不合时宜，指导性的话甚至会不吉祥！然而应当有人讲演，应当带着确定性讲演。心境的不可确定的财富应当被指出，这个词应当被提及，明晰性，尽管它不想要打扰任何事情，这个词却提着要求，直至终结。怎样的变化；在这错误关系之中，怎样的一种关系！因为，又有什么东西，像一个人的义务那样，是并且应当是清楚、确定而明晰的，而又有什么东西，像爱情的催促那样，是如此地神秘；然而在这里，爱情则应当成为一种义务⁵。有什么东西比神圣的承诺⁶更透明、更着眼于"那将来的"，又有什么东西比情欲之爱在相爱者之中的在场更不关注"那将来的"；然而在这里，爱情要求承诺。又有什么东西在被提及的时候是像诅咒⁷那样可怕，又有什么东西像情欲之爱的纯粹喜悦一样地离这诅咒如此之远；然而在爱的关联上，这个词却应当被提及！

　　然而，这是一件自由的事情，正如相爱者通过"相互属于对方"而变得自由，这一步也是自由之决定。因此，要与喜乐的人们同乐，爱情在结合之中使得这喜乐的人们自由，但是，不要以半句话谈论结婚仪式，也不要将之说得不好，就仿佛因为"它是属于自由的"，所以就是某种无足轻重的东西，因为恰恰相反：相对于那最美的幸福，它是唯一不可少的东西⁸。

　　现在，这两人的情形就是如此，生活在爱情的幸福之中把这两人结合在一起，他们是做出了决定的；现在他们要缔结一个约定。一个约定是永恒的⁹。永恒，这句话难道不是因其力量而几乎是有着警示性的吗，因为，

三个想象出的场合讲演

因为这就像是死亡来介于其中,人们在墓地上放置永恒之花环[10]。哦,绝非如此,因为这警示性的话是那美丽的声明的话。结婚仪式也像一种永恒之花环,但是编结这花环的是爱情;义务说,它要被编结;爱情的乐趣就是去编结它;义务说,它要被编结——每一天,以瞬间之花编结。永恒在这里并没有了结时间;相反,这约定是永恒在时间之中的开始;永恒的决定和永恒的义务[11]应当在爱情通过时间的结合中留在这对结了婚的人这里;对之的记忆应当有欢庆,在它的回忆中应当有力量,而在它的应许之中应当有希望。

因而,应当有人带着确定性讲演,然后,应当有人带着权威讲演。这讲演将是针对您的,极受尊敬的新郎先生;它不会带来幸运祝愿,而是要带着严肃询问,这讲演者有权威来要求一个严肃的回答;这讲演会来当问您关于您的幸福,而是问您是否咨询了上帝和您的良心[12]。它不会把喜悦吓跑,同样它也不会对这喜悦漠不关心,不,它只是要为您保障这喜悦,如果您有目的地作出回答的话;为您自己的缘故,它将严肃地询问,这样,您不会轻率地回答。即使您觉得这是如此自然,如此完全合情合理,以至于您与这个人结合,这个人——她:父母和家里人从最初开始就希望您与她结合,您在一种静悄悄地走向确定的预感之中属于她,您被以如此多的方式吸引向她,直到爱情作为基础显现出自己,去拥有那已经准备就绪的一切并使之在其拥有之中变容而获得崇高的光辉;因此,这严肃的问题在这里绝非是想要中止"一次意外"在冲动之下的决定(这种决定常常总是在事后产生出后悔),然而,它让您停下,倒是为了让您带着义务之责任去把"选择之强调"[13]置于这宁静的事件之上。然后,这讲演将针对您,尊敬的新娘,它不会用自己的问题来打扰或者通过唤醒各种麻烦的想法来使您不安,但是它将带着同样的严肃——就像约定的平等性所要求的那种严肃——来问,您是否咨询了上帝和您的良心。哦,这问题并不想使您觉得幸福不可靠,不想使得您虚弱,它恰恰是想要使得您在严肃之自由中与那"您作为妻子当顺服"的男人[14]同样地坚强。即使您带着快乐的信心和绝对的依托心感觉到幸福对于您不可能不同于此,即使您觉得除了您与那个人结合之外,事情不可能有所不同,因为生活中的关系、家庭的亲和力、在如此之多事情中的参与和双向的相互理解使您与他密切关联,直到爱情把早先的事物解释为一种美丽的序幕、解释为一种令人有安全感的嫁妆、解释为一种幸福的财富,——即使是如此,在这里,这严肃的问题当然绝非是要打断这许多想法，不过，它却是要带着义务之责任去为您把"选择之强调"置于这"宁静的事件"的几乎是奇怪的过渡之上。

于是，这里要求有一个承诺，而这讲演者有权威去要求这承诺。但是这要求在所有其严肃之中却还仍是对相爱者们而言的一个要求；它要给予那些与这要求相称的人们这庄严的机会：去自由地，并且是面对着上帝，说出那对于相爱者们而言是难以在相互间沉默不说的东西，说出一个人在知心者面前津津有味地说出的东西，说出那（在这里所说出的）神圣化了的东西。

然后，在这事情已经发生了的时候，这时，那有权威的人使新郎新娘结合成一体[15]，并且使得那严肃的事情真正严肃起来。因为这事情本身有着自己的严肃，如果这一严肃不在新婚夫妇中间，那么这行为过程就贬值了，因为结婚仪式绝非现世的事件。但是，如果这一严肃是在那里，那么那有权威的人就使得这严肃成为严肃，——并且这约定就被缔结成了。

没有权威的讲演[16]则相反，没有任何相爱者可让它去结合。但是我的听者，因此你完全还是可以去留意它的。因为，正如前面所说的，这行为过程本身有着其严肃，这严肃不是这——不是"外在的世界有什么事情发生，一些好奇的人们是见证，两个人的关系在外在的意义上被改变了"。那种严肃当然是把"那有权威的人是与新婚夫妇在一起"作为预设前提的，因而它是成熟的。或者，如果是在那一瞬间它才进入存在的话，那么谁又敢回答这问题呢（这问题询问某些过去的事情，尽管这事情也是现在在场）？或者，如果讲演者要在那一瞬间在相爱者们这里论述这严肃，那么他无疑就必须以另一种方式讲演；他肯定就会不得不说很多，——现在，在这最后一个瞬间说这些，是有风险的，对这两个特定的人说这些，是困难的，尽管这会是有益的，如果这两个人对这些话进行了考虑的话[17]。因而，有一种审思，这审思在思想的严肃之中已经站在了圣餐桌前。这样的一种审思，我的听者，我邀请你进入这样的一种审思，在想着结婚仪式的同时，我将谈论：

爱战胜一切，视作是婚姻的决定。

你，我的听者，当然也会让思想面对那个严肃的瞬间，并且不以任何别的方式让你的心念集中于这思虑，而只是以这样的方式：就仿佛这是你的事情，不管现在这婚姻的约定对于你是某种未来的事情还是过去的事情，因为它只对一个痴愚者而言是某种无关的事情。对此我们当然都同意：关于敬神的东西的讲演从来都不应当是分裂性的[18]或者与除了"不敬神的东西"之外的其他东西不一致。因此，在穷人或者通过极其卑微的职业谋生的人（他当然并不因为穷或者卑微而被排斥在爱情的幸运之外），在他不得不辛苦地收集着，并且做出许多次艰难的尝试来集聚起各种生活必需品的时候（与此同时，地主或者地位优越者也许太清楚地领会"首先是要把工作做好"的说法），在他因而只有这抠出的瞬间、这一丁点时间剩下，可用于去虔诚地考虑心灵问题（而那受命运偏爱的人们、在奢侈中受宠的人们则时而很智慧时而很愚蠢地在这些心灵问题上花费如此之多时间）的时候，因而，在这两个相爱者终于站在圣餐桌前并且在短暂的一刻之中被宣告为真正的夫妻的时候，哦，我的听者，我们当然在这之上是一致的：那在这约定之中不仅仅是作为见证而且也是赐福地在场的上帝，他的赐福，不同于人类的讲演，是不作区分的。因为他是唯一的富有者，所以他只有一种赐福，对所有人都是一个同样的价钱[19]；信者可以是强势的或者卑微的，智慧的或者单纯的，佩戴黄金的或者穿麻布衣的，思想丰富的或者虚心于精神的[20]，都一样。相反，如果有人，男人或者女人，受到一种卓越性的毛病的袭击而极不近人情，以至于认为那神圣习俗及其神圣条例太简单，如果有人想着要弄一些新的发明，那么，我们当然也同意，我的听者，这是敬神的活动的奇观：简单的人从中找到一切[21]，而智慧者从中找到比自己能参透的更多，如果一个人严肃地相对于它自己作出思考并且严肃地对自己进行思考的话。

一句老古话说，爱比任何东西都古老；有许许多多美丽的、许许多多深刻的思想都与这句话联系在一起，这些思想借助于这句话来解释生活。[22]但是，正如这句话在极大的程度上是对的，在爱在场的所有地方，这句话也都是有效的；它比任何东西都古老。比如说，在单个的人的生命之中；在爱醒来的时候，它比一切都古老，因为在它存在的时候，仿佛就是它已经在那里存在了很久；它预设它自身，一直回溯到遥远的往昔，一直到所有探究在那无法解释的本源前终止。因此，在人们本来是要说"所有的开始是艰难的"的同时，爱的情形则并非如此。它的幸福苏醒不知工作是何物，而在事先没有任何准备。即使爱能够生产出痛楚，它本身也并非与痛楚一同诞生；轻悄悄地，它在自己神秘的形成过程之中欢悦地绽放出来。多么神奇的开始啊！但是自由之生命要求一个开始，一个开始在这里是一个决定，而这决定有自己的工作和自己的痛楚，因而，这开始有着自己的艰难。决定者当然无法结束，因为如果结束，那么他就会是已经经历了这件事情（相对于这件事情，决定是开始）；但是，如果没有决定被作出，那么这样的事情还是会发生在这样一个人身上，正如这事情有时候发生在一个讲演者身上：在他结束了并且已经做了讲演之后，他才知道，他本来该怎样讲演；在他经历了之后，他这才知道，他本该怎样去经历（生活的可悲的猎物！），他本该怎样以一个好的决定来进行这一开始，现在，这是怎样苦涩的智慧，因为在"开始"和"正死亡着的人"之间有着人的一生！

看，因此这话这么说：爱战胜一切；因此，那结婚仪式（它不是欢庆祝贺，而是一种敬神的要求）不是把相爱者作为胜利者去问候他们，而是邀他们进入斗争，为他们圈出已婚阶层取悦上帝的角斗场，激励他们去打美好的仗[23]，通过那约定来给予斗争者力量，许诺他们胜利，正如它接受他们的许诺，为这长途旅行而赐福予他们，——但是因而也告知他们，那斗争就在那里：斗争要斗争到底，艰辛要忍受，危险要经受，还有诅咒，如果那所赐之福没有作为一种祝福被共同地承担。然而，这样的可悲看法常常与那些阴暗的想法和令人伤心的经验同行，难道这真的是召唤出这一类想法的适当场合吗：在喜悦的瞬间让人回想那些令人不愉快的日子[24]？但是，那庄严的话语确实意味了某种东西，它并非是鸣响的锣[25]、并非是对一场幻觉出来的胜利（惨赢的胜利，或者至少是：如果它已经应当是被赢得的，也赢得很惨）的欢庆之词，而是对一场真正的胜利的应许——这应许要荣耀地被赢得，难道这还是可悲的吗！那么，这场合还是不恰当的吗？那神圣的地方[26]。"想着危险"这对喜悦来说是不是如此不适宜；也许没有时间可让人去想这危险，——在危险之匆忙中肯定只会有很少时间！啊，时间来，时间去，它一点一点地拿走；然后它从那人那里拿走一样好处，但他感觉得到这好处的丧失，他的痛楚是大的，啊，他没有发现：它在很久以前已经把那最重要的东西从他那里拿走了——"作出一种决定的能力"，它让他如此习惯于这一状态，以至于他对此感觉不到任何恐怖；这种恐怖的感觉则是那最后的"能够有助于去为'更新的决定'赢得新的力量"的东西。

不，在严肃之中，这句话意味着如此之多，是的，对那合适的[27]夫妻，这句话意味着一切。但是它想要在严肃之中被领会；它不想要作为一个"以自己的庄严在场来美化婚礼日的不速之客"去造访这对新婚者，而是想要在夫妻这里长住下来，它想要在岁月里接受考验，它想要为一切作担保。它就是想要以这样的方式来被领会，我们也只能够以这样的方式来说它：它必须由一个正在开始的人说出来，但这人必须是从"好的决定"开始。因为，那在爱的忠实服务之中变老的人，如黄金般经历了考验并且被认为是忠实可靠的，固然高贵的诗人稍稍有点含情地谈论女孩，说她年轻的灵魂是经历了考验的黄金[28]，但是岁月和危险则恰恰是考验；因而，这值得尊敬的人，他随着岁月赢得了忠诚之丰富而无法侵蚀的美，他按自己的良心品格所要求的，忠实于自己的义务，他忠诚，带着一个男人的勇气和一个女人的温柔、带着一个男人的无畏和一个女人的同情、在心灵的真挚之中带着理智的审慎，他当然是带着老年的和蔼、友善而谦卑的告诫口气说：孩子，爱战胜一切。他感动年轻人们，唉，是的，他几乎是欺骗他们，因为，在他这样说的时候，这看来似乎确实是那么容易，他们很想要听他再说。但是，如果年轻人们在虚妄之中滥用这些话并且轻率地用它们来编结新婚花环，这时，那在生活中斗争着的经验走到年轻人们和这值得尊敬的人之间，一边说着："到一边去，向值得尊敬的人致敬，首先搞明白哪些是麻烦所在的地方"，然后，它指向他说出这些话："看这里，爱战胜了一切！"哦，作一个老翁是多么美丽的事情；与一个这样的见证比较，所有能言善辩都只是怎样的欺骗啊！战胜了一切，这是那最后的，这自然是不同于那最初的，是某种不同于"那最初的"的别的东西。哦，停下，你，漫游者，停下来考虑这一差异；在你明白这差异的时候，那么，你就当然变成那决定者！战胜了；是的，那在生活之中搏斗着的经验带着恭敬这样地谈论他，这个退役者，结婚仪式的约定把他召唤向那美好的仗，他的生平没有留下任何错误关系，因为他没有成为任何人的债务人[29]，既然他爱很多[30]。在市民生活中就是这样，如果有人要去外国，并且他欠什么人什么东西，这时他的对手就去找那警醒地守望着公正的高级权力部门，他的旅行就被中止了，——哦，如果一个神圣的约定被留在那里未被实现或者并非令人满意地被实现，难道这不就像是一种使得上面的行程变成"欺骗者的逃亡"的异议，——然而不，逃亡有什么用，那审判着地守望着生活的公正，是一个人所无法逃避开的。

因而战胜了[31]一切！这话则相反是说：爱战胜一切。在开始的时候，这话应当是这样说的,并且应当是合适地³²由那作决定的人说出来。但是,那对危险一无所知的人,那不考虑危险并且在决定之前不把危险的任何真实观念考虑在内的人,他的勇气因此而盗取了胜利³³,正如那些善的作为已取走其酬报³⁴,因为胜利已经在事先被得享了,——这样,他当然是没有作出决定。如果一个人在"那没有定向的"之中奔跑³⁵并且确定地失去了目标,因为他相信自己就站在目标旁边,这个人,他也没有作出决定。如果一个人不看前面的路而在对一种神秘的权力的信任之中冒险赶路,而不把一种关于上帝之助、关于其必然性和关于其充分性的真实观念包括在自己的决定之中,那么,这个人,他也没有作出决定。一个共同的决定也不存在,因为这两个人在这同一个瞬间有着同样的心境,并且两个人都没有决定。

在死亡分开了这两个人并且那悲伤者一个人留在世上的时候,生活在婚姻之中是不是只展示出一种类型的不幸爱情?哦,死亡没有这使人不幸的权力;没有什么别的东西来分开他们³⁶:他们是结合在一起的!不过,可能会有人说:"我当然知道你的意思和这讲演所指,但这样的事情只发生在那些从不曾恋爱过的人身上;那真正地爱的人,他战胜一切。"不可否认,那真正地爱的人,事情就如这话所说的那样³⁷;然而,由此我们就可以得出这样的结论吗:讲演者有着(哪怕只有着一个)关于"这'真正地爱'是什么"、关于生活和关于其他人的清晰的观念?一种清晰的观念,关于"在爱者真地将战胜一切并且这一切都真实的时候,怎样的变化会发生在他身上"。在这前后之间是怎样的差异啊:年少气盛地想要改变整个世界,然后却发现,这应当被改变的是一个人自己,并且这里的要求是"这事实恰恰应当起到激励作用",或者,这里的任务是:唉,就在一切都发生了变化的同时,让自己保持不变!怎样的差异啊:在新事物的意外中作为一切的第一个发明者,然后,在辛苦艰劳来到的时候发现,这是对那"被其他人经历了千千万万次的东西"的单调的重复!在这之间是怎样的差异啊:"年少气盛地想要斗争",和这解释:"必须承受苦难"并且这正是那"应当起到激励作用的事实"!"想要战胜",然后,好吧,他降低目标,因而想要在强势力量前倒下,但仍带着"与那些单个的人相比是更强者"的意识,并在这时有这样的解释:"人要斗争的是自己的弱点",和这样的要求——不是同情而悲痛的,而是残酷的:"人要通过这斗争而得到激励"!如果这幻觉的任务的伟大要求并不给出幻觉的力量,相反,事实上这是渺小的、被人蔑视的任务;如果他不去对抗那辜负了他的期待的世界,而是坐在那里,被那对他自己的伟大期待遗弃,并且被剥夺了所有借口;如果没有任何广阔的前景来引诱他去冒险,他懒散地坐在那里,在忍耐性的琐碎任务中沮丧,而因为时间被浪费在"想要把青春的梦重新梦一遍"上,这任务变得更微不足道;是的,这样一来,他就会有机会来显示"他确实在爱",或者更确切地说,这机会已经等了太久,并且事情不应当走到这一步;如果开始是有着一个决定的话,那么他就会及时地明白:事情会走到这一步。

看这个人,他当然很像恋爱者,看这个受激励的人[38]!在那追求者因为死亡而被阻止、无法结束工作、无法完成计划、无法达到目标的时候,难道生活就只展示出一个"半途而废的工作、中断的计划"的事例、一个"'漂亮的开始'的'可悲而可怜后果'"的事例,难道这就是唯一的,难道这就是独一无二的事例?哦,死亡,你还是软弱无力的,你真的敢想要去讥嘲那受激励的人吗!不,死亡瞬间的短暂不幸马上就会消失,而那真正敢说"是死亡阻止了我"的人,他确实是带着荣誉死去,是的,他出色地完成了自己的作为!"然而",那受激励的少年也许会说,每一个受激励的少年都会这样说:"我知道你在暗示什么,你甚至无需提及它,我不想被打扰,不想被耽搁,也不想让自己失去信心"。但这不会是真正受激励者的情形。不可否认,事情确实如此,但是,难道因此那讲演者就会有(哪怕只有一个)关于"什么是'真正地受激励'"的清晰观念吗?难道因此他知道,"真正地受激励"意味了什么吗?在一个人应当去做的不再是"像一只狮子那样跳起来[39]",而是"停留在原地,尽管做出了全部努力但却看来并不离开这地方"的时候;在一个人应当去做的不是"在轻松的飞行中纵横跨越整个世界",而是"忍受一种'热情会在之中断气'的死寂"的时候;在一个人应当去做的事情是"对无能无奈有所感觉但不放弃热情、在无所指望之中仍作指望[40]"的时候;在一个人应当去做的事情是那与每一种"受激励的活动"都无法分离的"漫长的奴隶般的工作"的时候;在一个人被遗弃之后不得不为保护自己而去防范一种对热情构成毁灭的同情(尽管它看上去有着如此大的镇痛抚慰作用)、不得不因为自己这样做而让自己遭受错误论断的时候;在一个人应当去做的不是放任自己的"狂野的失控",而是"要穿上强制紧身衣[41]并且在这种状态中受激励"的时候;——是的,在这样的情况下,一个人就有机会显示出：他真的是受激励的。如果一个人以一个决定作为开始，那么，我们就必定会看出，这决定有什么好处，因为在决定之中，他当然没有猛吸一口充满活力的青春气息，而是收纳了一种对自己的猜疑，这猜疑在远距离知晓关于危险的消息。

对一个决定来说，第一个条件就是：去具备，就是说，去想要具备一种关于生活和关于自己的真正的观念。在这里，带着泪水被种下的东西，要带着欢歌被收获[42]，悲伤的心得以康复；因为最初的丧失是最好的丧失，最初的痛楚是拯救性的痛楚，而最严厉的教育是益助性的教育，早期的训导是给予人力量的训导，决定之战栗给人勇气，决定之颤抖使人坚韧，决定之惩戒使人注意，"去战胜到最后"是首要的事情，最终的荣誉是唯一真实的荣誉！

哦，死亡没有权力在婚姻贯穿生命的路上设置悲哀的标志。然而这些标志却仍在那里。那么，它们到底有什么意味呢？在民间生活之中有许多稀奇古怪的习俗，与婚礼有着关联，有许多捉弄人的玩笑，但它们却有着其意味，许多捣蛋的恶作剧，但它们却并非毫无美丽，然而，对新婚者们，这能否也是一个可让人接受的习俗：在他们进入婚宴的家之前，先去悲伤之家[43]，就是说，进入那种严肃的思考，从这思考中人们不是取出婚纱，而是得出决定。那么，就让新娘优雅地走到圣餐桌前，让桃金娘花环装饰那可爱的人[44]：决定之谦卑使得她首先在上帝的眼里是令人欢愉的，而决定之真正的观念则使得她首先是在神圣的软弱[45]中变得坚强——去战胜一切。

尽管它可以这样做，它可以想要通过令人震颤的描述来令人感到恐怖，想要召唤出恐怖（只有那严肃的人，在他带着权威讲演的时候，才能够赋予这恐怖"严肃之确定的作用"并且预防着，不让沮丧和消沉，是的，几乎就是抵触，来干扰这印象），然而，这不是这讲演的意图。哦，但是，难道只有在离了婚的人们之间，分离才被设定出来，结婚仪式的结合约定才变成诅咒；难道只有那些作出了糟糕的开始——"把这约定看成是尘世利益的世俗契约"——并且就像这开始一样地结束的人们，难道只有他们是配不上"已婚的状态"的，或者说，难道只有对于他们，婚姻的结合对于他们不会成为一种拯救，而是一种刺激各种感官欲望的圈套；难道只有怯懦而毫无男人气地对一个女人的美进行五体投地的追求、然后带着奴性心态怯懦地统治一个女奴（他自己则是一个在"对她的美好的妒忌"之中的奴隶）直到他因为岁月从那个"他与之举行了结婚仪式"的人那里剥夺了青春和美丽而以一种懦夫的不知感恩来结束一切的人，难道只有他才是一个糟糕的丈夫吗？

哦，不，这里的情形就像是死亡在生活之中的情形。死亡的猎物当然不仅仅是那些躺在临终的病床上并且已经令医生放弃了希望的人们；在我们周围有很多人是被死亡在身上做了记号的。同样，有许多婚姻是被"分离"做了记号的。看，这"分离"没有步入已婚夫妇之间，但是一种漠然的高傲将他们分隔开并且使得他们相互变得陌生，然而，（正因此我们在这里谈论这个），然而，也许以前的那些情感尚未完全灭绝。没有夫妻间的争执、没有敌对的芥蒂，但是，感情就仿佛是从夫妻生活之中撤退出去，撤得远远的；不过，他们也许相互爱着对方，但我们等待着一个"将会拉开'决定'之弓并且把感情诱入表达"的事件，因为单凭日常生活中的东西是不够的；人们几乎因这由琐碎小事构成的系列而相互愧对对方。也许他们渴望着理解，但他们却无法真正让对方进入交谈，恰恰是因为每天都有着机会；在这机会未被利用地白白走失了的同时，相互间的坦白就变得更艰难。曾几何时，他们是如此幸福，哦，曾如此幸福，这一意识本来是应当使他们坚强，它至少一直应当是清晰的，但现在这意识却在使得他们虚弱，他们失去了"去冒险"的愿望和勇气，并且，对这两个孤独的人来说，那消失的幸福在获得一种被夸大了的病态光泽。时间走得如此缓慢，在他们面前有着整整一生，他们相互都害怕向对方做出那能够使他们在强有力的决定之中联合起来的最初坦白，无聊占据了"意见一致"的位置，然而他们却把离婚作为一种罪[46]来避免，但是生活是如此漫长，这时，死亡的想法悄悄溜进来，因为死亡解开所有捆绑[47]；一个人一般都不会敢去承认这一点，然而事情就是这样，一个人希望自己死去，就仿佛这不是不忠实；——不过，他们也许还相互爱着对方，死亡也许会让他们感受到这一点。于是这一个在那另一个那里寻找瑕疵，不是诚实的交流，而是误解在那里做着可悲的中介生意，通过粗暴和鲁莽、通过滋养疾病的突发性和解，使得他们在猜疑和不信任之中相互背离对方；而他们也许还相互爱着对方。——那造成这种结果的，难道就总是贫困、拮据的条件和生活中的各种逆境？哦，在财富和丰裕之中，一场婚姻，有时候，在短暂的蜜月过去了之后，在所有富足之中却像是只以水和面包为食[48]的婚姻！——在父母间设置出距离的，难道就总是对畸形的孩子的悲伤？

哦，我们肯定也看见了，一场罕有的幸福对消解父母间的隔阂没有达成任何帮助。——难道那携带着悲哀的，难道就总是岁月吗？哦，变化的完成有时候只需要那么短暂的时间。——那或早或迟必定会孕育出误解的，难道就总是一种本源于年龄、教养或者阶层的误解吗？哦，有时候两个人确实是如此地完全相互般配，以至于他们只缺乏为自己的幸福所怀的感恩之心。——那败坏了一场开始于美好的婚姻的，难道就总是社会环境、家庭境况和人际关系吗？唉，透过于他人[49]又有什么用，堕落之杂草有着所有杂草所具的性质：它自己播种。良好的种子要求有关怀与劳作，如果没有关怀与劳作，良好的种子就死去，——然后杂草自己就会到来。

现在，让审视者，这审视者把他自己也包括在审视对象之中，这审视者在决定性的瞬间唤出这些想法，让这审视者向他自己提出这个问题：我敢这样说吗？——"所有这些夫妻并非以人们所称的'真正地相爱'开始；如果他们是开始于'真正地相爱'的话，那么，在爱情醒来的时候，他们就会感觉到惊喜之甜蜜，感觉到思念之不安，觉得时间在两人的同在之中消失、觉得时间在两个人的分离之中如此漫长，在关于'想要相互成为对方的一切'的想法之中觉得热血沸腾"。让他向自己提出这个问题吧：我敢否认这个吗？——"那可悲的结果无疑也是基于这种原因：一个人在其青春、希望、惊喜和轻率的时期缺乏对于'去放弃感伤情感、瞬间之引诱和幻觉之欺骗'指导或者严肃，因而无法让自己屈从于'决定'的严格教育"。

这决定是情欲之爱的再生，那么，这决定到底想要什么呢？难道它想要使得喜悦窒息，因为它想要拯救它；难道它的关怀是一种虚假的友情，因为它也许无法马上被领会；难道它是纯粹的痛楚，因为它的开始并非没有痛楚；难道它是一种永恒的囚禁，因为它严肃而永恒地把两个人绑定在一起？但是，它的开始并非没有痛楚，并非没有颤栗。设想一个受激励的人。带着满心崇高的意图，他想要达成如此多的伟业，但是，看，在决定之工作中，关于生活和关于他自己的虚弱的观念如此地压向他，以至于他沉陷在无奈之中，直到义务之观念来使得他保持继续工作来赢得决定。怎样的变化啊！现在，他在义务的严格监督之下疲倦地斗争着；每天他都做一小点被布置给他的事情，但彻彻底底地按义务的要求去做；在这样的情况下，他仍是受激励的，因为他明白，或多或少的事情，只要义务要求一个人去做这事情，这就总是很多的事情。看，现在，成功了，这"决定"

被赢得了，并且这件作品[50]在真正的尺度之中开始，看，成功了，这作品继续着，看，成功了，看，超越期待地成功，那种最初的热情[51]醒来，进入了一种更新的和更坚强的生命。看，从前他的热情并不是一种急切的意图或者一种持续的急切；它也不是在青春之中闪耀、然后在成年时期半燃地泛着微光而在生命的夜晚里变得像冒烟的残烛。不，那最初的热情就仿佛是在"决定"进入存在的那个夜晚里熄灭了，但在那个夜晚他却赢得了新的热情，并且赢得了惊奇之意外至福[52]，一年又一年都是如此，直到生命的夜晚。以这样的方式，这结婚仪式在"决定"的严格教育之下去掉了各种幻觉和假象，在"义务"坚不可摧的堡垒之中为情欲之爱取得了安全的居所，给予那决定者新的热情，并且使得他在时间的流程中对自己的幸福有着每一天的惊奇。

然而也许有人会说："以这样的方式，不是去景仰和赞美，对，不是带着恭敬去看待情欲之爱罕有的幸福，而是妒忌而沉郁地去使幸福变得可疑，以这样的方式对相爱者们说话，这样的做法是对人的侮辱。"现在，"想要对罕有的幸福展示恭敬"，即使这幸福真的是如此罕有，在一种陶冶性的考虑之下，这做法看起来也仍显得轻率，因为这种"陶冶性的考虑"所受的教育不让它去在生活中通过幸福的分裂性[53]来找到陶冶。难道上面的那种异议不会是情欲之爱的诱惑性的说服力的一种爆发，这一在听者身上生产出"急切"的危险力量？我们很愿意在诗人罕有的天赋面前表示恭敬，如果他妥善地使用这天赋的话，然而，上述的那种给予诗人灵感去写歌的情欲之爱，难道它会这样地在生活的每一天之中、在每一对通过结婚仪式的约定被结合在一起的夫妻那里被发现吗？诗人自己也在说它是罕有的，而诗人幸运的天赋则又是一种罕有性，正如那情欲之爱：一种更完美的生活的最好愿望，然而不，应当说是：一种更不完美的人生观的最美丽的梦想。所以，诗人不解释任何东西；他在歌的忧伤之中寻找那被回忆的罕有性，他在愿望的追求之中火烧火燎地寻找它，他在琴弦之中使劲地抓向它的荣誉，就仿佛它已被找到；他虚弱地坐在思念的低语之中；他借助于想象之力来为思想创造出那被寻找的东西。我们赞美他；如果一个民族为出色的诗人们而骄傲，那么它的骄傲就很得当！但是，要帮助我们这些普通人，诗人无法做到，因为他无法说出，我们应当怎样去做才能够成为"那罕有的"。诗人的悲哀就在这里。因为诗人不是什么骄傲而自以为是的人，但他的灵魂在"那无限的"之中得到了发展；在他对那单个的人说话的时候，或者在他谈论那单个的人的时候，他说"不，他不是那罕有的"或者"她不是那罕有的"，这时，他并不想要侮辱什么人；他自己伤心地在寻求这歌中的安慰。因此，我们不应当对诗人生气，他热爱生活，并且他也许是那因"那单个的人并非是罕有之物"而感觉到最多痛楚的人。然而没有人，这诗人说，没有人能够给予自己那罕有性，它是一种本原性，并且在之中有着那奇妙的东西。

现在，如果那罕有的人存在，并且如果我们想要对他说关于"这讲演所思考的东西"，那么，他就根本无法明白这个，他也不会以上面的那异议所给出的回答的方式来回答，因为这样的一种本原性是任何讲演都无法打扰的。但是，诗人歌声中发出的一种欺骗性的回响、诗人作品中一次脆弱的重复，它是可以被打扰的。相反，那自己觉得自己不是"那罕有的人"的人，他当然是担忧的，因此他不因为"这讲演令他想起他的忧虑"而被打扰，他反倒是在这敬神的观想之中寻找着陶冶。这讲演不想走得更远来去除掉这样一种异议。但是，我的听者，你自己考虑一下那结婚仪式吧。是谁主持举行这仪式的？是一个诗人吗？不，是那有权威的人[54]。这结婚仪式把一切都置于罪下[55]，有权威的人以此中的严肃来对待那单个的人，并且把每一个通过这仪式而被绑定的人置于罪下。如果这讲演提醒人去想到"决定"的意义，去想到"只有那做了决定的人在一开始就敢说'爱战胜一切'"，那么这到底是不是侮辱性的呢？在我看来，如果设想有人不曾考虑到这一点，那么这人的做法才是侮辱性的。即使是最幸福的尘世的爱也还是需要"决定"之重生，需要结婚仪式的严格讲演，需要结婚仪式对斗争之中力量的强化，需要结婚仪式在路上的祝福。

于是，这讲演，因为它寻求让婚姻的神圣决定变得清晰明确，这里我已经提醒你了，我的听者，关于我自己曾更频繁地考虑的事情，因为，这讲演绝非是教导性的。这样，你是同意这讲演的，然而也许你会说：这讲演是正确的，但是，如果这样的一个讲演要得出正确的印象，如果它要不引发出不耐烦、不在沮丧之中构成打扰，那么这就要求有很多严肃。在这一点上，你确实完全是对的：这要求有很多严肃。确实，"作一个好的读者或者一个好的听者"是与"作一个好的讲演者"一样伟大的事情；在这讲演（正如在这里的情形）是处于不完美状态并且没有权威的情况下，这是非常伟大的。难道你的意见不是如此，因为你不会是想要借助于上面的那异议来把辜推给讲演者，就仿佛通过指控他你会赢得什么东西？让我们进一步考虑一下这个问题。正如"作出一个决定"要求一种关于生活的真实观念，同样，在这一点被说及的同时，也要求一种关于一个人自己的真实观念。也许有人会发送出各种侦探性的想法以求得到对生活的各种各样的印象，但却无法像"让自己投身出去"那样地把自己收回来，——唉，并且失去了自己。但是，如果一个人通过结婚仪式来把另一个人的生活与自己的生活联接在一起，如果一个人通过结婚仪式进入一种义务，任何时间都无法解除这义务并且每一天都会要求这责任得以履行，那么这个人就面临一种要求，要求他作出一个决定，并且，因而在这决定之中就要求他有一种关于自己的真实观念。这一关于自己的真实观念，以及这一观念的内在真挚，这就是那严肃。现在，事情无疑就是如此，正如诗人们所歌唱的那种情欲之爱是每个人的灵魂之中的一种思念，同样在每一个人心中也有一种思念，一种愿望，想要得到那可以被人称作是"一个生活中的指导者或者老师"的东西[56]，那人们可以信赖的深受考验的人，那知道怎样给人忠告的智者，那通过自己以身作则激励人的高贵者，那具备雄辩的力量和说服力之精华的天赋奇特者，那确保"对学识的吸收"的严肃者。作为孩子，这是很容易的，这时，一个人得免了选择之麻烦[57]；是的，尽管一个父亲并非是如他所应是的那样，孩子所具的恭敬、无条件的服从有时候还是会有助于去学习"那善的"，甚至是从一个这样的父亲那里学习。但是，随后，青春和自由的时期，他与他所爱的人一同寻找一个这样的指导者的时期就来临了。这时，关键的是：自由与选择不应当变成是一种圈套。上面所说的那思念所寻找的指导者是"罕有的人"。有时候这样的一个人甚至在每一代人之中都不存在，而即使你与这样一个的高度受尊敬者[58]是同时代，这样一个让你完全敢对之奉献出自己的人，他也许并非是站在你所站的地方，或者他曾在那里但却离开了，或者可能是你离开了这地方，——然后，是的，然后你就不得已而求其次，就是说，你不得不满足于让自己来帮自己。在生活之中有着足够多的困惑；最不同的东西被宣示、被赞美、被鄙视并且被重复；各种最不同的榜样被呈现，使人失望，然后再次被呈现；各种最不同的指南被提供出来，并且总是有着旅伴；慰藉、藉口、欢呼、警告、胜利之歌和哀号相互混杂地被听见。唉，情欲之爱与婚姻是某种每个人都在之中经受历练的东西，因而也是某种每个人都对之有自己的看法的东西，而如果一个人严肃地想要对之有看法，他也确实可以有自己的看法。每一个人，也包括未婚者，都应当有一个居留的地方，然而也许有许多婚姻并不具备它，而是随风飘荡。现在，在一种偶然经验的误导之下，年轻人认为，在富足与幸福的生活条件之中的外在环境有益于情欲之爱的时候，这情欲之爱是得到了保障的；也许他并没有去考虑，各种心理状态由此获得的影响范围是怎么会产生出各种麻烦的。有时候，一个人对"恋爱中灵魂关怀的复杂作为"有着一种夸大的观念，并且无法让自己低调下来去适应日常谋生的简单工作；有时候，另一个人在各种感情的盈溢之中过于放任，并且尾随而来的是厌恶感；有时候这一方有着审慎并且想要使用这审慎，而另一方则误解，并且以为这是冷漠和麻木；有时候，这一方想要精打细算并且节省，而另一方则不理解并且以为这是缺乏对某种更高的东西的感觉。有时候，一个人无告无慰，因为他周围的重复因他自己的一切而使得他无聊；有时候，另一个人的最初的幸福使得他不耐烦；有时候他作比较，有时候他想起什么似曾相识的东西，有时候他有所失。是啊，又有谁能够把这一切都罗列完呢；任何讲演都无法做到，这倒也无所谓；但是没有人能够做到这一点，这是可怕的事情；只有一种力量能够做到，这是"决定"，这决定及时地留意着。那么到哪里去学严肃呢？在生活之中。确确实实，而婚姻的令上帝喜悦的状态[59]则有着一种罕有的最佳机会。于是，一个人就是在学习这严肃，——如果他带上"决定"和这决定之中所具的一种"关于自己的真实观念"。"决定"本身就是"严肃"。如果一个人要从那人们所称的"生活之严肃"之中去学习"严肃"，那么，"严肃"就已经被预设为前提条件了。因为生活之严肃并非是像一个相对于学习者而言的老师，相反，在某种意义上，相对于一个"相对于'作为学习者的自己'而言自己多少有点可以算是一个老师"的人而言，它倒是一种无关紧要的力量。否则的话，你甚至可以从生活之严肃之中学习对一切的漠不关心。固然，你想要获得一种指南，然而，相对于这指南而言，事情也是如此：你必须自己具备严肃才能够通过这指南来得到帮助。或者，难道我们没有见过这样的事情：甚至在上面所说的那"罕有的指导者"站在我们中间的时候，相关于他，我们会想出许多事情来为自己淡化对他的印象，就仿佛是他因此迷失而非我们自己迷失，就仿佛是多年的智慧变得越来越挑剔、越来越有能力去拒绝，而非变得越来越多地具备赏识力。现在，在一个这样的人根本不存在的情况下，事情又是如何？好吧，世界看来从来就不缺乏各种指导者。看，有时候有人想要指导所有人但却无法帮上他自己；有时候有人被欢呼作智慧者,并且因为他根本无法理解简单的人所理解的东西[60],所以他就被认作众人景仰的对象;有时候有人具备说服他人的力量,并且误导别人,有着谬误所行的强有力的作为;有时候我们在童年所学的东西会变得陈旧过时,这样我们不得不重新学习。有时候有人想要把丈夫从妻子的这一边拉出来,想要通过让他参与伟业而来使他变得重要,并且想要教会他去藐视婚姻的神圣责任;有时候有人去引诱那妻子并教她在婚姻的轭下叹息;有时候我们以各种使婚姻关系变得无关紧要的人类公共业绩来引诱丈夫和妻子;有时候人们想要教夫妻享受,想要从他们那里拿走他们的孩子并且同时也就拿走他们的各种关怀,这样,做父母的就能够为更高的追求而活着。于是,那对某种非凡的东西的期待就得以强化,一种新的事物秩序将会来临,我们全部,结了婚的和没有结婚的,都得到了自由,就像学校里的学童,因为校长要搬家,就都自由地放假,直到他重新恢复正常工作;——然而,我们则当然不再是学校里的学童,每一个人都要向上帝算清自己的账目,婚姻的神圣义务当然会为每一天给出其作为和其责任。一个人该去哪里找到这指南呢,如果他无法自己以畏惧与颤栗[61]来为自己的灵魂构建出至福的话?因为,如果他能够那样做的话[62],他就确定地变得严肃。否则的话,事情看来就必定会是如此:我们无法追随这一个指导者,因为,尽管他的想法很好,但他却太虚弱;我们无法追随那另一个,因为,就像人们所说,固然在他所说的东西之中有着力量和精髓,但是他不会真正这样认为;或者,这一个太老而无法满足时代,而那另一个则太年轻。是的,如果他想要描述出这一生活之困惑的话,一个讲演要到什么时候才能够结束!但是,你所想的是什么,我的听者,关于一个这样的人,他固然在"拒绝一切"之中有着严肃之表象,但在"去拥有哪怕最少的一丁点"之中却根本没有丝毫严肃之力量;你所想的是什么,关于一个这样的人,如果他是一个丈夫,因而就是说,他不作决定地结了婚,因而他是不带有任何对神圣义务的顾虑地活着,这就是说,不去严肃地关心这义务。在这样一场婚姻之中,夫妻固然是相互属于对方,但却并非是严肃地相属,分离岂不是也为一场这样的婚姻做了记号!

不,严肃是在一个人自身之中,只有一个被人耍的人才会去追逐它,只有怯懦者才会通过"去让自己像大多数人并且为此而探望顾盼"来购得"平庸"所给予的免责,只有畏缩者才会因为"去留意别人的论断"而在一种更高贵的追求之中被打扰。如果在生活之中没有任何指导者,严肃的人也仍不会在黑暗之中盲行。哦，即使你生活所在地的特派指导者[63]，我的听者，也许是无能的，但如果你想要，那么无疑，你可以去做那好的听者，你仍可以得益于他平庸的讲演。如果那在这里讲演的人也许是太年轻[64]，或者如果他也许是表述得不清晰，或者如果他的思想是不清晰的，那么，好吧，我的听者，丢开这讲演吧，或者，如果你想要这样做的话，你就做这伟大的事情吧，做一个甚至得益于一场不成功讲演的好读者。确实，正如世上应当有一种讲演的力量，几乎能够做出奇迹，同样，也有着一种听者的力量，它能够做出奇迹——如果这听者愿意的话。一个这样的听者是严肃的听者；他说"我想要得到陶冶"，看，他就得到了陶冶。但是这严肃是在于一个决定之中。如果有人惧怕这个，那么，这个人在"其他人也被同样的麻烦捕捉住"之中寻找安慰并且左顾右盼，这又有什么可奇怪的呢？如果有人认为，一个决定是一件脆弱的事情，并且，做了决定的人是奔走于薄冰之上，那么，他总是必须要有许多人在自己周围以便得到去生活的勇气，这又有什么可奇怪的呢？但是你，我的听者，你当然相信，这"决定"是最高的至福，即使情欲之爱的最丰富的幸福以某种其他的方式能够向你作出对你整个一生的保障，你也仍会选择在危险之中的"决定"之生命和婚姻之共同生活。因为"决定"通过结婚事件来做出奇迹，正如迦拿婚礼上的那奇迹：它先斟上糟糕的酒，并且把最好的酒藏到最后[65]；情欲之爱是可爱者的最好装饰，但决定则是不完美者心中的一种力量。于是，婚姻之决定就是：爱战胜一切。是的，它战胜一切；但也确实，如果没有决定牢牢把握住它，那么它就会在逆境之中[66]死去；如果没有决定牢牢把握住它，那么它就会在顺境之中死去；如果没有决定激励着它，那么它就会日常之中退化；如果没有决定令它谦卑，那么它就会在一种妄想的自大之中窒息。情欲之爱驻留，但决定则是它的驻留之地，因为这决定，它持续存留；情欲之爱是令人振奋的易逝之物，而决定则是使之得以持存的容器。情欲之爱驻留；在"决定"随行的情况下，它指导着走过一生，而在"决定"不指导的时候，它就步入歧途；在"决定"一天一天地解读它的情况下，它给予生活意义；在"决定"的把关之下，它足以扩展到全部的生活之中；它把握"那永恒的"，如果一个决定为它在永恒之中准备好了地方；它战胜一切，如果在战役的日子里有"决定"的一同参与，——而最后的荣誉是唯一的荣誉。

这一讲演是妒忌的吗？如果对那幸福的人说："我知道，为了让你的幸福得到保障，你应当把它藏在什么地方"，这是不是妒忌？稍稍逢迎的忧伤，它可恰恰就是妒忌，也许能够撩骚一个幸福者的感觉。这一讲演是侮辱性的吗？如果对一个人说："我确信，你自己知道并且考虑过这事情，所以关于这事情我只是提醒你一下"，这是不是侮辱？如果这说话的人远远地站着一半是轻声地对自己说话[67]，那么这是不是鲁莽无礼的？

于是，要达成婚姻之决定因而就要求有一种关于生命和关于一个人自己的真实观念[68]；但是在这之中蕴含了另一个伟大的要求，它就像前一个要求一样：一种关于上帝的真实观念。这一个完全与那另一个对应；因为，如果不具备一种关于生活和关于一个人自己的相应观念，任何人都不可能有一种关于上帝的真实观念，没有一种关于上帝的类似观念就也不会有一种关于自己的真实观念，而没有一种关于自己的类似观念就也不会有一种关于生活的真实观念。一种诗人的创造性想象，或者一种在无关紧要的思维的遥远之中的观念都不是真正的观念。关于上帝的观念也不会相对于上面所说的那种关于生活和关于自己的观念作为一种偶然的补遗而来临，恰恰相反，它到来，为一切加冕并且渗透一切，而且，在它变得清晰之前，它本来就一直是在场的。

相爱者当然是幸福的，在大喜之日，人距离上帝无疑是最近的。但是，这里要求有一种关于上帝的真实观念，要求有一种介于上帝和那幸福者之间的理解，并且因此自然就要求有一种语言，他们以这种语言来相互交谈。这语言是"决定"；这是上帝让自己与一个人发生关系时所用的唯一语言。因为，尽管那幸福的人在对自己的幸福所作的感恩表达之中一定是会如此心灵激荡（确实，哪里会有一个不感觉到这"想要感恩"的愿望的幸福人！），尽管他提及了上帝的名字，但这并不推导出：他与上帝谈话、有着一种关于他的真实观念、使自己变得能够让他理解并且从这理解之中得益。因为，对幸福的感恩，即使它是那么罕有，即使其表达是如此情感涌动，即使灵魂是如此火热，上帝也不会理解；而只有决定，那去接管幸福的决定，才是上帝所理解的。哪怕上帝的名字在开始和结尾被提及，一个人并不因此就是在与上帝谈话，如果崇拜者用来表述其感恩的那观念不是关于上帝，而是关于幸福、命运、巨大的收益以及其他诸如此类，或者是关于一种神秘的权力（这权力对人世的干预令人惊叹——并且崇拜）。决定当然不应当使得那幸福的人不感恩，相反，它使得他够格（værdig）[69]，并且，在决定之中才会有感恩之严肃。因此，决定之感谢自觉地意识到，这一幸福是一个任务，并且感谢者就站在任务的起始处。因此，决定之感谢是深思熟虑的；它明白，上帝在幸福之中对那做了决定的人说过话，而且还知道，这是交谈的开始。这是在把幸福想得渺小吗？难道这不是在以够格的方式（værdigen）[70]想着上帝吗！如果有人与一个有智慧的人谈话，他在这智慧者说出了第一句话（这句话在他的灵魂之中投下真理之光）的时候马上就用自己的感谢打断了他，因为他现在不需要更多的帮助了，那么，他在这里所显示的，除了是"他没有在与一个智慧者说话、而是在与一个被他自己改变为痴人的智慧者说话"之外，又能是什么别的？现在，一个智慧者是一个人，并且如此看来也是某种外在的东西，在这样的意义上，一个人尽管是在痴愚地说话，这人确实可以说是与一个智慧者说了话；但是上帝只在于"那内在的"之中。这样，如果一个人就像上面所说的那个人与智慧者说话那样地与上帝说话。那么这个人其实就并非真正地与上帝说话。正如有一种不成熟的爱，它说："那真正地爱着的人战胜一切"，但它却不具备一种关于斗争的真实观念；正如有一种不成熟的热情，它带着类似的急切说同样的话；——于是也有一种不成熟的感谢，它想要感谢上帝，但却只是通过"认为自己在感谢上帝"来欺骗自己，并且从上帝这里骗取这感谢。决定之感谢是严肃的，因此是令上帝喜欢的，它的感谢也是好的开始，有了这个开始一半已被赢得[71]；而有了上帝，这决定则无疑战胜一切。它并非一了百了地感谢，这感谢也不带有尘世的和欺骗性的自以为是或者不理智；不，这决定是开始，而决定之感谢是感谢之开始，一种"崇高性"之开始，这崇高性将杜绝掉许多不必要的危险，在真正的危险之中给人力量，在胜利日回响于赞美之歌中；它是一种警醒性的开始，这警醒性要在生命的夜晚发现这夫妻是坚忍可靠的，从婚礼的时候开始就一直期待着，好像那些聪明的童女直到婚礼一直是如此[72]，这警醒性要使得最后的感谢成为最美丽的感谢，要使得对上帝的话语（其开始就是上面所说的那种幸福）的最终回答成为令上帝欢喜而又真实的感谢。

　　如果有人会认为，这还是会起着打扰作用；如果他在并不想要真正理解自己的情况下，在浑沌不清之中要去冒险把上帝想得渺小；如果他要认为，因为"变得严肃"这幸福就迷失了，因为"要作为幸福之开始"这幸福就变得微渺了；——那么，难道"没有决定而开始"就会更美丽吗，就会更有智慧吗，就会更好地经受生活中的考验吗？难道这会是更美丽的吗：如果幸福，可以这样说吧，如果幸福马上把这两个结合在一起的人分开？难道这会是更美丽的吗：一颗虚荣的女人心兴致勃勃地听着崇拜者（在这崇拜者以为自己欠着她一切、在他迷糊但却感恩地不知道为自己的幸福去感谢任何别人的时候）的赞歌？或者，骄傲的头颅兴致勃勃地向弱者（这弱者，她因自己的幸福而欢愉、在感恩之中谦卑，她把自己的一切和自己的幸福都归功于他，除了他之外，她不知道自己该走向谁——他这个从她那里骗取了最好的东西的人）的崇拜垂下耳朵？难道这会是更美丽的吗，难道这会是更智慧的吗？难道这是"更好地经受自己的考验吗"[73]，——也是在这样的情况下：在轭在某一时刻必须被丢弃掉而斗争必须开始的时候；或者，如果这不发生，那么，在这样的情况下：在这可悲的人永远都无法成为男人、缺乏着男人的勇气而听任一个女人决定自己的生活的时候？或者：在这可怜的忠实者劳役一生，不是作为妻子、而是毫无主动意识地爱着自己的主人（并且这个"主人"就是她的丈夫）的时候？或者，事情是不是其实是这样：比起一种理性的上帝崇拜[74]，难道偶像崇拜在其最初之中是更美丽的、在其根本是更智慧的、在生活的进程之中是更可靠的？

如果有人认为，"决定"的关于上帝的观念是一种停留，而幸福则宁可想要让自己得免于这停留；难道，如果这两个人，在不作任何决定的情况下，不作任何停留，驾驭着短暂的瞬间在相互间共同的狂想之梦中一路向前，如果他们在婚礼日中起舞，在舞蹈之中为自己把爱的活力与健康全部耗尽，——难道这会是更美丽的吗，难道这会是更智慧的吗，难道这是"在生活中更好地经受自己的考验吗"？如果他们疲倦地站在路的起始处，并且看，玩笑都结束了，并且看，那存留下的东西不是严肃，而是厌恶和无聊，以及一种从困惑的青春之梦中醒来之后进入漫长生活的困惑的警醒，那么，在这样的情况下，事情是不是也如此：难道这会是更美丽的吗，难道这会是更智慧的吗，难道这会是"在生活中更好地坚持吗"？难道一对偶像崇拜者的短暂快感比那真正婚姻的谦卑起始更美丽、更智慧、在生活的之中更可靠吗？

会不会有人认为，"决定"当然可以更晚一点到来，在它真正被需要的时候才到来？因而，它尚未被需要，在结婚日，在永恒义务的约定被缔结的时候，它尚未被需要？但是，因而更晚一些？他是不是会认为，这时当然不会有关于"想要相互离开对方"的想法，这时的想法是关于"享受'结合'的最初喜悦"，——然后，结合在一起通过"决定"来相互支持。因而，在艰难和困苦到来的时候，还有灾祸，不管是尘世的还是灵魂的，在这灾祸到了门前的时候，然后这时刻就到了？是的，确实如此，这个时刻到了：是那做了决定的人将自己的心思集中到自己的决定之中去的时候了，而并非就只是集中起心思来做出一个决定。确实，灾难和逆境能够帮助一个人去在决定之中寻找上帝，但问题是，这观念是否因此就总是正确的，它是否快乐，它是否多少有着一点的悲惨可怜的成分、一种秘密的愿望——"愿它不被需要"，它是否无害、是否妒忌、是否沉郁并且因而是否并非对社会的各种逆境的高贵化的再现。政府设置了一个典当所[75]，贫困的人们可以去那里。穷人得到帮助，但是这穷人对这一典当所是不是有着一种快乐的观念呢？同样，也许也会有这样的婚姻存在，这婚姻先是在逆境之中寻找上帝，唉，就像寻找典当所一样地寻找他；每一个要到这个时候才寻找他的人，都总是会跑进这一危险。现在，难道一个这样的"迟到的决定"（尽管它是够格的[76]，但它却是并非没有羞愧、并非没有巨大危险地在很晚的瞬间被买下的），难道它要比婚姻的最初决定更美丽、更智慧吗？

但是，也许在生活中就根本没有出现灾祸和逆境，这样，决定当然就不被需要了。这讲演绝不是为了想要去让孩子气的人们感到害怕，更绝非是把决定当成是一种要为一些更无关紧要的事情服务的工具来赞美。因而你，孩子气的人，你不想认知精神的危险，因而事情顺心如意，看，这里是一场婚姻，生活所宠溺的而幸福不断地对之微笑的婚姻，——然后又怎样？然后这一孩子气的婚姻失去了那最好的东西，因为"决定"本身是那荣耀的东西。它不是一种为对付生活中的各种悲惨可怜的事情而被创造出来的悲惨可怜的东西，而是拯救之服饰；做了决定的人以这服饰来打扮自己，让自己以够格的方式（værdigen）[77]去承受各种美好的日子，并且这做了决定的人在这方面强有力地武装起自己，到那邪恶的日子里去得胜，而他所穿的服饰则仍是同样的服饰。

唉，在这世界上，婚姻的生命和婚姻的境况是极其不同的，然而却有一个决定，对每一个人来说都是共同的或者都可能是共同的：爱战胜一切。这决定是开始，在这决定之中蕴含有一种关于生活和关于一个人自己的观念，并因此也有一种关于上帝的观念，——于是，结尾就变得如同那开始：爱战胜了一切。但是，我的听者，想象一下两个婚姻，我的听者。

这一个不得不沉重地穿过许许多多逆境为自己开辟出一条挤迫的道路，而那另一个则仿佛是被幸福的双手抬着穿过生活；现在，这两者都达到了生活的边缘，并且，爱战胜了一切。关于前一个，可以这样说，这夫妻从生活严格的学校里学习了很多东西，但是，我们也还可以说，他们是严肃的，在生命的夜晚也没有在根本上不同于当年，也就是说，与在他们在一开始在决定的严格教育之下赢得这严肃的时候没有不同；——在这样的情况下，难道这不是最美丽的？而如果关于那另一对夫妻可以这样说：他们是严肃的，在生命的夜晚并没有根本上的不同，而贯穿这漫长的生活他们也一直是同样地严肃，正如那时，在当年的那个幸福之日，"决定"使得他们在严肃之中成熟；——难道这不是最美丽的？因为，决定之"青春的严肃"并非是由一些有限的小块残片[78]构建出来的，而是通过上帝由关于生活、关于一个人自己和关于上帝的观念构建出来的，因此是一种永恒的健康，并且也许永远也无法在事后被赢得。

注释：

1 结婚仪式］在牧师为新郎新娘做了讲演之后，他就按照《丹麦与挪威教堂仪式》（*Dannemarkes og Norges Kirke – Ritual*, Kbh. 1762）中所规定的步骤（在《丹麦圣殿规范书》（*Forordnet Alter – Bog for Danmark*, Kbh. 1830［1688］, ktl. 381, s. 22）中写得更详细）继续仪式。首先他问新郎："你已询问了天上的上帝，然后询问了你自己的内心，然后你的亲戚和朋友，你想要让这个诚实的女孩（女人），站在你身边某某，成为你的妻子？"对此新郎说"是"。牧师继续问："你这之后想要与她共同生活，在顺境逆境之中，在全能的上帝将为你缔结的幸福之中，就像一个值得尊敬的可靠男人所应当做的：与自己的妻子生活在一起？"新郎再次回答"是"。最后牧师问："你自己知道你没有给予任何一个现在活着的其他女人你的婚姻之忠诚，正如它会阻止你这么做？"新郎回答"是"。然后牧师问新娘相应的问题，同样地得到三次回答"是"。然后牧师说："然后，相互给对方你们的手"。在牧师把自己的手放上两人的手的同时，他说："既然你们以前（亦即通过订婚）相互同意并且应许了对方将要生活在神圣婚姻的状态中，而现在这事情已经公开为上帝和这一基督教教众所知，然后相互给对方你们的手，这样，既是在上帝面前也是在人类面前，我宣告你们是真正的夫妻，以上帝圣父、上帝圣子和上帝圣灵之名！阿门。／上帝缔结的东西，任何人都不应当拆开。／在你们现在以上帝的名在婚姻里一起交出了你们之后，现在，首先听上帝关于这一状态所说的话。"然后牧师朗读《创世记》（2：18、21—24）："耶和华神说，那人独居不好，我要为他造一个配偶帮助他。耶和华神使他沉睡，他就睡了。于是取下他的一条肋骨，又把肉合起来。耶和华神就用那人身上所取的肋骨，造成一个女人，领她到那人跟前。那人说，这是我骨中的骨，肉中的肉，可以称她为女人，因为她是从男人身上取出来的。因此，人要离开父母与妻子连合，二人成为一体。"牧师继续说："其次，也听上帝的诫命：你们在婚姻的状态之中应当怎样对待对方。"然后他朗读《以弗所书》（5：25—29、22—24）"你们作丈夫的，要爱你们的妻子，正如基督爱教会，为教会舍己。要用水藉着道，把教会洗净，成为圣洁，可以献给自己，作个荣耀的教会，毫无玷污皱纹等类的病，乃是圣洁没有瑕疵的。丈夫也当照样爱妻子，如同爱自己的身子。爱妻子，便是爱自己了。从来没有人恨恶自己的身子，总是保养顾惜，正像基督待教会一样。你们作妻子的，当顺服自己的丈夫，如同顺服主。因为丈夫是妻子的头，如同基督是教会的头。他又是教会全体的救主。教会怎样顺服基督，妻子也要怎样凡事顺服丈夫。"牧师继续说："第三，也听上帝对这一状态的诅咒"。他朗读《创世记》（3：16，17—19）："上帝又对女人说，我必多多加增你怀胎的苦楚，你生产儿女必多受苦楚。你必恋慕你丈夫，你丈夫必管辖你。上帝又对亚当说，你既听从妻子的话，吃了我所吩咐你不可吃的那树上的果子，地必为你的缘故受咒诅。你必终身劳苦，才能从地里得吃的。地必给你长出荆棘和蒺藜来，你也要吃田间的菜蔬。你必汗流满面才得糊口，直到你归了土，因为你是从土而出的。你本是尘土，仍要归于尘土。"最后牧师说："第四，既然这是你们的安慰，你们知道并且相信，你们的状态是上帝喜欢的，并且得到了他的祝福的。因为这在创世记之书的第一章里就已经写到"。然后他朗读《创世记》（1：27—28、31）和《箴言》（18：22）："神就照着自己的形像造人，乃是照着他的形像造男造女。神就赐福给他们，又对他们说，要生养众多，遍满地面，治理这地。也要管理海里的鱼，空中的鸟，和地上各样行动的活物。／神看着一切所造的都甚好。所以所罗门说，得着贤妻的，是得着好处，也是蒙了耶和华的恩惠。"然后牧师把手放在新郎新娘头上，以主祷词祈祷，然后他继续："让我们继续祈祷：／哦，主上帝！天上的父，你创造了男人女人，赋予他们生命果实，这里意味了你的亲儿子耶稣基督的，和神圣教堂的，他的新娘，圣餐！我们祈求你无边的慈悲，你不会让你的造化、秩序和祝福被动摇或者败坏，而是仁慈地保护它，在它之中，你所爱的儿子耶稣基督，我们的主！阿门！"牧师通过向新郎新娘祝福结束仪式："主祝福你和保佑你！／主以自己的脸映亮你的脸！并且仁慈待你！／主升起自己的面容给予你安宁！"

结婚仪式可以在星期天的礼拜中，在布道之后进入祭坛之前，或者举行特别仪式；如果是后者，牧师要以上面的祷告作为仪式的开始，布道讲《马太福音》（19：3—7），以此祷告结束仪式："在婚礼仪式后聚集。／哦，全能永恒的上帝，最慈爱的父！你自己就是这样定出这规则的：男人和女人要成为一体的生命，你以你神圣的祝福确定了这一结合！我们祈求你，为你的伟大仁慈，请求你给予这一新郎和他的新娘恩典、幸运和至福，既是在生活中也是在灵魂中！给予他们恩典来忠实地侍奉你，并且在一种和谐的爱情之中生活在一起，总是按照你的神圣诫命做事，这样，他们可以直到最后的日子一直是真正的基督徒和你的亲爱的孩子,通过你亲爱的儿子耶稣基督,唯一真正的上帝,他与你一同在圣灵的一致之中生活和统治,从永远到永远!阿门!"如果结婚仪式与早礼拜一同进行,那么牧师还要最后的集中之后朗读同样的祷告词。

2　在一个结婚仪式的场合]亦即婚礼讲演,参考阅读上面的注释。关于对此的定性,在《丹麦与挪威教堂仪式》第九章"关于婚姻"中有:"在结婚仪式要举行的时候,牧师走向前,直接站在新婚者面前,对他们做一小小的关于婚姻的讲演,在讲演中,他要知道怎样使用圣经的语言作简要的解说,如果有这样的情节在讲演中出现的话,然后,以简短的祝愿结束。"

3　风琴调子停下了]根据对结婚仪式过程的规定,按照《丹麦与挪威教堂仪式》,在结婚仪式之前总是要先唱赞美诗"以耶稣之名,我们所有的作为将发生",在唱诗的时候,总是会有风琴伴奏。

4　现在有人要讲演了]见前面对结婚仪式的注释。

5　爱情则应当成为一种义务]在《巴勒的教学书》第六章《论义务》,"D. 论各单个阶层的中的义务"的引言部分有:"除了人们所要关注的各种普遍的义务,只要他们是人,也还有一些特别的义务,特别地根据上帝为人们设定的阶层和职业,对他们提出要求。"然后在第一点下,关于男人和妻子,§ 1:"按照上帝的命令,一个男人应当在婚姻之中与一个妻子被绑定,两人都必须相互对对方有着诚实的爱情,无微不至地关怀着对方的现实的和永恒的至福,并且相互与对方一起祈祷并为对方祈祷,在持恒的关联之中生活在一起,直到死亡将他们分开。"也可参看《非此即彼》下"婚姻在审美上的有效性"(社科版《非此即彼》下卷,从第 149 页起)。

6　神圣的承诺]就是说新郎新娘相互许诺要在顺境和逆境之中生活在一起。这一承诺被称作神圣的,因为这是一个关于想要"在一种神圣的婚姻状态之中一同"生活的承诺,并且这一承诺是在上帝面前被认可的。

7　诅咒]也许是考虑到《创世记》(16、17—19)中对男人和女人的诅咒。在结婚仪式中要读到这一段。仪式中的这一段朗读被称作"上帝对这一状态的诅咒",对照阅读前面对"结婚仪式"的注释。

8　唯一不可少的东西]指向《路加福音》(10:41—42),耶稣去马大和马利亚姐妹家,耶稣对忙碌着的马大说:"马大,马大,你为许多的事,思虑烦扰。但是不可少的只有一件。马利亚已经选择那上好的福分,是不能夺去的。"

9　一个约定是永恒的]新郎新娘间关于要在一起生活约定。在《巴勒的教学书》第六章《论义务》有"按照上帝的命令,一个男人应当在婚姻之中与一个妻子被绑定,两人都必须(……)在持恒的关联之中生活在一起,直到死亡将他们分开。"

10　永恒之花环]以永恒花(亦即被称作"不凋花"的蜡菊,因其花干后颜色和形状均不变)做成的花环。

11　见前面"爱情则应当成为一种义务"的注释。

12　问您是否咨询了上帝和您的良心]指牧师问新郎（和新娘）的第一个问题。

13　选择之强调]比较阅读《非此即彼》第二部分中的"'那审美的'和'那伦理的'两者在人格修养中的平衡"。（社科版《非此即彼》第二部分）。

14　那"您作为妻子当顺服"的男人]指向牧师在结婚仪式中所朗读的《以弗所书》（5：22—24）。

15　那有权威的人使新郎新娘结合成一体]指向结婚仪式，牧师把自己的手放在新婚夫妇的手上说："这样，既是在上帝面前也是在人类面前，以上帝圣父、上帝圣子和上帝圣灵之名，我宣告你们是真正的夫妻！"

16　没有权威的讲演]见前面关于"不具备……使他有权威的场合"的注释。

17　这一句的丹麦语原文是："… han maatte vel sige Meget, som det er voveligt at sige nu i det sidste Øieblik, vanskeligt at sige til disse tvende Bestemte, om det end var gavnligt, at de Tvende havde betænkt det."

Hong 的英译本是："He surely would have to say much that is risky to say now at the last moment, difficult to say to these two particular people, although it would have been beneficial if the two had thought about it."

Emanuel Hirsch 的德译本是："…er müsste wohl vieles sagen, bei dem es gewagt ist, es jetzt im letzten Augenblick zu sagen, schwierig ist, es zu diesen bestimmten Zweien zu sagen, wenn es auch dienlich wäre, dass die beiden es bedacht hätten."

18　"分裂性的"就是说，有着这样一种倾向，要把不同的人区分开，分别对待，有可能导致纠纷的。

19　同样的价钱]指向当年哥本哈根举行婚礼的时候新郎所要支付的结婚仪式费；在牧师拿到了付费收据之后，结婚仪式才能够得以举行。在1778年10月15五日的规章之中有着细节上的规定，在结婚仪式费中，谁要支付什么。费用的数目从大到小，所有为国王工作的有衔位者50国家银行币，所有不为国王工作的贵族20国家银行币，神职人员和其他公共官员10国家银行币，公民和船员4国家银行币，教堂管事人员、学生和园丁2国家银行币，渔民和仆人1国家银行币，还有一系列阶层的人在怎样的一系列条件之下可以免交这一费用。1792年，丹麦除了哥本哈根的其他地方都取消了结婚仪式费。在1814年3月31日的公告的§10之中，结婚仪式费（在这里被称作是"结合费"）对所有以前要支付更多的人来说都被降到4国家银行币。1869年，哥本哈根也取消了结婚仪式费。但是人们仍需在新郎所在教区支付牧师和教堂工作人员的一些费用。

20　虚心于精神的]指向《马太福音》（5：3）："虚心的人有福了，因为天国是他们的。"直译是"精神上贫乏的"。

21　简单的人从中找到一切]参看上一个讲演《在一个忏悔仪式的场合》的结尾

处。"……简单的人明白它,最有智慧的人无法完全参透它……"(本书第222页)

22　爱比任何东西都古老……来解释生活]指向柏拉图对话录《会饮篇》178a—c和180b,之中苏格拉底说:"我说了,第一个发言的是斐德罗。他一开始就提出这样一些论证://爱是一位伟大的神,对诸神和人类都同样神奇,要证明这一点有很多证据,其中最重要的是他的出生。他说,对这位神的崇拜是最古老的,因为爱神没有父母,任何散文或诗歌都没有提到过他的父母,而赫西奥德告诉我们(赫西奥德:《神谱》,第116—119行),首先出现的是卡俄斯[卡俄斯(Chaos)是音译,意思是'混沌'],然后'从卡俄斯产生宽胸脯的大地,她是所有一切事物永远牢靠的根基,然后是爱……'阿库西劳同意赫西奥德的看法,因为他说在混沌之后,大地和爱一起出现了,巴门尼德则把这个创造性原则写了下来。(巴门尼德《残篇》第132条)'爱塑造了诸神中最早的那一位。'这样,我们看到爱的古老是普世公认的,而且是人类一切最高幸福的源泉。(……)先生们,总之,我的论点就是:爱是最古老的神,是诸神中最光荣的神,是人类一切善行和幸福的赐予者,无论对活人还是对亡灵都一样。"(我在这里引用《柏拉图全集·第2卷》第213和216页中的文字。王晓朝译,北京:人民出版社,2001.1。)

23　打美好的仗]可能是指向《提摩太后书》(4∶7),之中保罗写道:"那美好的仗我已经打过了。当跑的路我已经跑尽了。所信的道我已经守住了。"

24　不愉快的日子]也许是指《布道书》(12∶1):"你趁着年幼,衰败的日子尚未来到,就是你所说,我毫无喜乐的那些年日未曾临近之先,当记念造你的主。"在牧师的问题中有"共同生活,在顺境逆境之中",有着"逆境"。

25　鸣响的锣]指向《哥林多前书》第十三章保罗所写的(第一句)"我若能说万人的方言,并天使的话语却没有爱,我就成了鸣的锣,响的钹一般。"

26　那神圣的地方]就是说,教堂。

27　"合适的",就是说,这对夫妻恰恰是这句话所应当针对的人。

28　高贵的诗人……说她年轻的灵魂是经历了考验的黄金]参看前面对"忠信如金"的注释。

29　就是说,他不欠任何人债。

30　他没有成为任何人的债务人,既然他爱很多]也许是指向《路加福音》(7∶36—50):"有一个法利赛人,请耶稣和他吃饭。耶稣就到法利赛人家里去坐席。那城里有一个女人,是个罪人。知道耶稣在法利赛人家里坐席,就拿着盛香膏的玉瓶,站在耶稣背后,挨着他的脚哭,眼泪湿了耶稣的脚,就用自己的头发擦干,又用嘴连连亲他的脚,把香膏抹上。请耶稣的法利赛人看见这事,心里说,这人若是先知,必知道摸他的是谁,是个怎样的女人;乃是个罪人。耶稣对他说,西门,我有句话要对你说。西门说,夫子,请说。耶稣说,一个债主,有两个人欠他的债。一个欠五十两银子,一个欠五两银子。因为他们无力偿还,债主就开恩免了他们两个人的债。这两个人哪一个更爱他呢。西门回答说,我想是那多得恩免的人。耶稣说,你断的不错。于是转过来向着那女人,便对西门说,你看见这女人吗?我进了你的家,你没有给我水洗脚。但这女人用眼泪湿了我的脚,用头发擦干。你没有与我亲嘴,但这女人从我进来的时候,就不住地用嘴亲我的脚。你没有用油抹我的头,但这女人用香膏抹我的脚。所以我告诉你,她许多的罪都赦免了。因为她的爱多。但那赦免少的,他的爱就少。于是对那女人说,你的罪赦免了。同席的人心里说,这是什么人,竟赦免人的罪呢?耶稣对那女人说,你的信救了你,平平安安地回去吧。"

31　在这里是要特别强调"战胜"的完成时:已经战胜了。

32　"合适地",就是说,这作决定的人恰恰是应当说这话的人,而现在说出这话的,正是他。

33　"hvis Mod derfor har Seieren borte",按克尔凯郭尔中心的注释,这里的翻译是"他的勇气因此而盗取了胜利"。对照下一句,这意思似乎就是,他的勇气已经在事先取掉了这胜利,所以轮到他去取胜的时候,这胜利已经不在那里了。

Hong 的译文是:"whose courage therefore has lost the victory"(他的勇气因此而失去了胜利)。Emanuel Hirsch 的德文是:"dessen Mut daher den Sieg dahin hat"。同时也参看下一个注释。

34　这话的意思是"已经提前领取了其酬报并且用掉了这酬报,所以不能到事后再去领取酬报了"。

那些善的作为已取走其酬报〕指向《马太福音》(6:2;6:5;6:16)的表述:"他们已经得了他们的赏赐。"

35　在"那没有定向的"之中奔跑〕演绎《哥林多前书》(9:26),之中保罗写道:"所以我奔跑,不像无定向的。我斗拳,不像打空气的。"

36　没有什么别的东西来分开他们〕演绎前面"结婚仪式"注释中的说法"上帝缔结的东西,任何人都不应当拆开"。

37　事情就如这话所说的那样〕就是说,首先"爱战胜一切"这句话。

38　丹麦语 begejstret 这个词,我在这个讲演中的一些关联上译作"受激励的",但在别的地方也译作"热情洋溢的"或者"热情的"。

39　像一只狮子那样跳起来〕演绎俗语"他蹦起来像一头狮子并且跌下来像一头羊"。

40　在无所指望之中仍作指望〕《罗马书》(4:18),之中保罗谈论亚伯拉罕:"他在无可指望的时候,因信仍有指望,就得以作多国的父,正如先前所说,你的后裔将要如此。"

41　强制紧身衣〕一种特别的拘束衣,用来限制暴烈型的精神病人或危险型犯人的行为。这衣服有长袖,能把胳膊紧紧拴在身体上。

42　带着泪水被种下的东西,要带着欢歌被收获〕指向《诗篇》(126:5):"流泪撒种的,必欢呼收割"。

43 进入婚宴的家之前,先去悲伤之家]指向《传道书》(7:2):"往遭丧的家去,强如往宴乐的家去,因为死是众人的结局。活人也必将这事放在心上。"

44 让桃金娘花环装饰那可爱的人]由常绿桃金娘叶编结出所谓环,用作新娘妆饰。桃金娘象征无辜;桃金娘花环有时候标志了"新娘是处女"。

45 神圣的软弱]演绎《哥林多前书》(1:25),之中保罗说:"神的软弱总比人强壮。"

46 离婚作为一种罪]在克尔凯郭尔的时代,这仍是一种很普通的理解。婚姻是上帝确立的,以这样的方式是神圣的,因此离婚就是罪的表达。这一解读是基于《马太福音》(5:31;19:1—9)。不过离婚和离婚者的再婚则还是允许的;《丹麦法律》(1683 年)第三卷第 16 章 § 15 规定了,夫妻在什么样的条件下可以离婚,在什么样的条件下可以再婚。不过,在明斯特尔(J. P. Mynster)的《给丹麦教堂仪式的建议》("Forslag til et:Kirke‐Ritual for Danmark"收录于 *Udkast til en Alterbog og et Kirke‐Ritual for Danmark*, Kbh. 1838, s. 71f.)之中有一个特别的定性,是关于"一个离婚配偶要与另一个人结婚"的时候,牧师该怎么办,这定性对牧师有这样的要求:"但是他绝对不能说任何带有让人怨恨或者让人羞愧的意图的东西"。

47 死亡解开所有捆绑]参看《罗马书》(7:2),保罗给出对于摩西律法只管理活着的人的例子:"就如女人有了丈夫,丈夫还活着,就被律法约束。丈夫若死了,就脱离了丈夫的律法。"另外,在《哥林多前书》(7:39)之中也有:"丈夫活着的时候,妻子是被约束的。丈夫若死了,妻子就可以自由,随意再嫁。只是要嫁这在主里面的人。"

48 以水和面包为食]当时丹麦囚犯的伙食有时候只有面包和水,是作为一种惩罚。

49 "诿过于他人",也就是"把辜推给别人"。

50 "作品(Værket)"。在英文中,"工作"与"作品"是同一个词 work,但是在丹麦语和德语中"工作(Arbejde/Arbeit)"与"作品(Værk/Werk)"则是不同的词。

51 名词"热情(Begeistring)"亦即动词"激励(begeistre)"的名词化。

52 "惊奇之意外至福"。译者做了改写,按原文直译是"惊奇之至福的意外"。

53 "幸福"的"分裂性"。这"分裂性"就是说,一种要把不同的人区分开,分别对待,有可能导致纠纷的倾向。

54 那有权威的人]就是说,有神职的牧师。

55 这结婚仪式把一切都置于罪下]指向结婚仪式过程中对《创世记》(3:16—19)的朗读。

56 这里用的是"……的东西",所以所指的可以是事、物和人。当然后面并列的都是指人的"……的人"或"……者"。

57　选择〕参看前面对"选择之强调"的注释。

58　高度受尊敬者〕牧师。

59　婚姻的令上帝喜悦的状态〕在结婚仪式之中，牧师要说到"既然这是你们的安慰，你们知道并且相信，你们的状态是上帝喜欢的，并且得到了他的祝福的。"

60　简单的人〕参看前面"简单的人从中找到一切"的注释。

61　畏惧与颤栗〕指向《腓利比书》（2：12—13）。参看前面的对"畏惧与颤栗"的注释。

62　"如果他能够那样做的话"，就是说，"如果他能够自己以畏惧与颤栗来为自己的灵魂构建出至福的话"。

63　生活所在地的特派指导者〕这所指的，可以是居民教区的牧师。根据皇家规章各个教区都被指定一些神职人员作为相应教区的忏悔师，同时也是作为灵魂的护理者指导者，另外也是负责相应教区的教会事务的牧师。如果在一个教区里有多个牧师，那么每个人都可以选择想要哪一个牧师作自己的忏悔师。

64　那在这里讲演的人也许是太年轻〕克尔凯郭尔写下《三个想象出的场合讲演》的时候31岁。

65　迦拿婚礼上的那奇迹……把最好的酒藏到最后〕指向《约翰福音》（2：1—11）中关于耶稣在迦拿的婚筵上的神迹的叙述。之中管筵席的对新郎说："人都是先摆上好酒。等客喝足了，才摆上次的。你倒把好酒留到如今。"（2：10）

66　在逆境之中……在顺境之中〕参看前面的注释，——在结婚仪式中，牧师分别问新郎新娘"……逆境……顺境"。

67　这说话的人远远地站着一半是轻声地对自己说话〕也许是指《路加福音》（18：9—14）之中，耶稣所讲的法利赛人与税吏的比喻。在（18：13）有："那税吏远远地站着，连举目望天也不敢，只捶着胸说，神啊，开恩可怜我这个罪人。"

68　关于一个人自己的真实观念〕比较阅读《非此即彼》第二部分的"'那审美的'和'那伦理的'两者在人格修养中的平衡"中的相关阐述。（社科版《非此即彼》第二部分，从第265页开始。）

69　"够格（værdig）"，就是说"配得上"、"配得到所得的东西"、"在品格上值得"。Hong的英译用词是"worthy"，Emanuel Hirsch的德语用词是"würdig"。

70　"以够格的方式（værdigen）"，见前面对"够格（værdig）"的注释。Hong的英译用词是"worthily"，Emanuel Hirsch的德语用词是"würdig"。

71　好的开始，有着这个开始一半已被赢得〕丹麦成语："好的开始是完成的半途。"

72　那些聪明的童女直到婚礼一直是如此〕指向耶稣在《马太福音》（25：1—13）中的比喻："那时，天国好比十个童女，拿着灯，出去迎接新郎。其中有五个是愚拙的。五个是聪明的。愚拙的拿着灯,却不预备油。聪明的拿着灯,又预备油在器皿里。新郎迟延的时候,他们都打盹睡着了。半夜有人喊着说,新郎来了,你们出来迎接他。那些童女就都起来收拾灯。愚拙的对聪明的说,请分点油给我们。因为我们的灯要灭了。聪明的回答说,恐怕不够你我用的。不如你们自己到卖油的那里去买吧。他们去买的时候,新郎到了。那预备好了的,同他进去坐席。门就关了。其余的童女,随后也来了,说,主啊,主啊,给我们开门。他却回答说,我实在告诉你们,我不认识你们。所以你们要警醒,因为那日子,那时辰,你们不知道。"

73 "难道这是更好地经受自己的考验吗",译者在这里作了改写。按原文直译是:难道它是在更好地经受自己的考验吗?

74 一种理性的上帝崇拜〕指向《罗马书》(12:1),之中保罗写道:"所以弟兄们,我以神的慈悲劝你们,将身体献上,当作活祭,是圣洁的,是神所喜悦的。你们如此侍奉,乃是理所当然的。"(中文圣经把"理性的"译作"理所当然的")

75 典当所〕也许指向哥本哈根在1688年建立的救助社(assistenshuset)——"公共典当所"。穷人以物品抵押并支付利息,可以从那里借钱。

76 "够格(værdig)",见前面对这个词的注释。

77 "以够格的方式(værdigen)",见前面对这个词和对"够格(værdig)"的注释。

78 有限的小块残片〕演绎《哥林多前书》(13:9),之中保罗写道:"我们现在所知道的有限,先知所讲的也有限。"还有(13:12)。

在一座墓旁[1]

于是，一切都过去了！——现在，这在此第一个向墓前走去（因为他是最亲近的人）的人，当他在讲演的短暂瞬间之后[2]成了留在墓前的最后一个（唉，因为他是最亲近的人）的时候，于是，一切就都过去了。如果他想要留在那里，他也仍体验不到死者所做的事情，因为死者是一个宁静的人；如果他在自己的担忧之中想要呼唤他的名字，如果他在自己的悲哀之中想要坐着倾听，然而，他什么都体验不到，因为墓中有的是宁静，而死者是一个沉默的人；如果他每天都带着回忆去他的坟墓，这死者也不会回忆他……

因为在墓中没有任何回忆，甚至没有对上帝的回忆[3]。看，这人是知道这个事实的，关于这个人，我们现在必须说，他不再回忆任何事情，而现在对这个人说这一点，已经太迟了。但是，正如他知道这事实，于是他按他所知的去做，因此，在他活着的时候，他回忆上帝。他的生命在可敬的默默无闻之中走过，并非很多人曾对他的存在有所知，只在很少人之中，有几个认识他。他是这个城市的公民，在自己的作为之中努力工作，他不因玩忽社会义务而打扰什么人，不因自己为这一切的不合时宜的担忧而打扰什么人。如此一年又一年，单调但却并不空虚；他成为男人，他变老，他进入高龄；——他的作为是并且继续是同样的事情，在不同的年龄阶段之中忙碌着同样的事务。他留下一个妻子；在以前她因为与他结合而感到快乐，而现在她是一个为逝者悲伤的老妇人，一个真正的寡妇，被遗弃而无靠，寄希望于上帝[4]。他遗留下一个儿子；这儿子学会了爱他，并且学会了在自己的境况和父亲的作为之中找到满足；作为小孩他曾快乐地居住在父亲的房子里，作为年轻人他从不觉得这房子窄小，现在它成为了他的守丧之房[5]。

一个这样的不被人留意的人的死亡并不引起许多人的谈论，不久以后，有人走过他在自己卑微的生命中曾居住过的房子，并且在门上看到他的名字,因为他名下的资产业务仍被继续经营着,于是,看起来就好像他还没有死去。仿佛他是在温馨平和之中睡去,这样,在周围的世界里,他的去世就是一种宁静之中的消隐。他是一个好人,诚实地做自己的生意,节俭持家,根据自己的能力行善,真诚地心怀同情,忠实于自己的妻子,对自己的儿子是真正的父亲;看,所有这一切,所有能够用以说明这一切的事实真相都无法令人心生对一种意义重大的终结的期待,在这里,这是一种生命的活动,在这活动中,一种宁静的死亡成为了美丽的终结。

然而他却还有一桩作为,这作为在心灵的单纯[6]之中是以同样的忠信被达成的:他回忆上帝。他是男人,老了,进入了高龄,然后他死去,但关于上帝的回忆仍一直不变,这回忆,在他的所有活动之中是一种指南,在虔敬的思索之中是一种宁静的喜悦。是的,没有任何人在死亡之中想念着他,是的,如果他现在不是在上帝那里,那么上帝就会在生活之中想念他,并且会想要知道他的居住地址并去那里寻访他,因为这死者在上帝面前行走,并且上帝对他比对任何别人更熟悉。他回忆上帝,他变得精于自己的工作,他回忆上帝,他因自己的工作和自己的生活而喜悦,他回忆上帝,他在自己简陋的家室里幸福地与亲人们在一起,他没有因为对"一种公共的上帝崇拜"的漠不关心而打扰任何人,他没有因为不合时宜的急切热情而打扰任何人,上帝的家[7]是他的另一个家,——现在他已经走回了家。

然而,在墓中没有任何回忆,——因此这回忆就被遗留下来,它留在了那两个他生活中所亲爱的人那里:他们回忆他。现在,这第一个向墓前走去的人,因为他是那最亲近的,在这讲演的短暂瞬间之后,他成为了留在墓前的最后一个,在他带着回忆离开那里的时候,这时,他就走回家,到悲伤中的寡妇那里;门上的名字成为了一种回忆。这样,在一个时期,时而会有一个顾客上门,偶然地或者更多是关心地询问关于这个去世的人的事情;而在听到了他的死讯的时候,这顾客会说:哦,他去世了。在所有老顾客都有了这样的经历的时候,周边的社交圈就不再有什么方式来保存关于他的回忆了。但是,年老的寡妇则会回忆着他,无需任何提醒,而工作努力的儿子则不会觉得在"去回忆"之中会有什么耽搁性的成分。于是,在没有人再来问及他的时候,这时,门上的名字,在这房子不再明显地是守丧之房[8]的时候,在一家人的悲伤也得到了缓解并且日常的思念借助于安慰来不断地进行回忆的时候,这时,这门上的名字对这两个人意味着，他们也有了更多的一桩作为：回忆死者。

现在，讲演结束了[9]。剩下只有一件事情要做：仪式性地把三铲泥土投在死者的棺材上，所有来自尘土的，要重新归于尘土[10]，——然后，这一切就结束了。

无权威的讲演[11]无法以这样的方式由此得出任何严肃的结果，没有任何死者等待这样的讲演来让一切结束。但是正因此，你倒是可以留意一下这讲演，我的听者。因为死亡本身有着自己的严肃；严肃之处不在于这事件，不在于这外在的——"现在又有一个人死去"之中，正如严肃之差异不在于有许多辆马车[12]；是啊，正如那种令人舒缓的"只想说及死者的好处"[13]的心境不是什么严肃，也根本就丝毫不能令"严肃地思考了自己的死亡的人"感到满意。死亡恰恰能够教人知道，严肃是在"那内在的"之中，在思想之中；它教人知道：如果人们是在轻率或者沉郁地看"那外在的"，或者，如果观察者在关于死亡的深刻想法之上忘记"去想到并思考自己的死亡"，那么，这就只会是一种幻觉。如果一个人真正地想要提及一件"严肃"的对象，那么他就可以提及死亡和"死亡的严肃想法"；然而，在根本上却仿佛有着一种玩笑在那里，作为死亡的基础，这一玩笑在心境与表达之差异性[14]之中变得有了差异，它是在每一种对死亡的观想之中的本质性的东西，在这种观想之中，观想者自己并没有直面死亡，也没有想象自己是与死亡在一起。一个异教徒已经这样说过，我们不应当畏惧死亡："因为，死亡在的时候，我不在；而我在的时候，它不在。"[15]这是玩笑，通过这玩笑，狡猾的观想者将自己置于事外。但是，尽管这观想为了描述死亡使用了各种恐怖形象，令一种病态的幻觉感到惊骇；然而，如果他只想到死亡，而不想到在死亡之中的自己，如果他把死亡想成人类的境况而没有将之当成自己的境况，那么，这就只是玩笑而已。这玩笑是：那种绝无变通的权力就似乎是无法击中自己的猎物，这之中有着自相矛盾的地方，死亡就似乎是欺骗了它自己。因为，悲伤，如果你用悲伤来与死亡比较，如果你想要把这悲惨称作射手，正如死亡是一个射手，那么，悲伤不会射偏，因为它击中活着的人，并且，在它击中了他的时候，悲伤才开始；但是，在死亡之箭击中了之后，这一切就结束了[16]。疾病，如果你以之来与死亡比较，如果你想要将之称作一个圈套，正如死亡当然就是捕捉生命的圈套[17]：疾病确实地捕捉，并且，在它抓住了健康人的时候，疾病才开始；但是，在死亡收紧圈套的时候，它则当然什么都没有抓到,因为,这时一切都结束了。但是在这之中恰恰就有着严肃,并且恰恰是在这一点上,死亡之严肃不同于生命之严肃,后者是那么容易让一个人欺骗自己。因为,当一个人在逆境、痛苦、疾病、不被人认可、艰难的境况、悲惨的前景之中屈身走自己的路时,如果他马上就由此得出结论说,他是严肃的,那么,他就犯了判断谬误;因为严肃不是直接的再现,而是高贵化之后的再现,就是说,在这里再一次是如此:"那内在的"、"思想"、"吸收"和"高贵化",这些东西才是"严肃"。或者,在一个人忙于繁复的事务——也许是要指挥许多斗士、也许是要写许多书、也许是处于各种高位之上——的时候,在一个人也许有许多小孩、或者常常不得不进入有生命危险的处境、或者有着"为死者穿衣服"的严肃作为[18]的时候,在这时,如果他直接就由此得出结论说,他是严肃的,那么,他就犯了判断谬误,因为严肃是在内心烙印之中,严肃是"内在的人"的严肃,而不是"职位"的严肃。相反,死亡在这种意义上则不是什么确实的东西,并且,在一个人死了的时候才变得严肃,这就太迟了;如果一个人遭遇猝死,这在一个更严肃的时代会被看成是最大的不幸,也正是因此,老式的祷告词也提及这种死亡[19],但这在一个当今时代被看成是最大的幸运,就仿佛这个人得到了帮助。生命的严肃是严肃的,然而,如果意识没有去使得"那外在的"变得高贵,那么这之中就有着幻觉之可能;死亡的严肃是没有欺骗的,因为严肃之处不是在于死亡,而是在于对死亡的思考。

因此,我的听者,如果你要坚持这想法,并且,在除了"思考你自己"之外,不以任何别的方式来挂念这种观想,那么,这无权威的讲演在你这里也会变成一件严肃的事情。"想象自己死去"是严肃;"见证另一个人的死"是心境。如果从那里经过的是一个父亲,在他背负着自己的孩子去坟墓的时候,是他最后一次背负这孩子,那么,这是忧伤之轻拂。或者,在简陋的柩车驶过的时候,除了"他曾是一个人"之外,你对死者一无所知;在青春和健康成为了死亡的猎物的时候,在许多年之后,在美丽者的形象在野草的环拥中呈现在坟墓残颓的石碑上的时候,这是忧伤;在死亡强行介入各种虚妄的事业的时候,在死亡抓住那穿戴虚荣服饰的痴愚女孩的时候,在死亡在痴愚者最虚荣的瞬间抓住他的时候,这是心境之中的严肃;在死者——只因为他忘记"死亡是唯一的'确定的东西'"——给出了确定的许诺而无缘无故地成为了一个欺骗者的时候,这是对"生命之讥嘲"的叹息；在死亡拿取又拿取、并且在某个时刻带走了你所知的最后一个卓越者的时候，这是对"那永恒的"的思念；在某人与死亡、与"丧失自己最亲近的人"的经历如此熟悉，乃至生命对于他成为了"精神之耗蚀"的时候，这是一种灵魂疾病的高烧或者坏疽；在死者是你的亲人之一的时候，这是纯粹的悲伤；在你所丧失的是你的爱人的时候，这是"不朽的希望"的娩痛；在你所丧失的是你唯一的导师、并且孤独攫住你的时候，这是"严肃"的震撼性的突破；——然而，即使这是你的孩子，即使这是你的爱人，即使这是你唯一的导师，这也毕竟是心境；即使你自己想要为他们而进入死亡，这也毕竟是心境；即使你认为这更容易，看，这也只是心境。严肃是：你所想的是死亡，然后，你将之想作是你的命运，然后你做出死亡所无法做的事情——"你在并且死亡也在"。死亡是严肃之教训师，但恰恰是在此，我们再次认出它严肃的课程：它听任那单个的人自己向上去寻找[20]，以这样的方式来教会他严肃，——这只能够通过这人自己来被学到的严肃。死亡在生命之中留心着自己的作为，它不像一种恐怖的想象所描述的那样到处跑着、磨利大钐镰[21]并且吓唬女人和小孩，就仿佛这是严肃。不，它说：我存在着，如果有人想要向我学习什么东西，那么他就可以到我这里来。死亡只以这样的方式来让人严肃地专注于它，否则的话，它只是处在借助于思想的机敏与深刻而得到的心境中，或者促狭地处在一种兴高采烈的突发奇想之中，或者躬身处在深刻的悲哀之中（这悲哀在其最痛苦的表达之中也仍不是严肃，因为严肃恰恰是想要教人在悲伤与哀悼之中保持节制[22]）。

一个诗人曾经讲述过一个少年，这少年在除夕之夜梦见自己是一个老翁，并且，作为梦中的老翁，他要回顾自己所虚度的一生，一直到他在恐惧之中醒来；他醒来的时候，已是元旦的早晨，他不仅仅进入新的一年，并且也进入一种新的生活[23]；同样，警醒地想着死亡，想着比"古稀之年"（这古稀之年当然也有自己的时间）更有决定性的东西，想着："这一切已经过去，为了在生命之中赢得一切，一切都随生命一同被失去"，——这是严肃。有一个皇帝，他观察了所有外在的风俗，让自己在这些风俗中被安葬[24]。他所做的事情也许只与一种心境有关[25]，但是，为自己的死亡作见证，为"棺材被关起"作见证，为"所有'在世间尘俗之中满足感官的东西'都在死亡之中终结"作见证，——这是严肃。"死"是每一个人的命运，并且因此而是非常卑微的艺术，但是"能够死得好"则无疑是至高的生活智慧[26]。差异是在什么地方？差异是在于：在一种情形之中，严肃是死亡的严肃，而在另一种情形之中，严肃则是"终有一死的凡人"的严肃。这作区分的讲演当然不是针对死者的，而是针对生者的。

于是，这讲演因此是关于：

　　死亡之决定[27]。

在这一点上我们当然是一致的，我的听者，一个虔诚的讲演绝不应当是分裂性的[28]，也不应当与任何并非不虔诚的东西[29]有不一致。比如说，一个穷人，那不得不节俭地使用难得的休息日里不多的几个小时的侍者，在他走到一座墓前去回忆一个死者并且也去思考自己的死亡的时候，在一个这样的人因而不得不根据零星的一点机会来为自己做些什么的时候，于是，"去那里走一下"也成为一种生命的享受，于是，"在那里逗留"也成为出离那"许多日子的工作"的欣悦而爽快的消遣，于是，在那里，在时间的流逝过程中，他时而回忆那故去的死者、时而在严肃之中思考关于自己、时而因自由和环境而欣悦，就好像是一个人在乡间美丽的区域之中寻求娱乐，就好像这行走只是为了让心情愉快，并且，为了多方面综合的喜悦，因而吃的东西也被带上了。我们当然都同意，一个这样的人，他在他高贵的简朴之中美丽地把各种对立面统一起来（这样的事情，按照智者们的说法，无疑就是艰难至极的事情[30]），他的回忆对于死者是宝贵的，在天上欣悦地被接受，他的严肃，与那以罕有的能力把日日夜夜都用于"在自己的生活中演练[31]关于死亡的严肃想法"的人的严肃相比，也同样是如此值得称赞，同样地令上帝喜欢，对他是同样地有益，因而，有时候他停下、并且再次停下，以便摆脱那虚妄的忙碌，有时候他赶紧、并且再次赶紧，去迅速地在"那善的"的路上奔跑，有时候他戒绝掉"在生活之中滔滔不绝忙忙碌碌"，以求在沉默之中学到智慧[32]，有时候他学着"不为各种鬼魂和各种人为的虚构而战栗，但为死亡的责任而战栗"，有时候他不惧怕那些杀死肉体的人[33]，却惧怕他自己、惧怕"在虚妄、在瞬间、在幻想之中拥有自己的生活"。我们会赞美他，他很好地用上了那被提供给他的机会，但是反过来，如果他时而在日常美好的作为之中为自己安排出一个休息日，去通过"他比那既没有这样的时间也没有这样的能力的简单的人更好、更取悦上帝"的想法来让自己获得娱乐,就仿佛上帝纯粹是在做错事,拒绝给予这个人时间和能力,也就是说,幸运之天赋,这样,再一次是如此,正如人们有时候在思考之缺席中粗暴地行事,把匮乏弄成一种罪行;唉,他难得的休息日与那简单的人的休息日有着怎样的差异啊,如果他丧失一切而那简单的人则赢得一切!不,所有各种比较都只是玩笑,而虚荣的比较则是一个可悲的玩笑。即使那得到幸运偏爱的人有更多时间,严肃和死亡也仍会教会他,他没有时间去浪费,更没有时间去丧失一切。相反,如果有人要迅速地完成,也像完成别的想法一样地完成关于死亡的想法,并且也许还会高傲地担忧"在这贫困而朴素的生活之中会没有足够的东西可供一个这样的迅速思考者去思考",那么,我们当然同意,我的听者,对于每一个对象来说,这都是典型的特征,如果它成为一种虔诚思考的对象的话;简单的人迅速得到帮助而达成有益的理解[34],而最具天赋的人欣悦地用上一辈子的全部生命,尽管他承认,他既没有完全地明白它,也没有在自己的生活中完全地把这想法演练到完美的程度。因为那"没有上帝[35]而存在于世上"的人,他不久就厌倦自己,并且通过"厌倦全部生活"来高傲地表达出这一点;然而,那与上帝为伴的人,他则当然是与那"其在场甚至赋予那最微不足道的事情无限意味"的同伴[36]在一起。

关于"死亡之决定[37]",首先必须说的是:它是决定性的[38]。对这句话的重复是标志性的,重复本身提醒我们,死亡是多么寡言。生活之中有着许多其他决定,但只有一个决定是像死亡之决定那样地具有决定性。因为生命的所有各种力量都不能够与时间对抗,时间在自己的进程中剥夺走一切,甚至"回忆"也是在"那现在的"之中。"让时间停下"是活着的人没有力量做到的事情;在时间之外、在完美的终结中找到安息,在一种喜悦的终结之中找到安息,就仿佛明天什么都没有,在一种悲伤的终结之中找到安息,就仿佛它在一点一滴之上都不能变得更苦涩,在一种思量的终结之中找到安息,就仿佛意义完全消失,甚至思量也不是这意义的一部分,在一种算计的终结之中找到安息,就仿佛算计之瞬间并没有把自己的责任也承担下来,——这些都是活着的人没有力量做到的事情。相反,死亡则有着这种力量;它不在这上面弄虚作假,让人觉得仿佛还是会剩下一些什么;它不像活着的人那样追猎"决定",它使"决定"变得严肃。在它到来的时候,事情就是如此:只可到这里,不可越过[39];然后就得出结论，一个字母都不被添加上；于是意义就此结束，不再有任何声音会被听见，——于是这一切就都过去了。如果说，"要把所有这无数活着的人们的关于生命的看法都统一在一种看法之中"是不可能的，那么，所有死者们则在一种看法之中达成一致，在一句唯一的对活着的人所说的话中：站定。如果说，"要把所有这无数活着的人们的关于他们的生活追求的看法都统一在一种看法之中"是不可能的，那么，所有死者们则在一种看法之中达成一致，在一种唯一的看法之中：现在这一切都过去了。

看，这是死亡所能做的。然而它也不是一个没有经验的"尚未学会使用大钐镰"[40]的少年，能让什么人来使它感到意外。如果你想要有什么观念，你尽管可以去具备它，幻想的或者真实的，关于你的生命，关于它对于所有人的重要性，关于它对于你自己的重要性；死亡没有什么观念，也不会去考虑各种观念[41]。哦，如果说有什么人会对重复感到厌倦的话，那么，死亡肯定是厌倦了，它见过了一切，又一再再三不断地看见同样的东西。甚至数百年中罕见的死亡，它也见过了许多次；相反，倒是不曾有正死去的人见过死亡改变颜色、见过它因其的所见而震惊、见过大钐镰在它手中摇晃不定、见过在它镇定的脸上有丝毫会变色的征象。而现在，死亡也不会变成一个老人，因年岁而变得虚弱，走路摇摆跌撞，不知道确切的时间是几点钟，或者因为虚弱而变得有同情心。哦，如果有人敢自夸没有变化的话，那么这就会是死亡：它既不变得更苍白也不变得更老。

然而这讲演并不是要去赞美死亡，正如它也不是要去忙碌于幻想。死亡能给出一个终结，这是很确定的，但是，严肃对活着的人的要求是：去思考它，去思考"一切都结束了"，去思考"一切都结束的时刻会到来"。看，这是麻烦的地方；因为，即使在死亡的瞬间，在正死去的人看来，他也仍还能够有一些可以活着的时间，甚至人们还会怕对他说，这一切都过去了。现在，这活着的人，只要他也许还生活在健康、青春、幸福和权力之中，就是说，还有着安全保障，是的，很好的安全保障，如果他不想为自己打开对死亡的思考之门并让自己进入之中，——那么，这对死亡的思考会向他说明：这安全感是欺骗。在生活之中有一种安慰，一个虚假的奉承者，在生活之中有一种安全保障，一个伪善的欺骗者，它叫作"延缓"。但是它很少以它真正的名字被提及，因为，甚至在有人想要提及它的时候，它也会迂回地潜入到说词之中，它的名字就变得稍稍温和，而这变得温和的名字则当然也是一种延缓。相反，没有什么人能够像"对死亡的严肃思考"这样地来教人去厌恶这奉承者并且看穿这欺骗者。因为死亡和延缓是无法统一的,它们是天敌,而严肃者则知道,死亡是两者中的强者。

于是,这一切就都过去了。如果这是一个带着"对整个一生的要求"的孩子,如果他为自己而哭泣,——那么,现在,这一切都过去了,一瞬间的让步都没有。如果这是一个带着自己的美丽期望的少年,如果他为自己请求,哪怕只是为一个期望而请求,——那么,现在,这一切都过去了,一枚白币[42]都不会因他对生命的要求而被付出。如果在某人的名作之中缺少了一小点,如果这部作品是世界级的奇迹之作,如果全世界都会因为其终结部分的缺乏而误解它,——那么,现在,这一切都过去了,这工作没有完全地得以了结。如果那对他来说有着一生的意义的东西就只是一句话,如果为了敢让自己说出这句话他愿给出整个一生,——那么,现在,这一切都过去了,这句话没有被说出。

在死亡的决定之下,一切就这样过去,剩下安息;没有任何东西,没有任何东西来打扰死者;如果前面所提及的那很短的一句话、如果前面所提及的那仅缺的一个瞬间曾使死亡的搏斗变得不安,那么,现在,死者不受打扰;如果前面所提及的"那句短话的未被说出"曾打扰了很多人的生活,如果那神秘的作品一再再三地让钻研者不断地投入研究,那么,死者不受打扰。这样,死亡之决定就像一个夜晚,这"在人们不能做工的时候来到"的夜晚[43];这样,人们当然也曾将死亡称作一个夜晚,并且通过将之称作一场睡眠[44]来使得这观念变得温和。这对活着的人会起着缓和的作用,——在他不眠而徒劳地在夜晚的床上寻找着安宁的时候,在他逃避着他自己徒劳地寻找着一个"意识不会发现他"的藏身之处的时候,在这饱受折磨的人因为过度紧张的痛苦而身心交瘁却徒劳地想要找到一个能够缓解痛苦的姿势的时候,在他因为痛苦的骚动而无法站定并且因为精疲力竭而无法行走,直到他瘫倒并且又在新的努力中徒劳地寻找能放松休息的姿势、徒劳地在这炙灼之中寻找凉意的时候,于是,这想法会对他起到缓和作用:这些终究还是存在的,——一种能够让紧张过度的人放松休息的姿势,这是死亡的姿势,一张他能够在之上宁静地安息的床[45],这是死亡的床,一种不逃遁的睡眠,这是死亡的睡眠,一个凉爽的地方[46],坟墓,一个藏身之地,在那里意识只能站在外面,坟墓,在那里回忆本身就像树木间的微风那样逗留在外面,一条床毯,这宁静的人无法扔掉,他安然地睡在它下面，绿色草地的床毯！于是，这应当会对他起到缓和作用。如果一个人在青春期就已经变得疲倦，忧伤要开始照料这孩子，这时，去想一想自己温馨舒适地躺在大地的怀抱[47]中，这应当会对他起到缓和作用，去想一想这一安慰，并且这样地想它：那永恒者终于成为了不幸的人，就像守夜妇[48]那样，在我们所有其他人都在酣眠的时候，她却不敢睡！于是，这应当会对他起到缓和作用。

但是，我的听者，这是心境，这样地去想死亡，这不是严肃。以这样的方式去思念死亡，这是沉郁从生活中的出逃[49]，以这样的方式不愿去畏惧它，这是造反；不愿去理解"除生活之外还有别的东西要惧怕，因此除了死亡之睡眠之外必定还有着另一种安慰人的智慧"，这是忧伤之诡诈。确实，如果"畏惧死亡"是虚弱的，那么，在一个人畏惧生命的时候，那使得他自欺地以为"自己不畏惧死亡"的东西，则是一种装扮出来的勇气；这是一种女人的懒惰[50]，想要上床睡觉，就是说，以女人的方式想要让自己入睡到安慰之中，以女人的方式想要让自己睡离苦难。

是的，死亡是一场睡眠，于是，我们会这样去说每一个在死亡之中安息的人，说"他在睡眠"，我们会说，一个宁静的夜晚笼罩他们，没有任何东西打扰他们的和平。然而，难道在生命和死亡之间没有差异？那想着自己的死亡的生者，他以另一种方式来看这个问题。如果这是你自己，如果你是那以另一种方式看问题的生者！看，那在死亡之中沉睡的人，他不像睡眠中的孩子那样地在脸上泛出红晕；他不像那恢复了元气的男人那样地集聚起新的力量；梦不会像拜访睡眠中的老翁那样地拜访他！如果你在生命之中看见一个类似于死亡的事件，你怎么做？你叫喊那昏倒的人，因为你会因这一状态而颤栗，就是说，在死亡的状态是一个生者的状态时；你不叫喊那死者，因为"叫喊那死者"是没有用的，那么，这是不是一种安慰？然而，你当然没有死，并且，如果沉郁要通过癫痫发作来强化你，如果忧伤要让你在一种死亡之倦怠（这倦怠在死亡的睡眠之中找到那唯一的安慰）之中晕眩，那么喊叫吧，那么呼唤你自己吧，为你自己做你想要为每一个"其他人"做的事情，不要在"想要让一切成为过去"之中寻找欺骗性的安慰吧！关于你自己的痛苦的"意义重大性"的观念，不管是幻想的还是真实的，去拥有这观念吧：哦，如果一个人不得不对抱怨之尖叫的重复感到厌倦的话，那么这时，死亡就在那里了；即使一个人因其苦难而是数百年之中罕有的不幸者，甚至他的抱怨之尖叫，死亡也曾听见过许多遍,但是没有人,没有人预感到:这打动了死亡,使之更迅速地到来!如果你的尖叫能够打动他[51],——这真的是你的意图吗,或者更确切地说,那强化"违抗之自我感觉"的,难道不正是这否定吗——"他并没有因为你呼唤而到来",难道不正是这否定,是它帮助胆怯的人去与那可怕的东西玩勇敢的游戏,——因而,如果你的尖叫和你的思念打动了他(尽管我们在一瞬间之中会忘记那一贯驻留的责任),难道这就不是你在欺骗你自己?那缓痛的东西是什么,难道是"这一切已经过去",或者,难道它不是对此的观念,正如在沉郁和忧伤的力量之下——因而也就是在活着的人的力量之下,这想法仍是一种消遣,一种玩具!看那在死亡之中睡眠的人,他不动,即使没有裹尸布紧紧地裹住他,他也仍不会动;他变成尘土[52]。在他这里并不存在那种关于"这一切已经过去"的想法,——在观念幻想出的预支之中,这想法在顽抗着的无奈之中沉郁地让人振作起精神,或者在忧伤之中轻浮地为人缓解痛苦[53]。所以说,他并没有因"这一切已经过去"而获得喜悦;那么,他为什么如此强烈地想要让一切成为过去?这是什么样的矛盾啊!那么,就这么说吧:在土里腐烂是多么令人欣慰的事情。然而,关于死亡,如果你还知道一些其他东西的话,那么你就也会知道要去惧怕生命之外的其他东西。

　　严肃对死亡当然有着同样的理解,但理解的方式有所不同。它理解,这一切都已过去。而在这种理解在心境之中得到了缓解之后,它是不是可以被表述为"死亡是一个夜晚、一场睡眠",这则并不是严肃所很关心的问题。严肃并不把很多时间浪费在猜谜之上,它不会坐在那里陷于沉思,不会去改写各种表述,不会去考虑比喻的丰富创意,它所做的不是论述,而是行动。如果"死亡存在"是确实的,正如死亡确实存在;如果"一切随着死亡的决定而成为过去"是确实的;如果"死亡本身绝不让自己被牵涉进'作解释'之中"是确实的;——那么,好吧,现在要做的事情就是理解自己,并且,严肃之理解就是,"如果死亡是黑夜,那么生命就是白天,如果在黑夜无法工作,那么在白天就可以工作[54]";严肃之简短而催促着的叫喊,正如死亡的简短叫喊,它是:就在今日[55]。因为没有任何别的东西是像死亡这样地在严肃之中给出生命力量的,没有任何别的东西是像它这样地使人警醒。死亡在感性的人身上发生作用,使得他说:让我们吃吃喝喝,因为明天我们将死去;然而,这是感官性怯懦的生命愿望,那种可鄙的事物秩序,在那秩序之中一个人为吃喝而活着,而非为活着而吃喝[56]。死亡之观念在更深刻的人身上发生作用，使之虚弱，于是他就松弛下来，瘫倒在心境之中；但是死亡的想法为严肃者在生活之中给出正确的动力，也给出正确的目标，他把动力对准这目标。在严肃拉紧了死亡的想法的时候，这死亡想法能够去催促那活着的人，——任何弓弦都无法以这样的方式来被拉紧并且给予弓箭一种这样的动力。这时，严肃抓住"这当场的东西"，就在今天，绝不把任何任务看成"过于卑微"而藐视，绝不把任何时间视作"过于短暂"而拒绝，竭尽所能地工作，尽管它很愿意作一下自嘲——如果这一努力要在上帝面前作为邀功的依据的话，尽管它很愿意在虚弱之中明白：一个人根本就什么都不是，而那竭尽所能地工作的人只是得到了"去为上帝感到惊奇"的恰当机会。当然，时间也是一种好处。如果一个人能够在外部世界造出"涨价时间"[57]，是的，这样一来他就会很忙；因为商人说得当然很对，商品当然有着其价格，但价格则仍在极大的程度上依赖于各种有利时机，——在涨价时间出现的时候，商人就赚钱了。在外在的世界里，一个人也许无法做到这一点，但是在精神的世界里每个人都能够做得。相对于死者，死亡本身就在时间之中造就出"涨价时间"，谁不曾听说过：在某一天，有时候是某一个小时，在正死去的人与死亡讨价还价的时候，价格是怎样地被抬高的；谁不曾听说过：某一天，有时候是某一个小时，获得无限的价值，因为死亡使时间变得昂贵！死亡能够做到这个，而严肃者则能够通过死亡之想法来生产出涨价时间，于是一年一日就获得无限的价值，——在涨价时间出现的时候，商人就通过使用这时间而赚钱。但是，在这样一种社会保障是多变而不稳定的时期，商人并不是无所谓地把一堆堆的货物堆起，相反，他看守着自己的宝藏，不让窃贼入室从他那里偷走宝藏[58]；——唉，死亡也像是夜里的一个窃贼[59]。

不是吗，我的听者，你自己不就是这样地经历了这情形吗？在死亡之想法来探访你、但又使得你怠惰的时候；在它悄悄溜进来并且在浪漫的梦中骗走生命力量的时候；在死亡之沮丧想要为你把生命弄成虚妄的时候；在那个诱惑者，忧伤，悄悄地在你周围盘桓的时候；在观念想要麻醉你让你进入沉郁之睡眠的时候；在你沉陷进"出神"在"死亡之比喻"上的专注工作的时候；——这时，你并不将这些归咎于死亡，因为所有这些当然都不是死亡。但是你对你自己说："我的灵魂在心境之中，并且事情会继续是如此，于是在那之中有着一种针对我的敌意，它会控制一切。"这时你并不逃避死亡,就仿佛这做法会使人康复。绝不逃避。你说:"我想召唤出死亡的严肃想法。"并且,这想法帮助了你。因为死亡之严肃曾帮助人去使得最后的一小时无限地有意义,它的严肃想法曾帮助人去使漫长的一生变得像是在"涨价时间"之中,警醒着,就仿佛那是窃贼之手所要追寻的东西。

那么,就让死亡保存其权力吧,"一切成为过去",但也让生命保存其"在白天的时间里工作"[60]的权利;并且让那严肃者寻找死亡之想法作为对白天工作的帮助。犹豫不决的人只是一个对"生命与死亡之间持续不断的边界战争"的见证者,他的生命只是"怀疑"对这关系的描述,他的生命之终结是一个幻觉;但是,严肃者与这战争的双方建立了友谊,他的生命在死亡的严肃想法中有着最忠实的盟友。尽管所有死者都有着这一相同性——"一切成为过去",却仍存在着一种差异,我的听者,这差异向着天叫喊[61],它是在这样一个问题上的差异:随着死亡而成为了过去的生命曾是怎样的一种生命。因而,一切并没有都成为过去,尽管面对着所有死亡之恐怖,"不",得到了死亡的严肃想法的支持,严肃者说:"这一切没有成为过去"。然而,如果这一光明前景在引诱着,如果他哪怕只是在思索的微曦之中再瞥上它一眼,如果它使得他远离那任务,如果这时间没有成为"涨价时间",如果"对时间的拥有"对他来说是安全的;那么这时,他就再次不是严肃的。如果死亡说:"也许就在今日[62]";那么,严肃则就说:"管它是不是'也许在今日也许不在今日'吧,我说:'就在今日'。"

关于死亡之决定[63],我接下来必须要说的是:它是不可定性的。这等于是什么都没说,但是,如果所谈是关于一个谜,那么事情也就必须是如此。固然,死亡使得所有人都相同,但是,如果这一相同是在乌有之中、在毁灭之中,那么,这死亡本身就是不可定性的。如果我们要继续谈论这一相同性,那么,我们只能够以这样的方式来谈论:我们必须提及生命的差异性,并且必须为死亡之相同性而拒绝这差异性。在这里,在墓中,孩子与那"改造了一个世界"的人是同样地怠惰的;在这里富人就像穷人一样地贫穷,贫困不乞讨,富人没有东西可给予,最知足者和最不知足者需要同样少的东西;在这里听不见统治者的声音,听不见受压迫者的尖叫;在这里傲慢的人和受侮辱的人同样地虚弱无力;在这里,他们墓挨着墓躺着,并且相互忍受着,他们这些被敌意以一个世界隔离开的人们;在这里，美好的人躺着，在这里，悲惨的人躺着，美好并不把他们分隔开；那把死亡当成隐蔽的宝藏来探寻的人和那忘记了"死亡是存在的"的人，他们都躺在这里，我们无法发现差异。

因其相同性，死亡之决定[64]的情形就如同虚空、如同一种沉默，在之中什么都不发声，或者全都缓和下来像一种不被打扰的沉默。在这沉默的王国之中，死亡统治着。尽管单独的一个[65]对所有活着的人，它却强大得足以令他们屈服并且命令他们沉默。如果你想要拥有什么观念，关于你的生命的，是的，甚至关于它对于"那永恒的"的意味，那就去拥有它吧，你不可能通过言谈来让自己摆脱死亡，你不可能在言谈的过程之中并且在一呼一吸之间构成通向"那永恒的"的过渡；他们全都必须沉默。即使一代代人为"去做出共同的作为"而联合在一起，即使那单个的人忘记自己并且退隐到人众之中为自己找到安全感；看，死亡单独地领取每一个人，——并且他变得沉默。不管那活着的人与其他人有着怎样的差异——你可以按自己的意愿随便想象这差异，死亡总是一视同仁，使得他与那"在其差异性上无法被辨认出的人"相同。因为，借助于一种对人进行恭维的忠诚，生活之镜有时候确实会为虚荣者反映出他的差异性，但死亡之镜则不恭维，它的忠诚展示出"所有人都是一样的"，在死亡用自己镜子测试过了"死者沉默"[66]之后，他们相互间全都是相像的。

因此，死亡之决定因相同性而是不可定性的，因为这相同性是在"已灭性"[67]之中。考虑这个，对于活着的人来说，应当是有着缓痛作用的。在"精神"厌倦于那不断持续又持续并且永远没有结束的差异性[68]而骄傲地撤返回其自身之中、并且在无奈之顽抗中聚集起愤怒（因为它无法阻止差异性的生命力量）的时候，——这时，去考虑"死亡有着这种权力"，应当能起到缓痛作用，这时，这一观念应当会把那种毁灭之热情吹煽得炽热起来，而在这炽热的火光之中应当会有得到了提升之后的生命。在那悲惨的人因生活如继母般亏待他而在自己的角落里叹息的时候，在他由于畸形而不敢让人看见自己（因为甚至最善良的人都会情不自禁地笑他那令人难以忍受的、唉，但却又可笑的悲惨）的时候，在他如此地在与他人的隔绝中不去爱（因为在他徒劳地想在别人那里寻找什么相同的东西的同时，没有人能在他身上找得到这相同的东西）的时候，——这时，去考虑"死亡使得所有人都相同"，应当能起到消解痛苦的作用，就像雪的冷冽有助于减弱心底隐藏的怨恨之火。在受侵害的人在那权势者的不公正之下痛苦扭动的时候,在仇恨在无奈之中绝望地放弃复仇的时候,——这时,去考虑"死亡使得他们所有人都相同",应当会是一种受欢迎的安慰,这安慰几乎能把生命的愿望召唤回来。在那受宠于命运而万事如意的人怠惰地坐着,调侃着愿望关于自身的伟大观念,但却只看着其他人努力追求并成就大事的时候,然后,在焦躁之激情使得这受宠于命运的人呼吸艰滞的时候,——这时,去考虑"死亡在一切之上画上一条杠并使得所有人都相同",应当能起到消解痛苦的作用、应当能够让人呼吸舒畅。在失败者完全明白了"现在战斗已经结束,他自己是弱者",并且也明白了"这一切其实并没有结束,他的失败把幸运之动力给予了胜利者,他的痛苦在失败的后果之中,在日常的每一天,尽管越来越遥远,都是关于'那另一个人在远处攀登'的消息[69]"的时候,——这时,去考虑"死亡赶来带走他并且使得分隔成为一种乌有",应当能起到缓痛作用。在疾病成为每天的常客并且时光流逝——欢悦的时光流逝的时候,在甚至最亲密的人都厌倦于这受苦者并且许多不耐烦的言辞构成伤害的时候,在这受苦者自己都觉得"单是他的在场就已经对那些快乐的人们构成打扰,因而必须坐在远离欢舞的地方"的时候,——这时,去考虑"死亡也邀他共舞并且在这舞蹈之中所有人都变得相同[70]",应当能起到消解痛苦的作用。

但是,我的听者,这是心境;并且,其实这是那通过一种仿冒伪造、披上了诗意的外表而想要把自己想象得更优越(尽管它在本质上是同样地可鄙)的怯懦。如果说简单的人也许没有能力去把握这一类型的心境的话,那么,这一出类拔萃就其本身而言是不是一种决定性的价值、难道它不是只在"使这类心境更可靠"这一点上起着决定作用?"想要昏晕进'那空虚的',并且由此而在这一昏晕之中寻找最后的消遣",这是"沉郁"的怯懦欲望;"被差异性伤害了,想要损坏自己的灵魂[71]",这是"对上帝的反叛"之中的妒忌;"无力地想要去恨",这是自我泄露[72],它泄露出:在一个人令人恐怖地滥用"无奈"的时候,他其实只是缺乏力量[73];"一个人只是想要,然后因为自己没有成为自己想要成为的人而抱怨,并且变得除了有'去想要'的能力之外毫无其他能力,最终悲惨得足以想要去让一切消失",这是通往"对生活的无理抱怨"的可鄙捷径;"除了你我间的斗争以及两者的毁灭之外,不想去理解任何更高的东西",这是被征服者自我折磨的固执;"不想去明白'病人所需要的是哪一个医生'",这是一种更可怕的病症。确实,如果说,"甚至在思想之中都不敢放弃有利于自己的差异性并且让自己的生命在这差异性之中迷失",这是怯懦而刺激快感的放纵,那么,在这同一个人在生活的差异性之下叹息或者喘息的时候,那想要在关于死亡之相同性的观念之中试探自己的,就是一种打扮出来的勇气。

如果确实有人这样想(那为"放肆的冒险"提供其诱饵的,难道不是"他仍活着"这一矛盾吗?),如果确实有人想要通过死亡的相同性来让自己得到安慰,那么,他的这种关于死亡的观念在死亡中,就是说,在思维之忙碌不再取悦激情的时候,是不是仍然能够成立呢?死者当然是忘记了差异性;并且,即使他打算想要贯穿整个一生去回忆它,以便能够获得"在死亡中看见它被从另一个人那里剥夺去"的喜悦,但在死亡中,他也还是不会具备这一想法,即便我们在一瞬间之中会忘记掉那等待着的责任。这是在那放肆的对抗中的谎言和欺骗,它们想要与死亡合谋来反对生命。人们忘记了,死亡是最强者,人们忘记了,死亡是没有差异性的,它不会与什么人结盟而让这人在死亡之中获得"毁灭之快感"的玩闹许可[74]和施展空间。只有在活着的人的观念如童话般地漫游在死者们的沉默王国中、模仿着似乎自己就是死亡并且在死亡之中消失的时候,只有在活着的人的观念[75]扮演着死亡的样子、把他所妒忌的人招来、剥夺掉这人的所有荣耀并且为这人的无能而欣悦的时候,只有在这观念跑到坟茔之中、放肆地铲土、在对抗的快感中(想象着这一个死者的残骸看来完全就像那另一个死者的残骸[76])侵犯着死者的安宁的时候,只有在这时,它才起到消解痛苦的作用。

但是,所有这一切都不是严肃;不管这一切有着多么昏暗的本质,不管这享受是多么阴森,它都并不会因此而是严肃。因为严肃并没有阴沉的表情,而是与生命得到了和解的,并且知道怎样去畏惧死亡。

这样,严肃对死亡是有着同样的理解的,但却以另一种方式来理解它。严肃者明白,死亡使得所有人都相同;这是这严肃者本来已经知道的,因为严肃教会这严肃者[77]在上帝面前寻找相同性,在这相同性之中所有人都会是平等的。在这一追求之中,严肃者发现了一种差异性,就是说,他自己的目标和那为他而设定出的目标之间的差异,并且发现,在距离这一目标最远的地方会有一种状态是类似于死亡所具的相同性。但是,每一次在尘世的差异性想要诱惑、想要拖延的时候,关于死亡之相同性的严肃想法就出来干涉并且再次催促。正如任何邪恶的灵都不敢提及神圣的名[78]，同样，每一个善的灵都会在虚空[79]前、在毁灭之相同性前打颤，并且这一颤栗，它在自然之生命之中是创造性的，在精神之生命之中则是催促性的。哦，难道事情不是常常如此吗：在死亡降临到一个人身上的时候，毁灭之相同性教他去想要重新得到那最沉重的差异性，教他去觉得自己所处的境况是他所想要的，既然这时死亡之境况就是那唯一的境况！以这样的方式，死亡的严肃想法教会了那活着的人以"在上帝面前的相同性"去渗透最沉重的差异性。除了活着的人拿自己与死亡之相同性所做的比较之外，任何其他比较都没有这种催促性的权力，任何其他比较都无法如此确定地为那匆忙者给出真实的方向。如果说，在一个人鄙视所有其他比较而在自我满足之中与自身作比较的时候，这种比较是所有比较之中最虚荣的，如果说，与那孤独地站在自己的镜子前的虚荣女人相比，也许就不再会有更虚荣地被景仰围绕的虚荣女人，——哦，那么，在一个人孤独地拿自己与死亡的相同性作比较的时候，我们就可以说：没有任何比较是能够像这个人的比较那么严肃的。孤独；因为，在坟墓被闭合的时候，在墓园的大门被关上的时候，在夜晚降临的时候，死亡之相同性为他所做的事情当然也就是使他孤独；他孤独地躺着，远离所有同情，无法被辨认出，在一种只能够唤起颤栗的形象之中，孤独地在那里，在那死者们的数量构不成任何群体的地方。看，死亡曾能够颠覆掉帝王公侯的各种权位，而死亡的严肃想法则曾做出同样伟大的事情，曾帮助严肃者去把那最有利的差异性置于"上帝面前谦卑的相同性"之下，曾帮助他在"上帝面前谦卑的相同性"之中将自己提高到那最沉重的差异性之上。

难道不是这样吗，我的听者，你自己不就是这样地经历了这情形吗？在你的灵魂在有益于你的境况之中迷路的时候，在你在那荣耀面前几乎不能认出你自己的时候，这时，那关于死亡之相同性的严肃想法就来使你以另一种方式变得无法辨认，你学会去认识你自己，并且想要让自己在上帝面前能够被认出。或者，如果你的灵魂在痛苦、逆境、屈辱和沉郁的最艰辛的局限之中叹息，唉，在你看来，这局限似乎将会持续一生，然后，如果引诱者也来到了你家，（你知道这引诱者，他是我们自己内心中所具备的、并且欺骗性地为我们带来他人的问候），如果他首先是让你去幻想他人的幸运，直到你变得沮丧，然后他想要给你补偿，那么，在这时，你并不让自己投身在这心境之中。你说，"这是一种对上帝的反叛，一种对我自己的敌意"；然后，你说，"我要召唤出死亡的严肃想法"。它帮助你去克服差异性，去找到上帝面前的相同性，去想要表达这相同性。因为，死亡的相同性可怕，是因为没有任何东西能够抵抗它（多么无慰无告！），而上帝之相同性[80]是至福，则是因为没有任何东西能够阻挡它，如果人自己不想要阻挡它。难道生命的差异性会那么大吗！因为，让我们看那快乐的人，让他为自己的幸运而欢欣，在你这不幸的人因他的幸运而又重新快乐的时候，那么你们是不是两个人都快乐？看那显赫的人，让他为自己的优越而欢悦吧，在你这受侵害的人忘记了侮辱并且时而看见他的优越之处的时候，难道这差异确实很大吗？看那年轻人，让他带着希望的信念向前疾跑，在你尽管为生命而失望但却也许甚至在暗中支持他的时候，难道这差异就那么大吗？哦，幸运、荣誉、财富、美貌和权力，这些是构成差异性的东西，但如果差异只是这样的差异——"这一个人的幸运、荣誉、财富、美貌和权力是一株在野地里自由生长的植物，而那另一个人的则是一株培植在自我拒绝的神圣土地[81]上的坟墓之花"，那么，这差异难道就是如此之大吗；当然，这两者都是幸福、有荣誉、富有、美丽而强势的。唉，不，那样的话，我们就不需要什么补偿了，尤其是这样一种虚伪地隐瞒"一个人自己变成乌有"的事实的补偿。不管这差异性有多么沉重，那关于死亡之相同性的严肃想法也仍会像最严格的教育一样地帮助一个人去放弃世俗的比较、去把毁灭理解为更可怕的东西并且去寻找上帝面前的相同性。

死亡之相同性没有获得许可来以自己的魔法迷惑你；而且也没有时间去这样做。因为，正如死亡之决定因相同性而是不可定性的；那么，它在同样的程度上也因不相同性而是不可定性的。谁不是这样经常听人说及，死亡不作任何差异分别，它不认阶层不认年龄；谁又不是经常自己这样思量：如果他提及一个活着的人的最不同的境况、并且随后想要相对于这境况来考虑死亡，那么在这时它的定性就是：它可以在这里或者那里寻找自己的猎物，都无所谓，都一样，因为它对此不作任何考虑，而所有差异性则恰恰正是在于"去作出考虑"之中。这样，它就因其不相同性而是不可定性的。它几乎就是抢在生命前面，小孩子作为死胎被生产出来，而它却让古稀老人一年年等下去。在人说平安稳妥[82]的时候，它就站在一个人面前；有时候人们在生命危险之中徒劳地寻找它，而它却去找到那躲藏在一个角落里的人；在仓房满了并且有足够的财富供养一个人长寿的时候，死亡就来要求富人的灵魂[83]，而在生活中只有匮乏的时候，它却不在那里；在饥饿的人忧虑地设法作出安排、让自己在明天可以获得吃的东西[84]的时候，死亡就到来把他为生计的担忧从他那里拿走；在纵情享乐厌腻了之后在为"他在明天该吃一些什么"而担忧的时候，死亡就带着审判到来使得这担忧变得多余。

于是，死亡是不可定性的：唯一确定的东西，关于它，唯一的就是"没有什么是确定的"。为了想要在这一颤栗之中——就像在一场游戏之中——检验自己，为了想要猜出这奇妙的谜，为了想要投身于"那突然的"的不可解释的消失和不可解释的爆发之中，这一观念把思想引发出来，引到"那不可定性的"的变换之中。去考虑这一不期而遇的叠合[85]、这一相同的与不相同的、这一在"那无规律的"之中隐约感觉到的规律[86]：它既在又不在，它与所有活着的东西有着关系，并且它在它的每一个关系中是不可定性的，——这应当是会起到缓痛作用的。在灵魂变得厌倦于强制与约束、厌倦于"那可定性的"、厌倦于"可定性的任务"勉强的日常目标[87]并且厌倦于对"被忽略的东西越来越多"的意识的时候，在意志的力量已经老化失效而那乏力的人变得如一块朽木的时候，在好奇心厌倦于生活而去寻找一个对好奇心来说更多样化的任务的时候，——这时，去考虑死亡的不可确定性，应当会起到娱乐作用，并且，以这样一种方式去熟悉这想法，应当会起到缓痛作用。有时候一个人会为一个死亡事件而惊奇，有时候为另一个惊奇，有时候一个人以一般的表述来谈论"那躲避开一般定性的东西"以至于晕眩，有时候一个人处于一种心境之中，有时候处于另一种心境，有时候忧伤，有时候无畏，有时候讥嘲，有时候把死亡与最幸福的瞬间联系在一起以此作为最大的幸福，有时候作为最大的不幸，有时候想要猝死，有时候想要缓慢的死，有时候一个人厌倦于那关于"哪一种死亡是最令人想要的"的谈话，有时候一个人因所有这方面的思考而觉得无聊，忘记死亡，直到这观想的轮子再次被启动并且把这观想的各种细节在新的关联之中震撼进新的惊奇，——唉，是啊，直到对自己的死亡的想法被蒸发进眼前的雾气中，直到关于自己的死亡的提醒成为耳边一种不确定的飒飒声。在迟钝呆滞者的观想之中，这就是熟悉感所提供的缓痛作用：在高尚化的非人格的健忘之中（这健忘因整体而忘却自己，或者更确切地说在思想匮乏之中忘却自己，而借助于这思想匮乏，自己的死亡就成为混同在这些丰富多样的叵测的事件之中的一个可笑事件，而"老化失效"则是一种使自己的死亡之过渡变得轻松的准备），现在，事情就是这样了。[88]

然而，尽管这样的一种生命通过"考虑死亡之奇妙性"而经历了所有可能的心境，难道这种观想就因此而是"严肃"了吗？各种心境的繁复性是不是总会终结于严肃呢，严肃之初始岂非更应当是"去阻止这繁复性"？——在这种繁复性之中，思考者忽略生命而变得如同那嗜赌的人，不是在白天工作，而是在黑夜里反复苦思冥想，做梦都是关于数字[89]。如果一个人是这样看待死亡的，那么，考虑到他的精神生活，他就是处于一种被麻醉的状态；他弱化自己的意识，因而意识就无法忍受对那不可解释的东西的严肃印象，于是，他就无法严肃地屈从于这印象，而这样，他也就无法在意识中压制住那神秘如谜者[90]。

是的，死亡确实是一个奇妙的谜，而只有严肃能够为它定性。上面的那种思想匮乏之困惑是从哪里来的？不会是别处，它只会是来自这样的事实：单个的人的思想，审视着地在生活之中冒险，想要综观整个存在，那种"各种力量间的运作"[91]；而只有上帝才能够在天上平静地审视这一"各种力量间的运作"，因为上帝在自己的总体眷顾[92]之中带着智慧而全在的意图控制着这运作，但是对这"各种力量间的运作"的审视却会弱化一个人的精神，使得他意念虚弱，为他带来错位的忧愁，并且以可悲的安慰来强化。就是说，错位的忧愁是在心境之中，因为他为如此多的东西担忧；就是说，可悲的安慰是在松弛的懒散之中，如果他的审视有着如此多的出入口，以至于这审视在最后成为一种恍惚。然后，在死亡到来的时候，它却欺骗这审视者，因为他的所有审视根本没有使得他距离解释更近，哪怕只是更近一步，而只是从他那里骗走了生命。

严肃对死亡则也有着同样的理解：它因不相同性而是不可定性的，任何年龄、任何境况、任何生活关系都无法保障不让它出现；但是那严肃者则以另一种方式来理解它和理解自己。看，斧子已经在树根旁，每一棵不结好果实的树，都要被砍下[93]，——不，每一棵树都要被砍下，那结好果实的，也要被砍下。确定的是：斧子在树根旁；尽管你并没有留意，死亡走过你的坟墓而斧子动起来，不确定性则每一瞬间都在那里，那不确定的东西（在斧子砍下的时候），——和树。但是，在斧子砍下了之后，这就是已被决定了的：这树所结是好果实还是烂果实。

严肃者审视自己；如果他年轻，那关于死亡的想法就会教他知道：如果死亡在今天到来，那么，在这里成为它的猎物的就是一个年轻人，但是他不会在一般的关于"作为'死亡之猎物'的青春"的言谈中玩闹。严肃者审视自己，因而他知道，如果死亡在今天到来，那将在这里成为死亡之猎物的人有着怎样的特性；他考虑着自己的作为，因而他知道，如果死亡在今天到来，那将在这里被中断的会是怎样的一个作为。于是，这游戏就结束了，谜被猜出了。对死亡的一般审视只会使思想困惑，正如一般意义上的"想要去经历"。死亡之确定性是严肃，它的不确定性是教学课程，严肃之实践；严肃者是这样的一个人：他通过不确定性依据于确定性而被教育成严肃。一个人怎样去学习严肃？难道是以这样的方式：一个严肃者向他传授一些什么，难道这样他就能够学会这些东西？绝非如此。如果你自己没有这样地向一个严肃者学习过什么，那么想象一下，这会是怎样。看，这学习者用自己的全部灵魂为某个对象担忧着（因为如果没有忧虑就不会有学习者）；同样，死亡之确定性当然也是这忧虑之对象。现在，这担忧者就去求教于严肃之老师；死亡当然就是这样，它不是一个妖怪，除了对幻想而言。现在，这学习者想要这个或者那个，他想要在这些预设假定之下去这样做："于是就成功了，不是吗？"但是严肃者根本就不作回答，最后他说，不过没有任何讥嘲的意思，带着严肃之镇定："是的，这是可能的！"这学习者已经变得有点不耐烦了；他设计出新的计划，改变那些预设假定，并且以一种更迫切的方式来结束自己的讲话。但是严肃者沉默，冷静地看着他，并且在最后说："是的，这是可能的！"现在这学习者变得激动起来，他诉诸祈求，或者如果他是有着这样的天赋，机智于辞令，是的，他也许甚至还侮辱这严肃者，乃至变得完全困惑，他周围的一切看来都是令他困惑的；但是，既然他带着这些武器并且在这一状态中扑向那严肃者，那么他就必须忍受他那不变而镇静的目光、接受他的沉默，因为严肃者只是看着他并且在最后说："是的，这是可能的！"死亡的情形就是如此。确定性是那不变者，不确定性是这简短的话语"这是可能的"；每一个"想要把死亡之确定性弄成一种对于那想要的人[94]而言的有条件的确定性"的条件，每一个"想要把死亡之确定性弄成一种对于那作决定的人而言的有条件的确定性"的协议，每一个"想要通过时间和岁月来使死亡之确定性对于那作出行动的人而言变得有条件"的约定，每一个条件、每一个协议、每一个约定，都在这句话上搁浅；并且，所有激动、所有机智和所有顽抗都因这句话而变得无力，直到这学习者反省认识到自己的谬误。但恰恰就在这之中有着严肃,确定性和不确定性要帮助这学习者的,恰恰就是去走向这严肃。如果确定性能够得到许可代表它现在所能够是的东西,作为生活的一种普通名目,而不是像那借助于不确定性而发生的事情那样,作为单个的日常事件的运用许可证,那么,严肃就没有被学习。不确定性出场并且像老师一样地不断地指向那学习的对象,并且对学习者说:好好留意确定性;——这时,严肃就进入存在了。没有什么老师能够像死亡之不确定性(在它指向死亡之确定性的时候)这样地教弟子去留意那被说的东西;没有什么老师能够像那关于"死亡之不确定性"的想法(在它温习关于"死亡之确定性"的想法的时候)这样地保持让弟子的思想集中在那教学的唯一对象之上。

死亡之确定性在严肃之中一了百了地为学习者定性,而死亡的不确定性则是那日常的,或者至少是那频繁的,或者至少是那必要的监督,它看守着严肃;——这才是严肃。没有什么监管会是如此谨慎,父亲对孩子的监管不是如此,老师对学生的监管不是如此,甚至狱卒对囚徒的监管也不是如此;没有什么监督会像死亡之不确定性这样(在它测试"时间之运用"与"作为之特性"[95]的时候)使人变得高贵,不管是对决定者还是行动者,对少年还是对老人,对男人还是对女人。因为,考虑到被美满地度过的时间,时间是长是短,这相对于"死亡之打断"而言并不是什么本质性的问题;考虑到本质性的作为,这作为已被完成或者刚刚开始,这相对于"死亡之打断"而言也不是什么本质性的问题。考虑到偶然的事物,时间的长度是决定性的,比如说,我们可以看一下幸福:只有"终结"决定一个人是否曾幸福[96]。相对于偶然的作为(它是在于"那外在的"之中),"作品被完成"是本质性的。但本质性的作为并不是通过时间和"那外在的"来被定性的,只要死亡是"打断"。因此,严肃就成为这"去生活"的严肃:"每天都生活得仿佛这是漫长生命之中的最后一天并且也是第一天";和"去选择自己的作为"的严肃:这作为并不依赖于"一个人是被赋予'去很好地完成它'的一生时间,抑或只得到'让它有了不错的开始'的短暂时光"。

最后要说一下死亡之决定,它是不可解释的。就是说,不管人类是否找到一个解释,死亡自己不作任何解释。因为,如果你能够看见他,苍白而冷酷的收割者[97],在他闲散地站着的时候,身子倚靠在镰刀上,如果你在这时想要走向他,这样,不管你认为你对生命的无聊感会在他那里为你博得好感，还是认为你对于"那永恒的"的炽烈的思念会打动他，如果你把你的手放在他的肩上说：解释一下你自己，只用一句话，——你以为他会回答吗？我想，他根本就感觉不到你把手放在他肩上对他说话。或者，如果死亡到来，唉，如此适时，就像最大的行善者，就像一个拯救者；如果它到来并且拯救一个人，使得他不去招致那种不会在生命之中被悔过的辜——因为这辜使生命终结[98]；如果现在这个不幸的人想要感谢死亡，感谢它为他带来他所寻找的东西并且阻止他变得有辜；——你觉得它会明白他的意思吗？我想，它根本就不听他所说的任何一句话；因为它什么都不解释。不管它到来是作为最大的善举还是作为最大的不幸，不管它是得到欢呼的问候还是绝望的抵抗，死亡对此一无所知，因为它是不可解释的。它是一个过渡；对这关系它一无所知，彻底一无所知。

看，这不可解释性当然是需要一种解释。但是，这解释不解释死亡，而是揭示出，这解释者在其内在本质之中是怎样的；——此中恰恰有着严肃。哦，对于"说话要缓慢"的严肃提醒[99]！尽管，在我们看见思想匮乏性伸出手支撑起那应当能够想出解释的"正思考着的头颅"的时候，我们不得不发笑；尽管，在这思者带着解释跑出来的时候，我们不得不又一次发笑；或者说，在这样的一种情况下，就仿佛这是一个一般意义上的召唤，甚至那些附带着出现的最轻佻的想法也准备好了一种突发奇想、一种说辞来作为解释，要利用这难得的机会，是啊，既然死亡对所有人都是不可解释的谜，——唉，对于这样的行为，严肃就作出判定：这解释者告发了他自己，泄露了他的生命是多么缺乏思想，多么痴愚。因此，对解释的缄默就已经是某种严肃的一个标志了，这严肃至少还明白：死亡，恰恰因为它是乌有，而不是某种这样的东西，像一种奇怪的碑铭，每个经过的人似乎都应当试图去读一下，或者像一种稀奇的东西，每个人必定都会看见过并且对之有着一种看法。关于解释，那决定性的事实，那阻止死亡之乌有去使得解释成为乌有的事实，是：它获得反向追溯性的力量，并且由此而在那活着的人的生活之中获得现实，于是，死亡对于他来说就成了一个老师，并且不会叛卖性地帮助他去做出自我告发，这自我告发把解释者作为一个痴愚者揭发出来。

作为不可解释的东西，死亡似乎可以是一切也可以什么都不是，解释看来是把这两方面都一次性地说出来。一个这样的解释描述出一种生活，这生活满足于"那现在的"，借助于一种心境（这心境使得死亡停留在

"未决定性"的平衡之中）来保护自己，使自己不受到死亡的影响。死亡没有获得权力去打扰一种这样的生活，相反，它获得影响力，而不是用来改造一种这样的生活的"反向追溯性的力量"。解释不在各种不同的心境之中变动，但死亡在每一个瞬间都在"未决定性"的平衡中被引到生命之外，这平衡把死亡置于远距离之外。异教文化的至高勇气是在于：那个智慧的人（其严肃的标志恰恰是"不急于找到解释"）有能力以这样一种方式带着关于死亡的想法活着，——"借助于'未决定性'在自己的生命的每一个瞬间都克服着这一想法"[100]。尘世生命被活到了尽头，这智慧的人知道死亡存在，他生活着，没有思想匮乏地遗忘死亡之存在，他与它在思想中相遇，他在"不可确定性"之中使它无力，这是他对死亡的战胜；但是，死亡并不会改造性地渗透进生活。

作为不可解释的东西，死亡看起来可以是至高的幸运。一个这样的解释把一种处于孩子气之中的生命泄露了出来，这解释就像是这种孩子气的最终果实：迷信。解释者有着孩子与少年人的关于"那舒服的"和"那不舒服的"的观念，而生命流逝，他看见自己被欺骗，他在年岁上长大但没有在意念上长大，他没有抓住任何永恒的东西；这时，孩子气在他身上就聚成一种关于"死亡将到来并让一切都得以实现"的夸张的观念；它现在成为了被寻觅的朋友，被爱者，富有的行善者，所有这孩子气的人曾徒劳地寻求要在生命之中实现的东西，它全都有，都可以奉送。时而有人轻率而鲁莽地谈论这一幸运，时而有人忧伤地谈论，时而这解释者甚至带着自己的解释大声喊叫地冲出来，想要帮助别人；但这只是泄露出，这解释者在其内在是怎么一回事：他并没有感觉到严肃之"反向追溯作用"，而只是孩子气地急着向前，孩子气地希望着死亡，正如他曾孩子气地希望着生活。

作为不可解释的东西，死亡看起来可以是至大的不幸。但是这一解释泄露出，这解释者怯懦地抱紧生命，也许是因其厚待而怯懦，也许是因其痛苦而怯懦，因此畏惧生命，但更畏惧死亡。死亡得不到反向追溯性的力量，这就是说，依据于这一解读是得不到的，因为否则的话，它就当然会反向追溯地发生作用而使得幸运之厚待对这一个人变得毫无快乐、使得尘世的痛苦对那另一个人变得毫无希望。

于是，这解释也使用了其他的各种标示性的名字，它曾把死亡称作：一个过渡，一次变化，一种痛苦，一场搏斗，最后的搏斗，一次惩罚，罪的工价[101]。每一个这样的解释都蕴含了一种完整的生命观。哦,对解释者严肃要求!这里所谈论的东西是:这解释在生活之中获得反向追溯性的力量;如果一个人不用花很多功夫就能够拒绝去理解这一点,那么,要把所有这些都背诵出来是很容易的,要解释死亡也是很容易的。为什么有人会想要把死亡转化为一种对自己的讥嘲?因为死亡不需要这解释,它无疑从来就不曾请求任何思想者来帮助它。但是活着的人需要这解释,为什么?因为要根据这解释去生活。

如果有人认为,死亡是一种变化,那么,这当然可以是完全正确的;但是,现在设想一下死亡之不确定性,设想它就像一个老师一样地来回走动,在每一瞬间都留意地看着,弟子是不是全神贯注,现在设想一下,它发现,这解释者的想法差不多是这个:我尚有很长的生命,还可以活三十年,是的,也许四十年,然后死亡会在某一时刻作为一种变化而来临;那么,老师到底会怎么去想这个根本就没有搞明白死亡所具的"不确定性之定性"的弟子呢?或者,如果有人认为,这是一个在某一时刻会出现的变化,死亡之不确定性现在审视并且发现,他与一个赌徒没有什么两样,把它当作一种在某一时刻会发生的事件来期待;如果这是一个弟子,他根本就没有去留意:"在死亡之决定中一切都成为过去,并且这变化无法作为一种新的事件而排在一系列其他的事件之中,因为在死亡中一切都已结束",对一个这样的弟子,这老师到底会怎么想呢?[102]

看,一个人可以对各种遥远的事件、对一个自然对象、对大自然、对学术著作、对另一个人以及同样地对许多别的东西有一种看法[103],并且在他表达这看法时,那智慧的人能够决定,这看法是对的或者不对的。相反,没有人会以"审视真相的另一面"来麻烦这持有看法的人[104],——一个人是否真的有这看法,这看法会不会只是一个人说说而已的东西。然而这另一面也是同样地重要的,因为不仅仅那说毫无意义的话[105]的人是疯狂的,而如果一个人说着一种真正的意义,而如果这意义对他来说是彻底而完全地毫无价值的话,那么这人就也同样是完全疯狂的。这一个人向那另一个人展示这样的信任和认可,设想他在说这话时所说的是他的看法。唉,然而,要得到一种真正的意义[106],却又是如此容易,如此地非常容易,唉,然而,要具备一种意义,要真正地具备它,却又是如此艰难,如此地非常艰难。现在,既然死亡是严肃之对象,那么,严肃就再次在这里:关于死亡,我们不应当急于去获得一种意义。死亡的不确定性在完全的严肃之中其实一直不断地允许自己去审视，那表达看法的人[107]是不是真的有着这看法，就是说，他的生活是不是表达着这看法。相对于其他东西，一个人可以表述出一种看法，而在他被要求去依据于这看法来行动（就是说去显示出自己有这看法）的时候，这时就会有无数种可能的藉口开脱。但是，死亡之不确定性是听着学生讲话的严格的老师；在他说出这解释的时候，这不确定性就对他说：现在，我要查一下这到底是不是你的看法，因为现在，现在就在这瞬间里，一切都过去了，对于你，都过去了，不用去找什么借口开脱的想法，一个字母都不用往上加，然后我会看，你说的关于我的东西是否真是你的看法。唉，所有空洞的解释，所有滔滔不绝，所有粉饰，所有为找到一个更聪明的解释而对以前的各种解释做出的串连，所有对此的惊奇和所有与此关联着的艰难，——所有这些，都只是神不守舍状态之中的消遣和心不在焉，——对此，死亡之不确定性又会想些什么？

　　因此这讲演要避免所有解释；正如死亡是一切之中的最终物，这也应当是最终的关于死亡所说的东西：它是不可解释的。不可解释性是边界，这陈述的价值只是给予死亡之想法"反向追溯性的力量"，使得它在生活中起着催促作用，因为随着死亡之决定，一切过去了，因为死亡之不确定性审视着每一个瞬间。因此，这不可解释性不是一种"让人去猜谜"的要求，不是一种"令人聪明"的邀请，而是死亡对活着的人的严肃警告：我不需要任何解释，你要记住，在这一决定之下一切都过去了，并且这决定在任何瞬间都有可能被作出；看，这对你来说无疑是值得去记住的。

*　　*　　*

　　我的听者，也许你觉得，你从这讲演之中只得知了很少一点东西；也许你自己知道远远更多东西，然而它却并非是徒劳的，如果说，考虑到那关于死亡之决定的观念，它是一个机缘，使得你提醒你自己："知道很多东西"并非是一件无条件的好事。也许你觉得：死亡之想法只是变得令人觉得恐怖；死亡其实也有着一个更温和、更友好的方面，可让人去观想；疲乏的工人对休息的思念、困倦的旅人奔向旅途终结的急速、担忧者对死亡之"镇痛的安息"的信任、被误解者对于"平和地睡去"的忧伤的需要，也是对死亡的一种美丽而合理的解释。毋庸置疑！但是，它不是让人背诵的,它是无法通过"阅读关于它的事情"而被学会的,它是慢慢地被获取的,只有在它被那在善的作为之中让自己工作得疲乏的人、那在正确的道路上旅行得困倦的人、那在公正的事情之中心怀担忧的人、那在一种高贵的追求之中被误解的人很好地获取的时候,只有在它以这样的方式被很好地获取的时候,那么,它才是落在了正确的地方,它才是令人敬畏者[108]嘴中的一个合理的[109]讲演。但是年轻人不敢这么说,唯恐那出色的解释,正如"智慧的言辞落在一个痴愚者嘴里"的情形,到了他嘴里变成一种假话。确实,我曾听说过这个:孩童和少年的严肃的老师到了后来成为成年人和成熟者的朋友;但是,我从来没有听说过,至少不曾从某个我想要向他学习的人那里听说过:这一切是从"老师马上就成为玩伴而孩童马上成为年长者"开始的;我也不曾听说过上面所说的那种友谊之关系真正出现。这就是关于死亡的想法。如果它根本就不曾以恐怖来中止这年轻人的生命,并且只是使用严肃来使恐怖变得适度,如果"死亡之不确定"不曾有过教学的时间,它可以这时间里以严肃之严格来教导他,那么,我从来没有听说过,至少不曾从某个我希望能够与他共享他的知识的人那里听说过,我从来不曾从一个这样的人听说过:这会是真的,如果有人把死亡称作自己的朋友;这是因为,如果他在青春时代就已经厌倦于生活,并且为了欺骗生活而狡诈地谈论死亡之友谊,如果他不曾像一个老翁那样地享用过生活,并且为了欺骗自己而狡诈地谈论死亡之友谊,那么,死亡对于他就至多只是一个玩伴,而从来不是别的。——在这里作了讲演的人,他还年轻,还在学习者的年龄[110];他只明白教学的艰难和严格,哦,但愿他成功地这样去做,这样,他恰恰因此变得够格(værdig)[111],在某个时刻敢于去因为老师的友谊而感到高兴!这在这里作了讲演的人,他当然不是你的老师,我的听者,他只是让你,正如他自己,见证"一个人是怎样寻求从关于死亡的想法之中学到一些什么的";死亡,这个严肃之教师,从诞生时起,他就被指派为每一个人整个一生的老师,并且,他在不确定性之中一直准备好了可以去开始课程,如果有人想要学习这课程的话。因为,死亡并不因为有人召唤它就会到来(弱者以这样一种方式给强者下命令,这只会是笑话),但是,一旦有人打开"不确定性"的大门,那么老师马上就在那里。这老师,他有时候会来做测验并对学生进行考核,不管学生是不是曾想要使用他的教学。这一死亡之考核,或者使用一个标示同一个意思的外来词,这一生命之最终考试

(Examen)[112]，对所有人都是一样难的。这并非是像平常一样，有天赋的幸运者容易通过，而天赋差的就难以通过，不，死亡让这考核对应于人的能力做调节，哦，调节得如此准确，这考核对每一个人都一样难，因为这是严肃之考核。

注释：

    1 在一座墓旁] 尽管这一场合讲演是被设定为"在墓前的讲演"，但看来它并非是被设想为一种取代牧师讲演的葬礼讲演，更确切地说，它是一个"要在牧师讲演之后作的讲演"。按照1817年6月21日的公务描述中的规定：不管是在教堂，停尸房，还是在墓地，在举行葬礼的时候，如果没有得到相关牧师的同意，任何人都不允许作任何讲演。葬礼讲演应当由"根据法律规定是有资格布道的人"来给出，其他人都不应当被指定去作这类讲演。（可参看 Samling af Forordninger, Rescripter, Resolutioner og Collegialbreve, som vedkommer Geistligheden, udg. af J. L. A. Kolderup - Rosenvinge, bd. 1—3, Kbh. 1838—40; bd. 1, s. 366.）

    按照法律，神学硕士在得到教区牧师的许可后是可以布道的。

    明斯特尔（J. P. Mynster）曾在自己的一次讲演中使用同样的标题（1828年12月3日，收录于 Kirkelige Leilighedstaler, af danske Prædikanter, udg. af G. P. Brammer, bd. 1, s. 275—277）。

    2 在讲演的短暂瞬间之后] 按照《丹麦与挪威教堂仪式》（Dannemarkes og Norges Kirke - Ritual, Kbh. 1762）第九章（第326—336页）规定，在墓前一般不作任何讲演。葬礼过程一般是如此："在尸体到达坟墓后，马上被置于墓穴中，然后任何人都不做进一步举动，直到牧师到来。牧师用铲子向墓中投土三次。牧师第一次投土时说：你来自尘土。第二次投土时说：你要归于尘土。第三次投土时说：你要从尘土再次复活。然后其他抬尸体的人投土，直到墓穴被完全填上。同时，学校里的学生或者乡村教堂工作人员唱一首或者数首安魂诗篇。"（从第328页起）。然后参加葬礼的人们走进教堂，如果要举行安魂布道的话；牧师从布道台作安魂布道，然后唱一首赞美诗。而根据1791年11月19日的公务描述所提及的例子看，一个短暂的讲演是可以在墓前或者，如果天气不允许在墓前，那么就在死者被送往墓地之前所停留的房中被给出的。关于墓前讲演，明斯特尔主教（J. P. Mynster）在他的《教会的场合讲演》(Kirkelige Leiligheds - Taler bd. 1, s. VII）的前言之中写道："在我作为牧师任职于首都（1811年在圣母教堂任最高助理）的时候，墓前讲演尚未普遍，我的那些年长的同事不是很喜欢它们被引入。因此，在我任职的第一年不曾有过这一类讲演，并且，在后来，在大多数时候还是在墓前，在这样的讲演被给出的时候，它们必须是简短的。"在1822—1830年，明斯特尔自己发表过六篇短的墓前讲演（Kirkelige Leilighed-

staler, af danske Prædikanter, udg. af G. P. Brammer, bd. 1, s. 273f., s. 275—277, s. 313—315, s. 349f., s. 370—373 og s. 374—378)。

也可参看明斯特尔的《给丹麦教堂仪式的建议》("Forslag til et: Kirke - Ritual for Danmark" 收录于 *Udkast til en Alterbog og et Kirke - Ritual for Danmark*, Kbh. 1838)第七章"关于葬礼"第108节,有这样的定性:"如果有人希望,并且牧师愿意接受,那么可以在墓前做讲演(……)。/不管是在教堂,停尸房,还是在墓地,在举行葬礼的时候,如果没有得到相关牧师的同意,任何人都不允许作任何讲演。葬礼讲演应当由根据法律规定是有资格布道的人来给出,其他人都不应当被指定去作这类讲演"(第76页)。在第109节,有关于付钱让教堂敲钟以及教堂唱诗班和学童们在墓地唱诗的各种定性:"在死者被置于墓穴之后,投土时的歌声和钟声停下,讲演在这时被给出。讲演后歌和钟声又继续,直到人众离开墓地"(第76页)。尽管这一建议没有被正式认可,但是它在极大范围里反映出当时的习俗。按照1829年3月31日的公务描述,这一说法被确定下来:"不会有任何异议:讲演要么在停尸房、要么在墓地被作出。"(*Samling af Forordninger* bd. 1, s. 357.)

3 在墓中没有任何回忆,甚至没有对上帝的回忆]指向《诗篇》(6:5):"因为在死地无人记念你,在阴间有谁称谢你。"

4 一个真正的寡妇,被遗弃而无靠,寄希望于上帝]指向《提摩太前书》(5:3—15),在第五句中:"那独居无靠真为寡妇的,是仰赖神,昼夜不住地祈求祷告。"

5 守丧之房]丹麦语"Sørgehuus",是指死者去世之后一直到葬礼(特别是指死者被从家里抬往墓地的那一天)这段时间里死者的家。在这里是广义地指逝者的家,人们在那里吊唁逝者。

6 心灵的单纯]在中文圣经的《以弗所书》(6:5)和《歌罗西书》(3:22)中被译作"诚实的心"。《以弗所书》(6:5):"你们作仆人的,要惧怕战兢,用诚实的心听从你们肉身的主人,好像听从基督一般。"

7 上帝的家]"教堂"的固定表述,比较阅读《提摩太前书》(3:15):"倘若我耽延日久,你也可以知道在神的家中当怎样行。这家就是永生神的教会,真理的柱石和根基。"

8 这房子不再明显地是守丧之房]这也许是指向当时的"使用守丧窗帘"的风俗,就是说,在有人去世的时候,在死者家的窗户上,特别是棺材所在房间的窗户,会被装上白色窗帘。

9 讲演结束了]是指牧师的墓前讲演(不过根据明斯特尔的《给丹麦教堂仪式的建议》,这讲演应当是在投土之后,见前面的注脚)。

10 仪式性地把三铲泥土投在死者的棺材上,所有来自尘土的,要重新归于尘土]参看前面的注释。

11 无权威的讲演]参看前面的关于"陶冶讲演"的注释。

12　有许多辆马车]"有许多马车"是一种成语表述，就是说，有着显赫的社会地位、声望、财富和荣誉。

13　只想说及死者的好处]演绎拉丁语成语"De mortuis nil nisi bene"（关于死者们，我们只能谈论好的东西），据说这句话是公元前556年斯巴达的监察官契罗（他被称为"希腊七贤"之一）说的。

14　"心境与表达之差异性"或者说"心境的差异性与表达的差异性"。

15　一个异教徒已经这样说过……我在的时候，它不在]指向希腊哲学家和唯美生活艺术家伊壁鸠鲁（公元前341—前270年）。据说，他曾这样说：因为对于真正明白"在'不生活'之中是没有什么可怕的东西"的人来说，生活是没有什么好怕的。所以，如果一个人说"死亡被人惧怕，不是因为它在当场之时会令我们痛苦，而是因为它在将来会令我们痛苦"，那么这个人就是一个痴愚者；因为，对于那当场之时不伤害人的东西，在它到来的时候，我们毫无理由预期它会带来痛苦。所有恶事之中最可怕的事情，死亡，是与我们毫无关系的；我们在的时候，死亡不在，而死亡在那里的时候，我们则不在。它既与活着的人们无关，也与已经停止生活的人们无关；与那些人（活人）无关，因为在他们那里它不存在，也与这些人（死人）无关，因为他们已经不再存在。（第欧根尼·拉尔修的哲学史第十卷，第125段。）

16　死亡是一个射手……这一切就结束了]参看《人的生命之出路，或者死亡舞蹈》中的插图，在之中死亡两次手中拿着箭出现在画面中。在对皇帝的对话中，死亡说："这箭的终结处，就是它要杀死你的心"。而对土耳其人则说："我的箭马上将插在你不信的心上"。（参看两幅插图）

《人的生命之出路，或者死亡舞蹈》（Det menneskelige Livs Flugt, eller Døde-Dands）是托马斯·拉森·波若朴（Thomas Larsen Borup）在1762年所出的一本书的书名缩写，全名为：Det menneskelige Livs Flugt, eller Døde-Dands, hvorudi ved tydelige Forestillinger og Underviisningsvers vises, hvorledes Døden uden Personsanseelse dandser af med Enhver, endog ofte uformodentlig, fra Verden til Evigheden; afbildet ved lærerige Stykker, og Samtaler imellem Døden og Personerne。书中有许多版画插图。

17　死亡当然就是捕捉生命的圈套]译者稍作改写，直译是"死亡当然就是那令生命在之中被捕捉的圈套"。

参看《撒母耳记下》（22:6）和《诗篇》（18:5）："阴间的绳索缠绕我，死亡的网罗临到我。"

18　"为死者穿衣服"的严肃作为]是指专门为死者穿衣的妇女。死者家的女人们也可以在邻居妇女的帮助下为死者穿衣。

19　猝死……老式的祷告词也提及这种死亡]指向启应祷文（礼拜仪式上的祷告，由主持人所背诵的一系列祷文所组成，在过程中，教众交错着作出固定回应）。在第三个交替祷告"亲爱的主，让我们得免"之中是"得免于所有罪、所有谬误、所有邪恶所是,得免于突然降临未被留意的猝然暴死,得免于烦恼、饥饿与涨价时期,得免于战争和血光之灾,得免于叛乱和纷争,得免于不合时宜的恶劣气候,得免于永恒的死亡"。《丹麦圣殿规范书》(*Forordnet Alter – Bog for Danmark*, s. 229)。

20　自己向上去寻找]自己去寻找,要么寻找死亡并且找到它,要么寻找自己并找到自己。

21　死亡常常被想象为手里拿着一把长柄镰刀骷髅形象。

22　在悲伤与哀悼之中保持节制]指向赞美诗《在悲伤与哀悼之中保持节制》,简写自西班牙宗教诗人普鲁登修斯(A. C. Prudentius)四世纪写的歌,在1586年由黑格伦(P. Hegelund)翻译成丹麦文,格隆德维在1844年也翻译过。后被收入丹麦教会的赞美诗集。

23　一个诗人曾经讲述过一个少年……也进入一种新的生活]指向让·保罗(Jean Paul,德国浪漫主义诗人 Johann Paul Friedrich Richter 的笔名)的"一个不幸者的除夕之夜"("Die Neujahrnacht eines Unglücklichen" 1789年)。在"遗稿"的第二部分,"给贝妮娜的第四封信"(*Jean Paul's Briefe und bevorstehender Lebenslauf*, i *Jean Paul's sämmtliche Werke* bd. 1—60, Berlin 1826—28, ktl. 1777—1799;bd. 35, 1827, s. 46—48)中:

在除夕夜,一个伤心的失眠老人站在窗前向外看;他的坟墓是被老年的雪而不是被青春的绿草覆盖。除了谬误与罪、破残的躯体、颓败的灵魂、充满毒汁的心和充满悔的晚年之外,他没有从生活之中带出任何别的东西。他回顾自己美好的青春年华。那时候,他父亲把他带到人生的十字路口:向右拐是美德的太阳轨道,沿着这条路可以走进充满光明而果实累累的安宁国土;向左转则是罪恶的鼠窜之道,通向滴着毒汁、挂着毒蛇的黑洞穴。在他感觉到胸前有毒蛇、舌尖有毒汁的时候,他知道了自己在什么地方。在惊骇之中他向天上喊叫:把我的青春还给我!哦,父亲,请把我重新带回十字路口,然后我会作出另一种选择!但是他的父亲和他的青春早已不在。就在这可怕的恶梦正继续的时候,他突然听见来自一座塔的新年音乐,一种遥远的赞美诗。这老人被感动,他望向地平线,想着自己青春时代的朋友,他们现在比他更幸福,他们是一些得到祝福的人们。他说:如果我愿意,我也可以像他们一样地闭上干涩的眼睛入睡,进入新年之夜。他的梦越来越像是发高烧,在最后他什么都看不见了,他的眼睛被盖住了,热泪涌向地上的雪中。他只是更轻地发出无告无慰的叹息:回来吧,青春,回来!"青春回来了;因为这只是一场他在新年夜做的可怕的梦;他仍是一个少年。只是他的谬误并不曾是一个梦;但是他感谢上帝,因为他仍年轻,他还可以在罪恶之路上回头转向美德的太阳轨道,然后走向果实茂盛的纯净国土。"

24　一个皇帝……在这些风俗中被安葬]指向西班牙国王神圣罗马帝国皇帝查理五世(1500—1558年,从1516年起作西班牙王,从1519年起作神圣罗马帝国皇帝。1555—1556年间,查理五世退位不再作国王和皇帝,住到西班牙埃斯特雷马杜拉

312

的尤斯特修道院旁的私人住宅中，孤独地生活。"在孤独之中，可怕的臆想症常常发作。人们说，有一次在臆想症发作的时候，他举行自己的入葬仪式；附近的修道院修士不得不在这过程之中扛着（躺在开着口的棺材里的）他到教堂，并完成所有通常的葬礼仪式。不久之后，他死于1558年9月21日。没有人想念他，尽管他曾是四大王国的统治者，在他活着的时候，他几乎已经被人遗忘。"(《卡尔·菲特烈·贝尔克尔的世界史》/ *Karl Friedrich Becker's Weltgeschichte*，J. G. Woltmann 改编。丹麦文版：*Karl Friedrich Beckers Verdenshistorie*, omarbejdet af J. G. Woltmann, overs. og forøget af J. Riise, bd. 1—12, Kbh. 1822—29, ktl. 1972—1983；bd. 6, 1824, s. 166.)

25　这里译者稍作改写。原文直译是"他所做的事情也许只是一种心境"。

26　"能够死得好"则无疑是至高的生活智慧] 俗语有"宁可死得快而好，也不活得久而糟"和"生得好是一种安慰，更好的是好的教养；好的婚姻是生命的快乐；说到底，事情关键还是在于死得好"。斯多葛学派把"能够死得好"视作美德。罗马哲学家塞涅卡在自己的书信中常常强调"死得好"的必要性，并且宣称自己准备好了去为一种有尊严的死亡而牺牲生命。克尔凯郭尔有好几个版本的塞涅卡著作。

27　这里的这个"决定"丹麦语原文是"Afgjørelse"是指对外在的人的命运或者事物的走向所作出的决定，或者一个人的命运受外来的权力做出的决定。另外也有一些地方出现的"决定"（Beslutning）概念，是指一个人所做的选择，选择让自己做什么。

28　"分裂性的"就是说，有着这样一种倾向，要去把不同的人区分开，分别对待，有可能导致纠纷。

29　"任何并非不虔诚的东西"。译者稍作改写，原文直译是"除了'不虔诚的东西'之外的其他东西"。

30　把各种对立面统一起来……是艰难至极的事情] 指向黑格尔的辩证法的根本动力。根据黑格尔的辩证法，原本给定的一个概念（比如说"在"）是第一环节，它生成对自己的否定（比如说"无"）是第二环节，最后在第三环节达成一个更高的概念性统一，使得对立的两者被扬弃在自身之中。当时在德国和丹麦都有对黑格尔对古典逻辑中矛盾律和排中律的批判的讨论。

31　"演练（indøve）"。

32　在沉默之中学到智慧] 也许是指向人们所说的毕达哥拉斯的实践：他的弟子要在沉默之中吸收他的智慧。可参看第欧根尼·拉尔修的哲学史的第八卷第一章第10段。

33　不惧怕那些杀死肉体的人] 指向《马太福音》（10：28）之中耶稣对自己的弟子说："那杀身体不能杀灵魂的，不要怕他们。惟有能把身体和灵魂都灭在地狱里的，正要怕他。"

34　简单者迅速得到帮助而达成有益的理解] 参看前面"简单的人从中找到一

切"的注释。在上一个讲演《在一个忏悔仪式的场合》的结尾处。"……简单的人明白它,最有智慧的人无法完全参透它……"

35 没有上帝]指向《以弗所书》(2:12),之中保罗说及那些生为异教徒("外邦人")和未受割礼的犹太人的人:"那时你们与基督无关,在以色列国民以外,在所应许的诸约上是局外人。并且活在世上没有指望,没有神。"

36 这个"同伴"就是上帝。

37 这里的这个"决定"丹麦语原文是"Afgjørelse"是指对外在的人的命运或者事物的走向所作出的决定,或者一个人的命运接受外来的权力作出的决定。另外也有一些地方出现的"决定"(Beslutning)概念,是指一个人所做的选择,选择让自己做什么。

38 "决定性的(afgjørende)",见前面的注释。

39 只可到这里,不可越过]也许是演绎《约伯记》(38:11)之中上帝为大海定出边界:"说,你只可到这里,不可越过。你狂傲的浪要到此止住。"

40 手里拿着一把长柄镰刀的死神形象。

41 各种观念]也就是说,各种解释、建议和反对。

42 白币]中世纪的一种银币,相当于1/3斯基令。或者说,"一分钱"。

43 "在人们不能做工的时候来到"的夜晚]指向《约翰福音》(9:4),之中耶稣说:"趁着白日,我们必须作那差我来者的工。黑夜将到,就没有人能作工了。"

44 将死亡称作一个夜晚……称作一场睡眠]明斯特尔(J. P. Mynster)在圣三主日之后第24个星期天的布道书"睡眠之画面下的死亡"中谈论"死亡之夜"并且把死亡比作睡眠。《年度所有礼拜日和神圣庆典日的所有布道》(*Prædikener paa alle Søn - og Hellig - Dage i Aaret*)第63号,第二卷第378—391页。关于死亡如同睡眠,他写道:"圣经谈论那些沉睡在大地的怀抱里的人们,它谈论关于那睡去者,所谈的是那些死者,并且以这样的方式来给予我们一种观念,比单纯自然的审视在我们这里所能够唤出的关于人的最终命运的观念,更为温和、更安慰性"……"许多时候,痛楚在死亡之前出现,我们的身体剧烈地受打击,最后的搏斗常常是很艰辛的,就仿佛是生命并非必然地就愿意让自己的敌人战胜,但是不管它怎样强劲地守卫着,它到最后还是屈服。这观念是黑暗而令人憎厌的,而为了去掉它的恐怖性我们使用更温和的比喻,并且把死亡称作睡眠。"

45 这对他会起到缓和作用……宁静地安息]明斯特尔(J. P. Mynster)在圣三主日之后第24个星期天的布道书"睡眠之画面下的死亡"[《年度所有礼拜日和神圣庆典日的所有布道》(*Prædikener paa alle Søn - og Hellig - Dage i Aaret*)第63·号,第二卷第382页。]中写道:"死亡如睡眠。/为什么我们使用这样一种比喻?为什么我们在许多时候更愿意说那些死去的人是睡去了,而不是使用本来的说法?首先,毫无疑问,因为我们很愿意让自己回想起,正如睡眠终结白天的艰难,并且那通过睡眠而振作起精神的人不再感觉到通常的悲伤,同样死亡终结生命的艰辛,生命的痛楚不会触及那在死亡的宁静之中安息的人。"

46 一个凉爽的地方]明斯特尔(J. P. Mynster)在圣三主日之后第24个星期天的布道书"睡眠之画面下的死亡"[《年度所有礼拜日和神圣庆典日的所有布道》(*Prædikener paa alle Søn – og Hellig – Dage i Aaret*)第63号,第二卷第391页。]中写道:"先是工作,然后是休息;先让我们好好考虑怎样使用这生命,正如这生命应当被使用,然后我们能够为一个终结而高兴:有一个终结来结束所有辛劳,一种对所有生活之痛楚的缓解,在一个炎热的白天之后的一个凉爽宁静的夜晚。"

47 大地的怀抱]见前面"将死亡称作了一个夜晚……称作一场睡眠"的注释。

48 守夜妇]人们付钱雇守夜妇在夜里醒着看护病人;医院里值夜班的女性工作人员也被称作是守夜妇。

49 这是心境……以这样的方式去思念死亡,这是沉郁从生活中的出逃]明斯特尔(J. P. Mynster)在圣三主日之后第24个星期天的布道书"睡眠之画面下的死亡"[《年度所有礼拜日和神圣庆典日的所有布道》(*Prædikener paa alle Søn – og Hellig – Dage i Aaret*)第63号,第二卷第383页。]中写道:"因为,如果我们生活在对主的畏惧之中,那么,这在所有我们的逆境之中作为安慰而被给予我们的确定性就是:我们应当在主所赐的和平之中睡去;我们不仅仅只是应当在一瞬间的悲伤心境之中保持让自己具备这一确定性,而且我们也应当以这样一种方式把它钉在我们的内心之中,——我们在很早之前就已经知道,这事情会发生,如果在某一时刻这事情真的发生了;在我们以为这时刻与我们相距遥远的时候,我们多次曾想要去临近它,如果这时刻真的要到来了,那么,我们也会心平气和地向他致意,这样,我们真的像接受一种平和的睡眠一样地接受死亡,它为我们合上我们的眼睛,这样我们就不用去看见如此之多我们长时期一直希望不要再看见的东西,在它之中,我们遗忘掉生命的漫长、忙碌、并且常常是悲惨的日子的辛劳,正如在睡眠把自己的影子覆盖在我们身上的时候,我们就会遗忘掉甚至最艰难的日子的悲惨。"……(384页)"在这里我们也想提醒自己,正如睡眠终结白天的艰辛并让疲劳者休息,同样死亡也为我们所哀悼的人终结,不仅仅是一天的,而是所有日子的辛劳;所有他们的负担,都被承受掉了,他们打完了所有仗,精疲力竭的身体、困乏的灵魂找到了和平,他们无疑曾一直思念着这和平。"

50 Hong的版本把"女人的"改写掉了。这里他使用的是"indulgent lethargy"。

51 这里的几个"他"是指死亡。作者有时候直称死亡,使用的是代词"它";而在这里,作者对死亡进行了拟人化,所以使用代词"他"。

52 他变成尘土]指向《创世记》(3:19)罪的堕落之后,上帝对亚当的诅咒:"你本是尘土,仍要归于尘土。"

53 译者在这次稍作改写。按原文中的语序翻译的话,则是:"关于'这一切已经过去'的想法,——在观念幻想出的预支之中,这想法在对抗性的无奈之中沉郁地让人振作起精神,或者在忧伤之中轻浮地为人缓和痛苦——,这想法在他这里并不存在。"

54　如果在黑夜无法工作,那么在白天就可以工作]指向《约翰福音》(9∶4),之中耶稣说:"趁着白日,我们必须作那差我来者的工。黑夜将到,就没有人能作工了。"

55　它是:就在今日]也许是指主对十字架上的犯人说:"我实在告诉你,今日你要同我在乐园里了。(《路加福音》23∶43)"也可参看《希伯来书》(4∶7)"所以过了多年,就在大卫的书上,又限定一日,如以上所引的说,你们今日若听他的话,就不可硬着心。"和(3∶7)"圣灵有话说,你们今日若听他的话"。

56　一个人为吃喝而活着,而非为活着而吃喝]演绎丹麦成语:"人为活着而吃,而非为吃而活着"。

57　涨价时间(Dyrtid)]丹麦语 Dyrtid,是指物品短缺、价格奇贵的时期。这个词由"贵(Dyr)"和"时间(tid)"两个词合并而成。

58　看守着自己的宝藏,不让窃贼入室从他那里偷走宝藏]演绎《马太福音》(24∶43),之中耶稣说:"家主若知道几更天有贼来,就必警醒,不容人挖透房屋。这是你们所知道的。"

59　像是夜里的一个窃贼]演绎《帖撒罗尼迦前书》(5∶2),之中保罗写道:"主的日子来到,好像夜间的贼一样。"

60　在白天的时间里工作]指向《约翰福音》(9∶4),之中耶稣说:"趁着白日,我们必须作那差我来者的工。黑夜将到,就没有人能作工了。"。

61　向着天叫喊]也许是指向《创世记》(4∶10),在该隐杀死了自己的兄弟亚伯之后,上帝对该隐说:"你作了什么事呢,你兄弟的血,有声音从地里向我哀告。"

62　就在今日]也许是指主对十字架上的犯人说:"我实在告诉你,今日你要同我在乐园里了。(《路加福音》23∶43)"也可参看《希伯来书》(4∶7)"所以过了多年,就在大卫的书上,又限定一日,如以上所引的说,你们今日若听他的话,就不可硬着心。"和(3∶7)"圣灵有话说,你们今日若听他的话"。

63　这里的这个"决定"丹麦语原文是"Afgjørelse"是指对外在的人的命运或者事物的走向所作出的决定,或者一个人的命运接受外来的权力作出的决定。也参看前面的注释。

64　参看前面的注释。

65　死亡是这"单独的一个"。

66　死亡用自己镜子测试过了"死者沉默"]指向这样一个习俗:人们把镜子放在死者的嘴前,看是否仍有呼吸的水气出现在镜子上,抑或呼吸已经停止。

67　就是说"已被消灭"或者"已被摧毁"这一性质。

68 那"不断持续又持续并且永远没有结束"的差异性:这差异性不断持续又持续,并且永远没有结束。

69 "他的痛苦在失败的后果之中,在日常的每一天,尽管越来越遥远,都是关于'那另一个人在远处向上攀登'的消息"(丹麦原文为:"at hans Liden i Nederlagets Efterfølge dagligt, men fjernere og fjernere er Efterretningen om den Andens Stigen i det Fjerne")。

这一句,Hong 的英译做了改写:"…that his suffering is every day in consequence of the defeat butthe report of the other's ascent at a distance is more and moreremot"(他的痛苦是失败的后果之中的每一天,但是关于'那另一个人在远处崛起'的消息则变得越来越遥远)。

Emanuel Hirsch 的德文版则是按丹麦文原文意思翻译的:"…sein Leidenim Gefolge der Niederlage sei täglich, obzwar ferner und ferner, die Kunde vom , Emporsteigen des andern ins Ferne."

70 死亡也邀他共舞……所有人都变得相同]指向民间死亡之舞的表演:死亡以骷髅的形象出现,向各年龄各阶层的人们邀舞并将他们带进墓穴。(参看《人的生命之出路,或者死亡舞蹈》中的插图。在本书的"飞鸟百合"讲演之前)。

71 损坏了自己的灵魂]指向《马太福音》(16:26):"人若赚得全世界,赔上自己的生命,有什么益处呢?人还能拿什么换生命呢?"丹麦语版《圣经》之中"赔上自己的生命"这一句是"损坏了自己的灵魂"。

72 就是说,自己把自己告发了,自己把自己出卖了。

73 这"力量(Magten)"是指权力,权柄的力量。

74 玩闹许可]"玩闹许可"或者说,"开极端玩笑或者恶作剧的许可",丹麦文原文是 Frispas,容易被误看作是 Fripas。Hong 的英文版译成"a free pass",Emanuel Hirsch 的德文版译作"Freipaß",看来两者都是读作 Fripas 了。

75 "活着的人"所具的观念。

76 这一个死者的残骸看来完全就像那另一个死者的残骸]也许是指莎士比亚悲剧《哈姆雷特》第五幕第一场,哈姆雷特在墓地里抓起掘墓人所挖出的骷髅时所作的独白。

77 这一句在丹麦语原文中有含糊的地方,因为作者在这里没有明确地用到"严肃者"这个词,而是用了代词"它"(或者说"这/那")。如果按字面意思直译就应当是:"它明白,死亡使得所有人都相同;这是它本来已经知道的,因为严肃教会它在上帝面前寻找相同性,在这相同性之中所有人都会是平等的"。当时我的问题是:这个"它"是什么?难道是"严肃"吗?但"严肃"已经是主语了。它是指"死亡"吗?那也解释得很牵强。后来,在与克尔凯郭尔中心丹文版文集的出版者和注释者的卡布伦先生(Niels Jørgen Cappelørn)商讨之后,我们得出的结论是,这个代词所代的

317

是后面的句子中出现的"严肃者"。

这句的丹麦文是："Alvoren forstaaer da det Samme om Døden, men forstaaer det anderledes. Den forstaaer, at Døden gjør Alle lige; og det har den allerede forstaaet, fordi Alvoren har lært den at søge Ligheden for Gud, i hvilken Alle kunne være lige."

Hong 的英文版："Earnestness, then, understands the same thing about death but understands it in a different way. It understands that death makes all equal, and this it has already understood, because earnestness has taught it to seek before God the equality in which all are able to be equal."

Emanuel Hirsch 的德文版："Der Ernst versteht also das gleiche vom Tode, aber er verstehtes auf andre Art. Er versteht, daß der Tod alle gleich macht; und das hat er bereits verstanden, weil der Ernst ihn gelehrt hat die Gleichheit vor Gott zu suchen, in der alle gleich sein können."

78　任何邪恶的灵都不敢提及神圣的名]但是在《马可福音》(5:1—17) 之中，在格拉森人的地方的那个污鬼附身的人还是呼唤了耶稣和上帝。

79　虚空]在草稿中，克尔凯郭尔在这个段落的边上加了 "horror vacui"（Pap. VI B 122, 2），拉丁语"虚空前的恐惧"。这是过去自然科学对"绝对虚空在自然之中不存在"本原表述；人们认为，以此可以来解释各种不同的现象，比如说，水在水泵之中被吸起。

80　上帝之相同性]上帝面前的相同性。这里所想到的也许也有"与上帝的相同性"。参看《创世记》(1:26)："神说，我们要照着我们的形像，按着我们的样式造人，使他们管理海里的鱼，空中的鸟，地上的牲畜，和全地，并地上所爬的一切昆虫。"

81　神圣土地]一般丹麦的墓地都是坐落在举行过教堂神圣仪式而得到了祝福的土地上。

82　说平安稳妥]指向《帖撒罗尼迦前书》(5:1—11)，之中说主的日子如夜里的贼一般到来，但是"人正说平安稳妥的时候，灾祸忽然临到他们，如同产难临到怀胎的妇人一样，他们绝不能逃脱。"

83　仓房满了……就来要求富人的灵魂]指向耶稣关于一个财主的比喻，参看《路加福音》(12:16—21)。其中 (19—20)，财主在心里说："要对我的灵魂说，灵魂哪，你有许多财物积存，可作多年的费用。只管安安逸逸地吃喝快乐吧。神却对他说，无知的人哪，今夜必要你的灵魂。你所豫备的，要归谁呢。"

84　饥饿的人忧虑……在明天可以获得吃的东西]指向《马太福音》(6:25)，之中耶稣说："所以我告诉你们，不要为生命忧虑，吃什么，喝什么。为身体忧虑，穿什么。生命不胜于饮食吗，身体不胜于衣裳吗。"然后在第 34 句："所以不要为明天忧虑。因为明天自有明天的忧虑。一天的难处一天当就够了。"

85 "那突然的"……不可解释的爆发……这一……叠合] 关于作为中止、作为断续和作为跳跃的"那突然的",可参看比较《恐惧的概念》第一章第二节和第四章第二节(社科版《畏惧与颤栗 恐惧的概念 致死的疾病》第 189 页以及从第 344 页起)。

另外,在阿德勒的《对黑格尔的客观的逻辑的普及讲座》中有这样的阐述:"这一出自一种新的实在的'质'的对'量'的创造,这些突然的质的突现和跳跃,解决了那些打断了存在的蜿蜒进程的缠结,那些被我们称作是'偶然事件'的不期而遇的突现,那些被我们称作是'神秘'的突然过渡。"(文献: jf. § 21 i A. P. Adlers *Populaire Foredrag over Hegels objective Logik*, s. 98.)

"不期而遇的叠合(Træf)",丹麦语的意思是指"一件事情与另一件事情相合,尤其是偶然的事件,意外地同时发生或同时存在"。

86 这一相同的与不相同的、这一在"那无规律的"之中隐约感觉到的规律] 也许是指向毕达哥拉斯关于差异的学说,它将有限/无限和相同/不相同等作为差异的最高形式。

另外在《恐惧的概念》第一章第二节的一个注脚中,克尔凯郭尔写道:"其实,整个希腊诡辩术只是在于建立一种量的定性,因此,其最高的差异性是等同性和不同性。"(社科版《畏惧与颤栗 恐惧的概念 致死的疾病》第 189 页)。

87 "勉强的日常目标"。丹麦语原文是 "den bestemmelige Opgaves knappe daglige Maal"; Hong 译作英文 "the meager daily measure of the definable task", Emanuel Hirsch 的德文翻译是 "des kärglichen täglichen Maßes der bestimmbaren Aufgabe"。

88 这个长句子的丹麦语原文是: "Denne er Fortrolighedens Formildelse i den Afsløvedes Betragtning, at det nu engang er saaledes, i den opløftende upersonlige Glemsomhed, der glemmer sig selv over det Hele, eller rettere sig selv i Tankeløshed, hvorved den egne Død bliver et snurrigt Tilfælde med i disse mangfoldige uberegnelige Tilfælde, og Udtjentheden en Forberedelse, der gjør den egne Døds Overgang mild."

Hong 的英译为:"This is the mitigation of familiarity in the dulled one's view that for better or for worse this is the way it is, in the elevating impersonal forgetfulness that forgets itself over the whole or, rather, forgets itself in thoughtlessness, whereby one's own death becomes a droll instance in all these manifold unpredictable instances, and the ending of one's time of service becomes a preparation that makes the transition of one's own death easy."

Emanuel Hirsch 的德文翻译是:"Dies ist die Linderung wie in der Betrachtung des Abgestumpften die Vertraulichkeit sie gibt, daß es nun einmal so ist in der erhabenen unpersönlichen Vergeßlichkeit, die sich selbst über dem Ganzen vergißt, oder vielmehr sich selbst vergißt in der Gedankenlosigkeit, vermöge derer der eigne Tod ein schnurriger Zufall mehr wird unter diesen mannigfachen unberechenbaren Zufällen und die Ausgedientheit eine

Vorbereitung wird die den Übergang des eignen Todes gelinde macht."

89　赌轮盘赌的赌徒在梦中梦见应许中奖的数字。

90　一开始我对这里的所指有疑问，我的问题是："那神秘者（den Gaadefulde）"，"那谜一样的"，是指什么？是死亡吗？但是，如果我们读到下一段的"死亡确实是一个奇妙的谜"，那么，我们就可以反过来认定它是指"死亡"了。

这个断句的丹麦语原文是："…han svækker sin Bevidsthed, saa den ikke kan udholde det alvorlige Indtryk af det Uforklarlige, saa han ikke i Alvor kan bøie sig under Indtrykket, men da ogsaa betvinge den Gaadefulde."

Hong 的英译为："…he weakens his consciousnessso it cannot endure the earnest impression of the inexplicable, so he cannot in earnestness submit to the impression but thenalso represses the enigmatic."

Emanuel Hirsch 的德文翻译是："…er schwächt sein Bewußtsein, so daß es den ernsten Eindruck des Unerklärlichen nicht aushalten kann; so daß er es nicht vermag mit Ernst unter den Eindruck sich zu beugen, dann aber auch den Rätsdvollen zu bezwingen."

91　就是说"单个的人的思想，审视着地在生活之中冒险，想要综观整个存在——各种力量间的运作"造成了上面的那种困惑。

92　总体眷顾］参看《巴勒的教学书》第二章"论上帝的作为"第二段"圣经中关于上帝的眷顾以及对受造物的维持"，§5："在生活中与我们相遇的事物，不管是悲哀的还是喜悦的，都是由上帝以最佳的意图赋予我们的，所以我们总是有着对他的统管和治理感到满意的原因。"然后，在对此的一个说明中，则有："我们所不应当做的事情是，在逆境之中消沉，因为我们知道，上帝的总体眷顾关照着我们，艰难只会是上帝之手为我们带来真正益处的一个工具。"

93　斧子已经在树根旁，每一棵不结好果实的树，都要被砍下］参看《马太福音》（3∶10），之中施洗者约翰说："现在斧子已经放在树根上，凡不结好果子的树，就砍下来，丢在火里。"

94　就是说，想要死亡的人，希望死去的人。

95　"时间之运用"，亦即，对时间的运用；"作为之特性"亦即，这作为所具的特性。

96　只有"终结"决定一个人是否曾幸福］也许是指向富有的吕底亚国王克洛索斯（或译克罗伊斯）。在希罗多德的史书（Historiae，第一卷第32章和第86章）中记载，有一次克洛索斯邀请雅典智慧的梭伦，并且向他展示自己的财富。他问梭伦怎样看他的幸福。梭伦在回答的时候说："按我所看到的说，你非常富有并且是许多人的君主；但是你问我的，我无法告诉你，因为我还没有看到你幸福地终结你的生命"。后来，在公元前546年，克洛索斯败在波斯国王居鲁士手下，居鲁士抓住了他并且决定烧死他。在克洛索斯不幸地站在柴禾上时，他想到雅典的智者梭伦对他说过的话，只要人还活着，没有人能够是幸福的，于是他大喊三声"梭伦"。在居鲁士听到了他的叫喊之后，让翻译去问他为什么这样喊叫。在居鲁士知道事情的缘由之后，他下令灭火让克洛索斯得以活命。(Jf. *Die Geschichten des Herodotos*, overs. af F. Lange, bd. 1—2, Berlin 1811, ktl. 1117; bd. 1, s. 18f. og s. 49f.)

另见《便西拉智训》(11：28)："这么说来，就不必论定任何人生前的幸福与否了，因为'全部证据得到死的时候才会完满'（他将被自己的子孙所认识）。"

97　苍白而冷酷的收割者] 死亡常常被想象为手里拿着一把长柄镰刀，也被称作是"死亡之收割"。

98　这辜使生命终结] 可能是指自杀。

99　对于"说话要缓慢"的严肃提醒] 指向《雅各书》(1：19)："我亲爱的弟兄们，这是你们所知道的。但你们各人要快快的听，慢慢的说，慢慢的动怒。"

"说话要缓慢"，译者稍作改写，原文直译是："在'说话'之中的缓慢性"。

100　异教文化的至高勇气……智慧者……"未决定性"在自己的生命的每一个瞬间都克服着这一想法] 指向苏格拉底。对照阅读《申辩书》42："我们离开这里的时候到了，我去死，你们去活，但是无人知道谁的前程更幸福，只有神才知道。"(《柏拉图全集》，第一卷，第32页，王晓朝译，人民出版社，2002年。)

101　罪的工价] 指向《罗马书》(6：23)："罪的工价乃是死"。

102　"……如果这是一个弟子，他根本就没有去留意：'在死亡之决定中一切都成为过去，并且这变化无法作为一种新的事件而排在一系列其他的事件之中，因为在死亡之中一切都已结束'，对一个这样的弟子，这老师到底会怎么想呢？"

这里译者对句子作了一定的改写，如果按原文直译的话，应当是：

"……那么，这老师到底会怎么去想这个根本就没有去留意'在死亡之决定中一切都成为过去，并且这变化无法作为一种新的事件而排在一系列其他的事件之中，因为在死亡之中一切都已结束'的弟子呢？"

103　看法 (Mening)，也是意义 (Mening)。

104　持有看法的人 (den Menende)。"有着看法 (menende)"是分词，如果说是动词，也就是"认为 (mene)"。

105　"毫无意义的话"，det Meningsløse，也就是说"那没有意义的"，是看法 (Mening)，亦即意义 (Mening)，加上后缀"无 (-løs)"。

106　"意义 (Mening)"，也是"看法 (Mening)"。

107　那表达看法的人 (den Menende)。

108　令人敬畏者] 丹麦的"令人敬畏者 (Højærværdig)"的称呼属于较高和最高的神职，在九个等级之中位于第二到第六级。

109　就是说，按照规则说是有资格的。

110　在这里作了讲演的人，他是年轻的，还在学习者的年龄] 克尔凯郭尔写下

321

陶冶性的讲演集

《三个想象出的场合讲演》的时候 31 岁。

111 "够格（værdig）"，见前面对这个词的注释。

112 "使用一个标示同一个意思的外来词，这一生命之最终考试（Examen）"。原文中所用词 Examen（考试），是拉丁语，所以说是外来语词。在现代丹麦语中，eksamen 已经成为丹麦语中的一个常用词了。

三个想象出的场合讲演

※ 54 ※

Døden til Tjenestepigen.
Undskyldning hjelper ej, min kjere lille Pige!
Jeg haver dandset før med mangen af din Lige.
Hvor stærk og knipsk du er, maa du dog dandse med;
Du nu ej faaer Forlov at gjøre flere Fjed.

原野里的百合和天空下的飞鸟[1]

三个与上帝有关的讲演

索伦·克尔凯郭尔

哥本哈根
大学书店莱兹尔

毕扬科·鲁诺斯印刷坊印刷
1849

前　言

　　我这样希望：这本小书（考虑到这本小书出现时的境况[2]，这让我回想起我最初的讲演集，尤其是回想起我在我最初的讲演集中写的最初的话，亦即，为那紧接在《非此即彼》之后出版[3]的《两个陶冶性的讲演，1843年》所写的前言[4]）也会使得"那个'被我带着欣悦和感恩地称作是我的读者'的单个的人"[5]回想起那同样的词句："它想要继续留在'那隐蔽的'之中，正如它在隐蔽之中进入存在，——一朵在大森林的遮掩之下小花。"[6]。在这样的境况下，这本小书会让他回想起这些；并且，我还希望，这本小书会让他——正如它让我——回想起那在《两个陶冶性的讲演，1844年》的前言[7]中的："它被以右手来给出"[8]，——这与那曾以左手并正以左手来被递出的笔名正相反[9]。

1849年5月5日[10]
S. K.

祈　祷

在天之父！什么是"作人"[11]，以及，相关于上帝，什么是对"作人"的要求，——这其实也是一个人在与他人为伴时，尤其在人堆之中，特别难以得知的，并且，若他从别处得知，那么，这也是他在与他人为伴时，尤其在人堆之中，特别容易忘记的。愿我们可以去学"作人"，或者说，如果我们忘记了，愿我们可以重新去向飞鸟和百合[12]学习"作人"；愿我们可以学习"作人"，即使无法一下子学全，也还是可以从它们那里学到某一些，并且一小点一小点地学；这一次，愿我们可以向飞鸟和百合学习沉默、恭顺和快乐！

在复活主日之后的第十五个星期日的福音[13]

一个人不能事奉两个主。不是恶这个爱那个,就是重这个轻那个。你们不能又事奉神,又事奉玛门[14]。所以我告诉你们:不要为生命忧虑吃什么,喝什么;为身体忧虑穿什么。生命不胜于饮食吗?身体不胜于衣裳吗?你们看那天上的飞鸟,也不种,也不收,也不积蓄在仓里,你们的天父尚且养活它。你们不比飞鸟贵重得多吗?你们哪一个能用思虑使寿数多加一刻呢?何必为衣裳忧虑呢?你想,野地里的百合花怎样长起来。它也不劳苦,也不纺线。然而我告诉你们:就是所罗门[15]极荣华[16]的时候,他所穿戴的还不如这花一朵呢!你们这小信的人哪!野地的草今天还在,明天就丢在炉里,神还给他这样的妆饰,何况你们呢!所以,不要忧虑说,吃什么?喝什么?穿什么?这都是外邦人所求的。你们需用的这一切东西,你们的天父是知道的。你们要先求他的国和他的义,这些东西都要加给你们了。所以,不要为明天忧虑,因为明天自有明天的忧虑;一天的难处一天当就够了。[17]

一
"观看天空的飞鸟,审视原野中的百合"

  然而,也许你用"诗人"的话说,并且在诗人这么说的时候,这说法恰恰是投合了你的心意:哦,愿我是一只飞鸟,或者愿我像一只飞鸟,像那带着漂游的兴致在大地和海洋之上远飞的自由之鸟,如此贴近天空,向遥远的天涯;唉,我,我只觉得被束缚,然后还是被束缚,被终生牢牢地钉死在这个地方,在这个地方,日常的悲伤、各种痛苦和各种逆境让我明白:这是我住的地方,并且一辈子就是如此!哦,愿我是一只飞鸟,或者愿我像一只飞鸟,比一切被大地重力吸引的东西都更轻盈,在空气之上,比空气更轻盈,哦,愿我像那轻盈的飞鸟,在它寻找驻足点的时候,它甚至在大海的表面筑巢[18];唉,我,每一个运动,哪怕是最轻微的,只要我有所动弹,都能够让我感觉到有怎样的一种重力压着我![19]哦,愿我是一只飞鸟,或者愿我像一只飞鸟,没有任何顾虑,就像那小小的歌鸟,即使没有人在倾听,它也谦卑地唱着,或者,即使没有人在倾听,它也骄傲地唱着;唉,我,不拥有任何属于我自己的瞬间、不拥有任何属于我自己的东西,我,却被散发出去,不得不为千千万万种顾虑服务![20]哦,愿我是一朵花,或者愿我像那朵原野之中的花朵,幸福地爱上我自己,并且在此写上句号;唉,我在自己的心中也感受到这种人心之分裂,既非自爱地能够与一切断绝关系,亦非怀着爱心能够牺牲一切![21]

  如此是"诗人"的情形。漫不经心地听上去,几乎就好像是,他在说福音书所说的东西,当然他也确实是在使用最强烈的表述来推重飞鸟和百合的幸福。然而,让我们再听他说下去。"因此,如果去赞颂百合与飞鸟并且说:你应当如此如此,那么,这差不多就仿佛是一种来自福音书的残酷;唉,我,在我身上这愿望是如此真实,如此真实,如此真实:'哦,愿我像一只天空下的飞鸟,[22]像一朵原野上的百合'。但是,'我要能够如此',这却是一种不可能;而恰恰因此,这愿望是如此真挚、如此忧伤、却又如此炽烈地在我的内心中燃烧着。福音如此对我说,说我应当是那我所不是的东西,我太深刻地(正如这愿望因此而在我内心之中)感觉到我不是并且也无法是那东西,这是多么残酷。我无法理解这福音;在福音与我之间有着一种语言差异[23],如果我要是能明白的话,这差异简直是要杀死我。"

诗人相对于福音的情形持恒地如此;同样他相对于福音中关于"作孩童"的说法[24]的情形也是如此。"哦,愿我是一个孩子",诗人这样说,"或者愿我像一个孩子那样,'啊,孩子,无邪而快乐';唉,我,则是过早变老的我,过早变得有辜并且悲惨的我!"

奇妙啊;因为人们当然说得很有道理,这诗人就是一个孩童。不过诗人仍还是无法达到对福音的理解。那是因为,在诗人的生命的根本上其实有着关于"能够去成为那愿望所求的东西"的绝望[25]作为基础;而这一绝望生产出愿望。但这"愿望"是悲凄[26]的发明。因为,这愿望确实能够在一个瞬间里起着安慰作用,但是在进一步审视之下,我们则会看见,它其实没有在安慰;因此我们说,这愿望其实是由那悲凄[27]发明出来的安慰。多么奇怪的自相矛盾!是的,而诗人也是这自相矛盾。诗人是"痛楚"的孩子,但父亲却将之称为"快乐"的儿子[28]。在痛楚中,愿望在诗人身上进入存在;而这愿望,这炽烈的愿望,它使得人的心灵喜悦,相比葡萄酒令心灵欢愉,相比春天最早的花蕾、相比那我们在厌倦了白天而在对夜晚的思念之中愉快地对之致意的第一颗星星、相比那破晓时我们对之告别的夜空之中的最后一颗星星,这愿望更令心灵喜悦。诗人是"永恒"的孩子,但缺乏"永恒"的严肃。在他想着飞鸟和百合的时候,他就哭泣;在他哭泣的时候,他在哭泣之中找到对痛苦的缓和;愿望进入存在,愿望之雄辩也伴随着一起进入存在:哦,愿我是一只飞鸟,那我在孩提时代的图画书中读到的飞鸟;哦,愿我是原野之中的花朵,那生长在我母亲的园中的花朵。但是如果我们以福音的话语对他说:这是严肃,飞鸟在对"严肃"的学习中是教导师,这正是那"严肃";于是,诗人就必定会笑,——并且,他拿飞鸟和百合来开玩笑,如此逗笑,以至于他使得我们所有人,甚至有史以来最严肃的人都笑了;但是他并没有这样地打动福音。这福音如此严肃,乃至诗人的全部忧伤都改变不了它,尽管这忧伤甚至会改变最严肃的人,使之在一瞬间里屈从而进入诗人的想法,与之一同叹息并且说：亲爱的，这对于你确实是一种不可能！是的，这样我也不敢说"你应当"；但福音敢去命令诗人，说他应当如同飞鸟。福音是如此严肃，乃至诗人最不可抵挡的奇思怪想都无法使得它微笑。

你"应当"重新成为孩子[29]，因此，或者说，为了这个目的，你应当开始能够并且想要理解那为孩子准备的词句，这词句是所有的孩子都理解的，而你应当像孩子一样地去理解它：你应当。孩子从来不问依据，孩子不敢、孩子也无须问，——这里其一对应于其二：正因为孩子不敢，所以孩子无须问其究竟；因为对于孩子来说，这个"他[30]应当"本身就足以构成依据，而所有依据集为一体也无法在这样的程度上足够地成为对孩子来说的依据。孩子从来不说：我不能。孩子不敢，并且这也并非是真的，——这里其一对应于其二：正因为孩子不敢说"我不能"，所以这"他不能"就也不是真的，因此，这就说明，真相就是"他能"，因为如果一个人不敢去尝试别的，那么这"不能"就不可能，这是再明显不过的事——这里的关键只是：一个人是否确实是真的不敢去尝试别的。而孩子从来不寻找借口或者托辞；因为孩子明白"可怕的东西"的真相：对他来说，不存在任何借口或者理由，不存在任何藏身之处，无论在天上还是地下[31]、无论在客厅还是在花园，他都无法躲开这个"你应当"。而如果一个人完全明白"这样的藏身之处是不存在的"，那么，借口或者托辞也就不存在了。在一个人知道这"可怕的东西"的真相——"任何借口或者理由都不存在"的时候，那么，是的，那么他自然就不会找到任何借口或者理由，因为不存在的东西是找不到的，——而他也并不去找它；于是他就只去做他应当做的事情。孩子从不需要长时间的考虑；因为在孩子应当去做什么的时候，并且也许是马上，这时当然不会有考虑的机会；即使不是马上，但只要这孩子仍应当去做什么，——是的，即使我们给他永恒的时间去思量，他却不会需要这永恒，他会说：要那么多时间干嘛，既然我仍还是应当去做这事。如果孩子接受这时间，那么他就会以另一种方式很好地使用这时间，将之用于玩耍、嬉乐以及诸如此类；因为孩子所应当去做的事情，是他应当去做的，——这是确定不变的，与"考虑"毫无关系。

那么，就让我们根据福音的指导严肃地把百合与飞鸟视作老师吧。这里说"严肃地"，因为福音不至于在灵的意义上如此夸张乃至无法使用百合与飞鸟；但它也不至于尘俗到这样程度，以至于它只能够要么是忧伤地要么是微笑着地审视百合与飞鸟。

让我们从作为老师的百合与飞鸟那里学习

沉默，或者学习去缄默。

因为，很明显，那使得人优越于动物的标志是"说话"，——如果谁愿意，也可以这样说，——使得人远远优越于百合的标志是"说话"[32]。然而，并不因为"能够说话是一种长处"，我们就理所当然地能导出"能够缄默并非应当是一种艺术"或者"能够缄默只应当是一种蹩脚的艺术"这样的结论来；恰恰相反，正因为人能够说话，所以能够缄默恰恰才正是艺术，而恰恰因为他的这种长处那么容易诱惑他，所以，能够缄默才恰恰是一种伟大的艺术。而他可以向沉默的老师们——百合与飞鸟——学习这艺术。

"首先寻求上帝的国和他的正义"[33]

但是，这意味了什么、我要去做什么，或者说，如果我们能够说一种追求是在寻找、在渴求上帝的国，那么这是一种什么样的追求？我是不是应当努力尝试去得到一个与我的能力和精力相对应的职位以求在之中起作用？不，你首先应当去寻求上帝的国。是不是我应当去把我的所有财产施舍给穷人们[34]？不，你首先应当去寻求上帝的国。是不是我应当走出去向世界宣示这种学说？不，你首先应当去寻求上帝的国。但如果是这样的话，在某种意义上说，我是不是当然也就没有什么应当去做的？是的，确实如此，在某种意义上说是没有什么应当去做的；你应当在最深刻的意义上使得你自己成为乌有[35]，在上帝面前成为乌有，学习缄默；初始就在这种沉默之中，这初始就是：首先去寻求上帝的国。

这样，相关于上帝，从某种意义上说是向后退着地，我们走向了起始的地方。起始的地方不是我们一开始出发的地方，而是我们要走向的地方；并且我们是向后退着地走向它。起始的地方就是"变得沉默"这艺术；因为如大自然般处于沉默，不是艺术。这一"以这样一种方式在最深刻的意义上变得沉默，在上帝面前沉默"，这是"敬畏上帝"的开始，因为正如敬畏上帝是智慧的开始[36]，沉默则是敬畏上帝的开始。正如敬畏上帝比智慧的开始更多，是"智慧"[37]，同样，沉默则比敬畏上帝的开始更多，是"敬畏上帝"。在这沉默之中，"愿望"和"欲求"的许多想法敬畏地哑默下来；在这种沉默之中，"感恩"的丰富言辞敬畏地哑默下来。

能够说话是人相对于动物的长处；但是在相关于上帝的时候，对于那能够说话的人，"想要说话"很容易通往毁灭。上帝在天上，而人在地上：所以他们不能很好地在一起交谈。上帝是全智[38]，而人所知的只是散言碎语：所以他们不能很好地在一起交谈。上帝是爱[39]，而人，正如我们对一个孩子所说的，甚至就其自身福祉而言也只是一个小小的傻瓜：所以他们不能很好地在一起交谈。只有在许多畏惧和颤栗[40]之中，人才能与上帝交谈；在许多畏惧和颤栗之中。但是由于一个另外的原因，在许多畏惧和颤栗之中说话是艰难的；因为正如恐惧[41]使得声音在肉体上背弃我们，同样，许多畏惧和颤栗使得"说话"在沉默之中成为寂静。真正的祷告者知道这个；而那本非真正的祷告者的人，他也许在祈祷之中恰恰学会这个。在他的心念中，有着某种东西，如此深切，一件对他如此重要的事情，"真正使自己能够让上帝理解"，这对于他是如此地紧迫而重要，他惟恐自己会在祈祷之中忘记了什么，唉，而如果他忘记了，他则惟恐上帝自己不会记住它：所以他想要集中心思来真正诚挚地祷告。而如果他本来就诚挚地祷告着，那么对于他，又有什么事情会发生呢？那奇妙的事情在他身上发生了；渐渐地随着他在祈祷之中变得越来越诚挚炽烈，他能够说的东西越来越少，到最后他变得完全沉默。他变得沉默，如果说有什么事情可能比"沉默"在更大的程度上对立于"说话"的，那么这就是：他成为了一个倾听者。他曾认为的祷告是"说话"；而他在学习之后知道：祷告不仅仅是沉默，也是倾听。事情就是如此；祷告不是听自己说话，而是进入沉默，继续保持沉默，等待，直到祷告者听见上帝。

因此，福音所说的话，"首先寻求上帝的国"，是教育着人的，它就似乎是在以这样的方式来把人的嘴套住：对每一个他所提出的关于"这是不是他所应当做的事情"的单个问题，都做出这样的回答说：不，你应当首先寻求上帝的国。因此我们可以这样地改写这福音中的话：你应当以祷告作为开始，并非是仿佛（当然这是我们已经展示过的）祈祷总是以沉默开始，而是因为在这祈祷真正地成为了祈祷之后，这时它才变成了沉默。首先寻求上帝的国，这就是：祷告！如果你问，是的，如果你在问题中彻底考虑了所有细节，询问着：这个就是我所应当去做的吗，而如果我去做这事情，那么这就是在寻求上帝的国吗；这时，对此回答必定会是：不，你应当首先寻求上帝的国。但是祷告，就是说，正确地祷告，就是变得沉默，而这就是首先寻求上帝的国。

你能够在百合和飞鸟那里学到这种沉默。就是说，它们的沉默不是艺术，但是在你变得如百合和飞鸟一般沉默的时候，那么然后你就到达了开始，这就是，首先寻求上帝的国。

在那里，在上帝的天空之下，在百合与飞鸟那里，是多么庄严啊，为什么？去问"诗人"吧；他回答：因为那里有着沉默。进入这庄严的沉默是他所神往的：离开人世间的世俗万物，这尘嚣之中有太多"说话"；离开这个世俗人生，这人生只是以一种可悲的方式证明了，人因"说话"这一标志而优越于各种动物。"因为"，诗人会说，"优越于其他东西固然很好，不，我还是远远地更喜欢那里的沉默；我更喜欢它，啊不，这是无法比拟的，它比那些能够说话的人们无限地更优越。"就是说，在大自然的沉默之中，诗人认为，他感觉到神圣的声音；而在人众忙碌的谈话之中，他认为不但感觉不到神圣的声音，而且根本就感觉不到"人与神圣有着亲缘关系"[42]。诗人说：是的不错，"说话"确实是人相对于动物的长处，——如果人能够缄默。

然而，"能够缄默"，你能够到野外去百合和飞鸟那里学习这个[43]，那里有着沉默，而在这沉默之中也有着某种神圣的东西。沉默在那里；不仅仅是在一切缄默于寂然之夜的时候，而且也是在白天振动起上千根音弦进入运动而一切如同一片声音的海洋的时候，沉默仍在那里：一切各尽其份，不管是其中任何个体，还是一起作为整体，都不去打破这神圣的沉默。沉默在那里。森林沉默；即使是在森林细语的时候，它一样也还是沉默的。因为这些树，即使是在它们最密集地相傍而立的簇丛之中，它们相依相拥，不弃不离，这恰恰是人所罕有的品格，虽然有预先许下的诺言说"这是我们之间的秘密"，人们却很少相依相拥、不弃不离地信守这诺言。大海沉默，即使是在大海狂哮的时候，它一样也还是沉默的。在最初的一瞬间你也许听错，你听见它在喧哗。假如你急匆匆地发布出这样的消息，那么你就冤枉了大海。相反，如果你花更多时间去更仔细地倾听，那么你，（多么奇妙！）你听见沉默；因为单调也还是沉默。当沉默在夜晚栖息于风景之中、而你在田野里听着遥远的吼哮的时候，或者当你远远地从农人的房中听见那熟悉的狗吠的时候，这时，我们就无法说这吼哮或者狗吠打扰了沉默，不，这声音属于沉默的一部分，秘密地，并且在这样的程度上也是沉默地，与这沉默达成一致，它把沉默放大。

现在，让我们进一步审视百合与飞鸟，我们是应当向它们学习的。飞鸟缄默并且等待[44]：它知道，或者更确切地说，它完全而坚定地相信，一切在其应发生时发生，所以飞鸟等待；但是它知道，它没有权限去知道时间或者日子[45]，所以它沉默。在适当的时候，事情自然将发生，飞鸟说，其实不是飞鸟在说，它沉默；但它的沉默是在说着的，而它的这沉默所说的就是，它相信这个，而因为它相信这个，所以它缄默并等待。然后，在那瞬间到来的时候，沉默的飞鸟就明白，这就是那瞬间；它使用这瞬间，从不有愧。同样，百合的情形也是如此，它缄默并等待。它不会不耐烦地去问"春天什么时候到来？"，因为它知道，在适当的时候春天自然将到来，它知道，如果它获得许可去决定一年四季的话，那么这对于它自己是最无益的；它不问"什么时候下雨？"或者"什么时候出太阳？"，或者"我们现在是不是有太多雨"或者"现在暑气太重"；它不在事先问，今年的夏季将会怎样，多久或者多短：不，它缄默并等待。它是如此简单，但是它却从来不被欺骗；"被欺骗"只能够发生在"聪明"上，而不会是发生在"简单"上，——"简单"不欺骗也不被欺骗。然后那瞬间就到来了，而在那瞬间到来的时候，沉默的百合明白，此刻就是那瞬间，并且它使用这瞬间。哦，你们这些教授"简单"的深刻的大师，难道会有这样的可能，一个人在说话的时候也能够与"瞬间"相遇？不，我们只能通过缄默而与瞬间相遇；如果我们说话，哪怕只说一句话，我们也会错过这瞬间；瞬间只在沉默之中。因此在这瞬间出现时，人很少真正能够去明白，也很少能够去正确使用这瞬间，因为他无法沉默。他无法缄默和等待，也许由此能够说明，这瞬间为什么根本不在他面前出现；他无法缄默，也许由此能够说明，为什么在这瞬间出现在他面前时他无法感觉到这瞬间。因为，固然这瞬间蕴含了其丰富的意义，它却不会在来临之前发出任何关于它要到来的消息，它来得太急而无法预告，而在它到来的时候，自然也不会有预先的一瞬间；这瞬间，不管它在其本身之中意义多么重大，也不会带着喧嚣或者带着叫喊来临，不，它悄悄地来临，带着比任何生灵所能够弄出的最轻足音更轻的步履，因为它带着"那突然的"的轻盈步履，偷偷地来临；因此，如果我们想要感觉到"此刻它在这里"，我们就必须完全沉默；而在下一瞬间它则已经消失，因此，如果我们要成功地使用它，我们就必须完全沉默。但是，一切仍依赖于这"瞬间"。确实，这样的事情是许许多多人的生命之中的不幸：他们从来没有感觉到这"瞬间"，在他们的生命之中，"那永恒的"和"那现世的"只是相互隔绝着，为什么？因为他们无法缄默。

飞鸟缄默并且承受[46]。不管它有着多么深重的心灵悲伤，它缄默。甚至荒漠或孤独的沉郁的哀歌歌手[47]也缄默。它叹息三声，然后缄默，再次叹息三声；但是，在本质上，它缄默。因为不管这是什么，它不说，它不抱怨，它不责怪任何人，它只是叹息，以便重新开始沉默。就是说，仿佛这沉默会使它爆炸，所以为了能够缄默，它必须叹息。飞鸟的痛苦没有被免除。但是沉默的飞鸟为自己免除了那加重痛苦的东西，那来自他人的误解的同情；它为自己免除了那使痛苦更持久的东西，那许许多多关于痛苦的话语；它为自己免除了那使痛苦成为"比痛苦更严重的东西"、成为"烦躁[48]与悲哀"之罪的东西。飞鸟在它承受痛苦的时候缄默，然而不要以为这只是飞鸟的小小欺骗，不要以为它（不管它对别人怎样沉默）在它的内心之中并不缄默，不要以为它在抱怨自己的命运、责怪上帝和人类而让"心灵在悲伤之中行罪"[49]。不，飞鸟缄默并且承受。唉，人则不这样做。那么，为什么相比于飞鸟的痛苦，人的痛苦就显得如此可怕？是不是因为人能够说话？不，不是因为这，我们都知道"能够说话"是一种长处；那是因为人不能够缄默。就是说，这并非是像那烦躁的人[50]，或者更严重一些，那绝望中人所以为的那样：在他——其实这已经是对于话语和声音的一种滥用了——，在他说或者叫喊着"但愿我能够拥有风暴的声音，来像我感觉我的所有痛苦那样地说出它们"的时候，他以为自己是明白自己所说的东西的。哦，这只是一种痴愚的补救办法，他只会在同样的程度上更强烈地感觉到这痛苦。不，这不是个办法，但如果你能够缄默，如果你能够拥有飞鸟的沉默，那么，痛苦无疑会变得轻一些。

正如飞鸟，百合也一样，它缄默。哪怕是它在凋谢的时候站在那里承受着痛苦，它沉默；无邪的孩子不会装模作样，人们也不会去要求他掩饰自己，而这对于那不能够这样做的人是幸运，因为"装模作样"这种艺术事实上是要让人付出极大代价的，——它不会掩饰自己，对自己的颜色变化，它也没有什么办法，我们从这苍白的颜色变化认得出某种东西，颜色变化泄露出"它承受痛苦"，但是它所做的是缄默。它很愿意保持挺立来隐藏起它所承受的痛苦,只是它没有气力去这样做,它没有这种控制自己的力量;它的头无力地弯曲着垂下;路人(如果真的有什么路人有着这么多的同情而以至于能去关注它的话!),这路人明白这意味了什么,这情景说得够多了;但百合缄默。百合的情形就是如此。但是到底是因为什么缘故,人的痛苦与百合的痛苦相比就显得如此可怕,难道是因为百合无法说话?如果百合能够说话,唉,如果它真的像人一样地不曾学会"缄默"的艺术:那么,它的痛苦岂不也会变得可怕?但是百合缄默。对于百合,"承受"就是"承受"[51],既不多也不少。而既然"承受"既不多也不少地就是"承受",那么这就使痛苦[52]变得尽可能地简单,并且也变得尽可能地轻微。而既然痛苦在,那么它就无法变得轻微,因此它只能是它所是。但是反过来在这痛苦并非准确地保持"既不多也不少"地是它所是的时候,那么它就能够被无限地放大。在痛苦是"既不多也不少"的时候,就是说,在痛苦是它所是的那种确定的痛苦时,那么即使它是最大的痛苦,它也只是它所能是的最小的。但是如果这关系变得不确定,那么,不管本来这痛苦有多大,这痛苦就会变得更大;这种不确定性无限地放大痛苦。而这种不确定性恰恰出现在人的"能够说话"这一模棱两可的长处上。相反,痛苦之确定性,亦即,它既不多也不少地是它所是,则只有重新通过"能够缄默"来达到;并且,你能够向飞鸟和百合学习这沉默。

那里,在百合和飞鸟那里有沉默。但是这沉默表达什么呢?它表达对上帝的崇敬,他是治理者,他,唯一的一个,智慧与理智属于他。恰恰因为这沉默是对上帝敬畏,就像它在大自然之中所会是的情形,是崇拜,所以这沉默如此庄严。而因为这种沉默是这样地庄严,所以我们能够在大自然之中感受到上帝,又有什么可奇怪的,一切因对他的崇敬而缄默!虽然他不说话,而因为"一切因为对于他的崇敬而缄默",让我们感觉似乎他在说话。

相反,无须任何诗人的帮助,你能够在百合与飞鸟那里向沉默所学的东西,那唯福音能教你的东西,亦即:这是严肃,这应当是严肃,飞鸟和百合应当是老师,你应当完全严肃地仿效它们,学习它们,你应当变得沉默如百合与飞鸟。

这样,在百合和飞鸟那里你能够感受到,你是在上帝面前(这是通常在说话中和在与他人的对话中如此完全地被忘记的事实),如果这是被正确地理解的，而不是像那做着梦的诗人或者那让大自然梦见自己的诗人所理解的，那么，这当然就已经是严肃了。因为，在我们仅仅两个人在一起说话的时候，甚至更多，在我们有十个人或者更多人在一起说话的时候，我们那么容易就忘记了，你和我，我们俩，或者我们十个人，是在上帝面前。但是那作为老师的百合是深刻的。它完全不让你介入，它缄默，通过缄默它让你知道"你是在上帝面前"，这样你记得"你是在上帝面前"——于是你也必定在严肃并且在真相之中变得"在上帝面前沉默"。

变得在上帝面前沉默，正如百合与飞鸟，这是你所应当的。你不应当说"飞鸟与百合能够轻而易举地缄默，它们本来就不能说话"；这是你所不应当说的，你根本就什么都不应当说，不应当尝试，那怕是做最微不足道的尝试；如果你不是严肃地去对待"缄默"，而是痴愚而毫无意义地把"沉默"混杂在"说话"之中，也许是作为"说话"所涉及的对象，这样一来沉默就不再存在，反而倒是冒出一段关于"保持沉默"的讲话，——这样，沉默之教学就变得不可能。[53]在上帝面前，你不要觉得你自己比一朵百合或者一只飞鸟更重要；而当"你是在上帝面前"这一事实成为了严肃和真相的时候，后者将会尾随前者而成为结果[54]。甚至即使你在这世界所想要的东西是那最惊人的壮举，你也应当去承认百合和飞鸟是你的老师，在上帝面前你不要觉得你对于自己比百合和飞鸟更重要。即使事情是如此：当你展开你的计划时，以此世界之大，它也不足以容纳这些计划；即使如此，你也应当去向作为老师的飞鸟和百合学习，在上帝面前简单地把你的计划折叠起来放进比一个点更小的空间，并且只发出比"最没有意义的卑微"更小的噪音：在沉默中。即使你在世界里承受的痛苦是前所未有地难以忍受的，你应当去承认百合和飞鸟是你的老师，你不要觉得你对于你自己比那在其小小的麻烦之中的百合和飞鸟对它们自己更重要。

在福音使得"飞鸟和百合应当成为导师"成为严肃的时候，事情就是这样。在诗人那里，或者说，在那"恰恰因为缺少严肃而在那百合与飞鸟的沉默中无法变得完全沉默——却成为了诗人"的人那里，情况就不同了。就是说，诗人所说在极大的程度上确实不同于普通人所说，这诗人的话如此庄严，以至于同普通人的话相比，它几乎就像是沉默，但这却仍不是沉默。而"诗人"也不会因为想要缄口而寻求沉默，恰恰相反，

原野里的百合和天空下的飞鸟

他寻求沉默是为了想要开始说话——像一个诗人那样说话。在那外面的沉默之中,诗人梦想着那他所不会去实现的丰功伟绩——因为诗人当然不是英雄;诗人变得善于雄辩——而也许他变得善于雄辩恰恰是因为他是丰功伟绩的单恋者[55],——而英雄则是其幸福爱人[56];因而这缺憾使得他善于说话,正如缺憾在本质上造就诗人——他变得善于说话;他的这种雄辩就是诗。在那外面,在沉默之中,他设计着改造和造福世界的宏伟计划,从来不变成现实的宏伟计划——不,它们当然变成诗歌。在那外面,在沉默之中,他孵伏在自己的痛楚之上,让一切,——是的,甚至老师,飞鸟和百合,都必须为他服务而不是教导他——他让一切发出他的痛楚的回音;痛楚的这种回音就是诗歌,因为一声尖叫则完全不是诗歌,而这尖叫的无限回声就其自身而言则是诗。

所以,在百合与飞鸟的沉默中,诗人没有变得沉默,为什么?因为他把这关系弄颠倒了,他在与百合与飞鸟的比较中把自己弄成"那更重要的",自欺欺人地觉得自己有功劳,所谓"把辞句和话语借给了飞鸟和百合",而不觉得自己的任务是"向百合和飞鸟学习沉默"。

哦,我的听者,但福音还是可以成功地借助于百合和飞鸟来教你"严肃",同样也教我,并且使得你在上帝面前变得完全沉默!你在沉默之中会忘记你自己,你叫什么,你自己的名字,显赫的名字,悲惨的名字,无足轻重的名字,这样,你就能够在沉默之中向上帝祷告:"愿人都尊你的名为圣![57]"你在沉默之中会忘记你自己,你的计划,那些宏伟的、包容一切的计划,或者那些为了你的生活及其将来所作出的有限计划,这样,你就能够在沉默之中向上帝祷告:"愿你的国降临![58]"你在沉默之中会忘记你的意志、你的任性,这样,你就能够在沉默之中向上帝祷告:"愿你的旨意行!"是的,如果你能够从百合和飞鸟那里学会在上帝面前完全沉默,——这是福音无法帮你达到的,如果你能够学会,那么对于你,没有什么会是不可能的。但是只要福音通过百合与飞鸟教了你沉默,那么,它岂不是已经给予了你帮助,而这是怎样的帮助啊!因为,正如前面所讲,敬畏上帝是智慧的起始,而沉默则是敬畏上帝的起始。走向蚂蚁并且变得智慧,所罗门如是说[59];走向飞鸟和百合并且学习沉默,福音如是说。

"首先寻求上帝的国和他的正义"。但是对于"一个人首先寻求上帝的国"的表达正是沉默,百合与飞鸟的沉默。百合和飞鸟寻求上帝的国

341

而根本不寻求别的,其他一切对于它们都成为一种附加物[60]。但是如果它们根本不寻求别的东西,难道它们不是首先在寻求上帝的国?那么为什么福音说:首先寻求上帝的国;仿佛这里面有这样的意思,之后有别的东西可寻求,尽管很明显,福音的意思是说,上帝的国是那唯一应当被寻求的?这不可否定地是因为,只有上帝的国首先被寻求的时候,它才能被寻求;而那没有"首先寻求上帝的国"的人,根本不是在寻求它。进一步说,这也是因为,"能够寻求"本身包涵了一种"能够寻求其他东西"的可能性,而对于这样的"也能够寻求其他东西"的人来说,福音暂时仍还是外在的,因此,这福音就必须说:上帝的国是你应当首先去寻求的。最后则是因为,福音温和而慈爱地降临于人,循循善诱把这人引向"那善的"。如果福音马上想要说:你惟独应当寻求上帝的国,那么这人就会觉得这要求太高,他就会一半不耐烦、一半恐惧害怕地退缩回去。而现在福音有点是在令自己去适应他。在这人眼前有着许多他想寻求的东西,这时福音就专门找到他说:"首先寻求上帝的国"。于是,这个人就想:好啊,如果我在以后还可以得到许可寻求别的,那么就让我以"寻求上帝的国"作为开始吧。而这样,如果他真的以此作为开始,那么福音清楚地知道随即而来的是什么,就是说,他就这样在这种寻求之中感到心满意足,以至于完全忘记去寻求别的东西,是的,他甚至完全不再有寻求别的东西的愿望,于是,现在这就成为完全的真相:他惟独寻求上帝的国。如此是福音的行事方式,成年人对孩童说话也是如此。设想一个饿坏了的孩子;当母亲把食物摆上桌面而孩子看见了母亲所摆出的东西时,孩子几乎是不耐烦地哭着说:"这一丁点有什么用,等我吃了它,我还是一样饿";也许这孩子甚至变得很不耐烦,乃至他根本不愿开始吃,"因为这一丁点根本没有用"。但是母亲知道这一切都是一种误解,她说:"是的是的,我的孩子,你先把这些吃掉,然后我们随时都可以再看,是不是需要更多。"于是孩子开始吃;然后呢?一半还没有吃完孩子就饱了。如果母亲在一开始就马上教训孩子说"这已经足足有余了",那么,母亲固然没有说错,但她却没有通过自己的行为来给出一个智慧的例子;这智慧其实是教育的智慧,而现在母亲通过诱导孩子"先吃这些",她的做法就是这智慧。福音的情形也是如此。对于福音最重要的不是教训和斥责;对于福音最重要的是使得人们按它的要求去做。所以它说"首先寻求"。因此,可以这样说,它打住了这人的所有各种异议的话头,把他带入沉默,并且使得他真正地首先开始这种寻求；然后这寻求使得这人如此满足，乃至现在这就成为真相：他惟独寻求上帝的国。

　　首先寻求上帝的国，亦即，变得如同百合与飞鸟，亦即，变得在上帝面前完全沉默：然后别的对于你们都将成为一种附加物。

二
"一个人不能事奉两个主。不是恶这个爱那个，就是重这个轻那个。"[61]

我的听者，正如你所知，在这个世界上人们常常谈论关于非此即彼；这非此即彼引起极大的关注，它使得各种不同的人以不同的方式投入对它的研究：在希望之中、在畏惧之中、在忙碌的活动之中、在紧张的休止状态之中，等等。你也知道，在这同一个世界中我们也听到过一种关于"不存在非此即彼"[62]的说法，而这关于"不存在非此即彼"的智慧现在又引出出与那"意义最重大的非此即彼"所能引发的同样大的关注。但在这外面，在百合与飞鸟这里的沉默中，我们是不是会对这"存在有一种非此即彼"的说法有什么疑虑？或者说，我们是不是会对这"'非此即彼'所是的东西"有什么疑虑？或者说，我们是不是会对"这非此即彼在最深刻的意义上是否唯一的非此即彼"的问题有什么疑虑？

不，对此，在这里无法有任何怀疑；在这种庄严的沉默之中，不仅仅是在上帝的天空之下，而且也是在这种庄严的面对上帝的沉默之中，无法有任何对此的怀疑。一种非此即彼存在着：要么上帝，——要么，是啊，然后其他的一切都无所谓；如果一个人没有选择上帝，那么，不管他在其余的东西中选择什么，他就都错过了非此即彼，或者说，他在他自己的非此即彼上迷失了。因而：要么上帝；你看，在后者（其他的一切）之中，除了说明是上帝的对立面，根本没有作任何强调（这样一来，上帝被无限地强调了），因而在根本上，那是上帝，是他通过"以自身为选择的对象"而将那选择之决定[63]收紧，使之真正地成为一个非此即彼。如果一个人会轻率地或者沉郁地[64]认为，在上帝作为"那唯一的"在场的地方，事实上还是有三件可选择的东西，那么，他就是走上了迷途，或者说，他失去了上帝，因而对于他在事实上就也没有什么非此即彼；因为，随着上帝

原野里的百合和天空下的飞鸟

被丢失，亦即，在上帝之观念消失或者被歪曲的时候，非此即彼也就失去意义。但是，在百合与飞鸟那里的沉默之中，这样的事情又怎么会在一个人身上发生呢！

因而，非此即彼；要么上帝，并且如同福音所阐释的，要么爱上帝要么恨上帝。是的，在有噪音环绕着你的时候，或者在你注意力分散的时候，这看上去几乎像一种夸张；从爱到恨看起来有着太长的一段距离，这距离之长使人无法有"让这两者相互靠近对方"的权利，这两者不能同处于一道鼻息之中、不能同处于一个单个的想法中，也无法共存于"没有插入性从句、没有构成呼应关系的插入词[65]、甚至没有分隔符号而直接相随"的两句话之间。而正如物体在真空之中以无限的速度下落，在百合与飞鸟那里，"沉默"的情形也是这样，那在上帝面前的庄严沉默，这沉默使得这对立的两者[66]在同一个"此刻"中相互抵抗地进行接触，当然，也在同一个"此刻"中进入存在：要么爱，要么恨。正如在真空中不会有一个"第三者"来延缓物体下落的速度[67]，在这"在上帝面前的庄严沉默"中也不存在一个"第三者"，来让"爱"与"恨"保持一种延缓性的距离。——要么上帝；并且，如福音所阐释，要么投身于他、要么蔑视他。在与他人的共处中，在买卖与谋生的关系中，在与人众的交往中，介于"投身于某人"和"蔑视他"之间有着极大的距离；"我无须与这个人交往，"人说，"但是这并不说明我蔑视他，绝对不会。"与人众交往的情形也是如此，一个人善于应酬并且结交广泛，而在他与人众交往的时候，这种交往却没有本质的真挚，而只是一种可有可无的关系。但是，数量越少，从广泛的意义上说，人际间的社交量就越少，这就是说，交往越真挚，一种"非此即彼"就开始在越来越大的程度上成为这关系之中的规律；而与上帝的交往则在最深刻的意义上也无条件地是"非社交性的"。就看一下一对恋人吧，恋人关系也是一种非社交性的关系，正因为这种关系是如此地真挚；对于他们、对于他们间的关系来说，这就是：要么让我们相互献身于对方，要么让我们相互蔑视。现在，在百合与飞鸟那里，在这种"在上帝面前的沉默"中，因而绝没有任何他人在场，因而对于你也就是，除了与上帝的交往之外没有任何其他交往；事情就是如此：要么投身于他，要么蔑视他。没有任何借口，既然没有任何他人在场，并且无论如何，没有任何他人以这样的方式在场：他让你能够投身于他而不蔑视上帝；因为正是在这种沉默中我们清楚地看到：上帝离你是多么地近。两个恋人间相互如此接近，以至于这两个人，只要那一个还活着，这一个就不可能"不蔑视那一个"地去献身于一个这两人之外的别人；这里所具的就是这对恋人关系中的"非此即彼"的东西。因为，这一"非此即彼（要么投身要么蔑视）"是否存在，要依据于两者间的接近程度有多大。但是上帝，上帝当然也是不死的上帝，更接近你，比那对恋人间的相互接近在更大程度上无限地接近你；他，你的创造者和维持者[68]；他，你生活、动作和存在都在他之中[69]，出自他的慈悲你拥有一切[70]。于是，这个"要么投身上帝要么蔑视他"就不是夸张，这不同于一个人因一些微不足道的小事而在这里引进非此即彼，——一个这样的人，我们因此有理由称之为不近人情的人。这里的情形则不是如此。因为，一方面，上帝当然还是上帝。另一方面，他并非是相关于无关紧要的东西使用这非此即彼，他不说：要么玫瑰、要么郁金香。他是相关于自身使用它，并且说：要么我……要么你投身于我并且无条件地在一切之中如此，要么你——蔑视我。上帝则无疑不会以别的方式谈论其自身；如果上帝这样或者能够这样地谈论其自身，仿佛他不是那无条件的第一位，仿佛他不是"那唯一的"，无条件的一切，而也只不过是这样一种东西，一个寄希望于"也许也还是会被考虑到的"的人；如果那样，那么上帝就是失去了其自身，失去了关于其自身的观念，并且就不是上帝了。

因而，在百合与飞鸟的沉默中有着一个非此即彼，要么上帝……并且，如此理解：要么爱他要么——恨他，要么投身于他要么——蔑视他。

这一非此即彼到底意味了什么，上帝要求的是什么？因为非此即彼是一种要求，正如恋人要求爱，在其中的这一个对那一个说非此即彼的时候，他们要求的当然是爱。但上帝不是以恋人的方式来使自己与你发生关系，而你也不是以恋人的方式来使你自己与他发生关系。这关系是另一种关系：受造者对造物主的关系。以这非此即彼他到底要求什么呢？他要求顺从，无条件的顺从；如果你不是在一切之中无条件地顺从，那么你就不爱他，而如果你不爱他，那么——你就恨他；如果你不是在一切之中无条件地顺从，那么你就不投身于他，或者说，如果你不是无条件地并且在一切之中投身于他，那么你就不投身于他，而如果你不投身于他，那么——你就蔑视他。

这一无条件的顺从，——如果一个人不爱上帝，那么这人就恨他，如果一个人不是无条件并且在一切之中投身于他，那么这人就是蔑视他,——你能够从老师那里学得这一无条件的顺从,因而,这就是福音的指派:去向百合和飞鸟学习。这叫做,一个人通过学习"去顺从"而学习"去统治";而更确切的则是,一个人能够通过让自己顺从而向自己学习顺从。百合与飞鸟的情形就是这样。它们没有"用以去强迫那学习者"的力量[71],它们只有它们自己的顺从作为一种强迫性的力量。百合与飞鸟是"顺从的[72]授课老师"。这不是一种奇怪的说法么?本来人们把"顺从的"这个词用在学习者的身上,对学习者的要求是他应当顺从;但在这里,导师自己是顺从者!那么他所教的内容是什么?教的内容是"顺从"。通过什么方式来教授?通过"顺从"来教授。如果你能够像百合与飞鸟那样地顺从,那么你就也应当能够通过顺从来向自己学习顺从。但是既然你和我无疑都无法如此顺从,那么就让我们向百合和飞鸟学习:

顺从。[73]

我们说,在百合与飞鸟那里有着沉默。但是这种沉默,或者说,那我们所努力向之学习的,"变得沉默",是那"真正地能够顺从"的首要条件。当你周围的一切就是庄严的沉默,如同在百合与飞鸟那里,当在你身上有着沉默的时候,这时,你会感觉到,你会带着无限的强调感觉到这句话中的真理:你应当爱你的主上帝并且只单单侍奉他[74];你感觉到,这是"你",那应当如此地爱上帝的是你,在这整个世界里唯一的你,当然是唯一地处在那庄严的沉默之笼罩之中的你,如此唯一乃至每一个怀疑,每一个异议和每一个借口,每一个逃避,每一个问题,简言之,每一个声音,都在你自己的内心中被置于沉默,这每一个声音就是说每一个别的声音,除了上帝的声音——而上帝的声音笼罩你并在你身上通过沉默来对你说话。如果从来没有沉默这样地笼罩你并在你身上,那么你就没有学会并且永远也学不会顺从。但是如果你学会了沉默,那么在学习顺从方面就不会有问题。

那么,去留意你周围的大自然吧。在大自然之中一切都是顺从,无条件的顺从。在这里"上帝的旨意发生,如同行在天上,也行在地上"[75];或者如果有人以另一种方式引用圣词,它们也还是适用的:这里,在大自然之中,"上帝的旨意行在地上如同行在天上"[76]。在大自然之中一切都是无条件的顺从;在这里不仅仅,如同在人类世界中也是那样,不仅仅是因

347

为上帝是全能的[77]，所以没有任何事物，哪怕是最微不足道的，没有任何事物是不依据于他的旨意而发生；绝没有，在这里也是因为一切都是无条件的顺从。然而，这却无疑是一个无限的差异；因为，在一方面是，如果与他的旨意相悖，他，那全能的，那么，不管是最怯懦的，还是最顽逆的人的不顺从，不管是一个单个的人的不顺从，还是整个人类的不顺从，哪怕是最微不足道的，都不会有发生的可能；在另一方面则是，他的旨意发生，因为一切都无条件地顺从他，因为在天上和地上除了他的旨意没有别的意志；而这就是大自然中的情形。在自然之中就是这样，正如圣经中所说："没有他的旨意，一只麻雀也不会掉落在地上"[78]；而这不仅仅是因为他是那全能的，而是因为一切是无条件的顺从，他的旨意是那唯一的意愿：没有一点哪怕是小小的异议，一言一辞都没有，连一声叹息都听不见；如果这是他的意愿，那么，那无条件地顺从的麻雀就会无条件顺从地落在地上。在大自然之中一切是无条件的顺从。风的嘘唏、树林的回声、溪水的潺潺、夏天的哼吟、树叶的低语、草的簌簌，每一个声音，每一个你听见的声音，这全都是顺从，无条件的顺从，于是你能够在之中听见上帝，正如你能够在一种音乐之中听见他，这音乐是"顺从中的天体运动"[79]。那猛刮着的狂风的暴烈、云朵的轻盈的形体变化、大海的点滴状的流动性及其内聚、光芒的迅速和声音在更高程度的疾速[80]：这全都是顺从。准时的日出、准时的日落、风在示意之下[81]的转向、特定周期里的潮涨潮落、季节在准确变换之中的一致性：一切，一切，这全都是顺从。是啊，如果天上有一颗想要有自身意志的星辰，或者地上有一粒这样的灰尘；那么它们在同一瞬间都被化为乌有，同样地轻而易举。因为在大自然之中一切是乌有，以这样的方式理解：这是无条件的上帝旨意而绝非其他，而在它不是无条件的上帝旨意的瞬间，它就停止了存在。

那么，让我们更进一步，并且以人的方式，来审视百合与飞鸟，以学习顺从。百合与飞鸟对于是上帝无条件地顺从的。在这点上，它们是老师。正是作为导师，它们知道怎样以老师的方式去达到目标，唉，在这一点上，大多数人则肯定是会错过和失误的："那无条件的"。因为，有一样东西是那百合与飞鸟无条件地不明白的，而这东西却是大多数人所领会得最清楚的：折中[82]。一点小小的不顺从，它不会是无条件的不顺从；这种小小的不顺从是百合与飞鸟所无法理解的，这是它们所不愿意理解的。那百合与飞鸟无法并且不愿理解的是：事实上还应当会有那种最小最小的

原野里的百合和天空下的飞鸟

"不顺从"——这种"不顺从"是"蔑视上帝"之外的其他。那百合与飞鸟无法并且不愿理解的是：人在除了事奉上帝之外，部分地，也应当能够去事奉的其他东西或者其他人，并且这个行为还能够不是"蔑视上帝"的行为。在这"达到目标"之中，在这"在'那无条件的'之中具备自己的生命"[83]之中，有着多么奇妙的可靠性[84]！哦，还有，你们这些思想深刻的老师，除了在"那无条件的"之中，是不是还有可能在别的地方找到可靠性，既然"那有条件的"在其自身是不可靠性[85]?！那么，让我换一种方式吧，也许还是这样说更好：我不应当去赞叹那它们用来达到"那无条件的"的可靠性，更确切地说，那赋予它们那值得赞叹的可靠性而使得它们成为了顺从之教师的东西，正是"那无条件的"。因为那百合与飞鸟对上帝无条件地顺从，它们在顺从之中是如此地简单或者如此地崇高，乃至它们相信所有发生的事物都无条件地是上帝的旨意，并且，要么无条件顺从地行上帝的旨意、要么无条件顺从地将自己置身于上帝的旨意之中，除此之外，它们在世界上根本没有其他事情可做。

尽管那被指派给百合的所在真的是所有可能的所在之中最不幸的，以至于我们很容易就能预期到，在它的全部生命中，它都将是完全无足轻重而多余的东西，不被任何一个有可能会喜欢它的人留意；尽管地点和环境（是的，在那里我忘记了我所谈论的是百合）是如此"绝望地"不幸，以至于它不仅仅是没有被寻求，而且还被躲避；顺从的百合顺从地接受自身的境况，并且在它自己的一切美好之中绽放。我们人类，或者，一个人，处在百合的位置，肯定会说："这是艰难的，这是无法忍受的，如果一个人是百合并且美好如百合，却被指派到这样一个地方，要在一种在所有各种可能的处境之中最不利的地方绽开花蕾，仿佛是为了消灭对其美好之印象；不，这是无法忍受的，这无疑是造物主的一个自相矛盾！"一个人，或者我们人类，在我们处在百合的位置时，会这样想和这样说，并且在这样的想法之中因悲戚而凋谢。但是百合所想则不同，它这样想："不用说，我自己并不能决定地点和境况，所以这与我没有丝毫关系；我站在我所站的地方，这是上帝的意志。"百合如此想；而事实上也正如百合所想，这是上帝的意志，我们可以在这百合上看出这一点；因为它是美好的，——即使所罗门穿戴着其华丽盛装也不及它的美好[86]。哦，如果百合与百合之间在"美好"上有着区别，那么这朵百合就可以得奖：它具有更多的一种美好；因为当一个人是百合时，"是美好的"其实不是艺术；

349

但是在这种境况中"是美好的",在这样的一种环境里,这环境尽其所能来阻碍它,而它在这样一种环境里依旧完全是其自身并且坚持着其自身、嘲弄整个环境所具的权力,不,不是嘲弄,——百合不会这样做——,而是在它自身的一切美好之中无所顾忌!因为,哪怕环境恶劣,百合还是它自己,因为它对上帝无条件地顺从;而因为它对上帝是无条件地顺从的,所以它无条件地无所顾忌,——这种无所顾忌,特别是在这样的环境下,只有"那无条件地顺从的"才能做到。而因为它完完全全地是它自己并且是无条件地无所顾忌的(这两者直接地相互对应并且反过来亦是如此),因此它是美好的。只有通过无条件的顺从一个人才能够无条件准确地达到他所应当站在那里的这个"位置";而当一个人无条件地达到了这位置,这个人就懂得,其实"这个位置是不是一个垃圾堆"这个问题是一件无条件地无足轻重的问题。——如果百合所遭遇的是所有可能发生的事情之中最不幸的,以至于它绽开的瞬间是如此地不利,以至于它(根据那它在事先几乎可以确定地估计出的结果)将在这同一瞬间被折断,这样它的"进入存在"就成为它的毁灭,是的,这看起来就是,它进入存在并且变得美好就是为了走向毁灭;这顺从的百合正是在这样的意义上作为一个顺从者的,它知道上帝的意志是如此,它绽开,——如果你在这一瞬间看它,那么你根本看不出有任何迹象表明这开花的过程同时也是它的毁灭,它发育得如此完全,它如此丰富而美丽地绽蕾,它如此丰富而美丽地——而因为这全过程只是一瞬间——无条件顺从地接受它的毁灭。一个人,或者我们人类,在处于百合的位置时,会对于那关于"进入存在"和"毁灭"是同一件事的想法感到绝望,而在这种绝望之中,我们阻碍自己去成为我们本来可以成为的东西,尽管那只是一个瞬间。百合的情形则不同;它是无条件地顺从的,所以它在美好之中成为其自身,它在事实上实现其全部可能性,不受干扰地,无条件地,不为那"这同一瞬间是它的毁灭"的想法所干扰。哦,如果百合与百合之间在"美好"上有着区别,那么这朵百合就可以得奖;它具有更多的一种美好,——尽管在这同一瞬间有对毁灭的确定它还是如此地美好。确实,直面毁灭而有着勇气与信仰去进入存在,去成就其全部美好,这只有无条件的顺从才能做到。一个人,正如上面所说,会被对毁灭的确定干扰,这样他没有去实现他的可能性,而这可能性则是被赋予他的,哪怕他注定只能得到那最短暂的生存。他会说,"用于什么目的?"或者他会说,"为什么?"或者他会说,

"这能有助于什么？"；而这样他就无法让自己的全部可能性得以展开，相反，他一瘸一拐而丑陋地，在那瞬间到来之前就已经自己毁灭了自己。只有无条件的顺从能够无条件准确地达到"那瞬间"；只有无条件的顺从能够利用这瞬间而无条件地不受下一瞬间的干扰。

尽管在"飞鸟要飞走"的瞬间出现的时候，根据它的理解，它确定地知道，就它现有的状态说，它的状态很好，因而，通过飞离，它将脱离"那确定的"以便去把握"那不确定的"；而这顺从的飞鸟还是马上开始它的飞行；简单地，借助于那无条件的顺从，它只明白一件事，但是它对这件事是无条件地明白的：此刻是那无条件的瞬间。——当飞鸟被这生命的严酷触摸时，当它经受艰难与逆境的考验时，当它有好几天每一个早晨都发现自己的巢被毁时，这顺从的飞鸟每天带着那初次的兴致和细心重新开始自己的工作；简单地，借助于无条件的顺从，它只明白一件事，但是它对这件事是无条件地明白的：这是它的工作，它唯一要做的就是它的工作。——在飞鸟不得不经历这个世界上的恶意时，当那小小的歌鸟鸣唱上帝的荣耀而不得不忍受一个顽童为了好玩而怪声模仿鸟语以尽可能地打扰那庄严时；或者当一只孤独的鸟终于找到了自己所喜爱的环境（一根可爱的树枝，它特别爱在之上逗留，另外，可能因各种最珍贵的回忆而对之特别感到亲切），但偏偏却有一个以"用石头打鸟或者以别的方式把鸟赶离这个地方"为乐趣的人（唉，一个这样的人，他作恶，孜孜不倦如那飞鸟，它虽然被驱赶和惊吓，却还是孜孜不倦地寻求回返到自己的爱、自己的旧居）出现时；这时，这顺从的飞鸟无条件地忍受一切；简单地，借助于无条件的顺从，它只明白一件事，但是它对这件事是无条件地明白的：如此发生的一切其实与它无关，因而只是在不根本的意义上牵涉到它，或者更确切地说，那根本地与它相关的东西，也是无条件的，那就是：无条件地顺从着上帝，忍受上述的那些考验。

百合与飞鸟情形就是如此，它们是我们应当学习的对象。因此你不应当说，"百合与飞鸟，它们轻而易举就能够做到顺从，它们当然无法做其他事情，它们也无法以其他方式做这件事；以这样的方式成为'顺从'的一种榜样，只不过是把必然性当德行[87]。"你不应当这样说，你根本就什么都不应当说，你应当沉默和顺从，这样，即使事情真是那样，即使百合与飞鸟所做的真的是把必然性当德行，那么，你也可以成功地去把必然性当德行来实践。你当然也处于必然性之下；上帝的旨意当然仍还是将发生，那么你就通过无条件顺从地实行上帝的旨意，去努力把必然性当德行来实践吧。上帝的旨意当然仍还是将发生，那么你就通过无条件顺从地使你自己接受上帝的旨意，设法去把必然性当德行来实践吧，如此无条件地顺从，以至于你真正地可以在"行上帝的旨意"和"使自己接受上帝的意志"的关系上谈论你自己：我无法做其他事情，我也无法以其他方式做这件事[88]。

你应当追求的是这个，你应当审思：百合与飞鸟的情形如何，对于一个人来说要做到"无条件地顺从"是不是真的更艰难；——对于人还有着一个危险，一种（如果我敢说）会减轻他的艰难的危险，这危险就是，浪费上帝的耐性。因为，你是否曾真正严肃地审视过你自己的生活，或者审视过人类的生活、人的世界（这"人的世界"是如此地不同于大自然，在大自然之中一切都是无条件的顺从）？你是否曾这样审视，你是否感觉到（却没有毛骨悚然），感觉到这是怎样的一个真相：上帝将自己称为"忍耐性之上帝"[89]？他，这个说"非此即彼"（这样地理解，就是说"要么爱我要么——恨我"、"要么投身于我要么——蔑视我"）的上帝，他有着忍受你、我和我们所有人的忍耐性！如果上帝是一个人，那会怎样？在多久之前，在多么多么长久之前，我以我自己为例，按理他必定已经又累又烦地受够了我、受够了"与我有关系"这事实，并且，尽管是因为完全另外的原因，会像人类中做父母的那样，说："这孩子又顽皮又病态又愚蠢又令人头痛，如果说他还有什么优点，而他身上又那么多坏处，没有人能够受得了他。"是啊，没有人能够忍受这孩子，但是只有那忍耐性的上帝能够忍受他。

现在，想一下那数不清的"正活着的"人们！我们人类谈论关于"去作小孩子的严师[90]是一个忍耐性的工作"；而现在，上帝，作为那"数不清的众多之人"的老师，上帝要有怎样大的忍耐性啊！那要求有无限大的忍耐性的事情是，在上帝作为老师时，所有孩子都或多或少地有着幻觉，他们以为自己是长大了的成年人，一种错觉，百合和飞鸟绝对不会有这错觉，而无疑正是因此，无条件的顺从才那么轻而易举地降临于它们。"欠缺的只是"，一个人类的老师会说，"欠缺的只是，这些孩子在错觉中以为自己是成年人，这样你就会失去忍耐性而绝望；因为没有人能够忍受这个。"不，没有人能够忍受这个；这只有那忍耐性的上帝能够忍受。看，因此上帝将自己称作"忍耐性的上帝"。他当然知道自己所说的是什么。这不是他在一种心境之中突然想到要如此称呼自己；不，他不会因为心境而有所变化，——如果因心境而变化，那么那就是"不忍耐"了。他从永恒中知道这个，他从千千万万年的日常经验中知道这个；他从永恒之中知道，只要现世还将持续[91]，只要人类还在现世之中，他就必须是忍耐性的上帝，因为，否则那人类的"不顺从"是不可忍受的。相关于那百合与飞鸟，上帝是慈父般的创造者和维持者，只有相关于人，他才是忍耐性之上帝。确实，这是一种安慰，一种非常必要而无法描述的安慰，为此圣经中说，上帝是忍耐性——与"安慰之上帝"[92]。但是这当然也是一件严肃得可怕的事情：上帝之所以是忍耐性的上帝，是因为人的"不顺从"的缘故；"人不去虚妄地滥用这忍耐性"就是一件严肃得可怕的事情了。人在上帝身上发现了一种特性，这是那"总是无条件地顺从"的百合与飞鸟所不懂的；或者说，上帝对人有着足够的慈爱，因而他让人得到这启示：他有这种特性，他是忍耐性。但是，这因而在某种特定的意义上当然就对应于，——哦，可怕的责任！那对应于人的"不顺从"的，在某种特定的意义上就是上帝的忍耐性。这是安慰，但这安慰是在一种可怕的责任之下。一个人必须知道：即使所有人都放弃了他，是的，甚至他自己都差不多快要放弃自己的时候，上帝还是那忍耐性的上帝。这是一笔不可估量的财富。哦，然而请正确地使用它，记住，这是你的积蓄；为了那在天的上帝，请正确地使用它，否则这财富会使你坠入更大的悲惨，它会转变成其反面，不再是安慰，而是成为一切之中最可怕的指控针对你。因为，对于你，这看来似乎是一种严厉的说法[93]（虽然它还是严厉不过真相），这"不去无条件地在一切之中投身于上帝"，这"马上"就是——蔑视他：这"虚妄地滥用他的忍耐性"，这就是蔑视上帝，——这样说，当然不能算是一种太严厉的说法！

因此，要小心，要按照福音的指示去向那百合和飞鸟学习"顺从"。不要让自己畏缩，在你拿你的生活与这些导师的生活作比较的时候，不要绝望。没有什么可绝望的，因为你当然应当向它们学习；福音首先是通过对你说"上帝是忍耐性的上帝"来安慰，而然后它接着说：你应当向那百合和飞鸟学习，学习"去无条件地顺从如同百合与飞鸟"、学习"不去事奉两个主"；因为没有人能够事奉两个主，他必定是非此……即彼。

但是如果你能够变得无条件地顺从如同那百合与飞鸟，那么你就学会了你应当学的东西，而这是你从那百合与飞鸟那里学得的（而如果你完全地学会了这个，这样你就成为了"那更完美的"，以至于那百合与飞鸟从"作为导师"变成为了比喻），你学会了"只事奉一个主"、"只爱他一个"和"无条件地在一切之中投身于他"。这时，那祷告，那本来确实也一样会实现的祷告，在你向上帝祈求时，也就在你的身上实现："愿你的旨意，如同行在天上，也行在地上"[94]；因为，通过无条件的顺从你的意志与上帝的意志合一，于是那在天上的上帝意志在地上、在你这里得以发生。在你接下来祈求时，你的祷告也应当被上苍听见："让我们不陷于诱惑"[95]；因为，如果你对于上帝是无条件地顺从，那么在你内心中就没有什么意义暧昧的东西[96]，而如果在你内心没有什么意义暧昧的东西，那么你对于上帝就是纯粹的简单。然而，有一样东西，是撒旦的所有狡猾和一切疑惑的陷阱所无法突袭和捕获的，这就是简单。撒旦目光敏锐地侦寻自己的猎物，——但这猎物是在百合和飞鸟那里所找不到的；这是一切诱惑（在它们确定了自己的猎物的时候）所瞄准的东西，——但这却是在百合和飞鸟那里所找不到的：这东西就是"那意义暧昧的"。在"那意义暧昧的"所在之处就有诱惑，并且也太容易只是作为更强者在场[97]。但是，在"那意义暧昧的"所在之处，在其根本之下也以某种方式有着"不顺从"；而正因此，在百合和飞鸟那里就根本没有任何意义暧昧的东西，因为那无条件的顺从深刻而全面地存在于那根本之中；正因此，由于在百合和飞鸟那里没有意义暧昧的东西，所以百合和飞鸟不可能被引入诱惑中。撒旦在没有意义暧昧的东西的地方是无奈的，诱惑在没有意义暧昧的东西的地方是无奈的，如同张网捕鸟的人看不见鸟的影子；但是，如果有，哪怕只是极小极小的一丁点"意义暧昧的东西"的影子，那么，撒旦就是强大的，并且诱惑就开始狩猎；他是敏锐的，他，这邪恶者，他的陷阱叫作诱惑，而他的猎物叫作"一个人的灵魂"[98]。事实上那诱惑不是从他那里出来的，从他那里出来的是乌有，但没有任何意义暧昧的东西能够逃出他的眼睛；一旦他发现"那意义暧昧的"，他那里就有了诱惑。但是，那借助于无条件的顺从而藏身于上帝的人，他是无条件地安全的；他能够从他安全的藏身处看见魔鬼，而魔鬼无法看见他。从他安全的藏身处；因为，正如魔鬼对于"意义暧昧"的高度敏锐，在魔鬼看见"简单性"的时候，他变得同样高度地盲目，他变得盲目或者被盲目性打击。然而，在那无条件地顺从的人审视这魔鬼的时候，他也不会是没有惊悚的；这闪烁的目光，看起来仿佛能渗透进大地、海洋和心灵中隐藏得最深的秘密,当然在事实上这目光也能够做得到,——而有着这目光的魔鬼,他却是盲目的!但是,那设置诱惑之陷阱的魔鬼,如果他相对于那借助于无条件的顺从而藏身于上帝的人是盲目的,那么对于这个人就没有诱惑;因为"上帝不诱惑任何人"[99]。这样,他的祷告被听见了:"让我们不陷于诱惑",这就是说:让我永远都不因"不顺从"而冒险离开我的隐藏地,而在我犯下了一种"不顺从"的情况下,你也不要把我马上赶出我的隐藏地,在这隐藏地之外我马上会被引入疑惑。而如果他借助于无条件的顺从还留在他的隐藏地,那么他也就"从凶恶之中被拯救"[100]了。

没有人能够事奉两个主,一个人一定是要么恨这一个而爱那一个,要么投身于这一个而蔑视那一个。你们不能同时事奉上帝和事奉玛门[101],不能同时事奉上帝和事奉世界,不能同时事奉那善的和那恶的。因而,有两种权力:上帝和世界,善的和恶的;人之所以只能够事奉一个主,其原因无疑就是,这两种权力,——虽然其中的一种是那无限地最强大的,这两者处于你死我活的相互搏斗中。这一巨大的危险,一个人因为"是人"而置身于这危险之中;百合和飞鸟借助于无条件的顺从而避开了这危险,这无条件的顺从是幸福的无辜性[102];因为上帝与世界不为它们而斗争,善与恶也不会。这巨大的危险是:"这个人"被置于两种巨大的权力之间,而为他留下的是选择。这巨大的危险就是那使得一个人不得不"要么爱要么恨"的东西,是那使得他"不去爱"就是"去恨"的东西;因为这两种权力如此敌对,以至于对这一边的最小的偏向在那另一边看起来也成为"那无条件的对立"。在一个人忘记了他所处的这巨大危险时(请注意,这是一种危险,它具有这样的特点,"试图忘记它"实在不是对付它的有效手段),在这人忘记了他处在这巨大危险中时,在他认为他没有处于危险时,甚至在他说平安无虞时[103],这时,福音的话语在他看来必定就是一种痴愚的夸张。哦,但是这恰恰是因为他在这危险之中,如此沉陷,如此迷失,以至于他既没有关于爱的观念(上帝以这爱来爱他,并且正是出于爱,上帝要求无条件的顺从),也没有关于"'那恶的'的权力和狡诈"的观念,以及关于"其自身弱点"的观念。人从一开始就过于孩子气,因而不能并且也不愿理解福音;它的关于非此即彼的说法在他看来是一种不真实的夸张:"危险会是如此之大,以至于无条件的顺从是必需的;对于'无条件顺从'的要求会在爱中找到依据"。——人无法在自己的头脑里接受这想法。

那么，福音是怎么做的呢？福音，它是教育之智慧，它不会通过介入一种与人的想法之争或者词语之争来向他证明：这应当如此。福音很清楚地知道，事情并非是，"一个人首先明白这是如此，如福音所说，然后决定无条件地顺从"；恰恰相反，通过无条件地顺从，一个人才开始明白，这是如此，如福音所说。所以福音使用权威并且说：你应当。然而在同一瞬间它又缓和下来，以至于它能够感动那最铁石心肠的人；它仿佛握住你的手，如同慈父握着他孩子的手，说："来，让我们出去，到百合和飞鸟那里去"。到了那里，它继续说，"审视百合和飞鸟，让你自己沉浸在这审视中，在之中忘记你自己；难道这景观不感动你么？"当百合和飞鸟的庄严沉默在那里深深地打动你时，福音继续解释说："然而，为什么这沉默如此庄严？因为它表达出无条件的顺从，而以这种无条件的顺从，万物只事奉一个主，只为'唯一的主'服务，融合在完美的一致性中，在一种伟大的神圣仪式中，礼拜着，只向唯一者献身；那么，让这种伟大的想法抓住你吧，因为这全部都只是一种想法，去向那百合和飞鸟学习吧。"但是，不要忘记，你应当向那百合和飞鸟学习，你应当像那百合和飞鸟那样，变得无条件地顺从。记住，这是人的罪[104]——因为"不愿事奉一个主"、或者因为"要去事奉另一个主"、或者因为"要去事奉两个乃至许多个主"——是人的罪打扰了整个世界的美丽[105]，原先，在这美丽之中一切是那么非凡地好[106]，人的罪把分裂置入一个一致性的世界；记住，每一项罪都是不顺从，每一种不顺从都是罪。

三

"你们看那天上的飞鸟,也不种,也不收,
也不积蓄在仓里"——不为明天的日子操心。
"野地的草今天还在"[107]

看并且学习：

快乐。

那么让我们审视百合和飞鸟，这些快乐的老师们。"快乐的老师们"，是的，因为，你知道，快乐是可转达的；所以没有什么比那"自己是快乐的"的人更适合于教"快乐"了。教"快乐"的教师事实上只需自己是快乐的、或者自己就是"快乐"，除此之外他什么都不用做；如果他自己不快乐，那么不管他怎样努力地传授快乐，这种授课都是不完美的。这样，没有什么事情比教授"快乐"更容易的了，——唉，一个人只需自己总是真正地快乐的。[108]但是，这个"唉"，这个唉暗示了，这其实仍不是那么容易，就是说，"要让自己总是快乐的"不是一件那么容易的事情；因为，如果一个人是这样[109]，那么他能够很容易地教授快乐；再也没有什么是比这更明确的。

然而在百合和飞鸟那里，或者在百合和飞鸟教授快乐的地方，总是有着快乐。百合和飞鸟从来不会进入困境，——一个人类的老师就常常会有这情况，他把他要在课堂上讲授的东西写在纸上或者放在他的藏书处，就是说，在别的地方，而不是总是在自己身上；不，在百合和飞鸟教授快乐的地方，总是有着快乐，这快乐当然就是在百合和飞鸟身上。怎样的一种快乐啊，当白天刚刚拂晓，而飞鸟一早醒来进入这一天的快乐；怎样的一种快乐啊，虽然是另一种音色，当夜晚暮色降临，而飞鸟快乐地赶回自己的巢；怎样的一种快乐啊，那夏季长久的白天！[110]当飞鸟（它不仅仅是作为一个工作者在其工作中歌唱，而且它的本质的工作就是歌唱），当飞鸟快乐地开始它的歌唱时，这是怎样的一种快乐啊；而这又是怎样的一种新的快乐，当那相邻而居的鸟也开始歌唱，然后在另一边相邻而居的鸟也开始歌唱，然后合唱的声音加入，怎样的一种快乐啊；最后这成为一片声音的海洋，它让树林和山谷、天空和大地给出回音，一片声音的海洋；在这片声音海洋中，那启动了第一个音符的飞鸟现在雀跃于快乐；怎样的一种快乐，怎样的一种快乐啊！如此是飞鸟的整个生命全部；在一切地方所有时刻它总是找到一些东西，或者更确切地说，找到足够的东西来感到快乐；哪怕一时一刻它都不浪费，对于它来说，如果在某一刻中它不快乐，那么这一刻就被浪费了。——怎样的一种快乐啊，当露水滴落使百合清新，这得到了凉爽的百合现在正准备去休息；怎样的一种快乐啊，当百合在浴后心情愉快地在第一道阳光中晾干自己；怎样的一种快乐啊，那夏季长久的白天！哦，去审视它们吧；审视那百合，审视那飞鸟；看它们是怎样在一起的！怎样的一种快乐，当飞鸟藏身于百合之所在，在那里有它的巢，在那里它是那么无法描述地舒适，同时为了解闷与百合嬉戏促狭！怎样的一种快乐啊，当飞鸟高高地在树枝上，或者更高，高高地在天空中满心喜悦地俯瞰自己的巢、俯瞰那微笑地仰视它的百合！充满生命喜悦的、幸福的存在，如此丰富于快乐！或者，是不是可能这快乐更少了一些，因为（如果以小心眼来理解）那使得它们如此快乐的东西是微不足道的？不，这，这小心眼的理解无疑是一个误解，哇，一种最可悲和最令人沮丧的误解；因为，那使得它们如此快乐的东西是微不足道的东西，这事实本身就是一种证据，证明它们自己就是快乐和快乐本身。难道不是么？假如一个人所对之感到快乐的东西是全然乌有而这个人还仍是真正不可描述地快乐，那么这本身就是一种最好的证明，它证明了这个人自己就是快乐和快乐本身，而这正是那飞鸟和百合，那快乐的"学习快乐之老师"，正因为它们是无条件地快乐，所以它们是快乐本身。就是说，如果一个人，他的快乐是依赖于某些条件，那么他也就不是快乐本身，他的快乐说起来不过是那些有条件的快乐，并且有条件地关系到这些条件。但是，如果一个人是快乐本身，他就是无条件地快乐的，正如反过来说，如果一个人是无条件地快乐的，他就是快乐本身。哦，为了能够让我们变得快乐，这些条件为我们人类带来了多少麻烦和忧虑啊，即使我们得到了所有这些条件，

原野里的百合和天空下的飞鸟

我们可能还是无法变得无条件地快乐。不是吗，你们，思想深刻的"快乐"之老师们，这不可能有什么不同；因为，如果借助于条件的，哪怕具备了所有条件，这还是不可能变得比条件性的快乐更多或者变得不同于条件性的快乐；各种条件和"那条件性的"是相互对应的。不，只有那是"快乐"本身的才能够成为无条件地快乐的，而只有通过无条件地快乐一个人才能成为"快乐"本身。

然而难道一个人不能完全简要地说明，快乐是如何作为飞鸟和百合的教学内容的，或者那"作为飞鸟和百合的教学内容的"是什么，就是说，一个人能不能完全简要地为它们的教学作出各种思维上的定性？答案是肯定的，这完全可以轻而易举地做到，因为，不管飞鸟和百合是怎样地简单，它们却肯定不是没有思想的。因而，这完全可以轻而易举地做到；让我们不要忘记，从这样的角度上看，这本身就是一种不同寻常的简要化：飞鸟和百合自身就是它们所教的东西，它们自身就已经表达了那"它们作为教师所要讲授的东西"。这里所说的，不同于那直接和最初的本原性——"那飞鸟和百合在最严格的意义上第一手地拥有它们所教的东西"；这里所说的是"后天获取的本原性[111]"。这后天获取的本原性，它在那飞鸟和百合那里又重新是简单；因为，"一种授课是否简单"并非在很大的程度上取决于"是使用简单的日常表达语还是使用浮华夸张的学术表达语"，不，"那简单的"是说：教师自己就是他所讲授的东西。这就是飞鸟和百合的情形。但是，它们对于"快乐"的教学（再一次：这快乐是它们的生命所表现的），它们对"快乐"的讲授，完全简要地说，就是如下：有一个今天，它在，在这个"在"[112]之上烙有无限的强调；有一个今天；并且没有、完全地没有任何对于"明天"这一天的忧虑或者对于"后天"的忧虑。这不是飞鸟和百合的轻率，而是"沉默"与"顺从"的快乐。因为，沉默在大自然之中，当你缄口于这种庄严的沉默中时，那么"明天"这一天是不存在的；而当你顺从时，正如天地万物顺从，那么"明天"这一天是不存在的，这不受祝福的一天，它是"多嘴饶舌"与"不顺从"的发明物。然而，这样当"明天"这一天因为沉默和顺从的缘故而不存在时，那么"今天"这一天就在沉默和顺从之中，它在，这样存在有快乐，正如这快乐在飞鸟和百合之中。

什么是快乐，或者，什么是"是快乐的"？它是"对于自己来说真实地是在场的"；但是这"对于自己来说真实地是在场的"，它就是这个

"今天",这个"在今天",真正地在今天。"你在今天"越是真实,那么,在"在今天"中,你就越多地"对于你自己来说是完全地在场的",那么那不幸的一天"明天"对于你也就越高度地不存在。快乐是那带着完全的强调的"在场的时间":那现在在场的时间。所以上帝是至福,这永恒地说"今天"的他[113],这在"在今天"中永远和无限地对自己在场的他。所以飞鸟和百合是快乐,因为它们通过"沉默"和"无条件顺从"在今天完全地对自己在场。

"但是",你说,"飞鸟和百合,它们轻而易举就能够做到"。回答:你不可以说任何"但是",而是去这样地向飞鸟和百合学习"这样地在今天完全对你自己在场";于是,你就也是快乐。但是,如上面所说,不要说"但是";因为这是严肃,你应当向飞鸟和百合学习快乐。你更不可自大,乃至你——因为飞鸟与百合是简单的,也许是为了觉得你是人,——乃至你变得诙谐,并且,谈论着一个单个的明天,说:飞鸟与百合,它们轻而易举就能够做到,它们甚至根本就没有什么明天这一天来烦扰它们,"但是,一个人,这人不仅仅对于明天这一天有忧虑,忧虑到他应当吃什么,而且也对昨天这一天有忧虑,关于他已经吃了的——而没有付了钱的!"[114]不,不要用笑话来顽皮地打扰授课。但是去学习,至少从学习飞鸟与百合开始。因为,不会真的有人会认真地去想,那关于飞鸟和百合所为之快乐的东西,以及那与之相似的东西,难道这些东西不是什么可令人为之快乐的东西吗!因而,你进入存在,你存在,你"今天"得到你的存在所必需的东西;你进入存在,你成为人;你能够看,记住,你能够看,你能够听,你能够嗅,你能够尝,你能够感觉;太阳为你灿烂——并且为了你的缘故,当太阳疲乏了,月亮随即就开始出现,然后星辰被点燃;季节成为冬天,大自然掩饰起自己、玩陌生人游戏——为了使你愉快;季节成为春天,飞鸟们成群而来——为了使你快乐,绿枝吐芽,树林秀美地生长、出落成新嫁娘——为了使你快乐;季节成为秋天,飞鸟离开,不是因为它要提高自己的价值,哦不,是为了不让你因它而无聊,树林为了能够在下一次使你快乐而收藏起自己的妆饰:难道所有这一切不是什么可令人为之快乐的东西吗!哦,如果我敢责骂……;但是出自对飞鸟和百合的尊敬,我不敢,所以我不说,这不是什么可令人为之快乐的东西,而说:如果这不是可为之快乐的,那么就没有什么可为之快乐的东西了。要记住,飞鸟和百合是快乐,但是它们,也以这样方式来理解,它们与你相比，可为之快乐的东西远远要少得多，而你另外还有飞鸟和百合可使得你快乐。所以向百合学向飞鸟学，它们是老师，向它们学习：存在，在今天，并且让自己是快乐本身[115]。如果你不能快乐地看着飞鸟和百合（它们当然就是快乐本身），如果你不能快乐地看着它们并因而产生向它们学习的意愿，那么你的这种情形就如同一个这样的孩子，关于这孩子，老师这样说："他并不是缺少能力，另外这事情是那么容易，所以也就根本谈不上能力的匮乏；这里一定是有别的原因，也许只是状态欠佳，对此，人们不是马上就会严格地对待并且作为'不愿'乃至作为'固执'处理。"

这样，飞鸟和百合是教"快乐"的老师。然而飞鸟与百合也当然有悲伤，正如整个大自然有着悲伤。难道天地万物不是在生灭流转之下叹息么——它们违背自己意愿地处在这生灭流转的统治下[116]？所有一切都处在生灭流转的统治之下！那星辰，不管它有多么固定地处在空中，是的，那最稳固的，它还是会在它的陷落中变移，那从不易位的，它还是会在堕入毁灭的时候易位[117]；在被舍弃的时候，这整个世界以及存在于之中的一切都会被变换，如同人们变换外衣[118]，生灭流转的牺牲品！那百合，尽管它避免了马上被投入火炉[119]的命运，在它已经事先经历了各种苦难之后，它还是不得不凋谢[120]。那飞鸟，虽然它可以活到寿终正寝的那一天，在它事先经历了各种苦难之后，它还是不得不在某一天死去，与爱侣分离。哦，这一切都是生灭流转，某一天一切成为其所是，生灭流转的牺牲品。生灭流转，生灭流转[121]，这是叹息；因为"屈从于生灭流转"就是这一声叹息所意味的：被禁闭性，被束缚性，陷于囹圄；而这叹息的内容是：生灭流转，生灭流转！

但飞鸟和百合仍是无条件地快乐的；在这里你真正看见，在福音如此说的时候是说得多么正确：你应当向飞鸟和百合学快乐。这样的快乐之老师；他虽然忍受如此无限深的悲伤，却还是无条件地快乐、无条件地是那"快乐"本身；你不可能找到比他更好的老师了。

飞鸟和百合是怎么处理这事情的？这看上去仿佛是奇迹般的事情：在最深的悲伤中无条件地快乐；当那里有着一个如此可怕的"明天"时，却仍然在，这就是说，"在今天"无条件地快乐。它们是怎么处理这事情的？它们的做法完全是简单直接的（飞鸟和百合一向如此），但在它们的做法之中排除掉了这个"明天"，就仿佛它根本不存在。使徒保罗有一句话[122]，飞鸟和百合将之铭记于心，以飞鸟与百合的单纯，它们完全逐字逐句地理解保罗所说，唉，正是这"完全逐字逐句地去理解"，正是这帮助了它们。在这句话完全逐字逐句地被理解的时候，在这句话中有着极大的力量；在它不是完全逐字逐句地被理解的时候，它则多多少少是软弱无力的，到最后只不过会是空洞的套话；但是，必须要有无条件的简单，才能够无条件地完全逐字逐句地去理解这话。"把你们的所有悲伤扔给上帝。"[123]看，飞鸟和百合无条件地这么做。借助于无条件的沉默和无条件的顺从，它们把所有悲伤扔出去，是的，如同那最有力的投掷机扔出什么东西，带着这样的激情，正如一个人带着这激情把自己最讨厌的东西扔掉；它们将之扔给上帝，带着这样的确定——正如最准确的武器就是带着这确定去击中对象的，带着这样的信仰和信任——正如只有那最熟练的射手才具备这信仰和信任去射中目标。在同一个"此刻"——从最初的一瞬间开始的这同一个"此刻"，是今天，是同时于它们进入存在的那第一瞬间，——在同一个"此刻"里，它们是无条件地快乐的。多么奇妙的灵巧性啊！能够如此地抓住自己的所有悲伤并且是一下子地抓住，然后能够将之灵巧地扔出去，并且如此确定地掷中目标！这恰是那飞鸟和百合所做的，所以它们在同一个"此刻"是无条件地快乐的。这完全是合理的；因为上帝，那全能者，他无限轻松地承受整个世界和整个世界的悲伤——也包括那飞鸟和百合的。怎样一种不可描述的快乐啊！就是说，这快乐是对于上帝，对于那全能者的快乐。

那么，去向飞鸟和百合学习吧，去学"那无条件的"所具的这种灵巧性。确实，这是一种奇妙的技艺；但正是因此你应当更仔细地留意飞鸟和百合。这是一种奇妙的技艺，并且，正如"柔顺之技艺"[124]，它包含着一个矛盾；或者说，这是一种"解决一个矛盾"的技艺。"扔"这个词把思维引向一种对于力量的运用，仿佛一个人应当聚集起他的全部力量、通过一种巨大的力量努力——以权力来"扔掉"悲伤；然而，然而"权力"却正是不应当被使用的东西。那应当被使用的，并且是无条件地被使用的，是"随和"；然而，人还要去"扔掉"悲伤！而且人应当扔掉"所有"悲伤；如果一个人没有扔掉所有悲伤，那么这人就难免还是保留有许多、一些、少许的悲伤，这样他不会变得快乐，而更不可能无条件地快乐。如果一个人不是无条件地把他的悲伤扔给上帝，而是扔在其他地方，那么这个人就不是无条件地摆脱这悲伤，这悲伤以某种方式还会重来，而它重来时的形态往往是：一种更大、更苦涩的悲伤。因为，把悲伤扔掉——却不是扔给上帝，那么这是"消遣"[125]。但是，消遣对于悲伤只是一种可疑而模棱两可的医疗。相反，无条件地把所有悲伤都扔——给上帝，是一种"聚集"，而且——是的，这种矛盾的技艺是多么奇异啊！——一种聚集，通过它你无条件地摆脱所有悲伤。

那么去向飞鸟和百合学习吧。把你的所有悲伤扔给上帝！但是，那快乐却是你所不应当扔掉的，相反你要使用生命的所有力量以你所能紧紧抓住它。如果你这样做，那么账目就很容易算了：你总是保留着一些快乐；因为，如果你把所有悲伤扔掉，那么你就只保留剩下的那你所拥有的快乐中的那些了。但是这只能算是很少的一点。所以，去向飞鸟与百合学习更多。把你的所有悲伤扔给上帝！完全地，无条件地，如同飞鸟和百合所做的：这样你就变得像飞鸟与百合那样无条件地快乐。就是说，这是无条件的快乐：崇拜全能；上帝，那全能者，就借助于这全能来承受你的所有悲伤，轻松如同承受乌有。而下一个（使徒[126]当然是这样接着说的），也是无条件的快乐：崇拜着地，敢于去相信"上帝关爱着你"[127]。这无条件的快乐正是对于上帝的快乐，——对于上帝，并且在上帝之中，你总是能够无条件地感到快乐。如果你在这种关系之中没有变得无条件地快乐，那么在你这里就无条件地有着错误：在你对"把你的所有悲伤扔给上帝"的不胜任中，在你对之的不愿中，在你的自以为聪明中，在你的任性固执中；简言之，这错误在于"你没有像飞鸟和百合那样"。只有一种悲伤，相关于这种悲伤，飞鸟和百合无法成为我们的老师；对这种悲伤，我们因而也就不在这里进行讨论：罪的悲伤。相关于所有其他的悲伤，如果你没有变得无条件地快乐，那么这就是你的错，因为你不愿向飞鸟与百合学习"通过无条件的沉默和顺从，变得无条件地对上帝感到快乐"。

还有一件事。也许你用"诗人"的话说："是的，如果有谁能够在飞鸟那里建家生活，隐居在森林的孤独中，在那里那飞鸟与其伴侣是一对，但是在那里没有什么别的社交伙伴；或者，如果有谁能够和百合一同生活在原野的平和中，在那里每一朵百合自己过自己的日子，在那里没有社交伙伴：这样一个人很容易就能把自己的所有悲伤扔给上帝而变得无条件地快乐，或者让自己继续无条件地快乐。因为，'社会关系'，恰恰这社会关系是不幸，人是唯一的'以那关于社交和社交之福佑的不幸幻觉来烦扰自己和他人'的生物，而一个人的社交圈范围越大，他为自己和这社交圈带来的败坏就越大。"然而,你却不应当这样说。不,去进一步审视这事情,并且惭愧地承认:尽管有悲伤,这其实却是不可言说的爱情的喜悦,——带着这爱情的喜悦,飞鸟,雌的和雄的,是一对;尽管有悲伤,这是那对于独处状态的自足的喜悦,——带着这自足的喜悦,百合是独处的。事实上是这喜悦,它使各种社会活动不来打扰它们;因为社会交往当然还是存在的。去做出更进一步的审视吧,并且惭愧地承认:事实上,正是借助于无条件的沉默和无条件的顺从,飞鸟和百合无条件地对上帝感到快乐,并且正是这无条件的沉默和无条件的顺从,它们使得飞鸟与百合是同样地快乐,并且使得飞鸟与百合在孤独之中和在社交中是同样地无条件地快乐。这样,你,去向飞鸟和百合学习吧。

如果你能够学习去变得完全像飞鸟与百合,唉,如果我能够学会这个,那么这祷告在你和在我就也都应当是真相,"主祷文"中最后祷告词(作为所有真正的祷告的样本[128]——而真正的祷告就是:祈求让自己快乐、更快乐和无条件地快乐),它在最终没有别的,没有任何别的东西要去祈求和欲望,而是无条件快乐地在赞美和崇拜中结束,这祷告辞:"国度,权柄,荣耀,全是你的。"[129]是的,国度是他的;所以你须无条件地沉默,以免你打扰你自己而使你自己去留意"你存在",但通过无条件的沉默的庄严表达出,国度是他的。权柄是他的,所以你须无条件地顺从、无条件地承受一切,因为权柄是他的。荣耀是他的;所以在你做的一切事情和你苦熬的一切事情里,你无条件地还有一件事可做,就是给他荣耀,因为荣耀是他的。

哦,无条件的快乐:国度和权柄和荣耀全是他的——在永恒中。"在永恒中",看这个日子,"永恒"的日子,它当然永远没有终结。因此,无条件地坚持这个,——"国度和权柄和荣耀全是他的——在永恒中",这样对于你有一个"今天",这个今天永远没有终结,一个今天,在之中你永远地能够变得对你自己来说在场。那么,就让天空塌陷吧,让那些星辰在万物的崩溃中改变位置,让飞鸟死去而让百合凋谢;你的快乐在这崇拜之中,而在你的快乐中,你终究还是在今天挺过每一种沉沦毁灭幸存下来了。记住,这是与你有关的事情,如果说不是"作为人的你"的话,那么,"作为基督徒的你"——这事情与你有关:在基督教的意义上,甚至死亡的危险对于你都无足轻重的,这叫作"就在今天,你在天堂里"[130];因而,从现世到永恒的过渡——所有可能的距离中的最

原野里的百合和天空下的飞鸟

大距离——是如此迅速，即使这个过渡要通过一切之毁灭而发生，却仍是如此迅速，以至于就在今天你在天堂里，因为在基督教的意义上，你居留在上帝之中[131]。因为，如果你居留上帝之中，那么不管你活着还是死去，不管在你活着的时候生活对于你是顺利还是艰难，不管你是今天死还是七十年[132]之后死，不管你是死在大海底最深处还是你在空中爆炸：你还是不会出离到上帝之外，你留驻，因而，你在上帝之中对于自己是在场的，所以在你的死日你也仍是"就在今天在天堂里"[133]。飞鸟和百合只生活一天，非常短的一天，它们却还是这快乐，因为，正如上面的文字中所阐述的，它们正确地在今天，对于自己在场于这个"今天"。而你，最长的日子被赋予了你：生活于今天，并且就在今天存在于天堂，难道你不应当无条件地快乐吗？你甚至应当，既然你能够，在快乐上远远地超过飞鸟，在每一次你祈告这一祷词的时候，这对于你是确定无疑的，并且，就在每一次你真挚地祈告这一快乐之祷词的时候，这也是你所趋近的。这快乐之祷词："国度，权柄，荣耀，全是你的，直到永远，阿们。"[134]

注释：

1 原野里的百合和天空下的飞鸟] 在"关于百合与飞鸟的新的讲演"（亦即，相对于1847年的《不同精神中的陶冶性的讲演》第二部分的"我们向原野里的百合和天空下的飞鸟学习什么"而言，这是新的讲演）的标题之下，克尔凯郭尔在1848年4月20日前后的日记（NB4：154）中写道："但也许你说：哦，但愿我是飞鸟，它比一切尘世之物更轻盈地上升到天空中，如此之轻，以至于它能够让自己轻盈得足以在大海上筑巢。但愿我是原野里的一朵花，等等。这就是说，那被诗人作为至高的幸运来推荐的东西，人们想要回头追求的，多么没有道理啊，它被当成了那应当向前的人的教师。/ 就是说，在诗歌的意义上，人们想要往回退的，是退回到直接性之中（人们想要让童年回来，等等），但是在基督教的意义上，直接性失落了，它不应当是被想要回来，而是应当被再次达到。/ 在这些讲演之中，诗歌与基督教之间的冲突将被论述。在某种意义上，基督教与诗歌（它是想要着的、吸引人的、麻醉人的，能够把生命的现实转变为一种东方的梦，就像一个少女能够想要一整天躺在沙发上让自己着魔）相比多么会是散文，——然而恰恰就是福音之诗。当然，百合和飞鸟在这一次会获得更多的诗意的色彩烙印，正为展示：'那诗歌的'应当消失。因为，在诗歌真正地应当倒地而死的时候（不是作为一个心情恶劣的牧师的闲谈），它就应当穿上庄严的礼服。"（SKS 20, 358页）在边上空白处（NB4：154.a）带有嵌入标记补充："亦即，自然描述。"也比较阅读1849年3月或4月的日记（NB10：169），当时他正编辑整理并打算出版"关于我的作家活动的三个注释"（其中有两个在后来被收入《我的作家活动的观点》中作为附录，在他去世后由他的哥哥彼特·克里斯蒂安·克尔凯郭尔在1859年出版），之中写道："那治理一切的力量在怎样的程度上是上帝，我是从这一点上最明白地看出来的：那些关于百合和飞鸟的讲演恰恰就是在这个时候成形的，——而这正是我所需要的。赞美上帝！没有与人争执也没有谈论自己，我说出了很多应当说出的东西，但却感人、温和而让人振作。(SKS 21，340f.)

2　考虑到这本小书出现时的境况］是指，《原野里的百合和天空下的飞鸟》与《非此即彼。一个生命的残片，由维克多·艾莱米塔出版。第二版》同时出版。在当时的《地址报》上对这两本书的出版都做了消息发布（Adresseavisen, nr. 111, den 14. maj 1849）。对此，克尔凯郭尔在1849年5月的日记（NB11：53）中写道："三个与上帝有关的讲演（……）确定地与非此即彼的第二版同行，以便强调出'左手所给的东西'和'右手所给的东西'间的差异"。(SKS 22，36，16—19)

3　紧接在《非此即彼》之后出版］《非此即彼》出版于1843年2月20日，而《两个陶冶性的讲演，1843年》出版于1843年5月16日。

4　《两个陶冶性的讲演，1843年》……的前言］比较阅读前面《两个陶冶性的讲演，1843年》的前言。

5　那个'被我带着欣悦和感恩地称作是我的读者'的单个的人］在丹麦语原文之中，这里是引用《两个陶冶性的讲演，1843年》的前言中的一个句子片断——"我带着欣喜和感恩将之称作我的读者，那个单个的人"，因为中文和丹麦文的语法结构不同，译者对这引用的片断稍作改写。与《两个陶冶性的讲演，1843年》的前言相应的这种语言形式在1843年的另两部陶冶性的讲演集和1844年的三部陶冶性的讲演集所有前言里都出现过，另外也出现在《三个想象出的场合讲演》的前言，《不同精神中的陶冶性的讲演》第一部分"一个场合讲演"的前言和第二部分的"我们向原野里的百合和天空下的飞鸟学习什么"的前言中。

6　它想要继续留在'那隐蔽的'……在大森林的遮掩之下小花］这是根据《两个陶冶性的讲演，1843年》的前言中的一些句子片断的重组引用："尽管这本小书……想要继续留在'那隐蔽的'之中，正如它在隐蔽之中进入存在……。它站在那里，像一朵无足轻重的小花，在大森林的遮掩之下。"比较阅读前面《两个陶冶性的讲演，1843年》的前言。

7　《两个陶冶性的讲演，1844年》的前言］参阅《两个陶冶性的讲演，1844年》（丹文版："Forord" til *To opbyggelige Taler*, Kbh. 1844, i SKS 5, 183.）。

8　它被以右手来给出］这是根据《两个陶冶性的讲演，1844年》的前言中的一些句子片断的重组引用："我的读者，以右手来接受那被以右手来给出东西"（丹文版："Forord" til *To opbyggelige Taler*, Kbh. 1844, i SKS 5, 183.）。

9　与那曾以左手并正以左手来被递出的笔名正相反］在1849年7月中旬的日记

(NB12:10)之中，克尔凯郭尔写道："另外，很奇怪，在《三个与上帝有关的讲演》的前言之中会有'与那曾以左手并正以左手来被递出的笔名正相反'。关于《非此即彼》的第二版，倒是更应当去弄明白它；但考虑到新的笔名，当然是有标志性意义的。"（SKS 22，151）"新的笔名"是指《致死的疾病》（写于1848年夏秋时期，但在1849年7月30日才出版）的作者安提—克利马库斯。另外在1843年3月或4月的日记（JJ：86）中，克尔凯郭尔写道："无神论的提奥多鲁斯曾说：他以右手给出自己的学说，但他的信从者们以左手来接受它"（SKS 18，166）。克尔凯郭尔在这里给出了这说法的来源，腾纳曼的哲学史：W. G. Tennemann *Geschichte der Philosophie* bd. 1—11，Leipzig 1798—1819，ktl. 815—826；bd. 2，1799，s. 124，note 39，这之中腾纳曼引用希腊哲学家普鲁塔克的《论心灵安宁》（Plutark *De tranquillitate animi*（*Om sindsro*），kap. 5，467c.）。

10 1849年5月5日］克尔凯郭尔的三十六岁生日。在《两个陶冶性的讲演，1843年》的前言结尾处所标日期是1843年5月5日。

11 "作人"，也就是说，"作为人"或者"是人"。

12 百合与飞鸟］看下一个注释。

13 在复活主日之后的第十五个星期日的福音］亦即《马太福音》（6：24—34）。按照《丹麦圣殿规范书》（*Forordnet Alter - Bog for Danmark*，Kbh. 1830［1688］，ktl. 381，s. 147）："这一福音由福音书作者马太从第六章第24句一直写到结尾。/（耶稣对自己的弟子说：）"。在付印稿上，克尔凯郭尔写道："这一福音由福音书作者马太从第六章第24句一直写到结尾。/（耶稣对自己的弟子说：）"，在边上写："在复活主日之后的第十五个星期日的福音"（Pap. X 5 B 6，5，s. 207）。

14 玛门］按布希那的圣经辞典，"玛门"是指"财富、金钱和现世利益"（Mammon："Reichthum，Geld und zeitliche Güter". *M. Gottfried Büchner's biblische Real - und Verbal - Hand - Concordanz oder Exegetisch - homiletisches Lexicon*，第六版，Vermehrt und verbessert v. Heinrich Leonhard Heubner，Halle 1840［1740］，ktl. 79，s. 923）。

15 所罗门］所罗门（约公元前930年去世）是大卫与拔示巴的儿子，四十年以色列王（参看《列王记上》（11：42）。

16 极荣华］所罗门以其富贵荣华闻名，参看《列王记上》（10：4—5、7、14—29）。

17 一个人不能事奉两个主……一天的难处一天当就够了］这一段引自《丹麦圣殿规范书》对《马太福音》的引用，去掉了段落号码。

这个段落是译者直接取用中文和合版《马太福音》（6：24—34）中的文字。很多年之前，译者在尚未找到中文和合版圣经之前，也曾将丹麦语版书中的这一段译成中文，如下：

"没有人能够侍奉两个主，因为一个人必定是要么恨这一个而爱那一个，要么投

367

身于这一个而蔑视那一个。你们不能同时拜上帝和拜金。所以我对你们说,不要去为你们的生命操心,不要为吃的喝的操心;不要为你们的肉体操心,不要为穿的操心。难道生命不比食物更重要、难道肉体不比衣服更重要?看天上的飞鸟;它们不播种不收割不储存,而你们在天之父喂养它们;难道你们不比它们更重要么?在你们之中,不用说为之操心,但谁又能用思虑使寿数多加一刻呢?为什么要去为衣服操心?看原野里的百合花,它们怎样生长;它们不工作不纺织。但是我告诉你们,即使是所罗门最荣耀的时候,服饰尚不及这些百合中之一。对于那些在原野今日存在而明日被扔入火炉的野草,上帝尚且赋予它们如此服饰,难道他不为你们作更多服饰么,你们这些信仰薄弱的人们?所以你们无须操心,无须说:我们吃什么或者喝什么或者穿什么。这是异教徒所求;因为你们在天之父知道你们对所有这些东西的所需所求。但首先寻求上帝的国和他的正义,然后所有这些东西都将赋予你们。所以不要为另一个明天操心,因为明天的这个日子当为其自身操心。每天都有其自身难念的帐。"

18　在大海的表面筑巢]指冰鸟。在基尔森(F. C. Kielsen)《常人自然科学》中说在许多寓言里人们提到冰鸟,并且也说到它在水上建窝。(Naturhistorie for hver Mand bd. 1—2, Kbh. 1809, bd. 2, s. 183)。克尔凯郭尔在别的地方提及这欧洲冰鸟(Alcedo ispida)在大海上建巢,比如说在日记(FF:49)中(SKS 18, 85),以及在《非此即彼》上部的《诱惑者日记》中:"我几乎找不到落脚的地方,就像一只水鸟,我徒劳地想在我心灵中翻滚的大海里寻找降落的地方。然而这样一种不平静却是我的元素——我所依赖的元素,正如 Alcedo ispida 在海上建窝。"(社科版《非此即彼》上卷,第 405 页)。

19　这一感叹,不是一句完整的句子。丹麦文的原文是:"…ak, jeg, hvem enhver end den mindste Bevægelse, blot jeg rører mig, lader føle, hvilken Tyngde der hviler paa mig!"

Emanuel Hirsch 的德文版:"…ach, ich, der ich bei jeder auch dergeringsten Bewegung, wenn ich mich nur ein wenig rege, es fühlenmuß, welch eine Last auf mir liegt!"

Hong 的英译文是:"…I, alas, who even at every slightest movement, if I merely move, must feel what a weight rests upon me!"

George Pattison 的英译文是:"Alas, but if I make even the least movement, if I but stir, I am made to feel the weight that presses upon me!"

我觉得最到位的英译是 Bruce H Kirmmse 的:"alas, I, for whom even the least movement – if I merelymove – makes me feel what aburden rests upon me!"

20　这一感叹,不是一句完整的句子。丹麦文的原文是:"ak jeg, der intet Øieblik og Intet har for mig selv, men er udstykket til at maatte tjene de tusinde Hensyn!"

Emanuel Hirsch 的德文版:"…ach ich, der ich keinen Augenblick und überhaupt nichts allein für mich habe, sondern gleichsam zerstückt bin, um tausenderlei Zwecken zu dienen!"

Hong 的英译文是:"…alas, I who have no moment and nothing for myself but am parceled out in having to serve thousands of considerations!"

George Pattison 的英译文是:"But, alas, I don't even have a moment, I don't have anything at all for myself, but must divide myself up to serve a thousand purposes!"

Bruce H Kirmmse 的英译是:"Alas, I, who have not a moment or anything for myself, but am parceled out and must serve thousands of considerations!"

21 然而,也许你用"那诗人"的话说……能够牺牲一切]参看对讲演标题的注释。

22 一只天空下的飞鸟]暗示《诗篇》(8:7)和《耶利米书》(4:25)中所提及的空中飞鸟。另外,在1847年的《不同精神中的陶冶性的讲演》第二部分的"我们向原野里的百合和天空下的飞鸟学习什么。三个讲演"之中也说及"天空的飞鸟"和"天空下的飞鸟"。(SKS 8, 271, 13f.)

23 语言差异]可比较《基督教讲演(1848年)》第四部分"星期五圣餐仪式上的讲演"中的第三个讲演,之中克尔凯郭尔比较了"我们"与上帝之间的语言差异。

24 福音中关于"作孩童"的说法]可能是指向《马太福音》(18:1—5)中关于耶稣与他的弟子们的对话:"当时门徒进前来,问耶稣说,天国里谁是最大的。耶稣便叫一个小孩子来,使他站在他们当中,说,我实在告诉你们,你们若不回转,变成小孩子的样式,断不得进天国。所以凡自己谦卑像这小孩子的,他在天国里就是最大的。凡为我的名,接待一个像这小孩子的,就是接待我。"

25 关于……的绝望]在《致死的疾病》的第一部分中安提—克利马库斯对"对于(over)……的绝望"和"关于(om)……的绝望"作了区分:"人们对于那将人困陷在绝望中的东西感到绝望:对于自己的不幸事故、对于'那尘俗的'、对于巨大价值的丧失,等等;但是人们感到绝望是关于那(正确地理解的话)将人从绝望中解放出来的东西:关于'那永恒的'、关于自己的拯救、关于自身力量,等等。"(社科版《畏惧与颤栗 恐惧的概念 致死的疾病》第469页)。另外还有译者对此的注脚:

"over 标示了绝望的原因或者机缘,而 om 则指向绝望所牵涉到的、所关心的。/ over 和 om 都是丹麦语中的介词根据不同的上下文联系这 over 和 om 可以有不同的翻译解释,包括'对于'和'关于'。而克尔凯郭尔所想在这里强调的是,在他使用 over ('对于')时,绝望是为'那将人困陷在那绝望中的东西'感到绝望,而在他使用 om ('关于')的时候,绝望是为(无法达到)'将人从那绝望中解放出来的东西'而绝望。就是说,在他使用 over ('对于')时,绝望包含有'不想要却无法避免'的意义;而在他使用 om ('关于')时,绝望则包含有'想要却得不到'的意义。om 的词义本身之中包含有'为了达到……'或者'……以求'、'为求'、'环绕'等等意思。而 over 除了'对于'之外也有'在……之上'的意义。"

26 这个"悲凄"的丹麦语是"Trøstesløsheden",直接的意思是"无告无慰性",Hong 将之译作"disconsolateness",Emanuel Hirsch 的德语用词是"Untröstlichkeit"。

27 "悲凄(Trøstesløsheden)"。

28 诗人是"痛楚"的孩子,但父亲却将之称为"快乐"的儿子]在《创世纪》(35:18)中:"辣黑耳将要断气快死的时候,给他起名叫本敖尼;但他的父亲却叫他本雅明。"在希伯来语中,本敖尼(Ben‑Oni),意为"痛楚之儿子";本雅明(Ben‑Jamin),意为"幸福之儿子"。在格斯尼的圣经辞典中(W. Gesenius *Lexicon manuale hebraicum et chaldaicum in Veteris Testamenti libros*,Leipzig 1833,ktl. 72),拉丁语和德语的解释分别是:Ben‑Oni:"filius doloris mei, mein Schmerzenssohn",s. 26,和 Ben‑Jamin:"filius dexterae i. e. felicitatis",s. 158,s. 426.

29 你"应当"重新成为孩子]参看前面对"福音中关于'作孩童'的说法"。

30 因为在丹麦语和德语中,"小孩子"是中性的,就是说是不带性别的名词,所以代词就是用中性的"它"。这里考虑到中文的语言习惯习惯,在中文中"孩子"有性别,而译者本人是一个"他",所以译作"他"。

31 不存在任何藏身之处,无论在天上还是地下]可能是演绎《诗篇》(139:7—18)。

32 使得人优越于动物的标志是"说话",……远远优越于百合的标志是"说话"]也许是指亚里士多德对于植物性灵魂、感性灵魂与理性灵魂能力的等级性解读,他主要是在他的《灵魂论》(*De anima*)中对此作出论述(第二卷第三章 414a 29—415a 13)。与此相关的还有亚里士多德对于"人与其它生物的区分的标志是逻各斯(说话/理性)"的解读,在《政治学》(*Politica*)之中(第一卷第二章 1253a 10)。

在西贝恩(F. C. Sibbern)的《人的精神天性与本质。心理学大纲》(Sibbern *Menneskets aandelige Natur og Væsen. Et Udkast til en Psychologie*,1.—2 del,Kbh. 1819;1. del)之中把这两种解读联系在一起,其中 §3 中:"更高的生命形式是基于一种较低的而建立出来的,正如前者在时间上晚于后者到来。同样,我们在一个作为个体的人身上可以看见,首先是器官性的或者说植物性的生命,然后是动物性的,最后是更高的精神性生命"。在 §7—9 中,作者又对这些不同的灵魂能力间的关系作了进一步阐述,尤其是在 §9 中:"在这些本质系列的一个完全不同的更高阶段中,人处于比任何动物都更高的位置",然后,在一个附言中:"语言是首要的、也是诸多性质之中最引人注目的,他的全部更高天性已经在这里表达出自身。"

33 首先寻求上帝的国和他的正义]是对《马太福音》(6:33)中"你们要先求他的国,和他的义"的引用。

34 把我的所有财产施舍给穷人们]指向《马太福音》(19:16—22):"有一个人来见耶稣说,夫子,我该作什么善事,才能得永生。耶稣对他说,你为什么以善事问我呢,只有一位是善的,你若要进入永生,就当遵守诫命。他说,什么诫命。耶稣说,就是不可杀人,不可奸淫,不可偷盗,不可作假见证,当孝敬父母。又当爱人如己。那少年人说,这一切我都遵守了。还缺少什么呢。耶稣说,你若愿意作完全人,可以去变卖你所有的,分给穷人,就必有财宝在天上,你还要来跟从我。那少年人听见这话,就忧忧愁愁的走了。因为他的产业很多。"

35 乌有（Intet）：也就是"没有什么"（见前一句子中出现的"没有什么"）："但是如果这样,那么是不是在某种意义上也就是说,没有什么是我所应当去做的？是的,确实如此,在某种意义上说是没有什么可做"。

36 敬畏上帝是智慧的开始]指向《诗篇》(111：10)："敬畏耶和华是智慧的开端。凡遵行他命令的,便是聪明人。耶和华是永远当赞美的。"《箴言》(9：10)："敬畏耶和华,是智慧的开端。认识至圣者,便是聪明。"

37 正如敬畏上帝比智慧的开始更多,是"智慧"]指向《约伯书》(28：28)："他对人说,敬畏主就是智慧。远离恶便是聪明。"

38 上帝是全智]参看《巴勒的教学书》(Balles Lærebog) 第一章"论上帝及其性质"第三段"圣经中关于上帝及其性质的内容",§5："上帝是全智的,并且总是在他的各种决定中有着最佳的意图,同时总是选择最佳的手段去实现这些决定。"

39 上帝是爱]参看《约翰一书》(4：7—8)："没有爱心的,就不认识神。因为神就是爱。"以及 (4：16)："神爱我们的心,我们也知道、也信。神就是爱。住在爱里面的,就是住在神里面,神也住在他里面。"

40 畏惧和颤栗]这是一个固定表述。参看《腓利比书》(2：12—13)。保罗在信中说："这样看来,我亲爱的弟兄,你们既是常顺服的,不但我在你们那里,就是我如今不在你们那里,更是顺服的,就当恐惧战兢,作成你们得救的工夫。因为你们立志行事,都是神在你们心里运行,为要成就他的美意。"（"畏惧"在这里的经文里被译作"恐惧战兢"。）也参看《歌林多前书》(2：3)、《歌林多后书》(7：15),《以弗所书》(6：5)。

41 恐惧（Angest）。

42 人与神圣有着亲缘关系]演绎《使徒行传》(17：28—29),之中保罗对雅典教众说："我们生活,动作,存留,都在乎他,就如你们作诗的,有人说,我们也是他所生的。我们既是神所生的,就不当以为神的神性像人用手艺,心思,所雕刻的金,银,石。"

43 "这个"就是"能够缄默"。

44 飞鸟缄默并且等待]也许是指丹麦赞美诗作者和主教布洛尔森（H. A. Brorson）的"天鹅之歌"（1765 年）(*Psalmer og aandelige Sange af Hans Adolph Brorson*, udg. af J. A. L. Holm, 2. opl., Kbh. 1838 [1830], ktl. 200, s. 862f.) 第一段："这里将沉默,这里将等待。/这里将等待,哦,虚弱的心！/确实你要去接来,只有通过等待,/只有通过等待,去把夏天接来……"

371

45 没有权限去知道时间或者日子〕指向《使徒行传》（1∶7）："耶稣对他们说，父凭着自己的权柄，所定的时候日期，不是你们可以知道的。"

46 这个"承受（at lide）"，是对痛苦或者苦难的承受。

47 这里"荒漠"和"孤独"都是名词。就是说："心情沉郁的'荒漠之哀歌歌手'或者'孤独之哀歌歌手'"。

48 这里"烦躁（Utålmodighed）"是"忍耐（Tålmodighed）"的反义词。

49 心灵在悲伤之中行罪〕对赞美诗《节制悲哀与抱怨》第一段的随意引用："节制悲哀与抱怨，／上帝的话语让你安慰与喊叫，／不要让心灵在悲伤之中行罪，／从死亡我们开始生活"（*Tillæg til den evangelisk - christelige Psalmebog*，Kbh. 1845，nr. 610，s. 50f. ，i *Evangelisk - christelig Psalmebog til Brug ved Kirke - og Huus - Andagt*，Kbh. 1845〔1798〕，ktl. 197.）

50 就是说，没有耐性的人，不忍耐的人。

51 或者写为"'承受痛苦'就是'承受痛苦'"。

52 痛苦（Lidelse）。动词 at lide 在一般的意义上是指"受苦"和"承受"；由这个单词衍生出的名词 Lidelse 也就是"痛苦"。名词"承受"的丹麦文是 Liden，动名词，相当于德语中的 Leiden。Liden 在哲学中是"行为"、"作用"或者"施作用"的反面。在费希特的《全部知识学基础》王玖兴中译本中有相应的"活动的对立面叫做受动"的说法。

53 这里译者稍作改写。原文直译是：

"你不应当说'飞鸟与百合能够轻而易举地缄默，它们本来就不能说话'；这是你所不应当说的，你根本就什么都不应当说，不应当尝试，那怕是做最微不足道的尝试，来使得沉默教学变得不可能，——在这种尝试中你不是严肃地对待'缄默'，而是痴愚而毫无意义地把'沉默'混杂在'说话'之中，也许是作为'说话'所涉及的对象，这样一来沉默就不再存在，反而倒是冒出一段关于'保持沉默'的讲话。"

54 就是说，"这就是一种自然而然"。

55 "丰功伟绩的单恋者"的丹麦文是"Bedriftens ulykkelige Elsker"，直译为"丰功伟绩的不幸爱人"。丹麦语中"不幸爱人"有"单相思者或无结果的爱者"的意义。

56 "幸福爱人"就是说，爱情有回报的，不是单相思的爱人。

57 愿人都尊你的名为圣！〕主祷文，见《马太福音》（6∶9—13）："所以你们祷告，要这样说，我们在天上的父，愿人都尊你的名为圣。愿你的国降临，愿你的旨意行在地上，如同行在天上。我们日用的饮食，今日赐给我们。免我们的债，如同我们免了人的债。不叫我们遇见试探，救我们脱离凶恶，因为国度，权柄，荣耀，全是你的，直到永远，阿们。"

另见《路加福音》（11∶2）："耶稣说，你们祷告的时候，要说，我们在天上的父,愿人都尊你的名为圣。愿你的国降临。愿你的旨意行在地上,如同行在天上。"

关于对主祷文的使用。克尔凯郭尔在1849年3月或4月的日记中(NB10:171)写道:"在三个与上帝有关的讲演中,并没有用到'愿你的国降临'这一句祷词,因为那样的话与主题相关的强调就会着重地落在'愿人都尊你的名为圣'上;由于在第二个讲演之中更明确地加入'愿你的旨意行在地上,如同行在天上',这句与主题(顺从)是最准确地对应的。另外,没有用到'免我们的债,如同我们免了人的债'这一句祷词,因为,在这方面百合与飞鸟并非老师;最后,没有用到'我们日用的饮食,今日赐给我们'这一句祷词,因为这句在以前的那些讲演中得到了如此详尽的论述"(SKS 21,341)。

在页边笔记上(NB10:171)有着"(沉默)"。

58 愿你的国降临!]见主祷文。参看上一个注释。

59 走向蚂蚁并且变得智慧,所罗门如是说]《箴言》(6:6):"懒惰人哪,你去察看蚂蚁的动作,就可得智慧。"

所罗门,公元前约965—926年的以色列王,大卫和拔示巴(拔示巴原是赫梯人乌利亚的妻子)的儿子。在《旧约》之中,所罗门的统治使得以色列王国达到了它最显赫与昌盛的时期。他是一个非凡的君王,但也是一个暴虐的君王。耶路撒冷的圣殿就是在他的统治时期建造的。在之后的传统之中被奉为所有国王之中最荣耀者和无限智慧的化身。据传,他是《旧约》之中《箴言》《传道书》《雅歌》和部分《诗篇》以及次经中的《所罗门智训》等等的作者。而在《箴言》(1:1)中有:"以色列王大卫儿子所罗门的箴言。"

60 其他一切对于它们都成为一种附加物]对《马太福音》(6:33)重述。

61 一个人不能事奉两个主。不是恶这个爱那个,就是重这个轻那个]引自《马太福音》(6:24)。见前面的"在复活主日之后的第十五个星期日的福音"。

62 常常谈论关于非此即彼……"不存在非此即彼"]也许是指19世纪30年代末在丹麦展开的关于"逻辑原则之有效性"的讨论(作为在德国哲学界的相同讨论的延续)。《非此即彼。一个生命的残片,由维克多·艾莱米塔出版》(1843年)在当时被视作是晚期参与这一讨论的著作。(比较阅读社科版《非此即彼》上卷,第25—27页,下卷,第207页以及395页第37注释)。

63 这里的这个"决定"(Afgjørelse)是一个人对外在的人的命运或者事物的走向作出的决定,或者一个人的命运受外来的权力所作出的决定。

64 "轻率地或者沉郁地":letsindigt eller tungsindigt。这两个词在丹麦语中直意是由"轻——心"(let-sind)和"沉重——心"(tung-sind)构成。

65 "构成呼应关系的插入词"。这里所做的比喻用的都是一些印欧语系语法关系,按原文直译的话,是"达成进一步一致的插入词"。

66 对立的两者:爱和恨。

67 就是说，只有"落体"和"真空"这两者。

68 创造者和维持者］指向关于上帝继续创造和维护世界的教条性学说。可参看马丁·路德的《小教理问答书》（*Der Kleine Katechismus* 1529）中对第一信条的解说："这就是：我相信上帝创造了我，也创造了其他受造物（……）。但这不是唯一；我也相信，他维持着所有本来会消失的事物：他喜欢有过剩，让这一生命在日常得以维持，衣服和鞋，食物和饮料，家室里的一些房间，婚偶和孩子，田野和牲畜，还有一切美好地存在的东西"。

69 你生活、动作和存在都在他之中］《使徒行传》（17∶27—28）："要叫他们寻求神，或者可以揣摩而得，其实他离我们各人不远。我们生活、动作、存留，都在乎他。就如你们作诗的，有人说：'我们也是他所生的。'"

70 出自他的慈悲你们拥有一切］基督教固定说法，基于《哥林多后书》（12∶9），之中保罗写道，主对他说："他对我说，我的恩典够你用的。因为我的能力，是在人的软弱上显得完全。所以我更喜欢夸自己的软弱，好叫基督的能力覆庇我。"

71 就是说，如果有一种力量，如果你可以使用这力量去强迫那学习者做什么事情，那么，百合与飞鸟是不具备这种力量的。

72 这里的这"顺从的"是形容词。就是说"教授'顺从'的老师自己也是'顺从的'。"

73 让我们向百合和飞鸟学习：顺从］明斯特尔（J. P. Mynster）很多次在布道之中将类似的格式作为布道主题的引言。克尔凯郭尔在《基督教讲演。1848 年》中也多次这一引言格式。

74 你应当爱你的主上帝并且只单单侍奉他］指向《马太福音》（4∶10）之中耶稣说："撒旦退去吧！因为经上记着说：当拜主你的神，单要侍奉他。"以及《马可福音》（12∶30）："你要尽心，尽性，尽意，尽力，爱主你的神。"

75 上帝的旨意发生，如同行在天上，也行在地上］对主祷文中句子的演绎引用。

76 上帝的旨意行在地上如同行在天上。］出自主祷文。马太福音（6∶10）："愿你的国降临。愿你的旨意行在地上，如同行在天上。"

77 全能的］比较阅读《巴勒的教学书》第一章《论上帝及其性质》第三段"圣经之中所教的关于上帝之本质和性质的内容"§ 3："上帝是全能的，能够做一切他想做的事不费工夫。但他只做确定而好的事情，因为除了唯独这个之外，他不想要别的"。

78 没有他的旨意，一只麻雀也不会掉落在地上］随意演绎《马太福音》（10∶29）中耶稣所说："两个麻雀不是卖一分银子吗？若是你们的父不许，一个也不能掉在地上。"

79 这音乐是"顺从中的天体运动"］"天籁之音"是一个毕达哥拉斯学派的形

而上学概念。毕达哥拉斯（公元前约580—500年）发现音调的音程是按弦长比例产生，和谐的声音频率间隔形成简单的数值比例。在他的天体和谐理论中，他提出，太阳、月亮和行星等天体都散发着自己独特的轨道共振之音，基于他们的轨道不同而有不同的嗡嗡声。而人耳是察觉不到这些天体的声音的，因为人已经习惯于这声音。

80　光芒的迅速和声音在更高程度的疾速〕关于这一句，颠倒了光速和声速的大小对比关系，但这在克尔凯郭尔时代是人们的一般理解。当然我们可以忽略物理学的意义而只关注文句。其实在当时的哲学辞典之中已经有了相反的理解，认为光速快于音速。比如说，可比较阅读：*Johann Georg Walchs philosophisches Lexicon* bd.1—2, 4. udg. ved J. C. Hennings, Leipzig 1775, ktl. 863—864; bd. 2, sp. 684.

81　"示意"：上帝的命令，上帝的指令。

82　"折中"也就是说，不彻底。按丹麦语直译就是："半性（Halvhed）"。

83　就是说，让自己的生命在"那无条件的"之中。

84　这"可靠性"同时也是"确定性、安全和保障"的意思。

85　也就是"不确定性、不安全性和无保障性"的意思。

86　所罗门穿戴着其华丽盛装也不及它的美好〕见前面关于所罗门的注释。比较阅读《马太福音》（6∶29）。

87　把必然性当德行〕丹麦有这样的成语。意思是"把必须做的事装饰成出于好心做的"。

88　我无法做其他事情，我也无法以其他方式做这件事〕指向1521年路德在沃尔姆斯被要求以明确的话宣告他要收回自己的受教会谴责的教义时所说的话。他以这样的话来拒绝这要求："Hier stehe ich; ich kann nicht anders, Gott helfe mir! Amen!"（我站在这里；我无法作出有所不同的行为，上帝助我，阿门。）

Jf. C. F. G. Stang *Martin Luther. Sein Leben und Wirken*, Stuttgart 1838, ktl. 790，s. 123.

89　忍耐性之上帝〕指向罗马书（15∶5），之中保罗说："但愿赐忍耐、安慰的神，叫你们彼此同心，效法基督耶稣"。

90　严师〕丹麦语本是 Skolemester，意为：学校教师，学校负责人，校长；同时有着"特别严格"的意思。

91　现世是时间的，现世性亦即时间性。永恒不是时间。永恒是"非时间性"的。永恒在时间之外。永恒不是过去、现在和未来。

92　安慰之上帝〕在《罗马书》（15∶5）中，保罗写道："但愿赐忍耐安慰的神，叫你们彼此同心，效法基督耶稣。"

93　一种严厉的说法〕《约翰福音》（6∶60）耶稣在迦百农会堂里说有必要吃人子的肉喝人子的血："他的门徒中有好些人听见了，就说，这话甚难，谁能听呢。"

94　"愿你的国降临。愿你的旨意行在地上，如同行在天上。"是主祷文中的句子,马太福音 (6:10)。

95 不叫我们遇见试探] 主祷文中的第七句,马太福音 (6:13):"不叫我们遇见试探。救我们脱离凶恶"。

96 "意义暧昧",有时候我也译作"模棱两可"。

97 诱惑……作为更强者在场] 指向《路加福音》(11:14—23) 耶稣与人众的关于"靠鬼王赶鬼"的指控的对话;耶稣说 (17—23):"便对他们说,凡一国自相纷争,就成为荒场。凡一家自相纷争,就必败落。若撒旦自相纷争,他的国怎能站得住呢。因为你们说我是靠着别西卜赶鬼。我若靠着别西卜赶鬼,你们的子弟赶鬼,又靠着谁呢。这样,他们就要断定你们的是非。我若靠着神的能力赶鬼,这就是神的国临到你们了。壮士披挂整齐,看守自己的住宅,他所有的都平安无事。但有一个比他更壮的来,胜过他,就夺去他所倚靠的盔甲兵器,又分了他的赃。不与我相合的,就是敌我的。不同我收聚的,就是分散的。"

98 他的猎物叫作"一个人的灵魂"] 也许是指向《马太福音》(10:28),之中耶稣对所派出的十二个门徒说:"那杀身体不能杀灵魂的,不要怕他们。惟有能把身体和灵魂都灭在地狱里的,正要怕他。"

99 上帝不诱惑任何人] 雅各书 (1:13):人被试探,不可说:"我是被神试探",因为神不能被恶试探,他也不试探人。

100 从凶恶之中被拯救] 这里选择主祷文中文版中的说法,直译应当是"从'那恶的'之中被拯救"。主祷文,《马太福音》(6:13):"救我们脱离凶恶"。

101 玛门] 按布希那的圣经辞典,"玛门"是指"财富、金钱和现世利益"(Mammon:"Reichthum, Geld und zeitliche Güter". *M. Gottfried Büchner's biblische Real - und Verbal - Hand - Concordanz oder Exegetisch - homiletisches Lexicon*,第六版,Vermehrt und verbessert v. Heinrich Leonhard Heubner, Halle 1840〔1740〕, ktl. 79, s. 923)。

102 无辜性,丹麦语是 Uskyldighed,意为:无辜性,无邪。无罪;无害;单纯;天真无邪;无知。

103 他说平安无虞] 指向《帖撒罗尼迦前书》(5:3),保罗写道:"人正说平安稳妥的时候,灾祸忽然临到他们,如同产难临到怀胎的妇人一样;他们绝不能逃脱。"

104 罪,丹麦语是 Synd。宗教意义上的罪。

105 人的罪打扰了整个世界的美丽] 指向《创世记》第三章中的"罪的堕落"的故事。夏娃受蛇诱惑而吃苹果。

106 这美丽之中一切是那么非凡地好]《创世记》(1:31):"神看着一切所造的都甚好。"

107 "你们看那天上的飞鸟,也不种,也不收,也不积蓄在仓里"——不为明天的日子操心。"野地的草今天还在"] 标题的文字引自《马太福音》(6:26 和 30)。见前面的"在复活主日之后的第十五个星期日的福音"。如果不使用中文版圣经,直接译自丹麦文为:"看天上的飞鸟;它们不播种不收割不储存"——不为明天的日子操心。"观察那原野上的草,——它在今天。"

108　总是……快乐的] 在《帖撒罗尼迦前书》(5:16) 中保罗写道:"要常常喜乐。"

109　"是这样",就是说,"总是快乐的"。

110　在丹麦这种夏天日长夜短和冬天日短夜长的区别很明显。虽然在丹麦没有白夜,但夏天有时候只有差不多两三小时的黑夜。

111　"后天获取的"就是说,不是"先天原有的"。

112　这个"在"(er),有时译作"存在",它也是现在时联系动词"是",如同英文的现在时态的"存在"和"是"(is)。

113　上帝是至福,这永恒地说"今天"的他] 也许是指《希伯来书》(4:7):"所以过了多年,就在大卫的书上,又限定一日,如以上所引的说,你们今日若听他的话,就不可硬着心。"也可比较阅读《希伯来书》(3:7、13、15),以及《路加福音》(23:43)。

114　对昨天这一天有忧虑,关于他已经吃了的——而没有付了钱的] 在 1848 年 5 月 17 日的日记对文稿的页边注释 (NB4:154.b) 中克尔凯郭尔写道:"在这里可以考虑一下 Zeuthen 一星期前在一封信中(我在回信中的一个随意的提示之中查了一下并想要考虑的:'也有着对昨天这一天有忧虑,关于他已经吃了的——而没有付了钱的'。就是说,麻烦是在于要使得今天这一天毫无预设前提"(SKS 20, 358.)。
在阅读了《基督教讲演(1848 年)》的"异教徒的忧虑"的第一个讲演"贫困之忧虑"之后,教区牧师 F. L. B. Zeuthen 在 1848 年 5 月 11 日给克尔凯郭尔的一封信中写道:"关于对明天这一天的贫困之忧虑无疑没有任何人能够写得像您这么具有陶冶性,但是,也还有着对昨天这一天的贫困之忧虑,不是一种对于一个人将吃一些什么的忧虑,而是对于一个人'他已经吃了的——而没有付了钱的东西'的忧虑。这一忧虑是对尚未偿还的债务的忧虑,不仅仅是对于那要求的人,而也是,并且尤其是对于那沉默但自己有着需要的人,这一贫困之忧虑是最艰难的一种,并且我希望您什么时候愿意写一些关于这方面的真正的陶冶的东西。在这一忧虑之中可以有太多真实而高贵的东西,以至于它不能够就简单地被视作是异教徒们的忧虑,而一个基督徒也能够(尽管不怎么能够通过任何直接用于忧愁的想法来战胜)在祈祷之中也能够战胜这一忧虑"(B&A, nr. 174, bd. 1, s. 192.)。在一封没有日期的信中克尔凯郭尔回答说:"感谢关于昨天这一天的说明。让我在今天这一天感谢您,我会在明天记得它。看这样一来,您为我生成了一个对明天这一天的忧虑!"(B&A, nr. 175, bd. 1, s. 193.)。

115　"让自己是快乐本身"是译者的改写,原文直译是"是快乐"。

116　天地万物……违背自己意愿地处在这生灭流转的统治下] 指向《罗马书》

(8:20—22):"因为受造之物服在虚空之下，不是自己愿意，乃是因那叫他如此的。但受造之物仍然指望脱离败坏的辖制，得享神儿女自由的荣耀。我们知道一切受造之物，一同叹息劳苦，直到如今。"

117　星辰……易位］指向《马太福音》（24:1—31），耶稣讲述世界末日景象，其中说道（24:29）："那些日子的灾难一过去，日头就变黑了，月亮也不放光，众星要从天上坠落，天势都要震动。"

118　变换，如同人们变换外衣］指向《诗篇》（102:25—26）："你起初立了地的根基。天也是你手所造的。天地都要灭没，你却要长存。天地都要如外衣渐渐旧了。你要将天地如里衣更换，天地就改变了。"

119　被投入火炉］指向《马太福音》（6:30）。

120　它还是不得不凋谢］也许是演绎《彼得前书》（1:24）："因为凡有血气的，尽都如草，他的美荣，都像草上的花。草必枯干，花必凋谢。"也比较《雅各书》（1:11）。

121　生灭流转］演绎《传道书》（1:2）："传道者说，虚空的虚空，虚空的虚空。凡事都是虚空。"

122　使徒保罗有一句话］在这里，文稿版（SKS）是"et Ord af Apostelen Paulus"（使徒保罗有一句话），但著作集版第三版（SV3）是"Der er et Ord af Apostelen Petrus"（使徒彼得有一句话）。译者在向克尔凯郭尔研究中心卡布伦先生请教了之后得知，著作集版第三版（SV3）之中的"彼得"，不是克尔凯郭尔文稿上的原文，而是该版本的编者改的（因为编者认为应当对克尔凯郭尔笔误的地方作出纠正）。而文稿版（SKS）则尊重克尔凯郭尔原稿，所以又改回成保罗。译者采用文稿版（SKS），因而在这里作一下说明，这个"保罗"是克尔凯郭尔文稿中的一个笔误，按理应当是"彼得"。

其实克尔凯郭尔在出版了这讲演之后也发现了自己的笔误。在克尔凯郭尔的日记，可能是1849年六月份的（NB11:168）之中，他写道："相当奇怪，我在'三个与上帝有关的讲演'之中把彼得所说的话说成是保罗的'把你们的所有悲伤扔给上帝'。"（SKS 22，99）看下一个注脚。

在克尔凯郭尔时代，人们一般都认为十二门徒中的彼得是彼得前书和彼得后书的作者。

使徒保罗：在最老的基督教之中意义最重大的人物形象，约在公元65年被处死。新约之中十三封书信都是以保罗的名字交出的。在克尔凯郭尔时代一般人们把这些书信都视作是真的；今天人们只认为七封或者九封是真实的，其中包括罗马书、加拉太书和哥林多的前后书。《罗马书》（1:1）中，保罗自己理解为"耶稣基督的仆人保罗，奉召为使徒，特派传神的福音。"

123　把你们的所有悲伤扔给上帝。］《彼得前书》（5:7）："你们要将一切的忧虑卸给神，因为他顾念你们。"

124　柔顺之技艺］也许是指向在 1847 年的《不同精神中的陶冶性的讲演》第三部分的"痛苦之福音。基督教的讲演"第二个讲演"在痛苦是如此之重的时候，负担却是多么轻松"之中的一个段落，其主题是"我的负担轻松"，其开首的句子就是："就是说，除了是轻松地挑起沉重的负担之外，柔顺又能够是什么别的？正如烦躁和郁闷就是沉重地承受轻松的负担。"

125　丹麦语 Adspredelse，有消遣、分散注意力、转移、注意力转向和散射的意思。

126　使徒］指保罗。但是如果按著作集版第三版（SV3）则是彼得（见前面关于"使徒保罗有一句话"的注释）。

127　上帝关爱着你］也就是说，"上帝顾念着你"。《彼得前书》（5：7）："你们要将一切的忧虑卸给神，因为他顾念你们。"

128　所有真正的祷告的样本］指向《马太福音》（6：7—9），之中耶稣说："你们祷告，不可像外邦人，用许多重复话。他们以为话多了必蒙垂听。你们不可效法他们。因为你们没有祈求以先，你们所需用的，你们的父早已知道了。所以你们祷告，要这样说，我们在天上的父，愿人都尊你的名为圣。"

129　国度，权柄，荣耀，全是你的］主祷词结尾处的赞词，《马太福音》（6：13）。

130　就在今天，你在天堂里］耶稣对同钉十字架的犯人说的话。《路加福音》（23：43）："耶稣对他说，我实在告诉你，今日你要同我在乐园里了。"

131　居留在上帝之中］也许是演绎《约翰一书》（3：24）："遵守神命令的，就住在神里面。神也住在他里面。我们所以知道神住在我们里面，是因他所赐给我们的圣灵。"《约翰一书》（4：15）："凡认耶稣为神儿子的，神就住在他里面，他也住在神里面。"《约翰一书》（4：16）："神爱我们的心，我们也知道、也信。神就是爱。住在爱里面的，就是住在神里面，神也住在他里面。"

132　七十年］按照传统的理解，人一般活到七十岁。《诗篇》（90：10）："我们一生的年日是七十岁。若是强壮可到八十岁。但其中所矜夸的，不过是劳苦愁烦。转眼成空，我们便如飞而去。"

133　如果你居留上帝之中……"就在今天在天堂里"］也许是《罗马书》（14：7—9），之中保罗写道："我们没有一个人为自己活，也没有一个人为自己死。我们若活着，是为主而活。若死了，是为主而死。所以我们或活或死，总是主的人。因此基督死了，又活了，为要作死人并活人的主。"也可对照《约翰福音》（11：25—26）。

134　国度，权柄，荣耀，全是你的，直到永远，阿门］见上一页的注释。